행복한 나라 만들기

– 한국경제의 이해 –

조연상 저

다 산 출 판 사

행복을 찾는 사람들에게

이 책은 행복이란 무엇인가?라는 근원적인 물음에서부터, 어떻게 사는 것이 행복한가? 어떤 나라가 행복한 나라인가?, 우리나라는 어떻게 하면 행복한 나라가 될 수 있는가?라는 물음에 이르기까지 차례로 해답을 찾고자 하는 의도에서 집필되었다.

사실상 이러한 물음에는 사람마다 다양한 해석과 답변이 쏟아질 수 있겠지만, 많은 사람들이 공감할 수 있는 답변을 찾아내기는 쉽지 않다. 필자는 최근 OECD에서 발표한 행복지수(Better Life Index)를 통해 많은 국가의 국민들이 공감하고 있는 '행복한 나라'의 모습을 발견하고, 우리나라를 '행복한 나라'로 만들기 위한 정책변수들을 찾아냈다.

행복한 나라는 어떤 나라일까?

행복한 나라라면, 선순환구조의 경제성장 정책을 통해 1인당 소득을 높여 풍요로운 삶을 누리게 하면서도, 근로자들은 '일한 만큼 충분한 보상'을 받고, 노동시장에 참여하지 못한 사람들에게도 최소한의 '인간다운 삶을 영위케 해 주는 나라, 그리고 정부는 공정한 시장경쟁이 이루어지도록 경제력 집중과 독과점 규제 등 공정거래질서를 확립하는 한편, 엄정하면서도 공정한 법집행을 통해 부정부패와 권력형 비리 및 '유전무죄 무전유죄' 식의 사회 풍조를 바로잡아, 사회자본의 중요 요소인 신뢰(trust)를 쌓도록 하여, 국민들이 신뢰하는 정부로 거듭남으로써, 국가의 생산성을 높이는 나라가 아닐까?

우리는 이러한 나라들의 롤 모델을, 북유럽 복지국가들에서 실제로 찾아볼 수 있다는 점에서, '행복한 나라 만들기' 가 사실상 불가능한 것이 아니라는 사실을 깨닫게 될 것이다.

최근 대선정국을 거치면서, 독자들은 현재 한국이 처한 어려운 경제상황, 예컨대 가계부채 문제, 정부와 공기업부채 문제, 역대 정부 최저로 낮은 성장률, 숨통이 트이지 않는 일자리 창출 문제, 비정규직과 임시직 등 고용불안정 문제, 사교육비 문제, 세계 최저 수준의 출산율 문제, 세계 최고 수준의 자살률 문제 등 헤아릴 수 없는 문제들을 둘러싸고, 이런 처방이 옳다 저런 처방이 옳다는 식의 논쟁이 이루어지는 것을 보아 왔을 것이다.

이런 문제들은 부분적이거나 단편적인 처방만으로는 해결할 수 없는 경우가 많다. 따라서 경제정책을 비롯한 정부의 정책방향이 올바른 방향으로 추진되어야 해결될 수 있다. 필자의 연구 결과로는 경제성장정책과 복지를 포함한 소득재분배정책, 그리고 부정부패와 경제력 집중과 독과점 방지 등 공정거래질서 확립이라는 세 가지 정책방향을 제대로 설정하고 추진한다면, 이들 문제는 한꺼번에 해결될 수 있다는 결론을 얻었다.

물론 이들 세 가지 정책방향에 대해서는 많은 사람들이 논쟁을 벌이는 거대담론들을 형성하고 있지만, 대부분 부분적이거나 단편적인 근거를 제시하고 있다는 점에서 한계를 갖는 반면, 필자는 우리나라와 외국의 경제정책의 경험과 사례, 객관적 통계자료와 실증적 분석 등을 통해, 체계적으로 정리하고 논증하고 있다는 점에서 차별성을 갖는다.

거대담론을 둘러싼 논점들은 다음과 같다.

첫째, 국민들이 잘 살기 위해서는 성장이 먼저다라는 '선성장 후분배' 혹은 '파이 키우기' 주장 대 경제성장도 분배와 함께 이루어져야 한다라는 '선순환식 성장정책' 주장 간의 쟁점

둘째, 소득재분배와 복지지출 확대는 성장을 저해한다라는 소위 '복지 포퓰리즘' 주장 대 복지지출도 성장에 도움을 줄 수 있다는 '생산적 복지론' 및 한걸음 더 나아가 복지지출은 출산과 양육 및 교육 등 인적사본(human capital)에 도움을 주어 생산에 기여한다라는 '복지지출은 비용이라기보다는 투자다' 라는 주장 간의 쟁점

셋째, 경제성장을 위해서 수출이 무엇보다 중시되어야 한다라는 '수출지상주의' 대 이제는 성장기여도가 상대적으로 낮은 수출 중심에서 국내소비와 투자를 확대하여 '내수기반형 성장정책' 으로 전환해야 한다는 주장 간의 쟁점

넷째, 각종 부정부패와 정경유착 그리고 재벌의 경제력 집중과 독과점 및 불공정거래행위 등은 경제발전과정에서 '필요악' 일 뿐이라는 주장과, 부패방지와 시장에서의 공정거래질서 확립 없이는 더 이상 경제성장도 행복한 국민도 있을 수 없다는 '부패망국론' 간의 쟁점 등이다.

우리나라를 행복한 나라로 만들기 위해서는 국민들이 이러한 거대 담론들을 극복하고 정부가 올바른 정책방향으로 나아가도록 여론을 형성해야 할 필요가 있다. 필자는 이러한 거대 담론들을 하나하나 분석하고 객관적 · 실증적 분석을 통해, 행복한 나라를 만들기 위한 올바른 정책방향을 제시하고 있지만, 현실에서 이러한 정책들이 채택될지는 미지수다. 왜냐하면, 이러한 담론들을 주장하는 사람들 중에는 설혹 객관적으로 옳다고 증명된 정책방향이라 하더라도, 자신이 처한 입장(특히 사회적 권력층)에서 불리하다고

판단할 때는 반대쪽 주장을 펴는 경우가 있을 수 있기 때문이다. 그러나 필자는 그럼에도 희망을 갖고 있다. 많은 국민들이 올바른 정책방향에 대해 인지를 하고 있다면, 정부도 국민들이 원하는 방향으로 정책을 펼칠 것이고, 다른 한편으로는 사회적 권력층이라고 하더라도 '행복한 나라 만들기'가 성공한다면 그들 역시 다른 형태의 명예와 이득을 얻을 수 있다는 사실을 깨닫게 될 것이기 때문이다.

이 책은 학자들은 물론 정책담당자들 그리고 많은 국민들이 이해하기 쉽고 명쾌하게 정리할 수 있도록, 되도록 쉬운 표현으로 다양한 접근법을 통해 논증하고 설명하려고 노력하였다.

이 책을 읽어 가면서 독자들은, 우리나라를 행복한 나라로 만들기 위해서는, 국민들 즉 가계의 주체인 소비자들을 비롯하여 정책담당자들과 기업가들이, 잘못 입력된 고정관념을 벗어나 얼마나 큰 발상의 전환을 해야 할 필요가 있는가를 깨닫게 될 것이다.

이 책이 갖는 강점 중의 하나는 새로운 접근법과 새로운 개념들을 다수 도입하고 있다는 점이다. 예를 들어 세 가지 정책변수(경제성장정책, 소득격차 완화 및 복지정책, 공정거래 및 부패방지정책)로 구성된 국민행복지수(People's Happiness Index), 자살률을 포함시킨 경제사회고통지수, 경제성장률 예측모형, 친기업적 노동시장정책과 중립적 노동시장정책, 사회적 임금(social wage), 가계소득과 기업소득 간의 양극화, 그리고 사회자본론자들이 중시하는 신뢰(trust), 예컨대 노사간의 신뢰, 소비자와 기업 간의 신뢰, 정부와 국민들 간의 신뢰 등 무형의 사회자본인 신뢰가 국가의 생산성을 증대시킨다는 사실 등, 많은 새로운 지식을 터득케 하는 데에도 일조를 하고 있다.

경제학은 복잡한 현실 문제를 풀어가는 데 있어서, 중요치 않은 사항은 사상해 버리고 중요한 사항만 뽑아낼 수 있는 능력을 키워 줄 뿐만 아니라, 직업선택을 비롯하여 어떤 선택을 해야 할 경우, 논리적 판단과 객관적 실증분석을 통해 올바른 선택을 할 수 있는 능력을 키워준다는 점에서 매우 매력적인 학문이다.

사실, 행복을 추구하는 많은 이들이 남의 말에 속거나, 거짓정보 혹은 허위정보에 속아서 잘못된 선택을 하는 바람에, 그동안 쌓아놓은 조그만 행복조차도 잃는 경우를 흔히 듣고 보게 되는 것이 사실이다. 특히 국가의 경제정책을 어떤 방향으로 선택하느냐에 따라 국민들의 행복수준이 크게 달라질 수 있는데도 불구하고, 많은 사람들은 이해하기 어렵다거나 내 한 표가 무슨 영향이 있겠느냐고 투표를 포기하는 현상이 비일비재하게 나타난다. 결과적으로 자신에게 불리한 정책을 수행하려는 후보에게 투표하고 나서 나중에 후회한들 무슨 소용이 있을까?

이 책은, 남에게 속지 않고 자신의 행복을 지키고, 나아가 우리 국민 모두가 행복하게 살게 하는 방법은 없을까?라는 필자 스스로의 질문에 답하기 위해, 필자가 찾아낸 작은 결실이라고 할 수 있다.

여러분이 찾고자 하는 행복의 길이 한 사람은 이쪽이라고 하고 다른 사람은 저쪽이라고 할 경우, 여러분은 어떤 쪽을 택할 것인가? 실증적으로 옳다고 증명된 길을 선택하는 것이 현명한 선택이 아닐까?

미국에서는 대통령선거가 주로 경제정책을 비롯한 정책 중심의 선거로 치러지고 있다. 그중에서도 눈에 띄는 대목은 롬니 공화당 후보의 '부자감세' 정책 대 오바마 대통령후보의 '부자증세' 정책이다. 이런 정책대결은 과거 레이건 대통령과 부시 대통령의 '부자감세' 정책과 클린턴 대통령 시절의 '부자증세' 정책의 경우에도 마찬가지로 나타났다.

이러한 대조적인 정책은 어느 소득계층을 더 잘 살게 할 것인가에 대한 정책대결이라고 볼 수 있다. 우리는 이러한 정책이 어떤 결과를 낳게 될 것인지, 국민 전체적으로는 소득과 행복을 증대시켰는지, 아니면 오히려 감소시켰는지에 대한 정확한 판단이 필요하다고 본다.

왜냐하면, 우리나라도 이미 '부자감세' 정책과 '부자증세' 정책 간의 대결이 이미 시작되었기 때문이다. 이들 정책 속에는 '복지 포퓰리즘'이냐 '복지확대정책'이 필요하냐, '경제민주화'와 '재벌개혁'이 필요하냐 아니면 과거처럼 '선성장 후분배'가 우선되어야 하느냐의 정책선택 문제도 포함되고 있다.

어떤 선택을 하느냐에 따라, 고소득층과 저소득층 간의 이해득실에 큰 차이를 나타낼 것이 분명하다. 뿐만 아니라 어떤 선택을 하느냐에 따라, 독자 여러분의 행복수준을 포함하여, 우리나라 경제가 또다시 경제위기를 맞게 될 가능성이 커질 수도 작아질 수도 있게 될 것이다.

따라서 행복을 추구하는 우리 국민들은 어떤 소득계층에 속하건, 정확히 판단하여 소중한 한 표를 행사해야 한다. 바꾸어 말하면, 독자 여러분의 손으로 행복한 나라를 만들어야 한다는 것이다.

호주의 투표참가율이 고소득층 96%, 저소득층 95%로 평균 94%라는 사실이, OECD 국가들 중 행복지수(BLI) 1위를 차지하게 된 주요 요인이라는 점을 다시 한 번 강조하고 싶다.

필자는 '행복한 나라'로 들어가기 위한 '비밀의 열쇠'를 찾기 위해 다각적인 노력을 기울여 왔으며, 본서는 그 성과물의 하나다. 이 책을 통해 여러분들이 경제위기를 극복하고, 행복하게 되기 위한 경제학 지식을 많이 얻도록, 그리고 무엇보다 경제학적으로 생각하고 판단하는 능력이 커질 수 있도록, 쉬운 용어와 해설을 곁들이려고 노력하였으나, 얼마나 성공하였는지는 독자 여러분의 판단에 맡길 수밖에 없다.

이 책이 행복을 추구하는 여러분들에게, 세상을 읽는 눈과 생각하는 힘을 한층 더 업그레이드시켜, 정확한 판단을 내릴 수 있도록 조금이라도 도움이 되길 바라는 마음이 간절하다.

2013년 2월 입춘시절에

행복한 나라의 새봄을 기다리며

저자 드림

▪ 차 례 ▪

Ⅵ. 행복한 나라 만들기(2) - 소득재분배정책의 방향 189

〈표 차례〉

〈그림 차례〉

I

행복의 의미

1 행복의 정의

(1) 위키백과사전의 정의

위키백과사전에서는 행복을 다음과 같이 정의하고 있다. “욕구와 욕망이 충족되어 만족하거나 즐거움을 느끼는 상태, 불안감을 느끼지 않고 안심해하거나 또는 희망을 그리는 상태에서의 좋은 감정으로 심리적인 상태 및 이성적 경지를 의미한다. 그 상태는 주관적일 수 있고 객관적으로 규정될 수 있다. 또한, 행복은 철학적으로 대단히 복잡다단하고 엄밀하며 금욕적인 삶을 행복으로 보기도 한다.”

이러한 정의는 개인 차원에서의 행복감을 정의하는 것으로 해석된다.

(2) 고대 그리스철학의 정의

고대 그리스철학 중 특히 에피쿠로스학파(Epicureanism)는 행복이 물질적인 소유보다는 마음으로부터 온다는 것으로 생각하고 마음을 다스려야 한다는 점을 강조하고 있다. 에피쿠로스학파의 정의를 공식으로 나타내 보면 다음과 같이 정의될 수 있을 것이다.

행복의 크기 = 가진 것 ÷ 욕망(욕심)

즉, 행복의 크기는 가진 것이 많을수록, 그리고 욕망이 작을수록 커진다는 것이다. 이 공식은 주관적인 행복과 물질적인 행복을 모두 아우르는 공식이라고 볼 수 있다. 이 공식을 유심히 살펴보면, 아무리 가진 것이 많더라도 욕망(욕심)이 매우 큰 사람은 행복을 작게 느끼는 반면, 가진 것이 보잘것없더라도 욕망이 매우 작은 사람은 큰 행복을 느낄 수 있다는 해석이 가능하다. 심지어 욕망이 제로에 가까운 사람은 행복이 무한대로 커진다는 해석도 가능하다. 독자들이 수학에 대한 약간의 이해가 있으신 분이라면 분모가 0일 때는 분자가 매우 작더라도 그 크기가 무한대에 이른다는 사실을 알고 계실 것이다.

이 공식은 노자의 "무욕이 대욕이다"라는 구절을 떠올리게 하는 한편, 불교에서 왜 무소유와 탁발수행을 강조하고 있는지를 얼핏 이해하는 데 도움이 될 수도 있을 것이다.

2 어떻게 사는 것이 행복한가?

만일 사람들에게 "어떻게 사는 게 행복한가?" 하는 질문을 던지면, 사람들마다 다양한 답변이 쏟아질 것이다.

(1) 청빈낙도형

이 유형의 답변은 "나물 먹고 물 마시고 팔 베고 누웠으니, 어찌 즐겁지 아니하랴"로 대표될 수 있다. 물론 이 말은 동양의 고전 중에 나오는 유명한 말이다. 그러나 이 말은 대다수 국민들보다는 청빈하게 사는 정치가나 관료, 그리고 선비에게 더 어울릴 말이다.

필자가 대학생 시절 도올 김용옥 교수(당시는 대학생 신분) 등과 함께, 한국학을 연구해야 한다는 취지에서 동양의 고전들을 함께 토론할 모임을 만든 적이 있다. 이 모임에서 경제학을 전공하던 필자는, 이 말은 치자(治者)에게 해당될 말이지, 백성들에게 강요해서는 안 되며, 백성들에게 강요한다면 우민정치가 될 것이라는 견해를 밝힌 적이 있다. 나중에 알게 된 사실이지만, 중국 문화대혁명 기간 중에도 필자의 이러한 견해와 유사한 형태로 슬로건이 나타났다고 한다.

이 유형의 대표적 인물로는 고대 철학자인 디오게네스를 떠올릴 수 있을 것이다. 유럽의 여러 나라를 제패한 알렉산더 대왕이 디오게네스의 명성을 듣고 찾아와 "무엇이든 원하는 것이 있으면 들어줄 터이니 소원을 말해 달라."고 하자. 길거리에서 햇볕을 쬐고 있던 디오게네스 왈 "당신이 햇볕을 가리고 있으니, 좀 비켜주시오."라고 했다는 것이다.

이와 대조적인 실화는 소개할 수 없을 정도로 많다. 언제인가 TV방송에서 신랑이 결혼식을 치른 후 장인을 만난 첫 자리에서, 서예가인 장인이 친필로 쓴 액자를 결혼선물로 받았다는 실화를 소개한 적이 있다. 그런데 액자를 펴본 신랑은 안빈낙도(安貧樂道)라는 구절을 보고 화를 내면서, "나더러 가난하게 살라는 것이냐!"며 선물을 내동댕이쳤다는 것이다.

(2) 자족형

이 유형은 흔히 얘기하듯, "남부럽지 않게 사는 것"이라는 말로 대표될 수 있다. 이 말은 최소한의 생활여건을 갖추면 최소한의 행복을 얻을 수 있다는 표현으로 해석된다.

생활의 물질적 기초인 의식주를 비롯하여 건강, 교육, 직업, 가족관계, 노후대책 등이 충분하다면, 남들이 어떻게 살건 부러워하지 않고 행복하게 살 수 있다는 표현이라고 볼 수 있다.

그러나 남들이 훨씬 부자로 사는 경우에도 행복하게 느낄 것인가라고 묻는다면, 답변을 주저하게 될지 모른다. 바꾸어 말하면, 자족형에 속하는 사람들이 상대적 박탈감을 느끼지 않을 것이냐는 것이다.

(3) 이기주의적 탐욕형

"남보다 더 많이 벌고, 더 많은 재산을 보유하고, 더 좋은 제품을 더 많이 소비하고 자식에게 더 많이 남겨줄 수 있는 사람이 되는 것"이라고 공개적으로 대답하는 사람은 그리 많지 않을 것으로 추측되나, 필자는 사실 이런 유형의 행복을 추구하는 사람이 상당히 많을 것으로 판단하고 있다.

왜냐하면, 해외 명품을 선호하는 사람들이 상당수 있을 뿐만 아니라, 연간 수억대의 자산소득을 올리는 사람들과 유명 연예인들 중에는 건강보험

료를 덜 내기 위해, 가까운 사람이 운영하는 직장에 근로소득자로 '위장취업[1]' 하는 사례도 상당수 적발되고 있기 때문이다. 명품 추구는 베블렌(T. Veblen)이 말하는 과시적 소비에 해당한다. 이러한 과시적 소비는 상품 소비가 목적이 아니라 남에게 과시할 목적으로 구입하는 경우가 많다. 따라서 명품을 구입하는 사람들은 남들이 못 살수록 행복이 더 커진다. 이 결과는 국민들 사이에 위화감을 조성할 뿐만 아니라, 본인 자신도 비뚤어진 심성을 갖게 하므로 매우 잘못된 것이다. 그러나 최근 우리 사회를 돌아보면, 명품 추구가 이제는 중·저소득층까지 따라 하여 가짜 명품을 수입하다 적발되는 사례가 빈발하고 있는 실정이다. 진짜든 가짜든 명품 수입은 국내생산을 위축시키고 일자리를 감소시키기 때문에 더더욱 해롭다.

뿐만 아니라, 차후에 보다 상세히 설명하겠지만, 우리나라 최대 부호로 손꼽히는 재벌가들이 계열사를 거의 전 업종에 걸쳐 무차별하게 확장하고, 총수들의 자금루트로 볼 수 있는 비상장계열사의 배당을 상장계열사보다 훨씬 높게(배당률 평균 40% 이상) 책정하는 등의 행태를 보이고 있는 것도 이기주의적 탐욕형으로 분류될 수 있을 것이다.

정신분석학자이자 사회철학자인 에리히 프롬(Erich Fromm)의 건전한 사회(*The Sane Society*) 등을 읽어본 독자라면 이런 유형의 행복을 추구하는 사람들이 공동체 생활에 얼마나 큰 해악을 끼치는지를 쉽게 깨닫게 될 것이다. 그리고 이런 질문을 하게 될지도 모른다. "이 사람들 우리나라 사람 맞아?"

---

1) 최근 사용되는 '위장취업'과 과거 박정희 정부 시절의 '위장취업'은 그 개념이 완전히 다르다. 당시 전태일 열사 분신자살 직후, 많은 대학생들이 청계 피복상가를 둘러본 사실이 있다. 청계 피복상가 2층의 작업실에는 미싱사와 보조들을 포함한 근로자들이 나염공장에서 막 도착한 옷감에서 나는 견디기 힘든 악취 속에서 하루 10시간 이상 일하고 있었다. 대학생들은 이러한 상황을 보고, 노조를 설립하지 않으면, 이러한 상황이 개선되기 어렵다고 생각하고, 근로자들을 위해 노조설립을 도와주려는 목적에서, 대학을 휴학하고 기술을 배운 후 공장에 취업하였는데, 당시 정부는 이들을 위장취업자라고 하여 탄압하였다.

※ 에리히 프롬(Erich Fromm)

에리히 프롬은 정신분석학자이자 사회철학자로서, 프로이트(Sigmund Freud)의 인간의 심리가 생물학적 · 충동적 동기에 좌우된다는 명제를 거부하고, 개인의 욕구를 근본적으로 이해하려면, 사회와 인간 자체에 대한 이해가 전제되어야 한다고 주장하고 있다. 특히 「건전한 사회」에서는 현대인이 소비지향적인 산업사회에서 소외당하고 자기자신으로부터 멀어졌다는 이론을 전개하고, 각 개인이 사회적 동료로서의 결속을 통해 소속감을 유지하는 동시에, 자신의 개인적 욕구를 만족시킬 수 있는 새롭고 완전한 사회에서 새로운 자각을 얻을 수 있어야 한다고 주장하고 있다. 또한 최초의 저서인 「자유로부터의 도피」에서는 시민혁명을 통해 자유를 얻은 사람들이라도, 자기 정체성(identity)을 확립하지 못하게 되면 '자동인형적 인간'이 되어, 나치즘이나 파시즘과 같은 전체주의로 회귀하게 된다는 경고를 하고 있다. 「소유냐 존재냐」에서는 인간을 소유추구형과 존재추구형으로 분류하여 분석하고 있다.

(4) '더불어 잘 살기' 형

영어 잠언에 "기쁨(행복)은 나누면 배가 되고 슬픔은 나누면 반이 된다."라는 말이 있다. 사실상 이 말은 경험해 본 사람은 충분히 공감하지만, 경험하지 못한 사람은 선뜻 실천하기에 주저하는 경우가 많다.

만약 모든 국민들이 이처럼 '더불어 잘 살기' 형의 행복을 추구한다면, 우리나라는 틀림없이 '행복한 나라' 가 될 수 있을 것이다. 우리나라는 공동체 생활을 특히 중시하는 경향이 높아 '더불어 잘 살기' 형의 행복추구가 성공할 가능성이 높다고 판단된다. 우리들이 흔히 '나' 라는 말 대신 '우리' 라는 표현을 쓰는 경우가 많다는 사실로도 충분히 이해가 될 것이다. 때로는 우리 남편, 혹은 우리 마누라라는 표현을 써서, 외국인들을 의아하게 만드는 사례가 종종 있지만……

그러나 만약 90%의 사람들이 '더불어 잘 살기'를 추구하는데, 10%의 사람들은 '이기주의적 탐욕형'으로 살아간다면, 행복한 나라가 될 수 있을까? 아마도 10%의 사람들은 비뚤어진 행복감에 도취되어 있겠지만, 90%의 사람들은 피해자가 되어 박탈감을 느낄 것이고 '행복한 나라'에 살고 있다고 말하기가 어려울 것이다.

우리나라에서는 다른 나라와 달리 묘하게도 나눔을 실천하는 이가 재벌 총수나 고소득층보다 오히려 중·저소득층에서 더 많이 이루어지고 있는 실정이다. 이런 현상을 놓고, "우리나라는 중·저소득층이 더 행복하다"라고 말할 수 있을까?

이 책에서는 북유럽의 여러 복지국가의 사례에서 사회지도층과 대기업 총수를 포함한 거의 모든 국민들이 '더불어 잘 살기'를 추구한다는 사실을 깨닫게 하고, 우리 모두가 어떻게 하면 함께 행복한 나라로 진입할 수 있는가에 대한 하나의 길을 제시하려는 데 목적을 두고 있다.

3 개인적 차원의 행복추구 한계

(1) 국가정책의 영향

그러나 지금까지 살펴본 개인적 차원에서의 행복은, 국가가 경제정책을 포함한 제반 정책의 방향을 어떻게 설정하고, 어떻게 실행하느냐에 따라 크게 달라질 수밖에 없음을 유념해야 한다. 국가(혹은 정부)는 모든 국민을 동시에 잘 살게 하기는 어렵지만, 특정 계층을 더 잘 살게 하고 특정 계층은 더 못 살게 하기는 매우 쉽다.

예컨대 인플레이션정책(요즘에는 국민들의 저항을 우려하여 양적 완화정책이라는 표현을 많이 쓴다)은 근로소득자들의 실질임금을 별 저항도 받지 않고 삭감시키는 반면, 부동산이나 재산을 많이 가진 사람에게는 가격 상승을 통한 이익을 누리게 하는 효과를 초래함으로써 빈부격차를 확대할 수 있다. 인플레이션은 또한 수많은 저축자의 실질이자율을 낮추는 한편, 막대한 자금을 대출받은 대기업들은 실질 채무가 경감되는 효과를 초래하기도 한다.

따라서 개인적 차원의 행복도 나라의 경제정책 여하에 따라 크게 변화하게 된다는 점을 명심해야 한다.

(2) 투표 참가의 중요성

나라의 정책이 개인적 차원의 행복에도 중대한 영향을 미친다면, 정책을 담당할 대통령이나 국회의원 선거에 적극적으로 참가하여 자신의 행복을 지켜야 한다.

OECD 행복지수 1위로 가장 행복한 나라로 꼽히는 호주의 경우, 투표참가율이 95%에 이르고 있다는 사실은 우연한 것이 아닐 것이다.

✚ 합리적 무지

일반적으로 정치인을 뽑는 선거가 이처럼 개인에게 큰 영향을 미치고 있음에도, 저소득층에서 투표율이 낮은 이유는 무엇일까? 이를 설명하는 용어로 '합리적 무지' 라는 표현을 쓰고 있다. 이는 수십만 표 중 자신의 한 표가 별 영향을 끼치지 못할 것이라고 생각하여, 투표를 포기한다는 것을 말한다. 혹은 투표에 참가하더라도 후보에 대한 정확한 정보를 얻으려는 노력을 기울이지 않고, 쉽게 정보를 얻을 수 있는 신문이나 방송에 의지하여 후보를 쉽게 선택하는 현상을 가리킨다. 우리나라의 신문들이나 방송은 특정 후보를 내놓고 지지하는 것이 금지되어 있지만, 사실상 은연중 특정 후보를 옹호하거나 비판하는 경향이 많기 때문에 주의를 기울일 필요가 있다.

최근 인문학의 중요성을 주장하는 이들이 "당신의 한 표가 세상을 바꿀 수도 있습니다."라는 말로 많은 이들을 변화시키고 있다고 한다. 한국에 왔던 한 외국 인문학자는 실제로 한국의 노숙자들을 상대로 교육을 하여, 상당수를 가정으로 돌아가게 했다는 보도를 접한 경험이 있다.

필자는 여러분의 손으로 직접 행복한 나라를 만들도록 권하고 싶다.

Ⅱ

행복한 나라란?

1 행복한 나라의 의미

앞에서 우리는 개인적 차원에서 행복의 의미를 살펴보았다. 여기에서는 국민들 차원에서 행복한 나라의 의미를 살펴보기로 한다.

사실상 각국의 국민들이 느끼는 행복 혹은 삶의 만족도는 매우 주관적 성격이 강할 뿐만 아니라, 각국의 사회 · 경제적 여건과 역사적 배경, 사회적 관습과 제도, 사회구성원들의 가치관, 문화적 전통과 유산 등 다양한 요인에 의해 영향을 받을 것으로 추정하는 것이 일반적 견해라고 할 수 있다.

그렇지만 어느 나라 국민이건 모두 인간이라는 공통점을 가진 이상 '행복' 에 대해서도 공통적인 생각을 가질 수 있지 않을까? 여기에 훌륭한 하나의 답을 제시하고 있는 것이 OECD의 행복지수이다.

2 OECD의 행복지수와 요건

(1) OECD의 행복지수

2012년 OECD에서는 회원국들의 각 국가별 행복지수(BLI : Better Life Index)를 발표하였다.

행복지수에는 소득을 포함하여 일자리, 주거, 공동체 생활, 교육, 건강, 환경, 시민참여, 삶의 만족도, 안전, 일과 삶의 조화 등 well-being 혹은 삶의 질(QOL : Quality of Life) 등과 관련된 11개 지표로 구성되어 있고, 각 지표에는 1~4개의 세부지표가 포함되어 있다. 주요 지표의 대부분이 삶의 질(QOL)과 관련된 지표인 동시에, 재정정책 혹은 공공재 및 공공서비스 등 재정지출과 밀접한 관련을 갖는 지표들이라고 할 수 있다.

(2) 행복한 나라가 되기 위한 요건

OECD의 행복지수는 '행복한 나라'가 되기 위해서는 어떻게 해야 하는가를 간접적으로 보여주고 있다고 해도 과언이 아니다. 즉, OECD 행복지수가 말하는 '행복한 나라'란 다음의 요건을 갖춘 나라를 의미한다.

i) 주거 : 주거비 지출비중이 낮을 것, 기초설비(상하수도, 가스설비 등) 구비율이 높을 것, 1인당 방수가 많을 것

ii) 소득 : 가구당 금융소득이 많을 것. 가구당 순가처분소득이 높을 것

iii) 일자리 : 직업안정이 보장될 것, 개인소득이 높을 것, 고용률이 높을 것, 장기실업률이 낮을 것

iv) 공동체생활 : 사회안전망의 질이 높을 것

v) 교육 : 교육연한이 길 것, 학력(PISA) 수준이 높을 것, 고졸 이상 인구 비중이 높을 것

※ PISA란?

OECD에서는 PISA(Programme for International Student Assessment)를 통해 독해력과 수학 및 과학 등의 성적을 각국별로 측정하고 있다.

vi) 환경 : 수질 좋고, 대기오염이 건강에 해를 미치지 않을 정도로 깨끗할 것

vii) 시민참여 : 시민들이 입법활동에 적극적일 것, 투표참가율이 높을 것

viii) 건강 : 자체진단 건강에 만족하는 인구 비중이 높을 것, 기대수명이 높을 것

ix) 삶의 만족도 : 삶의 만족도

x) 안전 : 인구 10만 명당 살인자 수가 적을 것, 폭행률이 낮을 것

xi) 일과 삶의 조화 : 여가와 휴식시간이 길 것, 장시간 피용자율이 낮을 것

OECD의 행복지수는 각국의 관련 통계를 수집 정리한 OECD 데이터베이스를 토대로 작성한 것이기 때문에 다른 행복지수들보다는 더 높은 객관성과 합리성을 갖춘 것이라고 평가된다.

- 영국 신경제재단(NEF)은 기대수명과 삶의 만족도, 환경오염도 등을 평가해 '국가별 행복지수(HPI)'를 발표하고 있다.
- 부탄에서는 GNH(Gross National Happiness)라는 개념을 사용하여 건강과 시간 활용 방법, 생활수준, 공동체, 심리적 행복, 문화, 교육, 환경, 올바른 정치 등 9개 분야의 지표를 토대로 행복지수를 산출하고 있다. 이들 행복지수는 주로 설문조사에 의한 것이기 때문에 객관적 통계자료를 분석하여 산출한 OECD의 행복지수와는 큰 차이점을 갖고 있다. 이 중 부탄의 행복지수는 부탄의 경우 국민소득수준은 낮지만, 토지가 국유화되어 부동산투기 염려가 없고, 교육 · 의료 · 복지 등을 국가가 지원하기 때문에 행복지수가 1위라고 주장한다.

3 OECD의 행복한 나라 순위

OECD의 행복지수를 국가 순위별로 정리한 것이 〈부록표 2-1〉이다.

가장 행복한 나라로는 호주가 1위를 차지하고 있으며 노르웨이, 미국, 스웨덴, 덴마크, 스위스, 캐나다, 네덜란드, 뉴질랜드 등의 순으로 행복한 것으로 나타났다. 상위권 국가들은 소득을 비롯하여 일자리, 일과 삶의 조화, 주거, 공동체 생활, 시민참여, 환경, 건강, 교육, 안전, 삶의 만족도 등의 면에서 전반적으로 높은 수준을 나타내고 있다.

미국은 소득수준에서, 그리고 호주는 시민참여 면에서 매우 높은 수준을 나타내고 있다는 점이 특징적이다.

상위권에 속하는 국가들 중에는 복지국가로 알려진 북유럽에 속하는 나라들이 대부분 포함되어 있는 것이 특히 눈에 띄는 대목이다. 복지국가로 알려진 북유럽에 속하는 나라들의 경우 공통적으로 소득수준에서는 비록 미국보다 떨어지지만, 일자리와 일과 삶의 조화, 환경과 건강, 공동체 생활과 시민참여, 삶의 만족도와 안전 면에서 높은 점수를 받고 있는데, 이는 앞서 제1장에서 살펴본 '더불어 잘 살기 형'의 본보기가 아닐까? 이들 북유럽 국가들은 〈표 3-3〉에서 보듯이, 공통적으로 소득격차가 적어 **5분위배율**이 낮은 나라들이라는 점이 이를 뒷받침하고 있다.

※ 5분위배율(quintile)

5분위배율이란 상위 20%의 소득을 하위 20%의 소득으로 나눈 값을 말한다. 5분위배율이 클수록 소득격차가 크다는 것을 의미한다.

우리나라의 경제정책도 복지 확대와 소득격차 해소가 국민들의 행복수준을 끌어올리는 주요 수단이 될 수 있는 사실이 된다는 점을 일깨워 주고 있는 것이다.

한편, 한국의 행복지수를 살펴보면, 63.2점(110점 만점)으로 OECD 36개 국가 중 중하위권인 24위에 머물고 있다.

보다 상세한 각국별 행복지수 및 세부지표 평가는 부록에 첨부되어 있다.

4 행복한 나라의 비밀

(1) 북유럽 복지국가들의 행복지수

스웨덴을 비롯한 북유럽 국가들은 어떻게 행복한 나라가 될 수 있었을까? 환언하면, 어떻게 OECD 행복지수 상위권에 들 수 있었을까? 물론 OECD에서 선정한 주거와 소득 및 일자리 등 행복지수 주요 항목과 세부지표에서 다른 나라보다 앞섰기 때문이라고 답한다면 우문현답이 될 수도 있다.

다음 표를 살펴보면 북유럽 국가들은 행복지수의 주요 지표들에서 OECD 평균보다 높은 평점을 받고 있다는 사실을 분명하게 파악할 수 있기 때문이다. 북유럽 국가들이 특히 OECD 평균보다 훨씬 높은 평점을 받는 지표는 일자리, 그리고 일과 삶의 조화 등 노동과 관련된 지표를 비롯하여, 환경 및 건강 등의 지표, 그리고 삶의 만족도 등이다. 그 외의 다른 지표들에서도 모두 OECD 평균 평점을 웃돌고 있다.

이에 비해 한국은 교육과 시민참여, 삶의 만족도와 안전 등에서만 OECD 평균 평점을 웃돌고 있을 뿐 다른 지표에서는 낮은 평점을 받고 있다. 특히 소득과 일자리, 일과 삶의 조화, 공동체 생활, 환경과 건강 등에서는 OECD 평균치보다 매우 낮은 평점을 나타내고 있다는 사실이 눈길을 끈다. 한국이 행복한 나라가 되기 위해서는 소득과 일자리, 일과 삶의 조화, 공동체 생활, 환경과 건강 등에서 더 많은 노력이 필요하다는 의미이다.

그러나 필자가 묻고 싶은 것은 "이들 나라가 어떤 경제정책을 펼쳤기에 행복한 나라가 되었는가?"이다.

다음 표의 하단에서, 우리는 가구소득과 5분위배율 및 국가청렴도 등 정부의 정책(경제성장정책, 소득재분배정책, 부패방지 및 공정거래질서 확립 정책)

〈표 2-1〉 북유럽 복지국가들의 행복지수와 주요 지표 평균

	북유럽 복지국가	OECD 평균	한국
행복지수	85.1	71.7	63.2
주거	6.6	5.7	5.7
소득	5.1	4.1	2.5
일자리	8.0	6.5	5.1
공동체 생활	8.6	7.8	4.1
교육	7.8	6.7	7.8
환경	9.0	7.6	6.3
시민참여	6.1	5.4	5.9
건강	8.1	6.9	4.8
삶의 만족도	9.0	5.9	7.0
안전	8.4	8.1	9.0
일과 삶의 조화	8.4	6.9	5.0
가구소득	26,461	22,500	16,570
5분위배율	4.0	5.4	5.7
국가청렴도지수	9.1	7.0	5.4

※ 단, 북유럽 복지국가에는 스웨덴, 노르웨이, 핀란드, 덴마크, 스위스, 네덜란드 포함.
자료 : OECD, *Better Life Index*, 2012
국제투명성기구, 부패인식지수(CPI)

과 관련된 지표를 주시할 필요가 있다.

복지국가들은 경제성장정책과 관련된 가구소득 지표에서도 OECD 평균치보다 높고, 소득격차를 나타내는 5분위배율은 낮게 나타나며, 부패방지정책과 관련된 국가청렴도지수는 매우 높게 나타나고 있음을 확인할 수 있다.

그러나 한국은 가구소득도 OECD 평균보다 낮으며, 소득격차는 오히려 더 높고, 국가청렴도지수는 매우 낮다는 사실을 확인할 수 있다. 한국이 행복한 나라가 되기 위해서는 결국 이들 경제성장정책과 복지정책을 포함한

※ **국가청렴도지수(Corruption Perceptions Index : CPI)**

국가청렴도지수는 국제투명성기구(Transparency International : TI)에서 매년 국가별로 발표하고 있으며, 가장 부패한 나라는 1점, 가장 청렴한 나라는 10점을 기준으로 평가한다. 국가청렴도지수는 부패인식지수 혹은 부패지수라고 불리기도 한다. 그러나 이 값이 클수록 더 청렴한 나라임을 의미하기 때문에, 본 연구에서는 혼동을 피하기 위해 부패인식지수 혹은 부패지수라는 표현 대신 국가청렴도지수라고 부르기로 한다.

소득재분배정책, 그리고 부패방지 및 공정거래질서 확립 정책을 한층 강화해야 한다는 논리가 이들 지표 비교만으로도 설득력을 가질 것이다.

앞으로 우리나라가 행복한 나라가 되기 위해서는 이들 정책을 어떻게 펴나가야 하는가를 논의하기에 앞서, 여기에서는 북유럽 복지국가들의 특징을 먼저 살펴볼 필요가 있다.

(2) 북유럽 복지국가들의 특징

북유럽 복지국가들의 특징을 살펴보면 다음과 같다.

가. 사회적 임금으로서의 복지

정부의 높은 복지지출을 감당하려면 높은 조세부담이 필요하므로 기업가들은 높은 조세부담을 걸머질 수밖에 없다. 그러나 이들 복지국가에서는 그렇다고 해서 기업이 조세부담이 낮은 다른 나라로 기업을 이전하지 않는다.

왜 그럴까? 기업가들의 대답은 "당연히 저희들이 해야 할 역할을 정부가 대신 해 주니 고마울 따름이죠."라는 것이다. 독자들은 이러한 대답에 의아하게 생각할 수도 있다. 그러나 '사회적 임금(Social Wage)' 이란 용어를 아시는 분은 충분히 이해할 수 있을 것이다.

※ 사회적 임금

James O' Coner(1990)는 사회적 임금(Social Wage)을 정부가 복지지출을 통해 근로자들에게 다양한 복지혜택을 제공함으로써, 기업이 지불해야 할 노동 재생산비용을 정부가 덜어준다는 의미에서 사용하고 있다.

기업이 잘 성장하려면 함께 일하는 근로자들에게 노동의 재생산비를 충분히 주어 계속적인 노동공급이 이루어지도록 해야 한다. 노동의 재생산비에는 근로자 본인이 노동을 재생산하는 데 드는 비용, 즉 단지 의식주를 해결하는 데 드는 비용뿐 아니라, 결혼하여 자식을 낳고 양육과 교육에 소요되는 비용, 그리고 병이 들거나 사고를 당해 노동력을 상실하게 되었을 때를 대비한 사회적 보험으로서의 기초생활비용 등이 포함되어야 한다.

그러나 기업은 본래 경쟁에서 살아남아야 하고, 이윤추구 목적으로 임금을 가능한 낮추려고 하기 때문에, 노동의 재생산비에는 턱없이 못 미치는 수준으로 줄 수밖에 없다. 이 경우 정부가 기업들로부터 받은 세금을 주거와 출산, 보건 및 의료, 교육, 그리고 노후 대비 사회보장 등 다양한 복지정책을 효율적으로 펼친다면, 기업은 상대적으로 낮은 임금으로 근로자들을 고용할 수 있게 된다. 이러한 경우의 정부의 복지지출을 사회적 임금이라고 한다.

바꾸어 말하면, 정부가 기업을 대신하여 근로자들에게 보조임금을 주는 셈이 된다. 이 경우 정부의 복지지출은 비용이라기보다는 투자에 가깝다고 할 수 있다. 특히 우리나라처럼 출산율이 세계 최저 수준인 나라에서는, 미래의 노동력 확보를 위해, 그리고 초고령화사회로의 진입을 늦추기 위해서라도, 출산과 양육 및 교육에 대한 복지지출이 우선적으로 필요한 것으로 판단된다.

정부의 복지지출은 단지 가난한 사람들에게 불쌍해서 제공하는 것이 아니다. 이 점에서 기업가들과 정책담당자들의 사고의 전환이 필요하다.

나. 근로의욕과 투자의욕

어떤 이들은 "높은 복지가 보장되면 근로의욕이 떨어지고 기업은 높은 조세부담으로 투자의욕이 떨어져 경제성장률이 떨어질 것이다."라고 말한다.

우선 근로의욕이 떨어진다는 주장에 대해 살펴보면, 이러한 주장의 배경에는 인간을 성악설의 입장에서 보는 시각이 깔려 있다고 보아야 한다. 성악설의 입장을 배경으로 한 경영학 이론의 대표적 이론은 X이론이다.

※ **X이론**은 미국의 포드 자동차사가 개발한 컨베이어시스템에 의한 연속적 자동차 조립공정이 새로운 생산방식으로 도입되었을 때 개발된 이론으로, 사람들은 끊임없이 감시하고 통제하지 않으면 작업을 게을리할 것이라는 성악설적인 입장에서 철저히 감독하고 감시해야 한다는 이론이다. 그러나 이 이론은 여러 가지 부작용으로 오히려 비효율을 낳게 되자, 후에 Y이론과 HR이론 등으로 바뀌게 되었다.

북유럽 복지국가들에서는 이러한 논리가 성립되지 않는다. 근로자들은 사용자들을 신뢰하고 있고 또한 자신들이 일한 만큼 정당한 보수를 받게 된다면, 더욱 성실히 일할 것이기 때문이다. 더구나 아무리 복지국가라도 일을 안 해도 복지지출 혜택만으로 남부럽지 않게 살 수 있을 만큼 충분할 정도의 복지혜택이 주어지는 것은 아니기 때문이다.

출산 · 육아에 대해서도 근로자들에게 충분한 배려를 해 주기 때문에, 이들 나라에서는 출산율이 우리처럼 낮아질 우려가 없다. 스웨덴에서는 아빠가 육아휴직을 사용하지 않으면 오히려 불이익을 받을 정도로 육아휴직이 강화되어 있고, 핀란드에서는 엄마에게 자녀 1명당 3년간의 육아휴직을 주고 복직도 보장해 준다.

기업들이 높은 세금부담으로 투자하지 않을 것이란 주장도 너무 근시안적이다. 왜냐하면 비록 세금부담이 높더라도 투자에 대한 기대수익에서 세금과 감가상각을 공제한 수익이 기대치보다 높다면 얼마든지 투자하려고 할 것이기 때문이다. 따라서 투자의욕은 세금 때문이 아니라 투자여건과 투자기회 등이 충분히 마련되어 있느냐 여부에 달려 있는 것이다. 북유럽 복지국가들의 경우 폭넓은 복지지출뿐만 아니라 소득격차도 매우 낮기 때문에, 한계소비성향이 높은 중산층과 저소득층의 소비지출로 인한 국내 소비시장이 잘 발달되어 있어서, 충분한 투자기회와 투자여건을 만들어 주고 있다고 할 수 있다.

이명박 정부에서는 일자리 창출을 위한 기업의 투자를 촉진하기 위해 법인세율 인하 등 소위 부자감세정책을 폈으나, 재벌기업을 포함한 많은 기업들의 투자도 일자리도 기대한 만큼 이루어지지 못했다는 사실은 바로 이러한 투자기회와 투자여건이 충분히 마련되지 못했기 때문이라고 판단된다. 우리나라도 부자감세와 근로소득세 공제대상 축소 등 부자들에게 혜택을 주는 정책 대신 한계소비성향이 높은 근로소득자를 포함한 중·저소득층에게 더 많은 혜택과 복지지출을 늘렸더라면, 가계대출 등으로 인해 얼어붙어 있는 내수시장을 그나마 활성화시키고 기업들의 투자기회를 늘려 일자리를 창출하는 데 기여하였을 것이라는 추측이 가능하다.

또한 남북경협 확대도 투자기회를 확대하는 데 매우 큰 기여를 할 수 있을 것으로 기대될 수 있다. 왜냐하면 남북 철도연결사업만 하더라도, 유럽을 거쳐 영국까지 수출입 화물을 상대적으로 안전하고 저렴한 비용으로 수송할 수 있게 되면, 우리나라의 수출입 화물과 관광객뿐만 아니라, 일본의 유럽 수출입 화물까지도 우리의 부산항과 광양항으로 밀려들어 올 가능성이 크다. 왜냐하면, 코레일에서 노무현 정부 시절 남북 철도연계사업이 추진되어 일부 구간 복원까지 이루어지자, 일본에서는 대한해협에 해저터널을 뚫자는 제의를 다시 시도하려는 움직임이 나타나고 있는 것을 보더라도 충분히 이해할 수 있을 것이다.

남북경협은 우리에게 절실히 필요한 희토류를 포함한 지하자원과 질 좋은 노동력을 풍부히 가진 북한과, 우리의 풍부한 자본력과 높은 기술력이 결합된다면 매우 큰 시너지 효과가 나타날 수 있다는 점에서도 매우 중요한 의미를 갖는다.

우리의 자본력이 크다는 사실은 다음 Ⅳ장에서 논의하는 저축률과 투자율에서 투자재원 자립도가 이미 100%를 넘어서고 있다는 사실에서도 충분히 이해할 수 있을 것이다. 만약 투자가 기업저축을 포함한 국민저축보다 적게 이루어지면 불황으로 이어질 수 있기 때문에, 우리나라도 일본처럼 장기불황에 빠지지 않으려면, 남북경협을 서두를 필요가 있다.

다. 경제성장률이 하락한다?

복지국가들은 과도한 복지지출과 조세부담으로 경제성장률이 떨어질 것이라고 주장하는 이들도 상당수 있다.

그러나 앞으로 V장에서 설명하는 바와 같이, 국제적 경제위기가 진행되는 와중에서도 복지국가들의 경제성장률은 OECD 국가들의 평균치를 상회하는 성장률을 나타내고 있음을 볼 수 있다.

이러한 경제성장률을 달성하는 데는 무엇보다 근로자들과 기업가들이 서로에 대한 신뢰를 바탕으로 팀워크를 이뤄 생산에 참여하기 때문이라고 필자는 판단한다. 근로자들은 자신들이 일한 만큼 기업이 충분한 보상을 해 주고 있다고 생각하고, 기업가는 사회적 임금으로 상대적으로 저렴한 비용으로 근로자들을 고용하고 있지만 근로자들이 성실히 일해 준다면, 서로간의 신뢰가 쌓이게 될 것이다. 이처럼 신뢰를 바당으로 한 팀워크는 생산성과 품질 향상에 크게 기여할 수 있음은 물론이다.

라. 노사간의 신뢰로 사회적 비용 감소

노사간의 신뢰를 바탕으로 한 팀워크는 다른 한편으로 노사분규 등에 의한 사회적 비용을 대폭 절감할 수 있다.

최근 우리나라에서 발생하는 철탑과 크레인 등에서 벌어지는 고공농성을 비롯하여 용역업체를 대행시켜 노조 파괴운동(?)을 벌여 사회적으로 물의를 일으킨 사건 등은 우리나라 기업들의 노사간에 얼마나 신뢰가 부족한가를 여실히 보여주고 있는 실례라고 할 수 있다.

파업도 정당한 절차를 거쳐 실행하는 파업은 우리나라 법에서도 인정하고 있는 노동 3권에 포함된 정당한 권리이다. 이는 기업측이 행사할 수 있는 권한(위장휴업과 폐업 등)에 비해 노조가 행사할 수 있는 권한이 극히 제한될 수밖에 없다는 점에서 선진국들에서도 허용되고 있는 권리이다. 다만 우리나라에서 파업이 종종 일어나고 있는 이유 중 하나는 노사간에 성실한 협의가 충분히 이루어지지 못하고 있어 실력행사로 나타난다는 점에 문제가 있다. 성실한 협의가 이루어지지 못하고 있는 가장 큰 이유는 노사간에 상대방에 대한 신뢰가 매우 부족하다는 것이다. 물론 노사간의 신뢰가 부족하게 된 배경에는 그동안 정부가 친기업적인 노동정책을 펴온 결과, 사용자 측이 버티기 식으로 일관해 온 관행에도 문제가 있지만, 민주화선언 이후 짧은 노조 활동시기에 세련된 협상력을 충분히 갖추지 못한 노조 측에도 문제가 있을 수 있다.

미국 등 선진국의 노동 관련법의 추이를 살펴보면, 정부는 사용자 측이 너무 강할 때는 노조의 입장을 옹호하는 정책을, 반대로 노조가 너무 강할 때는 사용자 측을 옹호하는 정책을 번갈아 시행하면서 오늘날의 노동 관련법을 정착시켜 왔다. 따라서 우리나라에서도 정부는 중립적인 입장에서 노사간에 중재자 역할을 수행하여, 노사간 신뢰를 회복시키는 노력을 기울여야 할 것이다.

마. 소득양극화 해소로 국민통합

북유럽 국가들의 두드러진 특징 중 하나는 소득격차가 매우 낮다는 점이다. 소득격차를 나타내는 지수 중 하나인 5분위배율, 즉 상위 20% 가구의 소득을 하위 20%가구의 소득으로 나눈 값이 4.0 이하인 나라가 대부분이다(〈부록표 3-1〉 참고). 이처럼 소득격차가 낮은 나라에서는, 부자가 가난한 사람들을 비하하지도, 빈자가 부자를 비난하지도 않고, 오히려 부자들의 능력을 존경하게 된다.

따라서 국민들 간에 위화감을 해소하고 국민통합을 실현하기 위해서는 소득격차 완화와 복지지출 확대 정책이 필요하다.

바. 부정부패가 없고, 공정거래질서가 확립된 나라

북유럽 복지국가들이 공통적으로 나타내는 특징은 부패방지가 철저하게 이루어지고, 따라서 공정거래질서가 확립된 나라라는 점이다. 이 사실은 뒤의 〈표 3-3〉에서도 확인할 수 있다.

부정부패가 거의 없다는 것은 정경유착도 없을 뿐만 아니라, 정치권이나 공직자들의 권력형 비리나 비위가 거의 없다는 것을 의미하며, “무전유죄, 유전무죄”와 같은 법체계 운영상의 억울함도 거의 없고, 소비자에 대한 대기업의 횡포와 소비자 권리 침해, 대기업의 중소기업 기술 탈취, 재벌기업의 '일감 몰아주기' 같은 불공정거래행위 등도 거의 없다는 것을 의미한다.

우리는 잠시 후 Ⅲ장에서 '행복한 나라'가 되기 위해서는 부패방지를 통해 국가청렴도를 높이는 것이 반드시 필요하며, 그 효과도 매우 높다는 사실을 깨닫게 될 것이다.

부정부패가 없고, 공정거래질서가 확립된 나라는 무엇보다 국민들 간의 신뢰(trust)가 높아지게 될 것이다. 신뢰는 사회자본(social capital)론자들이 매우 중시하는 무형의 자본이다.

※ 사회자본(social capital)

사회자본이란 인적자본(human capital)과 물적자본(physical capital) 등처럼 생산요소로 직접 이용되고 있지는 않지만, 사회구성원들 간의 사회적 관계 속에서 형성되는 무형의 자본, 예를 들어 신뢰 등을 말하며, 신뢰와 같은 사회자본이 한 나라의 생산성에 큰 영향을 미치게 된다는 점을 강조하고 있다. 신뢰를 바탕으로 노사화합이 잘 되는 기업과 불신의 골이 깊어 노사갈등이 심한 기업 간에는 생산성에 큰 차이가 날 것은 자명한 일이다. 노사의 경우만 아니라 대기업과 중소기업, 소비자와 생산자, 정부와 국민들 간의 관계에도 마찬가지이다.

- 이와 유사한 개념으로 문화자본(cultural capital)도 일국의 생산성에 큰 기여를 할 수 있는 것으로 필자는 생각하고 있다. 최근 한류 바람을 타고 수출 및 관광 등이 호조를 나타내고 있다는 사실로도 이를 반증한다고 할 수 있다.

뒤집어 생각하면 부정부패가 만연하고 소비자와 생산자 사이에, 근로자와 사용자 사이에 혹은 대기업과 중소기업 사이에, 그리고 정부와 국민들 사이에 불신이 깊어지면 경제성장도 국민통합도 이루어지기 어렵다는 점은 쉽게 이해할 수 있을 것이다. 따라서 사회구성원들 간의 신뢰를 쌓기 위해서는 부정부패 방지와 공정거래질서 확립이 무엇보다 긴요하다.

5 한국의 행복지수

(1) 주요 평가항목별 순위

행복지수를 구성하는 주요 평가항목별로 한국의 위치를 살펴보면 다음과 같다.

| 그림 2-1 | 한국의 행복지수 항목별 순위

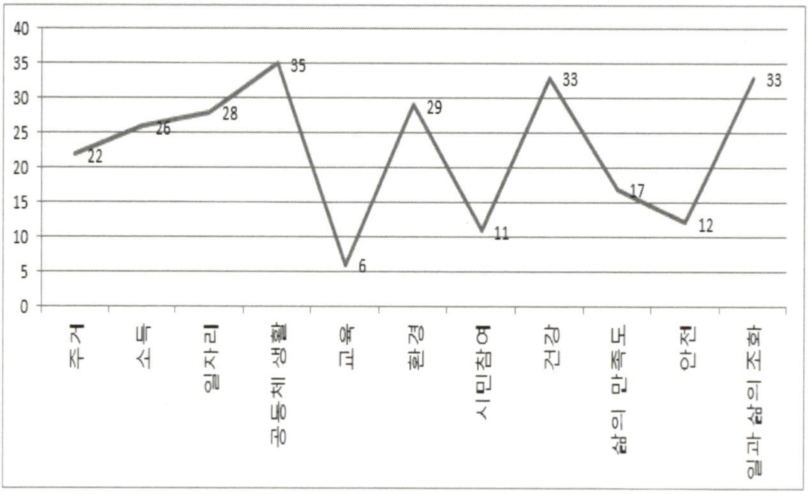

자료 : OECD, *Better Life Index*, 2012에서 재작성.

[그림 2-1]에서 우선 주요 항목별로 볼 때 상위권에 속하는 항목은 교육(6순위)뿐이며, 중상위권에 속하는 항목은 시민참여(11순위), 안전(12), 삶의 만족도(17) 등 3개 지표이다. 주거(22), 일자리(25), 환경(29) 등은 중하위권에 속하고 있으며, 건강(33), 일과 삶의 조화(33), 공동체 생활(35) 등은 최하위권에 속하고 있다.

(2) 주요 지표별 순위

교육이 상위권에 속하게 된 이유는 세부지표별로 볼 때 고졸 이상 학력이 80%로 학업성적(PISA)이 541점으로 2위를 차지한 것이 주요 요인이다. 고졸 이상 학력 인구비율은 80%로 18위이고, 교육연한은 17.2년으로 20위를 차지한다.

시민참여는 입법상담에서 6위를 나타냈으나, 투표율은 29위에 머물러, 종합 11위였다.

안전은 폭행률이 2.09%로 6위였으나, 인구 10만 명당 실인사 수가 2.8명으로 29위로 나타나 12위를 나타냈다. 그러나 동 행복지수에는 포함되지 않는 자살률이 한국의 경우 2010년 인구 10만 명당 33.5명[1]으로, OECD 국가들 중 제일 높다는 사실을 감안하면, 우리나라의 행복지수는 더 낮을 수도 있음을 고려해야 할 것이다. 특히 한국의 경우 정리해고와 기초생활수급권의 박탈, 가계부채 및 생활고 등 경제적 요인에 따른 자살이 계속 빈발하고 있다는 점을 유의해야 할 것이다.

삶의 만족도는 다른 여건이 낮은 순위에 머물고 있음에도 17위를 나타내는 것을 보면 아마도 한국인의 낙천적인 성격 때문이 아닌가 추측된다.

주거의 경우는 주거비 지출비중이 16%로 36개국 중 2위를 차지할 정도

---

1) OECD Health Data : Health Status : OECD Health Statistics(database), 2012.

임에도 불구하고, 기초설비 구비율이 29위로 나타나 22위에 머물렀다.

일자리는 장기실업률이 36개국 중 1위를 차지할 정도로 낮았으나, 개인 소득과 고용률은 23위, 직업안정은 36개국 중 최하위권을 차지하여 종합 25위로 나타났다. 우리나라의 경우 직업안정이 가장 큰 취약점이라는 지적이다.

환경의 경우는 수질이 25위, 대기오염은 31위로 매우 심각한 수준임을 나타내고 있다.

건강은 한국인의 기대수명이 16위로 중위권 수준이었으나, 자체진단 건강이 34위로 나타났기 때문에 하위권을 기록하였다.

일과 삶의 조화에서는 여가와 휴식시간 지표에서 21위를 기록했으나 장시간노동 피용자율에서 33위를 나타내 하위권으로 처지게 되었다.

공동체 생활이 35위로 최하위권을 나타낸 이유는 사회안전망의 질이 떨어지기 때문이다. OECD의 동 보고서는 한국은 통신망 등의 발달로 시골

| 그림 2-2 | 한국의 행복지수 세부지표별 순위

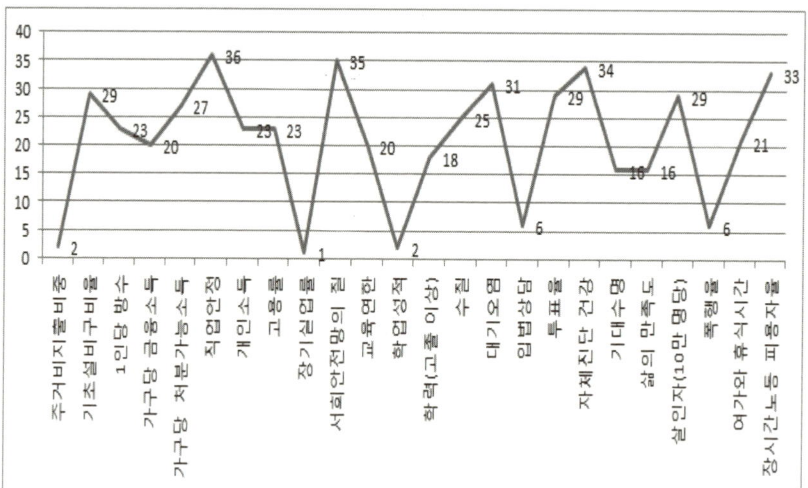

자료 : OECD, *Better Life Index*, 2012에서 재작성.

부모와 떨어져 사는 자식들 간에 통화 등 연락이 잘 되고 있어,[2] 사회안전망의 미흡을 어느 정도 대신하거나 보충하는 것으로 보고 있다.

〈표 2-2〉 행복지수의 주요 지표 및 세부지표상의 한국의 위치

주요지표		세부 지표			
주거	5.7 22/36	주거비지출비중 (16%, 2/36)	기초설비구비율 (95.84%, 29/36)	1인당 방수 (1.4, 23/36)	
소득	2.5 26/36	가구당 금융소득 ($23,715, 20/36)	가구당 순가처분소득 ($16,570, 27/36)		
일자리	5.1 27/36	직업안정 (25.80%, 36/36)	개인소득 ($31,733, 23/36)	고용률 (63%, 23/36)	장기실업률 (0.01%, 1/36)
공동체 생활	4.1 34/36	사회안전망의 질 (81%, 35/36)			
교육	7.8 7/36	교육연한 (17.2년, 20/36)	학업성적 (541점, 2/36)	학력(고졸 이상) (80%, 18/36)	
환경	6.3 29/36	수질 (82%, 25/36)	대기오염 (31μg, 31/36)		
시민참여	5.9 11/36	입법상담 (10.4, 6/36)	투표율 (63%, 29/36)		
건강	4.8 33/36	자체진단 건강 (38%, 34/36)	기대수명 (80.7년, 16/36)		
삶의 만족도	7.0 16/36	삶의 만족도 (6.9, 16/36)			
안전	9.0 10/36	살인자(10만 명당) (2.8, 29/36)	폭행률 (2.09%, 6/36)		
일과 삶의 조화	5.0 33/36	여가와 휴식시간 (14.63h, 21/36)	장시간노동 피용자율 (22.48%, 33/36)		

자료 : OECD, *Better Life Index*, 2012

2) OECD, *Better Life Index*, 2012

〈부록표 2-1〉 OECD 국가별 행복지수와 주요 지표

국가	행복지수	순위	주거	소득	일자리	공동체생활	교육	환경	시민참여	건강	삶의 만족도	안전	일과 삶의 조화
호주	87.5	1	7.0	4.5	7.8	9.6	7.6	9.0	9.4	9.1	8.6	9.3	5.6
노르웨이	86.9	2	7.5	3.9	8.8	8.5	7.3	9.2	6.3	8.5	9.2	8.9	8.8
미국	86.4	3	7.8	10.0	7.5	8.0	7.0	7.9	7.7	8.4	7.6	8.8	5.7
스웨덴	85.8	4	6.6	4.9	7.2	8.0	8.1	10.0	8.2	8.5	8.3	7.8	8.2
덴마크	85.7	5	6.0	4.0	7.7	9.4	7.4	9.3	6.7	7.0	10.0	8.5	9.7
스위스	85.5	6	6.0	7.9	9.0	8.6	7.5	8.7	3.3	9.5	9.0	8.4	7.6
캐나다	85.5	7	7.8	6.1	7.8	8.0	7.7	8.7	5.6	9.0	8.7	9.6	6.5
네덜란드	84.6	8	7.0	5.9	8.9	8.6	7.2	7.8	5.5	8.1	9.0	7.9	8.7
뉴질랜드	82.4	9	6.1	2.8	7.5	9.1	7.8	8.8	7.6	9.2	7.9	9.2	6.4
룩셈부르크	82.3	10	6.1	8.1	8.5	8.4	4.7	9.2	6.6	7.9	7.4	7.9	7.5
핀란드	82.3	11	6.3	3.7	6.6	8.6	9.4	9.2	6.4	7.1	8.4	9.0	7.6
영국	81.7	12	6.2	6.0	7.9	9.2	5.9	9.7	6.3	7.9	6.7	9.4	6.5
아이슬란드	81.2	13	6.0	4.6	8.3	10.0	7.2	9.6	5.4	8.4	6.8	9.2	5.7
벨기에	80.9	14	7.3	6.5	6.8	8.5	7.5	7.5	5.8	7.9	7.3	6.9	8.9
아일란드	80.3	15	7.8	3.6	6.2	9.9	6.6	8.8	5.6	8.7	7.0	9.1	7.0
오스트리아	79.9	16	6.0	5.4	8	8.8	6.3	7.8	6.2	7.4	8.8	9.0	6.2
독일	78.7	17	6.1	5.2	7.3	9.0	7.7	9.3	4.4	7.0	6.0	8.6	8.1
프랑스	74.5	18	6.4	5.4	6.4	8.0	5.8	7.8	4.5	7.6	7.1	7.8	7.7
스페인	71.5	19	7.1	3.6	4.1	8.8	4.8	6.6	5.6	8.3	5.5	8.3	8.8
슬로베니아	68.9	20	5.2	2.7	6.7	8.3	7.7	7.1	5.9	6.1	3.8	8.5	6.9
일본	68.3	21	4.7	6.0	7.1	7.8	8.8	7.3	4.8	5.0	3.9	9.9	3.0
이탈리아	67.9	22	5.3	5.3	5.8	7.7	5.0	6.8	5.0	7.6	3.9	8.0	7.5
체코	66.4	23	4.7	2.0	6.0	7.7	7.5	8.0	4.2	6.3	4.9	9.0	6.1
한국	63.2	24	5.7	2.5	5.1	4.1	7.8	6.3	5.9	4.8	7.0	9.0	5.0
이스라엘	61.3	25	4.1	4.2	6.3	6.6	4.9	4.1	1.8	8.8	8.5	6.9	5.1
슬로바키아	59.1	26	4.0	1.3	4.0	7.8	6.6	8.4	3.1	4.9	3.4	8.8	6.8

폴란드	58.7	27	3.4	1.3	5.3	7.4	7.9	5.3	5.2	4.9	2.5	9.5	6.0
그리스	57.9	28	3.8	3.1	5.4	5.5	5.7	3.9	4.7	7.9	1.5	8.5	7.9
포르투갈	57.9	29	6.0	3.0	5.3	5.7	4.5	7.9	4.0	5.4	1.0	7.4	7.7
헝가리	54.5	30	3.0	1.4	4.3	7.0	6.9	7.4	4.8	3.9	-	8.5	7.3
에스토니아	51.4	31	2.4	1.3	3.9	7.5	7.9	6.8	2.1	4.4	1.9	6.7	6.5
러시아	49.3	32	7.1	1.6	5.7	6.7	6.1	4.4	1.9	0.1	1.2	6.7	7.8
브라질	49.1	33	3.9	0.2	4.8	7.4	1.9	7.5	4.7	5.0	6.6	0.8	6.3
칠레	48.5	34	3.1	0.7	4.3	5.7	3.8	3.6	4.2	6.0	5.9	5.0	6.2
멕시코	39.3	35	4.2	0.9	4.5	4.6	0.9	5.0	4.7	5.2	6.9	0.8	1.6
터키	31.5	36	1.3	0.9	2.6	-	1.4	3.8	5.5	4.9	1.2	7.3	2.6

자료 : OECD, *Better Life Index*, 2012

III

행복지수의 결정 요인

1 행복지수를 어떻게 높일 수 있을까?

OECD의 행복지수는 각국의 객관적 자료를 통해 well-being과 관련된 11개 주요 지표에 걸쳐 각국의 well bcing 수준을 평가하고 있다는 점에서, 각국의 well-being 관련 정책과 목표치 설정에 큰 도움을 주고 있다. 그러나 경제정책을 포함한 정부 정책의 방향 설정과 관련된 정책적 시사점은 크게 제시하지 못하고 있다는 점에서 아쉬움을 느낀다. 그 이유는 가계부채를 비롯한 국가채무 증대로 인한 경제위기와 소득양극화, 그리고 경제민주화와 부정부패 방지 등에 대한 정책 방향을 선명하게 제시하는 데는 큰 도움을 주지 못했기 때문이다.

왜냐하면 필자는 오래 전부터 우리 국민들이 행복한 삶을 누릴 수 있으려면, 소득수준 향상과 함께 소득재분배와 복지지출이 늘어나고, 다른 한편으로는 공정한 시장경쟁(부패방지 포함)이 이루어질 수 있도록 공정거래질서 확립과 부정부패 척결이 이루어져야 한다고 생각해 왔기 때문이다.

그러나 OECD의 행복지수와 이들 세 변수(소득, 소득격차지수, 부패인식지수) 간의 관련성을 계량경제학적 방법으로 분석해 보았더니, 분석결과는 놀랍게도 필자의 이런 생각을 확실하게 증명해 주고 있다.

이하에서는 이러한 경제정책변수와 OECD의 행복지수가 어떻게 관련되어 있는지를 살펴보기로 한다.

(1) 지표관리만으로 행복지수를 높일 수 있을까?

앞에서 본 바와 같이 OECD의 행복지수는 11개의 주요 평가항목과 24개의 세부지표에 대한 평가를 통해 산출되고 있다.

그러나 OECD의 행복지수를 구성하는 주요 평가항목과 지표들을 높이거나 낮춤으로써, 즉 지표관리를 잘함으로써 행복지수를 높이려는 노력은 크게 성공할 수 없으리라고 판단된다.

왜냐하면 첫째, 동 지표에서 빠진 행복과 관련된 지표들, 예컨대 소득격차수준, 출산율, 이혼율, 절대빈곤율, 자살률 등 수많은 지표들이 포함되어 있지 않기 때문이다. 우리나라는 자살률이 OECD 국가들 중 가장 높고, 출산율은 가장 낮은 것으로 나타나 심각한 사회문제로 대두되고 있는 상황이다. 둘째, 이들 지표들을 관리만 잘하면 행복한 나라가 될 수 있는가?라는 의문이 들기 때문이다. 셋째, 지표관리보다는 이들 지표들을 아우르는 국가정책이 무엇인지 밝혀내고 그러한 정책을 펼쳐 나가는 것이 행복한 나라를 만드는 지름길이라는 판단이 들기 때문이다.

✚ 한국의 자살률 추이

자살이라는 극단적인 선택은 행복과 정반대되는 최고의 불행을 나타내고 있다고 보아야 하므로, 여기에서 잠시 우리나라의 자살률을 살펴보기로 하자. 다음의 그림은 1983년 이후 우리나라의 자살자 수와 국민 10만 명당 자살자 수로 나타낸 자살률의 추이를 나타내고 있다.

| 그림 3-1 | 한국의 연도별 자살률 추이

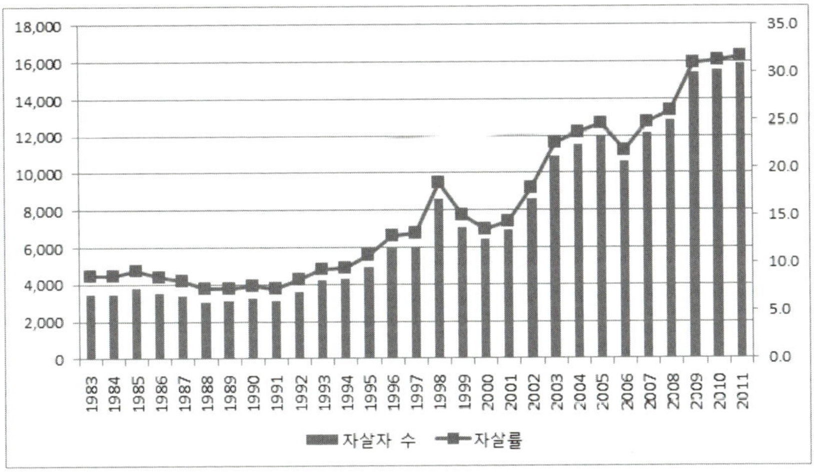

※ 단, 자살자 수는 명, 자살률은 인구 10만 명당 사살자 수임.
자료 : 통계청, 사망원인, 고의적 자해(자살)

그림을 살펴보면, 자살률이 갑자기 높은 상승세를 나타내고 있는 시기는 IMF 외환위기 때인 1998년, 카드대란으로 인한 신용위기기간인 2003년 이후, 그리고 글로벌 금융위기 때인 2008~9년이다. 이 사실은 자살의 원인도 경제적 이유가 중요한 요인으로 작용하고 있음을 단적으로 나타내 주고 있다.

자살의 동기는 물론 경제적 이유 외에도 가족관계의 해체, 전태일 열사의 예와 같은 의분자살, 학생들의 성적 비관, 특정 종파의 종교적 이유, 충동적 자살 등 다양한 요인이 작용하고 있는 것도 사실이다.

그러나 우리나라의 자살률이 IMF 외환위기 이전에는 OECD 평균치인 13.3명 수준을 넘지 않았으나, IMF 경제위기 이후로는 OECD 평균치를 넘어섰고, 카드대란 이후에는 20명 수준을, 글로벌 금융위기 이후에는 25명 수준을, 부자감세와 복지지출 억제정책으로 대변되는 이명박 정부에서는 30명 수준을 넘어서는 등 급속한 증가세를 나타내고 있다는 사실을 통해, 우리는 자살률이 경제변수와 매우 밀접한 관련을 갖는다고 판단할 수 있을 것이다.

✚ 경제고통지수

행복지수와 대비되는 또 다른 개념으로 경제고통지수를 예로 들 수 있다.

경제고통지수란 물가상승률과 실업률의 합계로 정의되는데, 이는 국민들의 경제적 고통을 나타내는 지표로 널리 쓰이고 있다. 즉 물가상승률이 높을수록, 실업률이 높아질수록 국민들이 느끼는 경제적 고통이 얼마나 큰가를 지수화하여 나타낸 것이다.

이를 그림으로 나타내 보면 다음과 같다.

| 그림 3-2 | 경제고통지수의 연도별 차이

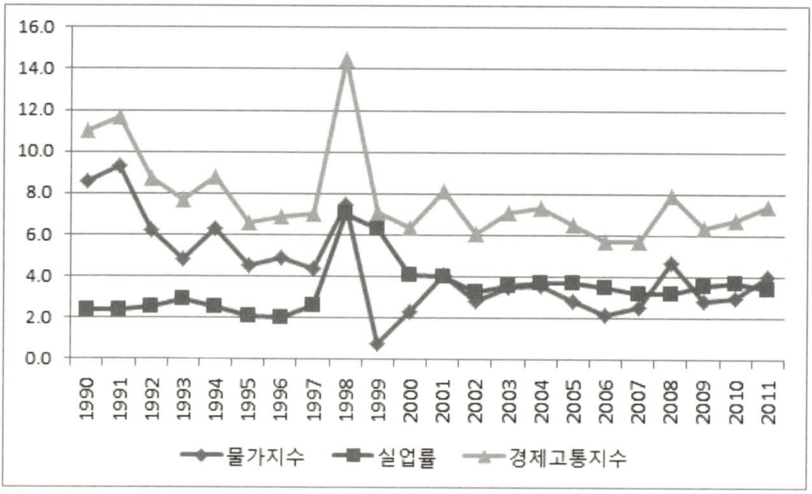

자료 : 통계청, 경제활동인구조사 및 소비자 물가동향분석

위의 그림에서도 경제고통지수는 IMF 외환위기, 카드대란 및 글로벌 금융위기 시에 경제고통지수가 크게 높아지고 있는 사실을 알 수 있다.

(2) 행복지수를 높이는 정책들

필자는 OECD의 행복지수를 구성하는 다양한 지표들을 아우르는 정책으로, 소득수준을 높이기 위한 경제성장정책, 소득격차를 줄이는 소득재분배정책 및 복지정책, 그리고 부패방지정책 혹은 공정거래질서 확립 정책 등 세 가지 정책들을 고려하고 있다.

현명한 독자라면 앞에서 '복지국가들의 비밀'을 통해 이들 정책이 행복한 나라를 만들기 위한 필수요건이라는 사실을 이미 깨닫고 있을 것이다. 또한 다음의 〈부록표 3-1〉을 살펴보더라도, 이들 세 가지 정책이 행복지수와 매우 밀접한 관련을 갖고 있다는 사실을 쉽게 파악할 수 있을 것이다.

동 표에서 5분위배율은 소득격차지수를 나타내며, 이 값이 클수록 소득격차가 크다는 것을 의미한다. 국가청렴도지수는 부패인식지수(CPI : Corruption Perceptions Index)를 가리키며, 이 값이 클수록 부패가 적다는 것을 의미한다.

〈부록표 3-1〉에서 우리는 행복지수가 높은 북유럽의 복지국가들 스웨덴, 노르웨이, 핀란드, 덴마크, 스위스 등의 국가들의 경우, 비교적 가구소득이 높은 편에 속하면서도, 소득격차가 매우 낮으며(5분위배율이 낮으며), 국가청렴도지수가 높다(부패정도가 낮다)라는 사실을 확인할 수 있다.

반면, 행복지수가 최하위권인 러시아, 칠레, 멕시코 등은 소득수준이 비교적 낮을 뿐만 아니라, 소득격차가 매우 높으며, 국가청렴도지수가 칠레를 제외하고는 매우 낮다는 사실을 확인할 수 있다.

최근 가계부채 증가와 부동산 거품이 꺼지면서, 재정위기를 겪고 있는 남유럽 국가들 그리스, 포르투갈, 이탈리아, 스페인 등이 한결같이 소득격차지수(5분위배율)가 높고, 국가청렴도가 낮다는 사실은 단순히 우연일까?

행복지수 하위권인 우리나라는 가구소득수준도 중하위일 뿐만 아니라, 소득격차가 비교적 높고, 국가청렴도도 낮은 편에 속하고 있다.

우리나라보다 행복지수가 3단계 높은 일본은, 우리나라보다 소득수준도 높고 국가청렴도도 우리나라보다는 높은 편에 속하지만, 소득격차가 크다는 점에서 행복지수가 중하위권에 속하고 있다고 설명할 수 있지 않을까?

다음의 그림은 행복지수와 가구소득, 소득격차지수 및 국가청렴도지수의 등의 관계를 나타내고 있다.

행복지수와 이들 변수들 간의 정밀한 관계는 실증분석을 통해 검증해 보아야 한다.

| 그림 3-3 | 행복지수와 가구소득, 소득격차지수 및 국가청렴도지수의 관계

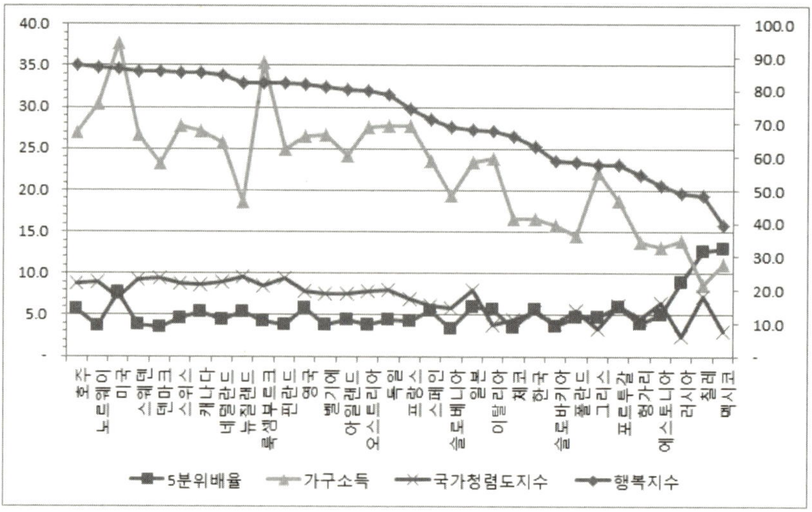

자료 : OECD, *Better Life Index*
국제투명성기구, CPI

2 국민행복지수의 도출

(1) 정책변수의 선택

여기에서는 OECD의 행복지수를 결정하는 요인을 정부 정책변수와 연결지어 분석해 봄으로써, 어떤 정책변수가 얼마만큼 행복지수에 영향을 미치고 있는가(영향력), 그리고 이들 변수들이 행복지수를 어느 정도 충분히 설명할 수 있는가(설명력)를 먼저 파악하기로 한다.

분석 결과가 충분한 설명력과 영향력을 갖는다고 판단되면, 분석 결과를 토대로, 한국의 정책 방향이 어느 쪽으로 가야 행복한 나라를 만들 수 있는지를 살펴보기로 한다.

(2) 행복지수와 정책변수의 관계 실증분석

행복지수와 경제정책의 관계를 실증적으로 분석하기 위한 분석모형을 설정하기 위해서는, 각국의 행복지수와 각국의 정책변수들(소득수준, 소득격차, 국가청렴도지수 등)과의 관계를 먼저 분석해 보아야 한다.

필자는 행복지수는, 첫째 소득수준이 높을수록 커지며, 둘째 소득격차가 적을수록 커지고, 셋째 국가청렴도지수가 높을수록(부패인식지수가 낮을수록) 커진다고 판단한다.

이를 함수관계로 나타내면 다음과 같다.

각국의 행복지수 = f(소득수준, 소득격차지수, 국가청렴도지수)

필자의 판단이 정확한 것인지를 판단하기 위해 여기에서는 행복지수의 결정요인과 관련한 회귀분석(regression analysis) 모형을 설정하여 분석하기로 한다.

본 모형을 설정하기 위한 가설은 다음과 같다.

i) 국가별 행복지수의 크기는 가구소득의 크기와 플러스의 함수관계에 있다.
ii) 국가별 행복지수는 소득격차지수의 크기와 마이너스의 함수관계에 있다.
iii) 국가별 행복지수는 국가청렴도지수(CPI)의 크기와 플러스의 함수관계에 있다.

본 연구에서는 소득격차지수를 5분위배율, 즉 상위 20%의 소득을 하위 20%의 소득으로 나눈 값으로 설정하기로 한다.

분석모델은 다중회귀선형분석모형[1])으로 설정하고, 종속변수로는 각국의 행복지수를, 독립변수로는 각국의 평균 가구소득과 소득격차지수(5분위배율) 및 국가청렴도지수 등 3개의 변수를 설정하기로 한다. 대상 국가들은 OECD 국가들 중 5분위배율을 추정할 수 없는 브라질, 아이슬란드, 이스라엘, 터키 등 4개국을 제외한 32개국을 분석대상으로 하였다. 각국의 평균 가구소득과 5분위배율 및 국가청렴도지수는 〈부록표 3-1〉에 제시되어 있다.

분석모형은 다음과 같다.

---

1) 회귀분석(Regression Analysis)은 인과관계를 분석할 때 주로 사용되며, 독립변수가 1개냐 2개 이상이냐에 따라, 단순 혹은 다중 회귀분석이라 부르고, 모형이 선형이냐 비선형이냐에 따라 선형과 비선형으로 분류하기도 한다.

행복지수 = a + $b1$ × 가구소득 + $b2$ × 소득격차지수 + $b3$ × 국가청렴도지수 …… ①

추정한 회귀분석모형은 다음과 같다.

〈표 3-1〉 회귀계수와 모형의 적합성에 대한 신뢰수준

	상수항(a)	가구소득 (1,000USD)	소득격차지수	국가청렴도지수
회귀계수(bi)	33.829	1.007	−1.131	3.103
신뢰수준	99.0%	99.0%	99.0%	99.0%
모형의 적합성($\bar{R}^2$)	90.0%			
신뢰수준	99.0%			

※ 모형에 대한 보다 상세한 내용은 본 Ⅲ장 부록을 참고.

(3) 분석 결과의 의미

추정 결과는 횡단면분석자료(cross-sectional data)를 사용하고 있음에도 불구하고, 매우 높은 모형의 적합성(0.900)을 나타내 주고 있다. 이 결과는 평균 가구소득과 소득격차지수 및 부패지수라는 3개의 설명변수만으로도 행복지수의 크기를 90.0% 이상 설명하고 있다는 의미를 뜻한다.

다음의 [그림 3-4]를 보면 우리의 분석모형이 얼마나 적합성을 갖는지 한눈에 파악할 수 있을 것이다. 즉, OECD에서 14개 평가항목을 갖고 산출한 행복지수와 우리가 3개의 정책변수만으로 행복지수를 추정한 추정치가 매우 근접한 형태를 나타내고 있기 때문이다.

| 그림 3-4 | OECD의 행복지수와 3개 정책변수만으로 추정한 행복지수

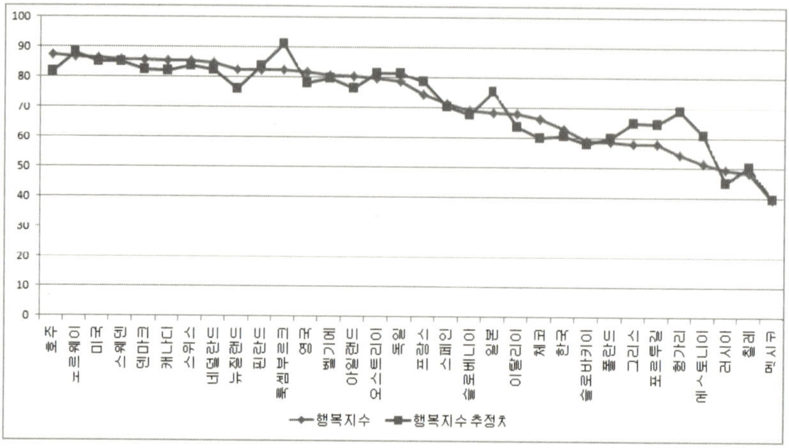

자료 : OECD, *Better Life Index*
국제투명성기구, CPI

(4) 국민행복지수

우리는 앞에서 가구소득과 소득격차지수 및 국가청렴도지수 등 3개의 변수만으로도 OECD의 행복지수(BLI)의 90.0%를 설명할 수 있다는 사실을 증명하였다. 본서에서는 ①식과 같은 다중선형회귀분석모형으로 추정한 추정치를 국민행복지수(PHI : People' s Happiness Index)라고 부르기로 한다.

OECD의 행복지수(BLI)와 국민행복지수의 차이는 다음의 〈표 3-2〉와 같이 요약할 수 있다.

[그림 3-5]는 앞서의 분석모형에 따라 추정한 각국의 국민행복지수가 높은 국가부터 차례로 배열한 것이다.

국민행복지수에 따르면 룩셈부르크와 호주가 자리바꿈하고 있고, 한국이 23위에서 26위로 떨어지는 것으로 나타날 뿐 나머지 국가는 OECD 행복지수 순위와 큰 변동이 없는 것으로 나타났다.

〈표 3-2〉 OECD 행복지수와 국민행복지수의 차이점과 공통점

	OECD 행복지수		국민행복지수
평가지표 (변수)	주거	시민참여	소득(USD)
	소득	건강	소득격차지수(5분위배율)
	일자리	삶의 만족도	국가청렴도지수(CPI)
	공동체 생활	안전	
	교육	일과 삶의 조화	
	환경 등	11개 지표	3개 변수
평가방법	지표별 평가점수의 단순합산		회귀분석모형을 통해 변수별 가중치 설정
장점	세부지표별 목표치 설정에 활용 용이		정책 방향과 우선순위 설정에 활용 용이
공통점	OECD 행복지수와 국민행복지수의 나라별 지숫값과 순위가 거의 차이가 없다.		

| 그림 3-5 | OECD의 행복지수와 3개 정책변수만으로 구성한 국민행복지수

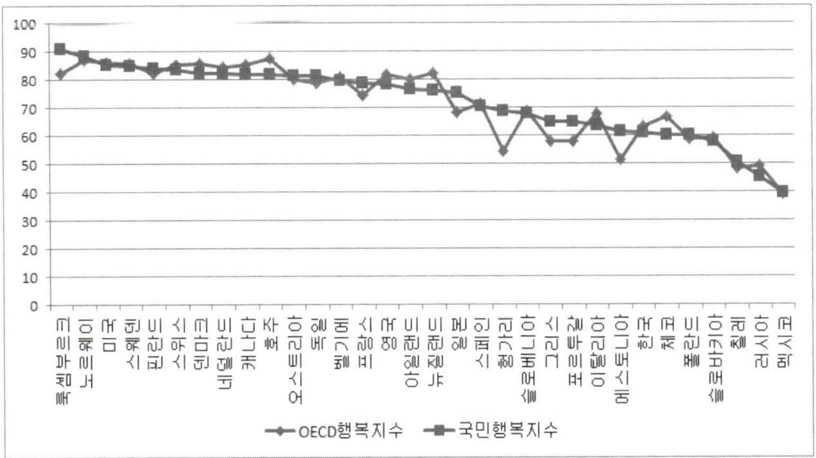

자료 : OECD, *Better Life Index*
국제투명성기구, CPI

다음에 제시한 〈표 3-3〉은 우리의 국민행복지수와 OECD의 행복지수(BLI), 그리고 각국의 가구소득, 소득격차지수 및 국가청렴도지수를 정리한 표이다.

동 표에서 우리는 국민행복지수 상위 10개국과 OECD 행복지수 상위 10개국이 일치(순위는 다소 다르지만)하고 있음을 확인할 수 있다.

또한 북유럽의 복지국가들(노르웨이, 스웨덴, 핀란드, 덴마크 등)이 모두 상위 10위권에 포함되어 있다는 사실도 확인할 수 있다. 북유럽 복지국가들은 가구소득도 비교적 높을 뿐만 아니라, 소득격차지수(5분위배율)도 모두 4.0

〈표 3-3〉 국민행복지수와 OECD BLI, 가구소득, 5분위배율 및 국가청렴도지수

	국민행복지수	OECD 행복지수	가구소득	5분위배율	국가청렴도 지수
룩셈부르크	91.0	82.3	35,321	4.2	8.5
노르웨이	88.2	86.9	30,465	3.7	9.0
미국	85.1	86.4	37,708	7.7	7.1
스웨덴	85.1	85.8	26,633	3.9	9.3
핀란드	83.8	82.3	24,958	3.8	9.4
스위스	83.8	85.5	27,756	4.7	8.8
덴마크	82.4	85.7	23,213	3.5	9.4
네덜란드	82.4	84.6	25,740	4.4	8.9
캐나다	82.0	85.5	27,138	5.4	8.7
호주	81.8	87.5	26,927	5.7	8.8
오스트리아	81.5	79.9	27,541	3.8	7.8
독일	81.4	78.7	27,692	4.5	8.0
벨기에	79.7	80.9	26,734	3.8	7.5
프랑스	78.7	74.5	27,789	4.3	7.0
영국	78.2	81.7	26,552	5.8	7.8
아일랜드	76.5	80.3	24,156	4.4	7.5

뉴질랜드	76.0	82.4	18,601	5.3	9.5
일본	75.5	68.3	23,458	6.0	8.0
스페인	70.6	71.5	23,541	5.5	6.2
헝가리	69.0	54.5	13,696	3.9	8.3
슬로베니아	67.8	68.9	19,334	3.4	5.9
그리스	65.0	57.9	22,134	4.8	4.6
포르투갈	64.7	57.9	18,689	6.1	6.1
이탈리아	63.7	67.9	23,917	5.6	3.9
에스토니아	61.2	51.4	13,149	5.1	6.4
한국	60.8	63.2	16,570	5.7	5.4
체코	60.1	66.4	16,614	3.6	4.4
폴란드	60.1	58.7	14,508	4.8	5.5
슬로바키아	58.0	59.1	15,840	3.7	4.0
칠레	50.4	48.5	8,618	12.8	7.2
러시아	45.1	49.3	13,911	9.0	2.4
멕시코	39.6	39.3	11,106	13.0	3.0

자료 : OECD, *Better Life Index*

이하로 매우 낮으며, 국가청렴도도 9.0 이상으로 높다는 특징을 보여주고 있다. 복지국가에서는 빈부격차가 적어 앞에서 설명한 것처럼, 국민들이 '더불어 잘 살기' 형의 행복을 추구하면, 국민들이 한마음이 되기 때문에, 노사분규도 적어 경제성장도 잘 되고, 다른 한편으로는 부패방지가 저절로 이루어질 수 있는 것은 아닐까?

우리나라에서는 고위 공직자와 재벌 총수들을 비롯한 많은 공무원과 대기업 임원들이 각종 부패와 비리 등에 연루되어 언론보도에 자주 등장하는 양상을 보이고 있는데, 이는 소득격차가 커서 나타나는 것이 아닐까? 아니면 부패와 비리 때문에 소득격차가 커지는 것이 아닐까? 어느 것이 원인이고 어느 것이 결과인지는 보다 정밀한 분석이 필요하지만, 여기에서는 다음

[그림 3-6]에 나타난 바와 같이 소득격차지수와 국가청렴도지수는 분명히 마이너스의 상관관계를 나타내고 있음을 보여주고 있다. 실제로 양 지수 간의 상관계수를 분석한 결과 -0.395라는 분명한 마이너스의 상관관계가 있음이 입증되었다.

부패와 비리는 고소득층에서 많이 나타날까 아니면 저소득층에서 많이 나타날까? 만약 고소득층에서 부패와 비리가 많이 나타난다면, 이는 고소득층이 소득과 재산형성과정에서 정당한 방법으로 벌어들인 것이 아니라, 부정한 방법으로 혹은 다른 사람의 몫을 가로채서 벌어들인 것이 아닐까? 물론 이러한 의문을 풀어줄 구체적 증거나 통계자료가 충분히 뒷받침되고 있지는 않지만, 현명한 독자들은 어느 쪽이 정답인지를 추측할 수 있을 것이다.

가구소득이 가장 높은 미국이 국민행복지수가 3위(OECD 행복지수로도 3위)로 밀려난 이유는 소득격차지수(5분위배율)도 높고, 국가청렴도도 복지국

| 그림 3-6 | 세 가지 정책변수의 관계

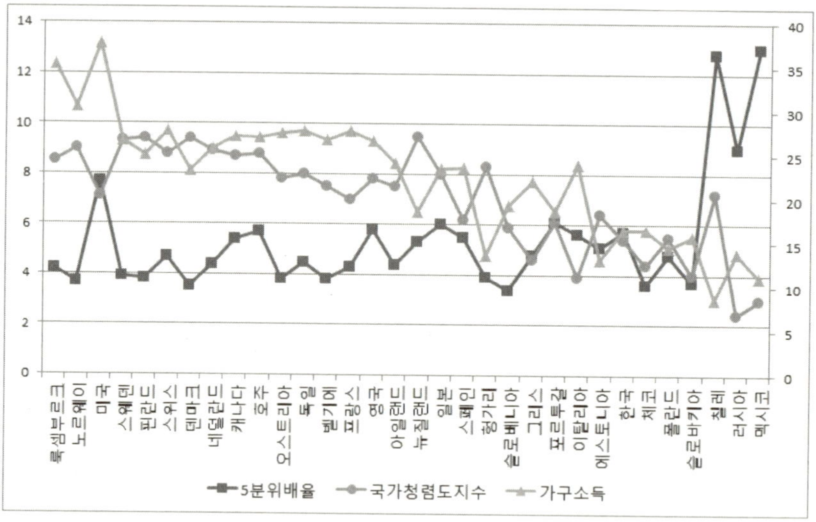

자료 : OECD, *Better Life Index*
국제투명성기구, CPI

가들에 비해 상대적으로 낮기 때문이다.

국민행복지수 하위 10개국에는 우리나라를 포함하여 포르투갈, 이탈리아, 칠레, 러시아, 멕시코 등이 포함되어 있다. 이들 나라들은 가구소득이 상대적으로 낮을 뿐만 아니라, 소득격차지수도 크고 국가청렴도지수는 낮은 나라들이다.

최근 심각한 재정위기를 겪고 있는 남유럽 국가들, 즉 포르투갈, 이탈리아, 아일랜드, 그리스, 스페인(PIIGS) 등도 소득격차가 크고, 국가정렴도는 낮은 국가들이라는 점이 흥미롭다. 한국은 이들 국가들보다 소득격차가 더 크고, 국가청렴도는 더 낮다는 사실과 함께, 우리나라의 가계부채가 OECD의 경고를 받을 정도로 심각한 수준이라는 사실은 우리에게 다시 한 번 위기를 겪게 할 징후로 나타나고 있다.

국민행복지수 최하위인 멕시코의 경우 〈표 3-3〉에서 보듯이, 가구소득도 상대적으로 낮을 뿐만 아니라 소득격차지수(5분위배율)가 특히 높아 상위 20%의 소득이 하위 20%의 소득의 13.0배에 달하고 있으며, 국가청렴도도 3.0에 불과하여 부패가 극심하다는 사실을 발견할 수 있을 것이다. 이러한 사실은 앞에서 설명한 주거와 교육, 일자리, 환경 등 14개 주요 지표로 구성된 OECD의 행복지수에서도 최하위를 나타내고 있다는 점과 매우 밀접한 관계를 갖고 있다고 보아야 할 것이다. 가구소득이 최저수준인 칠레의 경우는 소득격차지수가 높으나, 국가청렴도지수에서 비교적 높은 수준이어서 국민행복지수 최하위를 면하고 있다.

(5) 정책적 시사점

우리의 국민행복지수 모형은 또한 가설 i)과 가설 ii) 및 가설 iii)을 모두 99%의 신뢰수준에서 신뢰할 수 있다는 것을 증명하고 있다.

다시 말하면, 국민행복지수의 크기는 가구소득의 크기가 클수록 커지며, 소득격차지수가 커질수록 낮아진다는 것이다. 또한 행복지수는 국가청렴도지수(부패인식지수)가 높아질수록 커진다는 것을 증명하고 있다.

즉, 우리의 분석 결과는, 행복한 나라가 되기 위해서는 소득증대를 위해 경제성장에 노력을 기울여야 하는 한편, 소득격차를 낮추어야 하며, 부패방지에 많은 노력을 기울여야 한다는 것을 의미한다.

각 변수가 행복지수에 미치는 영향력(베타값)은 가구소득이 가장 크고, 다음으로는 국가청렴도지수(부패인식지수 : CPI) 및 소득격차지수의 순이다.

앞서의 회귀분석모형에서 우리는 가구소득이 1,000달러 높아지면 국민행복지수가 1.007점 올라가고, 소득격차지수(5분위배율)가 1포인트 낮아지면 국민행복지수가 1.131점 올라가며, 국가청렴도지수가 1포인트 높아지면 국민행복지수가 3.103점 올라간다는 사실을 파악할 수 있다.

이를 달리 표현하면, 다음 표에서 보여주고 있듯이 국민행복지수 1점을 올리기 위해서는 가구소득의 경우 1가구당 993달러의 소득을 높여주어야 하지만, 소득격차지수(5분위배율)는 0.88포인트만 높여도 동일한 효과를 나타내며, 국가청렴도지수(부패인식지수)는 0.32포인트만 높여도 국민행복지수를 1점 높일 수 있다는 계산이다.

〈표 3-4〉 국민행복지수 1점을 올리기 위해 필요한 정책 노력

가구소득	소득격차지수	국가청렴도지수
1가구당 993USD	0.88	0.32

세 가지 정책변수 중 어느 정책을 우선해야 하는가는 국민들과 정책담당자의 선택에 달려 있다. 다만, 우리나라의 현재 입장에서 가구소득을 1,000

달러 올리기보다는 소득격차를 1포인트 낮추거나 국가청렴도지수(부패인식지수)를 1포인트 올리기가 더 용이하지 않을까?

회귀모형 분석 결과로부터 얻을 수 있는 정책적 시사점은 국민행복지수의 크기는 (가구)소득의 절대적 크기뿐만 아니라 상대적 크기, 즉 소득격차의 크기에도 영향을 받는다는 것이다. 환언하면, '행복한 나라'를 만들기 위해서는 소득수준을 향상시키려는 정책뿐만 아니라, 소득격차를 줄이기 위한 소득재분배정책을 병행해야 한다는 점을 증명하고 있는 것이다.

필자는 향후 국민행복지수를 위의 모형에 따라 계속 발표할 구상을 갖고 있다. 독자 여러분도 통계자료를 입수하여 대입해 보기를 바란다.

현명한 독자라면 이러한 분석 결과에 수긍하겠지만, 일부에서는 선성장 후분배 정책이 타당하다는 소위 파이 키우기(빵의 이론)를 우선시하는 사람들도 많다. 이에 대한 논증은 제V장에서 자세히 살펴보기로 한다.

또 한 가지 유념할 점은 국민행복지수를 높이기 위해서는 부패방지정책을 강화하여 국가청렴도지수를 높여야 한다는 것이다. 부패방지정책은 정치부패는 물론, 식품 및 의약품, 환경보호 등 국민의 생활 및 안전과 관련한 부패방지, 그리고 독과점 및 재벌 등 경제력 집중을 방지하여, 공정한 시장거래질서를 확립하기 위한 불공정거래행위 방지 및 정경유착 등 각종 부패방지정책도 포함해야 한다.

한 가지 더 눈여겨보아야 할 사실은 〈표 3-5〉에서 보듯이 5분위배율과 가구소득과의 상관계수가 -0.424로 나타나고 있다는 점이다. 이것은 가구소득과 5분위배율이 분명한 마이너스의 상관관계를 갖고 있음을 보여주는 것이다. 이러한 사실은 가구소득이 높은 나라일수록 5분위배율을 낮추는, 즉 소득격차를 완화하는 정책을 쓰고 있다는 사실을 반증하고 있는 것이거나, 아니면 5분위배율이 높은 나라(즉, 소득격차가 큰 나라)일수록 평균 가구 소득이 높아지기 어렵다는 점을 반증하는 것이라는 해석이 가능할 것이다.

둘 중 어느 해석이 보다 타당한지는 보다 상세한 각국의 데이터가 뒷받침되어야 증명할 수 있으므로, 본서에서는 생략하기로 한다.

〈표 3-5〉 OECD 행복지수와 주요 지표의 상관관계

	평균	표준편차	5분위배율과의 상관관계	가구소득과의 상관관계
행복지수	71.7	13.9	−0.559	0.850
5분위배율	5.4	2.3	1.000	−0.424
가구소득	22,500	6,868.8	−0.424	1.000
주거	5.7	1.5	−0.199	0.712
소득	4.1	2.3	−0.255	0.916
직업	6.5	1.5	−0.356	0.768
공동체 생활	7.8	1.4	−0.561	0.582
교육	6.7	1.7	−0.663	0.244
환경	7.6	1.7	−0.616	0.630
시민참여	5.4	1.6	−0.202	0.537
건강	6.9	2.0	−0.313	0.691
삶의 만족도	5.9	2.8	−0.108	0.582
안전	8.1	1.7	−0.731	0.437
일과 삶의 조화	6.9	1.6	−0.552	0.325

자료 : OECD, *Better Life Index*, 2012에서 재작성.

〈부록표 3-1〉 각국의 행복지수와 5분위배율과 가구소득 및 국가청렴도지수

국가별	행복지수	5분위배율	가구소득	국가청렴도지수
호주	87.5	5.7	26,927	8.8
노르웨이	86.9	3.7	30,465	9.0
미국	86.4	7.7	37,708	7.1
스웨덴	85.8	3.9	26,633	9.3
덴마크	85.7	3.5	23,213	9.4
캐나다	85.5	5.4	27,138	8.7
스위스	85.5	4.7	27,756	8.8
네덜란드	84.6	4.4	25,740	8.9
뉴질랜드	82.4	5.3	18,601	9.5
핀란드	82.3	3.8	24,958	9.4
룩셈부르크	82.3	4.2	35,321	8.5
영국	81.7	5.8	26,552	7.8
벨기에	80.9	3.8	26,734	7.5
아일랜드	80.3	4.4	24,156	7.5
오스트리아	79.9	3.8	27,541	7.8
독일	78.7	4.5	27,692	8.0
프랑스	74.5	4.3	27,789	7.0
스페인	71.5	5.5	23,541	6.2
슬로베니아	68.9	3.4	19,334	5.9
일본	68.3	6.0	23,458	8.0
이탈리아	67.9	5.6	23,917	3.9
체코	66.4	3.6	16,614	4.4
한국	63.2	5.7	16,570	5.4
슬로바키아	59.1	3.7	15,840	4.0
폴란드	58.7	4.8	14,508	5.5
그리스	57.9	4.8	22,134	4.6

포르투갈	57.9	6.1	18,689	6.1
헝가리	54.5	3.9	13,696	8.3
에스토니아	51.4	5.1	13,149	6.4
러시아	49.3	9.0	13,911	2.4
칠레	48.5	12.8	8,618	7.2
멕시코	39.3	13.0	11,106	3.0

※ 단, 이 표에서는 OECD 36개국 중 5분위배율을 구할 수 있는 32개국만을 포함.

자료 : OECD, *Better Life Index*, 2012

TI (Transparency International), *Corruption Perceptions Index*, 2011

■ 추정한 행복지수의 회귀분석모형은 다음과 같다.

$$\begin{array}{lllll} BLI = 33.829 & + \ 1.007\ HEarn & - \ 1.131\ Ratio & + \ 3.103\ CPI \\ \quad (7.410)^{**} & \quad (6.751)^{**} & \quad (-2.986)^{**} & \quad (6.559)^{**} \\ & \quad [0.497] & \quad [-0.189] & \quad [0.465] \end{array}$$

$\overline{R}^2 = 0.900$, $F = 93.693^{**}$

단, BLI : 행복지수

HEarn : 평균 가구소득(1,000USD), USD는 미국달러임.

Ratio : 소득격차지수

CPI : 국가청렴도지수

( ) 내의 수치는 t-value, [ ] 내의 수치는 베타값

**는 99.9%의 신뢰수준에서 신뢰할 수 있음을 의미

Ⅳ 한국의 경제정책 전개과정과 평가

1 그림으로 보는 한국경제

본장에서는 우리나라를 행복한 나라로 만들기 위한 정책방안을 검토하기에 앞서, 우리나라의 경제정책이 각 정부별로 어떤 정책 중심으로 어떻게 전개되어 왔고, 그 결과는 어떠했는가를 개략적으로나마 살펴보기로 한다. 역사를 다시 살펴보는 가장 큰 이유는 과거의 시행착오를 반복하는 바보스런 국민이 되지 않기 위함 때문이기도 하다.

(1) 1인당 국민총소득 추이

우리나라의 정부는 그동안 경제성장정책을 줄기차게 추진하여 왔고, 박정희 정부시절부터는 수출주도형 경제성장정책을 실시하여 왔다.

우리는 그 성과라고 할 수 있는 1인당 국민소득이 어떻게 변천해 왔는가를 살펴보기로 하자. 다음 그림은 1953년부터 2011년까지 1인당 국민총소득(달러표시)과 경제성장률을 나타내 주고 있다.

| 그림 4-1 | 1인당 국민총생산(달러) 및 경제성장률의 추이

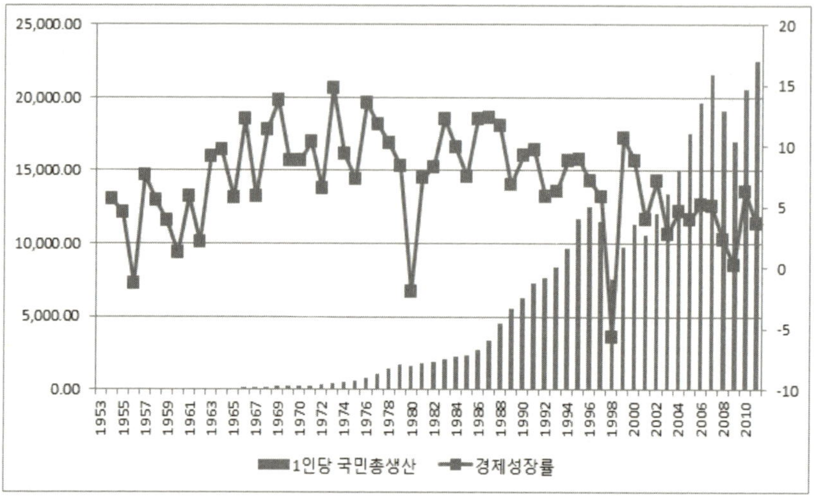

※ 단, 1969년 이전은 1인당 GNP, 1970년 이후는 1인당 총소득
자료 : 한국은행 경제통계시스템(ECOS), 주요 지표

여기에서 우리나라는 달러로 표시된 1인당 국민총소득이 1963년 100달러, 1977년 1,000달러, 1989년 5,000달러, 1995년 1만 달러, 2007년 2만 달러를 돌파하며, 빠른 성장세를 나타내고 있음을 알 수 있다. 특히 1987년 6월 29일 민주화 선언(대통령직선제 등) 이후 1인당 국민총소득이 급속히 높아지고 있는 사실을 발견할 수 있다.

그러나 1997~8년의 IMF 외환위기와 2008~9년의 글로벌 금융위기 때 급격한 1인당 국민총생산의 감소를 나타내었고 이를 극복하는 과정에서 국민들은 많은 고통을 감내해야 했다.

우리나라의 1인당 국민총생산(달러)은 1960년까지 100달러 미만이었으나, 박정희 정부가 들어선 후 1963년에 100달러를 넘어섰고, 이후 1977년에는 1,000달러를 넘어선 데 이어 박정희 정부 말인 1979년에는 1,693달러를 달성하였다(보다 상세한 수치는 〈부록표 4-1〉 참고). 박정희 정부의 18년간 경제성장률 평균은 9.3%로 나타났다.

전두환 정부는 1980년 5·17 쿠데타와 광주민주화운동을 치르면서 1980년에 1인당국민총소득이 1,660달러로 떨어졌으나, 7년 재임기간 말인 1987년에는 3,402달러로 상승하였다. 이 기간 경제성장률 평균은 8.5%였다.

노태우 정부는 1988년 서울올림픽을 치르면서 첫해에 1인당 국민총소득이 4,546달러를 달성하였고, 다음 해에는 5,000달러를 돌파하는 기록을 세우기도 하였으며, 5년 재임기간 말인 1992년에는 7,714달러로 상승하였다. 이 기간 경제성장률 평균은 8.7%였다.

김영삼 정부에서는 첫해인 1993년에 1인당 국민총소득이 8,402달러를 달성하고, 이어 1995년에는 최초로 1만 달러를 돌파(11,735달러)하는 기록을 세웠고, 다음 해에는 12,568달러로 상승하였으나, 준비가 덜 갖추어진 상황에서 OECD 가입과 외환규제 완화 등 경제개방조치를 서두른 결과 IMF 외환위기를 맞게 되었고, 그 여파로 IMF 외환위기가 시작된 1997년에는 11,505달러로 하락하였다. 이 기간 경제성장률 평균은 7.4%였다.

김대중 정부 첫해인 1998년은 IMF 외환위기 여파가 절정에 달하여, 기업들과 금융기관들의 도산과 구조조정에 따른 대량해고 등 최악의 경제상황이 진행되었기 때문에, 1인당 국민총소득은 7,607달러 수준까지 하락하였다. 그러나 재임기간 중 IMF 위기를 극복하는 데 성공하여 2002년에는 다시 12,100달러 수준으로 회복시킬 수 있었다. 다만, 이 과정에서 경제회복을 서두른 나머지 신용카드 규제완화 정책을 폈는데, 여기에 재벌 대기업을 포함한 신용카드사들의 도덕적 해이가 겹치면서 카드대란을 초래하는 빌미를 제공하여, 다수의 신용불량자가 발생함으로써, 차기 정부의 부담으로 넘기게 된 점은 IMF 외환위기 극복이라는 큰 성과에 티를 남기게 되었다. 김대중 정부의 5년간 경제성장률 평균은 5.0%로 나타났다.

노무현 정부는 취임 초 신용불량자 문제를 비롯하여 IMF 외환위기 여파에 따른 소득양극화 등 해결해야 할 많은 과제를 안고 출발하였으나, 첫해인 2003년에는 1인당 국민총소득이 13,460달러를 시현하였고, 이후 다양한 복지확대정책을 편 결과 2007년에는 사상 최초로 2만 달러(21,632달러)를 달성하는 기록을 세웠다. 노무현 정부의 5년간 경제성장률 평균은 4.3%였다.

이명박 정부에서는 미국발 글로벌 금융위기가 발생한 2008년 1인당 국민총소득이 19,161달러, 2009년에는 17,041달러 수준까지 하락하였으나, 2010년에는 다시 1인당 국민총소득이 2만 달러를 회복하게 되었고, 2011년에는 22,489달러까지 상승하게 되었다. 이명박 정부의 4년간 경제성장률 평균은 3.1%였다.

(2) 한국의 생산구조 변화 추이

한국의 생산구조는 경제발전과정에 따라 산업구조가 고도화되면서 뚜렷한 변화 추세를 나타내고 있다. 다음의 [그림 4-2]는 이러한 추세를 잘 보여주고 있다.

농림어업은 1953년 47.3%로 전 산업 중 가장 높은 비중을 차지했으나, 1950년대 말에는 소비재공업 비중이 늘어나면서 그 비중이 다소 낮아지다가 1960년대 중반에 다시 높아졌다. 그러나 이후 경공업과 중화학공업 등 제조업 비중이 늘어나면서 계속 하향 추세를 나타내어, 2011년에는 2.7% 수준까지 떨어졌다.

| 그림 4-2 | 한국의 생산구조 추이

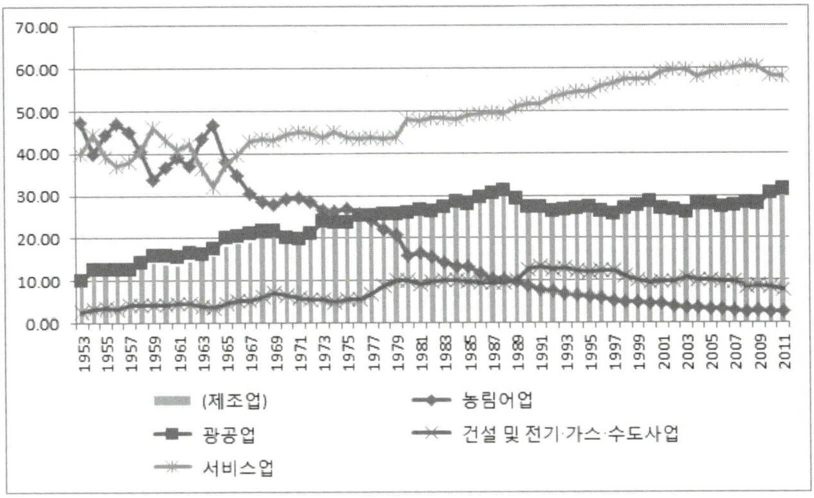

자료 : 한국은행, 경제통계시스템, 주요 지표

농업의 비중이 급격히 하락한 원인은 한편으로는 광공업의 상대적 비중 상승에 따른 결과이기도 하지만, 다른 한편으로는 1980년대 말부터 시작된 대외시장 개방 압력과 세계화 추진정책 등에서도 그 원인을 찾을 수 있을 것이다.

광업과 제조업을 포함한 광공업은 1953년 10.1%에 불과하였으나, 소비재공업을 중심으로 한 제조업이 활기를 띠면서 1960년에는 15.9%로 그 비중이 높아졌다.

그러나 제조업을 비롯한 광공업의 비중이 20%대로 진입한 것은 박정희 정부가 들어서서 경제개발 5개년 계획을 추진하여 성과를 나타내기 시작한 1965년 이후이며, 동 정부 말인 1979년에는 그 비중이 25.9%로 높아졌다.

전두환 정부에서도 광공업의 비중은 꾸준한 상승세를 유지하여 동 정부 말인 1987년에는 30%대를 넘어서게 된다.

노태우 정부에서는 1988년 31.0%까지 이르던 광공업의 비중이 차츰 감소하는 추세를 나타내게 된다. 이러한 비중감소 추이는 광공업의 생산이 줄어들었다기보다는 상대적으로 건설 및 전기 · 가스 · 수도사업의 비중이 크게 늘기 시작하였기 때문이다. 전기 · 가스 · 수도사업의 비중이 높아진 것은 당시 주택 2백만호 건설 추진과 주로 연관된 결과라고 할 수 있다.

김영삼 정부에서는 광공업의 비중이 크게 변화하지 않았으며, 이러한 비중 추이는 이후 김대중 정부와 노무현 정부까지도 지속되었다.

이명박 정부에서는 법인세 감면 등의 정책을 실시하였고, 제조업을 비롯한 광공업의 비중이 다시 30%대로 진입하게 된다.

서비스업은 1953년부터 40.0%의 높은 비중을 차지하고 있었다. 그러나 당시의 서비스업은 현재와 같은 기업서비스 형태가 주를 이루었다기보다는 이·미용, 숙박, 음식 도소매 등 개인적 서비스 혹은 전통적 서비스업이 많은 비중을 차지하고 있었다. 서비스업은 1964년 31.2%의 가장 낮은 비중을 나타낸 이후 차츰 높아져 1967년부터는 43.0%를 상회하게 되었고, 1989년에는 50%대를 넘어서게 된다.

이처럼 서비스업이 생산구조의 절반 이상을 넘어서게 된 이유는 1988년 서울올림픽을 치르면서, 관광업과 호텔업 등이 증가하였기도 하지만, 경제성장과 더불어 금융 · 보험서비스와 신용카드서비스, 무역서비스, 포장에서부터 보관 및 운송과 관련된 물류서비스, 방송 · 통신서비스, 회계와 세무서비스 등 기업서비스 형태의 서비스업이 급속한 성장을 하였다는 사실에서 찾을 수 있을 것이다.

이후 전면적인 시장개방정책으로 인해, 도소매업을 비롯한 근대적 시설과 자본을 갖춘 외국기업과 국내기업의 성장, 그리고 모바일 발전과 더불어 통신사업의 급속한 성장 등이 겹치면서, 2007년부터는 서비스업 비중이 60%를 넘어서기도 하였다.

(3) 한국의 국민소득 지출구조 변화 추이

한국의 국민소득 지출구조를 이해하려면 다음과 같은 국민소득 항등식을 먼저 이해해야 한다.

$$Y \equiv C + I + G + (X - M)$$

단, Y : GNP(혹은 GDP)
C : 최종소비지출
I : 투자지출
G : 정부지출
X : 수출
M : 수입

위의 식은 국민총생산(Y)과 지출국민소득(항등식 우변 합계)이 항상 같아야 한다는 것을 의미한다. 즉 생산액과 지출액은 항상 같아야 한다는 것을 의미한다.

C는 최종소비지출로서 민간(가계 및 기업)소비지출과 정부소비로 분류하기도 한다. I는 투자지출(총고정자본형성)을 의미하는 것으로, 민간투자와 정부투자로 분류하기도 한다. G는 정부지출을 의미하는 것으로 정부소비(Cg)와 정부투자(Ig)로 분류하기도 한다(따라서 정부소비는 C에 포함시키고, 정부투자는 I에 포함시키면, 우변에서 G를 제외시킬 수도 있다. 한국은행 발표자료는 이와 같은 형태로 발표된다고 이해하면 될 것이다.). $(X - M)$은 수출에서 수입을 공제한 것으로 순수출 혹은 무역수지로 이해할 수 있다.

다음에 제시된 [그림 4-3]은 이들 각 지출항목의 비중이 연도별로 어떻게 변화하고 있는가를 보여주고 있다.

| 그림 4-3 | 한국의 국민소득 지출구조 추이

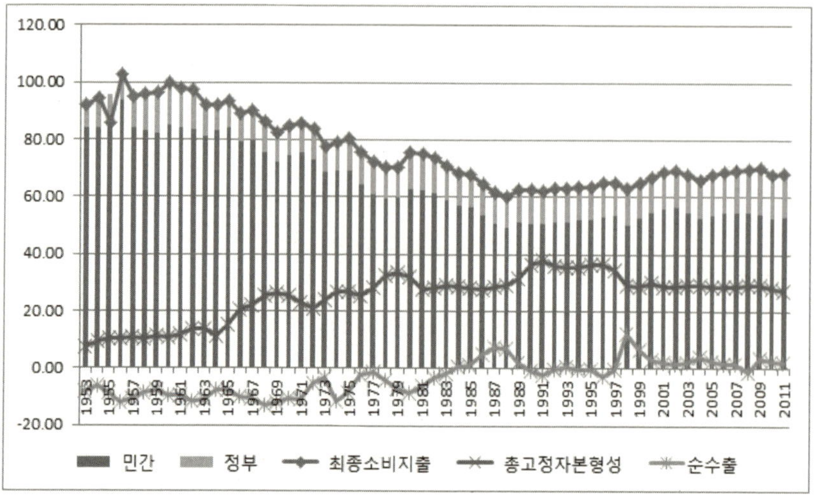

자료 : 한국은행, 경제통계시스템, 주요 지표

위의 그림을 살펴보면, 최종소비지출(민간소비지출과 정부소비지출)이 1950년대에는 거의 100%에 육박하고 있다는 사실을 발견할 수 있다. 심지어 1956년에는 100%를 넘어서기도 했다. 어떻게 생산된 것보다 더 많은 소비를 할 수 있었을까? 이 점은 그림 하단에 표시되어 있는 순수출이 마이너스라는 사실과 관련하여 생각하면 이해가 될 것이다. 즉 순수출이 마이너스라는 이야기는 수출보다 수입이 더 많다는 의미이며, 따라서 최종소비의 일부분이 수입에 의해 충당되고 있다는 뜻으로 해석하면 이해가 될 것이다. 당시는 미국이 해방 직후와 6·25전쟁 이후 한국의 전쟁복구와 생활안정 등을 위해 잉여농산물을 무상으로 지원해 주는 등 많은 원조를 해 주었기 때문에 순수출이 마이너스로 나타나는 것이다.

박정희 정부 출범 이후 산업발전 과정을 통해 총생산이 늘어나면서, 최종소비지출의 비중은 차츰 낮아지게 되었으나, 공장 건설에 필요한 시설과 원자재 등과 같은 투자지출이 늘어나게 되면서, 순수출은 여전히 마이너스에 머물게 되었으며, 더욱이 1970년대 중반 이후 추진한 중화학공업 건설은 막대한 자본재의 수입이 불가피하였기 때문에, 순수출은 박정희 정부 임기 말까지 마이너스를 벗어나지 못하였다.

순수출이 마이너스를 벗어나게 된 것은 전두환 정부 기간인 1984년부터이다. 전두환 정부에서는 임기 말인 1987년에는 순수출의 비중이 7.2%에 달하기도 하였다. 그러나 노태우 정부에서부터는 외국의 국내시장 개방 압력이 거세지고 있었고, 당시의 정부는 이러한 개방 압력에 충분한 대비책을 마련하지 못하여, 1990년부터는 순수출이 다시 마이너스로 떨어지게 되었다.

김영삼 정부에서는 오히려 적극적으로 세계화와 지방화를 지향하는 정책을 폈고, 이 과정에서 수출비중이 다소 늘어났지만, 수입비중 증가추세가 더 빠르게 나타나 순수출이 플러스로 나타나지는 못하였다.

김대중 정부에서는 전임 김영삼 정부 말에 발생한 IMF 외환위기를 극복하기 위해 대통령 주재하에 수출확대회의를 주관하는 등 수출 촉진과 외국인 투자 유치를 위해 노력하였으며, 그 결과 취임 초인 1998년에 사상 최초로 순수출 비중이 12.2%에 달하게 된다. 이러한 성과는 그러나 대달러 환율의 인상 등에 의한 수출 증가에 힘입은 바가 적지 않다. 이후 환율 등이 안정을 회복한 후에도 순수출은 플러스를 유지하였다.

노무현 정부에서도 수출이 호조를 보여 수출의 GNP 대비 비중이 40%대로 높아졌고, 순수출 비중도 플러스 수준을 유지했다.

이명박 정부에서는 취임 초 미국발 글로벌 금융위기를 맞게 되었고, 그 여파로 2008~9년 순수출 비중이 마이너스대로 떨어지게 되었다. 그러나 2010년부터는 우리나라의 주력 수출품인 반도체와 핸드폰을 비롯한 전자제품, 자동차, 선박, 철강 등의 수출이 증가하면서, 2010년부터는 순수출의 비중이 다시 플러스 수준으로 회복되었다.

(4) 한국의 수출입 추이

가. 한국의 수출, 수입 및 무역수지 변화 추이

다음에 제시된 그림은 1957년 이후 2011년까지 우리나라의 수출과 수입 및 무역수지를 나타낸 것이다.

| 그림 4-4 | 수출과 수입 및 무역수지

(단위 : 백만 달러)

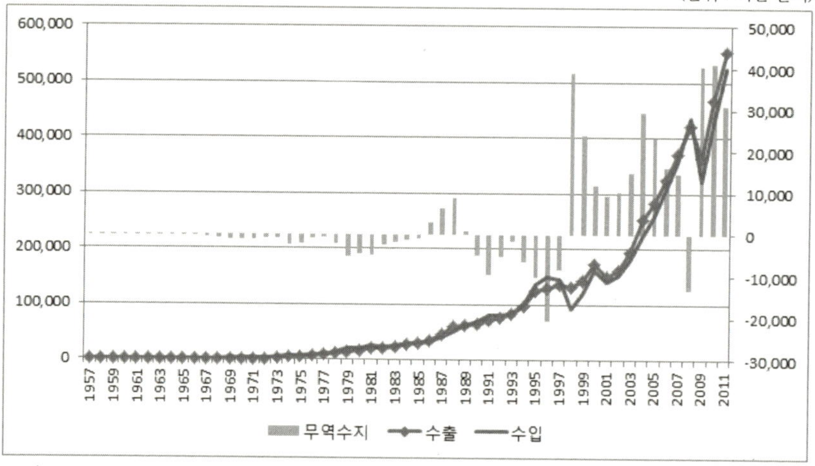

※ 단, 왼쪽 세로축은 수출과 수입(백만 달러), 오른쪽 세로축은 무역수지(백만 달러)
자료 : 무역협회 수출입총괄

동 그림을 보면 우리나라의 수출이 1957년 2,200만 달러에서 1961년 4,100만 달러 수준이었으나, 박정희 정부 말인 1979년에는 무려 150억 달러로 급속히 증대되었다(상세한 수치는 〈부록표 4-4〉 참고). 그러나 같은 기간에 수입도 역시 4억 4,200만 달러에서 203억 달러로 급증하여, 무역수지가 4억 2천만 달러 적자에서 52억 8,300만 달러 적자로 오히려 확대되었다.

이러한 결과는 여러 가지 요인이 작용한 결과이긴 하지만, 가장 큰 요인은 공장건설에 필요한 기계류와 같은 시설재와 자본재 등의 수입이 큰 비중을 차지하였다는 점에서 찾을 수 있으며, 박정희 정부의 수출진흥정책이 주로 수출총액 극대화 정책 중심이었기 때문에 부가가치가 낮거나 외화가득률이 낮은 수출품이 중심을 이뤘기 때문이라는 점도 무시할 수 없는 요인으로 작용했다고 할 수 있다.

외화가득률 = 외화가득액 ÷ 수출총액 × 100

외화가득액 = 수출총액 − 수출품 제조에 필요한 수입 원자재 및 중간제품 등의 합산액

예컨대 당시 수출액 상위권이던 합판의 경우 원목값이 큰 비중을 차지하기 때문에 수출을 많이 하더라도 원목 수입도 크게 늘어날 수밖에 없는 구조이다. 이처럼 부가가치나 외화가득률이 낮은 수출품이 주종을 이룬다면 수출총액이 크게 늘더라도 수입도 크게 늘 수밖에 없고, 따라서 무역수지 개선도 어려워진다. 무역수지가 마이너스이거나 흑자 폭이 크지 않다면 수출이 국민총소득에 기여하는 몫도 작아질 수밖에 없다.

1970년대에 동 정부가 추진한 중화학공업 육성정책 기간에 오히려 무역수지 적자 폭이 확대되고 있는 것은, 당시의 중화학공업이 원유 등 연료와 에너지 및 원자재 등의 수입이 불가피하며, 설비규모가 매우 큰 장치산업 중심이었기 때문에 부가가치와 외화가득률이 낮았기 때문이다.

전두환 정부에서는 1981년 수출이 212억 5,400만 달러에서 1987년 472억 8,100만 달러로 늘어났고, 수입은 같은 기간 261억 3,100만 달러에서 410억 2천만 달러로 상대적으로 느린 속도로 늘어났다. 그 결과 1986년에는 사상 최초로 31억 3,100만 달러라는 무역수지 흑자를 기록하였고,

1987년에는 62억 6,100만 달러로 무역수지 흑자 폭이 증가하였다.

이러한 무역수지 흑자 폭 확대는 당시 우리나라의 산업구조가 자동차와 반도체 등 비교적 부가가치나 외화가득률이 상대적으로 높은 산업의 비중이 점차 높아지고 있었다는 사실에서 그 이유를 찾을 수 있으며, 다른 한편으로는 원유가격과 환율 및 국제적 저금리 등 3저 시대를 맞이하여 수출이 같은 기간 2배 이상 늘어났다는 사실에서도 찾을 수 있다.

노태우 정부에서는 서울올림픽을 치른 첫해에 무역수지가 사상 최대인 88억 8,600백만 달러를 기록하였으나, 이후 무역수지가 급속도로 악화되어, 1991년에는 당시까지 사상 최대인 96억 5,500만 달러 적자에 이르게 된다. 이러한 무역수지 악화 원인으로는 대외시장 개방 압력이 거세지고 있었기 때문에, 수출증가율은 상대적으로 낮은 증가율을 나타낸 반면 수입증가율은 상대적으로 높은 증가율을 나타낸 데 주로 기인하였기 때문이다. 또한 주택 2백만호 건설 등 국책사업으로 높은 국내 물가상승률이 나타나, 소비재와 건설자재를 비롯한 해외수입이 급증한 데 기인한 것으로 보인다.

김영삼 정부에서는 수출이 1993년 822억 달러에서 1997년 1,362억 달러로 빠른 증가세를 회복하였으나, 수입증가율도 역시 빠른 증가세를 나타내 1996년에는 사상 최대인 206억 달러의 무역수지 적자를 기록하기도 하였다.

이러한 상황에서 김영삼 정부는 1인당 국민소득 1만달러 돌파와 수출 1,000억 달러 달성이라는 외형적 성장에 도취(?)되어 OECD 가입을 서두르게 되고, 외환규제도 완화하는 정책을 실시하게 된다. 이 과정에서 사채업자 양성화 조치로 탄생한 각종 파이낸스사들의 단기 외채차입이 급증하게 되었고, 특히 재벌기업들의 외화차입을 통한 해외투자가 급격히 늘어나고 있었기 때문에, IMF 외환위기를 불러들이는 빌미를 제공하게 된다.

김대중 정부는 취임 초부터 IMF 외환위기 극복을 위해 수출증대 노력과 함께 외자유치 등 IMF로부터 받은 약 200억 달러를 갚기 위해 많은 노력을 기울였다. 취임 첫해에는 무역수지 규모가 사상 최대인 390억 달러 흑자를 기록한 이후 재임기간 5년간 계속 흑자를 나타내어 무역수지 흑자 총액이 거의 1,000억 달러에 육박하는 수준에 이르렀다. 이러한 계속적인 무역수지 흑자는 경제성장에도 기여하였을 뿐만 아니라, IMF로부터 받은 구제금융 전액을 앞당겨 상환할 수 있는 밑거름이 되기도 하였다. 그러나 이러한 무역수지 흑자는 IMF 외환위기 여파로 인한 환율 상승(원화가치 하락)에 상당부분 기인하였다는 점을 유념해야 할 것이다. 환율 상승(원화가치 하락)은 비록 수출 증대와 수입 감소로 무역수지 흑자 확대에는 긍정적인 효과를 가져왔지만, IMF 외환위기 진행과정에서, 국내 자산(실물자산과 금융자산) 등이 헐값으로 외국인 손에 넘어가는 계기가 되었던 점을 상기해야 한다.

노무현 정부는 첫해인 2003년에 1,938억 달러의 수출을 기록한 데 이어 2007년에는 거의 2배에 가까운 3,715억 달러의 수출실적을 기록하였다. 무역수지도 같은 기간 계속 흑자를 나타내어 재임기간 중 총 1,000억 달러에 가까운 무역수지 흑자를 기록하였다. 당시는 이미 개발도상국 지위를 완전히 벗어버리고, 공산품뿐만 아니라 농산물과 금융, 보험 등 금융산업, 지적재산권까지 문호를 완전 개방하다시피 한 상태에서 이룬 성과이기 때문에 더욱 값진 성과라고 할 수 있다. 이러한 성과는 우리나라 수출산업이 자동차와 반도체를 포함한 전자제품, 조선업, 특수강을 비롯한 다양한 철강제품 등 부가가치와 외화가득률이 높은 산업 중심으로 개편되고 있었기 때문에 가능한 것이었다.

이명박 정부 첫해에는 수출이 4,220억 달러였으나, 2009년에는 미국발 글로벌 금융위기로 인해 수출이 3,635억 달러로 하락하였다가, 2010년부터는 다시 수출이 증가하여 2011년에는 5,552억 달러로 증가하였다. 무역수지는 첫해에만 133억 달러의 적자를 나타내었고, 이후에는 계속 404억 달러, 412억 달러, 308억 달러의 흑자를 나타내었다. 특히 2009년부터 수출이 급속한 신장세를 나타낸 배경으로는 미국 등과의 FTA 체결이 큰 영향을 미친 것으로 판단된다.

나. 한국의 무역의존도 변화 추이

여기에서는 한국의 무역규모와 무역수지 등이 GNP 대비 얼마나 큰 비중을 차지하는가를 살펴봄으로써 무역이 우리 경제에 얼마나 큰 영향을 미치는가를 살펴보기로 한다. 다음의 그림은 이를 알기 쉽게 이해하도록 한국은행 자료를 이용하여 재작성한 것이다.

| 그림 4-5 | 한국의 무역의존도와 무역수지의 대GNP 비중 추이

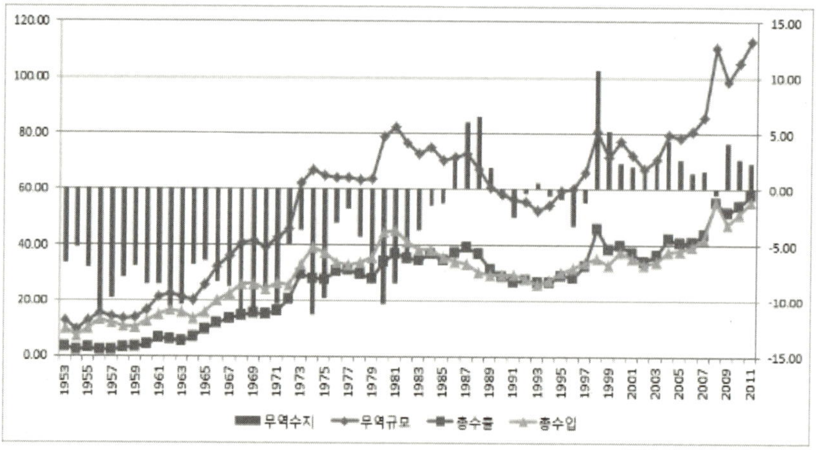

※ 단, 왼쪽 세로축은 무역규모, 총수출 및 총수입의 대GNP 비중(%)
오른쪽 세로축은 무역수지의 대GNP 비중(%)임.
자료 : 한국은행, 경제통계시스템, 주요 지표

위의 그림에서 우리는 수출과 수입을 합계한 무역규모가 GNP에서 차지하는 비중(무역의존도)이 1950년대 10% 수준에서 박정희 정부 들어와서

20%를 넘어서고 이후 빠른 신장세를 나타내어 1970년대 중반 이후는 60%를 상회하는 수준으로 높아졌다는 사실을 한눈에 파악할 수 있을 것이다. 그러나 무역수지 적자 규모가 마이너스 10%를 넘기는 해도 여러 해에 걸쳐 나타나고 있다는 사실도 파악할 수 있을 것이다.

무역의존도 = (수출액 + 수입액) ÷ GNP × 100
수출의존도 = 수출액 ÷ GNP × 100
수입의존도 = 수입액 ÷ GNP × 100

무역의존도는 전두환 정부 들어와서 더 높아져 당시 정부 기간 중 7~80% 수준까지 올라서게 된다. 무역의존도가 이처럼 높아진 이유는 당시 정부 초기에 수출보다는 수입의 비중이 더 빠르게 나타난 데 기인한다. 당시의 정부는 박정희 정부와 달리 무기의 국산화를 추구하는 대신 수입무기로 대체하는 정책을 추진하였다. 그러나 집권 후기에는 수입비중이 빠르게 감소하면서 무역의존도가 낮아지고, 무역수지도 적자에서 흑자로 돌아서게 되었고, 흑자규모가 GNP의 5%를 상회하게 되었다.

노태우 정부에서는 무역의존도가 차츰 하락하여 50%대로 떨어졌으나, 이는 수출과 수입의 비중이 동시에 감소하게 된 결과이다. 그에 따라 무역수지도 큰 폭의 적자나 흑자도 나타내지 않고 있다.

세계화와 지방화를 표방한 김영삼 정부에서는 무역의존도가 다시 빠른 증가추세를 나타내어 60%대를 다시 상회하였는데, 수출과 수입이 엇비슷한 수준으로 함께 증가한 결과이다.

김대중 정부에서는 IMF 외환위기 극복을 위해 수출확대에 노력한 결과, 무역의존도가 7~80%로 높아졌으나, 수출비중이 수입비중보다 더 빠르게 높아지면서 무역수지 흑자규모도 사상 최초로 GNP의 10%를 상회하는 성과를 나타내기도 하였다.

노무현 정부에서는 수출이 호조를 보이면서 무역의존도가 85.9%까지 상승하였으나, 수입이 상대적으로 낮은 비중을 나타내어 무역수지 흑자수준을 이어갈 수 있었다.

이명박 정부 초기에는 글로벌 금융위기 여파로 2008년 무역수지가 다시 적자로 반전하였으나, 이후 흑자기조로 전환하게 된다. 이후 기간에는 수출과 동시에 수입 비중도 50%를 넘어서게 되어 사상 최초로 무역의존도가 100%를 넘어서게 된다.

여기에서 우리는 잠시 무역의존도가 높다는 사실이 어떤 의미를 갖는가를 긍정적인 측면과 부정적인 측면으로 나누어 생각해볼 필요가 있다.

✚ 긍정적인 측면

첫째, 해외시장을 우리의 경제영토로 편입시키는 효과가 있다. 이는 해외시장을 개척한다는 의미에서 뿐만 아니라, 우리 경제에 필요한 지하자원과 원유 등 에너지의 공급원으로서의 의미를 갖는다.

둘째, 국내 산업이 규모의 경제를 달성할 수 있게 하여 생산성을 높일 수 있다.

셋째, 국내 산업의 기술적 분업과 사회적 분업을 확대할 수 있다.

넷째, 외국의 발달된 기술을 접할 수 있게 되어 기술발전에 도움이 될 수 있다.

다섯째, 국내 소비자들은 해외의 다양한 상품과 서비스를 값싸게 구입하여 소비할 수 있다.

그러나 둘째부터 다섯째까지의 긍정적 효과는 수출의존도가 수입의존도보다 더 높게 나타날 때에 실현되는 것이며, 수입의존도가 더 크게 나타난다면 오히려 반대의 결과, 즉 부정적 효과로 나타나게 될 수도 있다.

✚ 부정적인 측면

첫째, 무역의존도가 높아지면 글로벌 금융위기와 남유럽의 재정위기의 예처럼 국내 경제가 해외 경제여건에 따라 크게 흔들리는 취약성을 확대할 우려가 있다.

둘째, 우리나라 산업의 기술경쟁력 등 국제경쟁력이 떨어질 경우, 국내 시장이 오히려 외국 산업의 시장으로 전락할 수 있다.

셋째, 최근 유행처럼 번지고 있는 해외 명품 등의 수입 풍조가 만연하면, 국내 산업의 침체와 일자리 감소 등의 부정적 효과를 초래한다.

넷째, 수출 확대를 위해 외국의 현지로 공장을 이진하거나 투자를 늘릴 경우 국내의 산업공동화를 초래할 수 있다.

다섯째, 우리나라의 수출품 중 스마트폰, TV, 냉장고 등 가전제품 그리고 자동차 등 최종소비재 형태 혹은 완제품 형태루 수출하는 비중이 높다는 사실은 외국의 보호무역 정책을 강화하는 계기가 될 수 있으며, 자칫 무역마찰을 빚을 가능성이 커진다. 이 경우 아직 경제적으로 강대국 반열에 오르지 못한 우리나라는 일방적인 피해를 입을 우려가 크다.

다. 수입의존도를 낮추는 경제정책 방안

우리나라의 수출이 매우 빠른 성장을 나타내고 있음에도 수입 역시 빠르게 나타나고 있어 무역의존도가 100%를 상회할 정도에 이르고 있다는 사실은 위에서 설명한 바와 같다.

그러나 수입의존도가 높게 나타나는 한, 무역이 한국의 경제성장에 기여하는 효과는 상대적으로 작아질 수밖에 없다. 따라서 수입의존도를 줄이기 위한 경제정책과 전략이 필요하다.

수입의존도를 낮추기 위한 정책방안으로는 다음과 같은 것을 예로 들 수 있다.

i) 수출품 생산에 필요한 중간재, 예컨대 부품과 소재 등을 국내에서 조달 가능하도록 중소기업과 중견기업 등을 집중 육성해야 한다.

ii) 원유와 천연가스 등 화석연료를 덜 쓰는 에너지 절약형 산업구조로 전환할 수 있도록 인센티브 등을 제공하여 에너지 수입도 줄이고 탄산가스 배출량도 줄이는 정책을 폭넓게 시행해야 한다. 이러한 정책으로는 태양광과 태양열 및 지열을 이용한 전력 생산 지원, 전기자동차 생산 지원 등의 정책도 포함될 수 있다.

iii) 철광석 등과 최근 수입이 급격히 늘고 있는 희토류와 같은 지하자원의 수입원을 남북경협을 활성화하여, 보다 저렴한 가격으로 수입한다면, 수입액 규모 축소에 도움이 될 것이다.

iv) 수출구조도 지식 · 정보 · 기술집약형 산업 중심으로 재편될 수 있도록 경제유인을 제공하는 정책을 실시한다면, 부가가치와 외화가득률을 높여 수입의존도를 낮출 수 있다. 뿐만 아니라 경제성장에도 큰 기여를 할 수 있고, 나아가 일자리 창출에도 매우 큰 도움이 될 수 있을 것이다. 왜냐하면 과거에는 제조업이 노동집약형 산업으로서 일자리 창출에 큰 기여를 했지만, 최근 제조업은 취업계수(10억 원 생산액당 취업자수)가 매우 낮아진 대신 3차산업의 취업계수는 이보다 높게 나타나기 때문이다.

(5) 한국의 저축률과 투자율 변화 추이

가. 저축률과 투자율 변화

다음에 제시되어 있는 [그림 4-6]은 한국의 저축률과 투자율의 변화 추이를 나타내고 있다.

저축률과 투자율이 중요한 의미를 갖는 것은 단기적으로는 호황과 불황을 초래하는 변수로 작용하기 때문이고, 장기적으로는 경제성장에 필요한 생산기반을 마련하려면 어떻게 저축률을 끌어올리느냐에 관한 문제를 제기하기 때문이다.

그림에서 보면 1950년대는 낮은 소득수준에서 낮은 저축률과 낮은 투자율이 이루어져 투자와 저축의 갭(gap)이 나타나지 않고 균형이 이루어지는 것처럼 보인다. 그러나 이러한 현상은 R. Nurkse의 빈곤의 악순환(Vicious Circle of Poverty), 즉 저소득 → 저지축 → 저투자 → 저생산 → 저소득을

| 그림 4-6 | 한국의 저축률과 투자율 변화 추이

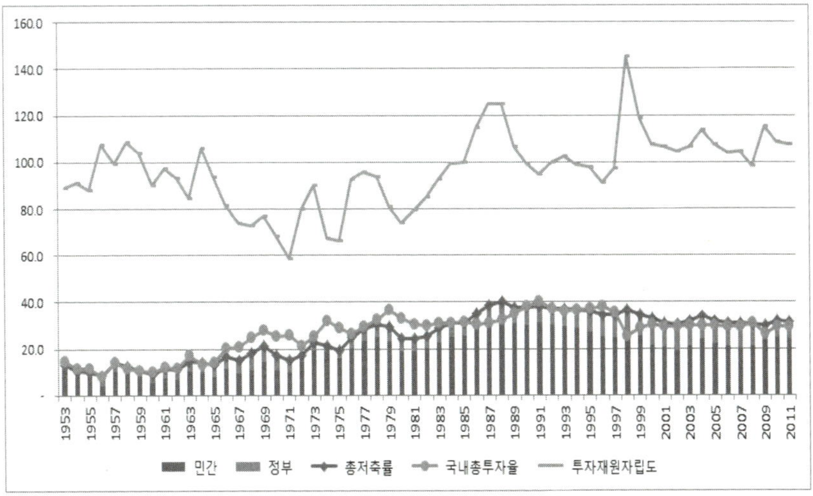

자료 : 한국은행, 경제통계시스템, 주요 지표

계속 순환적으로 반복하는 현상이라고 평가할 수 있다. 이러한 빈곤의 악순환을 끊기 위해서 해외자본을 끌어들여서라도 높은 투자를 달성하여 생산을 늘리면, 소득이 늘어나고 높은 저축률을 달성하여 다시 높은 투자율도 가능해질 것이다.

박정희 정부에서는 국내총투자율이 총저축률(민간저축률+정부저축률)을 지속적으로 초과하는 현상을 보이고 있는데, 이는 차관을 비롯한 해외차입으로 충당되었다. 이 사실은 투자재원자립도가 100% 이하 수준에서 머물고 있다는 사실로도 설명할 수 있다.

※ 투자재원자립도

투자재원자립도란 국내총저축(민간저축+정부저축)을 국내총투자로 나눈 값을 의미한다. 투자재원자립도가 100% 이하인 경우는 낮은 경제성장단계에서 흔히 나타나며, 빈곤의 악순환을 초래할 수도 있어, 부족한 투자재원을 외채로 충당하여 경제성장을 추진해야 한다. 투자재원자립도가 100% 이상이면, 투자재원 부족을 벗어나 외채에 의존할 필요가 없어지지만, 저축과 투자의 갭(총저축-총투자)을 초래하여, 즉, 총투자가 총저축 규모에 미치지 못하면, 불황을 초래할 수도 있다는 점을 유념해야 한다. 따라서 투자재원자립도가 100%를 달성한 이후에는 투자를 증대시켜 총저축과 총투자를 균형시키려는 노력이 필요하다.

전두환 정부에서는 국내총투자율이 30% 수준에서 정체되고 있으나, 총저축률이 지속적으로 높아져 투자재원자립도가 100% 수준을 웃돌게 되었다.

노태우 정부에서는 국내총투자율이 다시 완만한 상승세를 나타내어 40% 수준에 이르게 되었고, 총저축률도 이와 비슷한 수준으로 유지되어 투자와 저축의 갭은 거의 나타나지 않았다.

김영삼 정부에서도 유사한 추세를 지속하였으나, 1997년 IMF 외환위기를 맞으면서 국내총투자율이 급감하게 되었다.

김대중 정부는 외환위기 극복을 위해 외국자본 유치에 많은 노력을 기울였고, 그 결과 IMF 외환위기 직후 크게 벌어졌던 투자와 저축의 갭을 거의 메움으로써, 불황의 늪을 빠져 나올 수 있었다.

노무현 정부에서는 국내총투자율도 총저축률도 30% 수준으로 유지하여 투자와 저축의 갭은 크게 벌어지지 않았다.

이명박 정부에서는 취임 초 글로벌 금융위기를 맞이하면서 국내총투자율이 다시 하락하여 투자와 저축의 갭이 벌어졌고, 이를 극복하기 위해 재벌기업들에게 투자 종용을 요청하고, 투자유인을 위해 법인세율 인하 정책을 폈지만, 2008년 이후 2011년까지 투자와 저축의 갭은 메우지 못했다.

요약하면, 1985년까지는 저축률이 투자율을 밑돌았으나, 민주화선언 전후로 저축률이 크게 높아진 반면 투자율이 상대적으로 낮은 증가율을 나타냄으로써, 저축과 투자의 갭이 나타나기 시작하였다. 이러한 결과는 투자재원자립도 면에서는 100%를 넘는 기록을 나타내어 투자재원의 만성적 부족을 탈피하는 계기가 되었지만, 다른 한편으로는 기업들의 국내투자 회피로 인해 경제성장률을 높은 수준으로 끌어올리지는 못하였다. 환언하면 기업들이 투자재원이 부족해서 투자를 하지 않는 것이 아니라, 투자여건이나 투자기회가 충분치 않다고 판단하기 때문이라는 것이다.

나. 가계저축률과 기업저축률의 변화

민간저축은 가계저축(비영리단체 포함)과 기업저축으로 구분하여 볼 수 있다. 다음 그림은 민간저축률(선형으로 표시)을 가계저축률과 기업저축률로 나누어 표시한 것이다.

| 그림 4-7 | 한국의 가계저축률과 기업저축률 추이

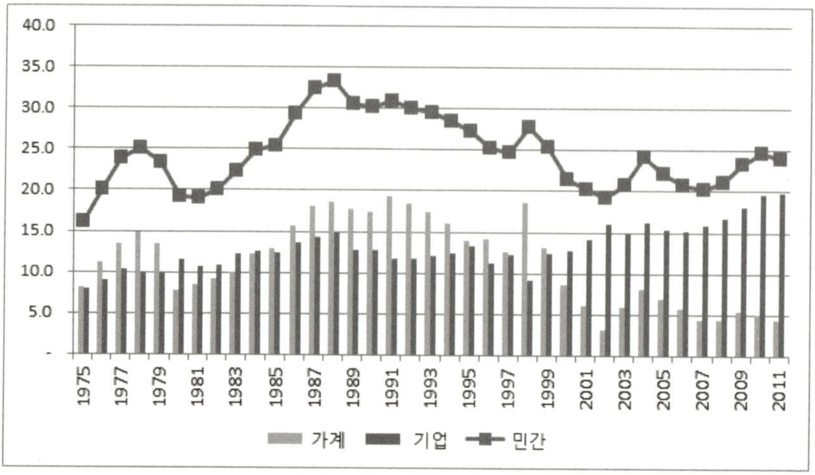

자료 : 한국은행, 경제통계시스템, 주요 지표

위의 그림에서 우리는 박정희 정부 기간 중 1975년부터 1979년까지는 가계저축률이 기업저축률을 상회하고 있으나, 강력한 임금상승 억제정책을 폈던 전두환 정부 초·중반에는 기업저축률을 밑돌게 되었다가 다시 상승하고 있는 사실을 볼 수 있다. 민간저축률은 이후 기업저축률을 상회하게 되었고, 1987년 민주화선언 이후에는 기업저축률을 크게 앞서는 상황이 지속되어 IMF 외환위기 기간인 1998년에는 기업저축률을 2배 이상 앞서는 기록도 남기게 된다.

그러나 2000년 이후는 가계저축률이 크게 낮아지기 시작하여, 기업저축률의 1/2 수준으로 떨어졌고, 법인세 인하 등의 정책을 편 이명박 정부에 들어와선 무려 1/4 수준까지 크게 떨어지게 되었다. 이처럼 가계저축률이 급속히 감소하고 기업저축률은 증가하는 이유는 무엇 때문일까?

가장 큰 이유는 가계소득 증가율이 둔화된 반면 기업소득 증가율은 상대적으로 빠른 성장세를 지속한 데에서 찾을 수 있다. 이 점에 대해서는 차후 한국의 소득분배구조에서 다시 상세히 설명할 것이나, 여기에서 간단히 언급한다면 다음과 같이 요약할 수 있다.

우선 가계소득에서 큰 비중을 차지하는 임금소득이 IMF 외환위기 이후 대량실직과 명예퇴직, 노동시장의 유연화에 따른 비정규직과 임시직 등 불안정한 고용형태가 크게 늘면서 임금소득 증가율이 둔화되어 가계소득 증가율을 둔화시켰다는 점, 다음으로는 우리나라의 성장을 주도해 온 수출·제조업의 고용흡수력이 크게 낮아졌다는 점, 그리고 비임금근로자에 속하는 자영업자의 영업이익 증가율이 법인기업의 영업이익 증가율에 비해 매우 낮았다는 점, 부동산경기 활성화 정책으로 부동산 담보대출 등에 따른 가계의 지급이자가 예금에 대한 수취이자보다 크게 나타나 순수취이자소득(예금이자소득－지불이자소득)이 마이너스로 돌아섰다는 점 등이 가계소득 증가율을 둔화시킨 요인이라고 하겠다.

반면 기업저축률이 크게 늘어난 이유는, 재벌기업을 위시한 대기업들의 시장지배력이 커지게 되어 상대적으로 독점적 이윤을 포함한 영업잉여가 크게 늘어났고, 법인세 인하 등의 조치로 처분가능한 이윤이 더 커진 데다가, 소액주주를 포함한 많은 주주들에게 배당을 상대적으로 적게 해 주었기 때문이다.

따라서 이제는 투자를 촉진하기 위해 법인세를 인하해야 한다는 주장은 설득력이 없으며, 기업이윤의 사내유보(기업저축)보다는 가계의 소득을 증대시켜 내수를 촉진하는 정책을 써야 할 시기가 되었다고 판단된다. 그렇게 하기 위해서는 배당을 늘려 가계소득을 증가시키기 위해, 사내유보로 남겨진 이윤에 대해서도 배당세(예컨대 지상배당세)를 강구할 필요가 있다.

(6) 한국의 취업구조 변화 추이

한국의 취업자 수는 1963년 756만 명이었으나, 경제성장이 지속되면서, 1972년에는 1,000만 명을 넘어서고, 1986년에는 1,500만 명을, 1995년에는 2,000만 명을 넘어서는 기록을 달성하게 된다.

가. 임금근로자와 비임금근로자

취업자는 임금근로자와 비임금근로자(자영업자와 무급 가족종사자 등)로 구분된다.

[그림 4-8]에서 보듯이 비임금근로자는 1960년대 500만 명 수준에서 1970년대 중반 이후 700만 명 수준으로 증가한 이후 거의 같은 수준에서 정체되어 있다. 그러나 임금근로자 수는 1960년대 중반까지 200만 명 수준에서 1967년에는 300만 명을 넘어서고, 1972년에는 400만 명, 1976년에

| 그림 4-8 | 한국의 임금근로자 증가 추이

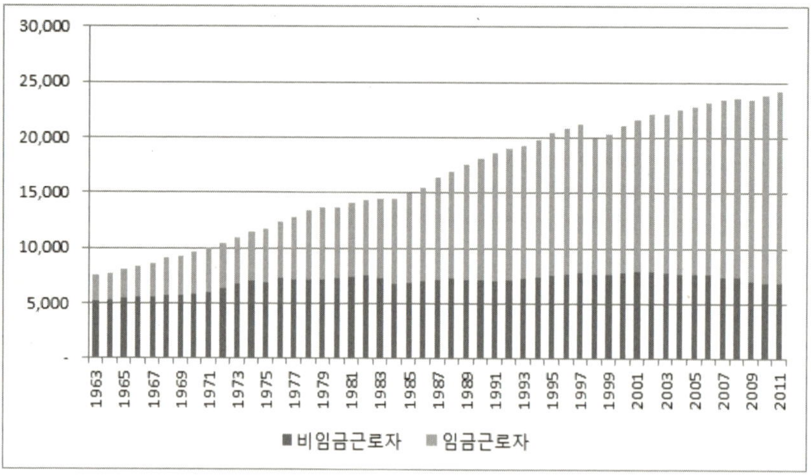

자료 : 한국은행, 경제통계시스템, 경제활동인구

는 500만 명, 1978년에는 600만 명을 넘어설 정도로 빠르게 증가하였다.

이러한 임금근로자의 빠른 증가 추세는 이후에도 이어져, 1983년에는 700만 명을 넘어섰고, 1985년에는 800만 명, 1987년에는 900만 명, 1989년에는 1,000만 명을 돌파하게 된다.

이와 같은 임금근로자 수의 빠른 증가 추세는 그 뒤로도 계속되었으나, IMF 외환위기로 인해, 1997년 1,300만 명 수준에서 1998년에는 1,200만 명 수준으로 하락하였으나, 2000년부터는 다시 1,300만 명 수준을 회복하였고, 2011년에는 임금근로자수가 1,700만 명 수준을 넘어서게 되었다.

임금근로자 수의 상대적으로 빠른 증가 추세는 결과적으로 취업자 중 임금근로자의 비중을 1963년 31.5%에서 2011년에는 71.8%로 높여 놓았다 (〈부록표 4-7〉 참고).

그러나 IMF 외환위기 이후 고용상태는 매우 불안정하게 되어, 비록 통계상으로는 취업자로 분류되지만, 비정규직과 파견근로자, 임시직과 일용직 등의 비중이 늘면서, 고용안정성과 임금차별 등의 과제가 아직까지 해결되지 못하고 있다.

나. 취업자의 성별 구조 변화 추이

[그림 4-9]는 취업자의 성별 구조 변화를 나타내고 있다.

다음 그림에서 우리는 남자 취업자 수도 빠른 증가세를 나타내고 있지만, 여성 취업자의 경우 훨씬 빠른 증가 추세를 나타내고 있음을 쉽게 파악할 수 있을 것이다.

실제로 여성취업자 수는 1963년 263만 명 수준에 불과하였으나, 2011년에는 1,000만 명을 돌파하게 된다.

이처럼 상대적으로 빠른 여성취업자의 증가는 결과적으로 총취업자 중

| 그림 4-9 | 한국의 취업자의 성별 구조 변화 추이

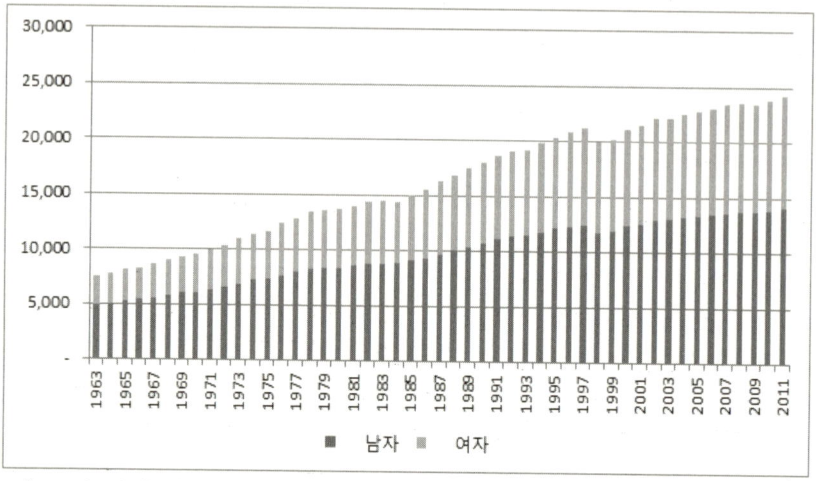

자료 : 한국은행, 경제통계시스템, 경제활동인구

여성취업자의 비중을 크게 높여, 1963년에 34.8%에 불과하던 여성취업자의 비율이 2011년에는 41.6%까지 높아지게 된다.

여성취업자의 비중이 높아지게 된 배경에는 무엇보다 경제의 소프트화, 즉 IT산업과 서비스산업과 같은 여성의 섬세함이 필요한 부문이 상대적으로 크게 늘어났다는 데에서도 찾을 수 있지만, 다른 한편으로는 소비영역의 확대와 더불어 이를 충족시키기 위한 맞벌이의 증가, 그리고 여성 고학력자의 증가에 따른 사회진출 경향 등이 크게 작용한 결과라고 이해할 수 있다.

그러나 여성취업자의 수가 크게 늘어난 이면에는 가장의 외벌이만으로는 자녀양육비와 사교육비 등 때문에 늘어나는 가계지출을 감당하기 어려워, 맞벌이로 나서는 여성취업자 수가 크게 늘어난 결과가 한몫을 하고 있다는 점을 경제정책 담당자들은 유념해야 할 것이다.

(7) 한국의 소득분배구조 변화 추이

가. 피용자보수와 기업 및 재산소득의 변화 추이

다음에 제시되고 있는 [그림 4-10]은 피용자보수율 등 우리나라의 소득분배가 어떻게 변화되고 있는가를 보여주는 그림이다.

| 그림 4-10 | 한국의 소득분배구조 변화 추이

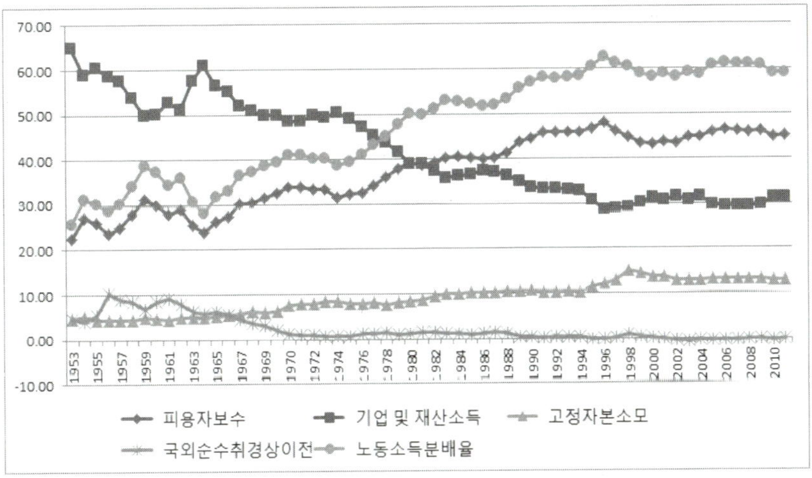

자료 : 한국은행, 경제통계시스템, 주요 지표

위의 그림에서 우리는 **피용자보수율**과 기업 및 재산소득비율, 그리고 **노동소득분배율**을 중심으로 살펴보기로 한다.

먼저 국민총소득 중 임금근로자의 소득이 차지하는 비율인 피용자보수율 추이를 살펴보면, 박정희 정부 출범 전에는 피용자보수율이 1953년 22.5%로 매우 낮은 수준에서 점차 상승하여 1959년에는 31.4%까지 점차 상승하다가 정치 혼란기인 1960년에는 30.0%로 약간 하락하는 추세를 나타내었다(〈부록표 4-9〉 참고). 이처럼 피용자보수율이 낮은 이유는 당시의

※ **피용자보수율**이란 국민총소득 중 임금근로자의 소득이 차지하는 비율을 말한다. 따라서 피용자보수율은 노동의 가격인 임금수준과 임금근로자 수가 얼마나 많으냐에 따라 달라진다.

※ **노동소득분배율**은 국민총소득 중 임금근로자의 소득과 비임금근로자의 소득을 합한 금액이 차지하는 비율을 말한다. 비임금근로자에는 농민과 자영업자 무급 가족종사자 등이 포함된다.

산업구조상 임금근로자로 취업한 인구가 적었다는 데에 일차적인 원인이 있었다.

그러나 1961년부터는 30%대 이하로 낮아졌고, 1967년부터 다시 30%대를 회복하였고, 박정희 정부 말인 1979년에는 37.8%까지 상승하였다. 이 시기에는 공업화 정책으로 취업인구가 급속히 늘어났으나, 피용자보수율이 상대적으로 낮게 나타나는 이유는 당시의 정부가 노조 설립 제한, 임금가이드라인 정책 등을 통해 임금인상 요구 등을 가급적 통제하였다는 데에서 찾을 수 있을 것이다.

전두환 정부에 들어와서도 임금인상 억제정책은 계속되었고, 그 결과 1987년 말까지 피용자보수율은 40% 수준에서 정체되고 있었다. 이러한 정체현상은 당시 대학 정원의 확대조치로 상대적으로 높은 임금을 받는 대졸 취업자들이 크게 늘어난 상황을 고려하면, 임금억제정책이 상당히 강하게 추진된 것으로 풀이된다. 이러한 임금억제정책은 후일 민주화과정에서 '넥타이부대'가 시위에 참가하는 계기가 된 것은 아닐까?

노태우 정부에서는 민주화 선언 이후 노조 설립이 활성화되기 시작하면서 1988년 피용자보수율이 41.5%에서 임기 말인 1992년도에는 45.8%로 빠르게 증가하였다.

김영삼 정부에서는 피용자보수율이 1993년 46.0%에서 1996년 47.9%로 증가하였으나, 임기 말인 1997년에는 IMF 외환위기가 시작되면서 실직자들이 늘어나게 되었고, 그 결과 피용자보수율이 46.2%로 하락하였다.

김대중 정부에서는 IMF 외환위기 여파로 재벌기업을 비롯하여 금융권 등에서 구조조정이 본격화되면서 해고자와 퇴직자가 크게 늘어나, 피용자보수율이 1998년 44.7%에서 이후 임기 말까지 43%대로 하락한 수준을 지속하였다.

노무현 정부는 전 정부시절 발생한 신용대란을 치유해야 하는 부담을 안고 있었으나, 복지정책 강화와 지자체에 대한 복지 관련 공무원 충원, 근로장려세제 도입과 사회적 기업 육성 등 생산적 복지 정책을 실시한 결과, 피용자보수율이 2003년 44.7%에서 2007년 46.1%로 높아졌다.

이명박 정부에서는 투자 촉진과 일자리 창출이라는 명분으로 법인세율 인하를 비롯한 부자감세정책을 폈지만, 기대한 만큼 대기업의 투자도 일자리 창출도 이루어지지 못하였고, 따라서 피용자보수율도 2008년 45.9%에서 2011년 45.0%로 하락하였다.

한편, 자산소득이라 할 수 있는 기업 및 재산소득이 차지하는 비율은 피용자보수율과 정반대의 추이를 나타내고 있음을 [그림 4-10]에서 충분히 이해할 수 있을 것이다.

노동소득분배율은 임금근로자 소득 외에 농민과 자영업자들의 소득이 포함되어 있기 때문에, 피용자보수율보다 높은 수준을 나타내고 있으며, 노동소득분배율에서 피용자보수율을 뺀 비율이 농민과 자영업자 등의 소득비율이라고 할 수 있다. 우리는 위의 [그림 4-10]과 〈부록표 4-9〉에서 경제위기를 맞을 때마다, 이러한 농민과 자영업자 소득비율이 높아지는 것을 확인할 수 있다. 이는 경제위기 시마다 실직자나 퇴직자가 늘어나고, 이들이 식당이나 소매유통점 등을 개업하여 자영업자로 구분되기 때문에 나타나는 현상이라고 할 수 있다.

나. 가계소득과 기업소득의 변화

a) 가계소득과 기업소득의 대GNI 비중

다음 [그림 4-11]은 제도부문별(가계, 기업, 정부) 소득의 대GNI 비율 변화 추이를 나타내고 있다.

| 그림 4-11 | 한국의 가계소득과 기업소득의 대GNI 비중 변화 추이

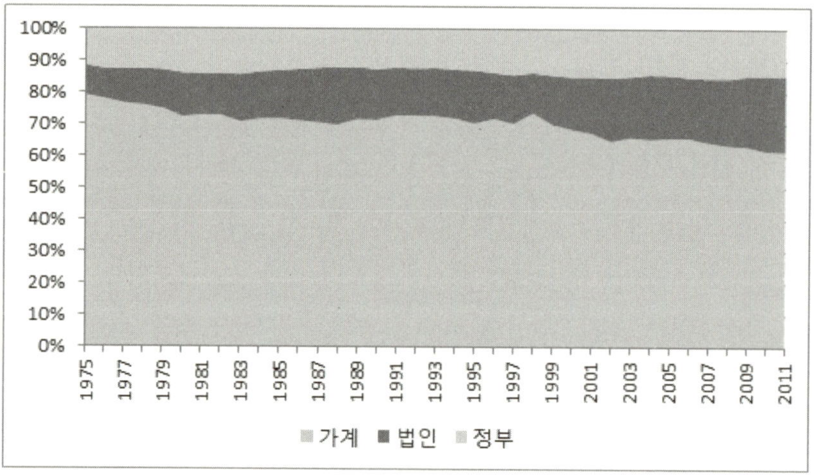

자료 : 한국은행, 경제통계시스템, 제도부문별 소득계정

위의 그림을 보면, 가계소득이 GNI(국민총소득)에서 차지하는 비중이 1975년 79.2%에서 점차 감소하여, 70% 수준에 머물다가 IMF 외환위기 이후인 2000년부터는 60%대로 떨어지고, 2011년에는 61.6%로 최저 수준으로 떨어진 사실을 알 수 있다(상세한 수치는 〈부록표 4-10〉 참고).

그러나 기업소득의 비중은 IMF 외환위기 이후 오히려 높아지고 있는 현

상을 목격할 수 있다.

이러한 소득 비중 변화를 국제비교하기 위해, OECD 평균 비중을 참고로 하면 다음과 같다. 우리나라 가계소득의 대GNI 비중은 IMF 외환위기 이전에는 OECD 평균치와 비슷한 수준이었으나, 2011년에는 OECD 평균 비중 69.0%를 크게 밑도는 수준으로 떨어졌다. 이에 반해, 기업소득의 대GNI 비중은 외환위기 이전에는 OECD 평균 비중과 비슷한 수준이었으나, 2011년에는 OECD 평균 기업소득 비중 18.1%를 훨씬 뛰어넘는 24.1%를 나타내고 있다.

즉, IMF 외환위기를 전후로 가계소득의 비중은 OECD 평균 비중보다 크게 떨어진 반면, 기업소득의 비중은 크게 높아진 것이다.

IMF 외환위기의 직접적 원인은 김영삼 정부의 세계화 정책과 사채업자의 양성화조치로 설립된 파이낸스사들의 무분별한 단기외채 도입과 재벌기업들이 무리하게 해외투자를 하기 위해 도입한 막대한 외화차입 등에서 비롯된 것이지만, IMF 외환위기 이후 오히려 기업소득 비중은 크게 늘고, 가계소득 비중은 크게 줄어들었다는 사실은 아이러니가 아닐 수 없다.

b) 가계소득/기업소득 배율 변화

이처럼 가계소득과 기업소득의 양극화가 나타난 원인은 무엇일까?

가계소득은 임금근로자들의 임금소득과 비임금근로자인 자영업자의 영업이익 및 가계의 순이자(수취이자−지불이자)소득 등으로 구분된다. 다음의 [그림 4-12]는 가계소득(임금근로자 및 비임금근로자 포함)의 구성요소인 임금과 영업잉여(자영업자), 재산소득과 이자소득 등을 기업소득 대비 비율로 나타낸 그림이다.

다음 그림을 살펴보면 가계소득/기업소득 배율은 박정희 정부 시절인 1975~79년 사이에 급격한 하락세를 나타내고 있음을 확연히 알 수 있다. 이 기간에 특히 하락 폭이 크게 나타난 것은 자영업자의 소득인 영업잉여이

| 그림 4-12 | 한국의 가계소득/기업소득 배율 변화 추이

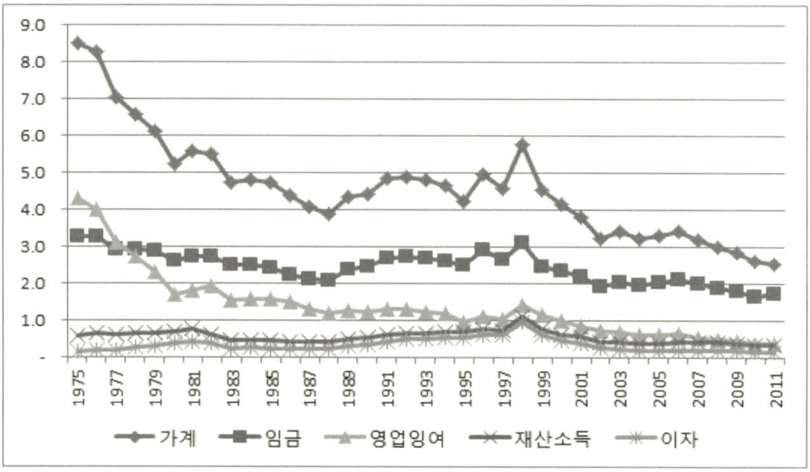

자료 : 한국은행, 경제통계시스템, 제도부문별 소득계정

다. 즉, 자영업자의 소득인 영업잉여의 빠른 감소가 가계소득/기업소득 배율을 크게 하락시킨 주요 요인으로 작용하였던 것이다. 그러나 이 사실은 앞의 취업구조에서 살펴본 바와 같이 자영업자의 수가 이 기간에 정체되거나 감소하고 있다는 사실을 고려한다면 큰 문제는 아니라고 판단된다.

문제는 임금소득/기업소득 배율도 이 시기에 계속 하락하여, 가계소득/기업소득 배율을 하락시킨 요인으로 작용하였다는 점이다. 이 사실은 앞의 취업구조 변화 추이에서 살펴본 것처럼 임금근로자의 수가 계속 증가했음에도 불구하고, 임금소득의 상대적 비중이 하락 추세를 나타냈기 때문이다. 이 사실은 당시의 정부가 친기업적 정책을 펴기 위해 임금상승 억제정책을 펴 왔기 때문이라고 해석되는 근거가 될 수 있다.

이러한 친기업적 임금상승 억제정책은 전두환 정부에서도 계속 이어져, 다소 하락세가 완화되기는 하였지만, 임금소득/기업소득 배율과 영업잉여/기업소득 배율은 계속 하락 추세를 나타냈다.

그러나 1987년 민주화 선언 이후 노조활동이 활성화되면서, 1988년부터는 가계소득/기업소득 배율이 상승 추세로 반전되고 있으며, 이러한 반전의 주요 원인은 임금소득/기업소득 배율이 상승하고 있다는 데에서 찾을 수 있다. 이러한 추세는 노태우 정부와 김영삼 정부까지 이어졌고, 같은 기간에는 재산소득과 이자소득의 상대적 배율도 지속적으로 증가하는 추세를 보였다. 그러나 김영삼 정부 말에 OECD 가입과 외환거래 규제 완화 등 개방정책을 서두른 결과 초래된 IMF 외환위기로 이러한 가계소득/기업소득 배율 증가추세는 마감을 하게 된다.

김대중 정부에서는 IMF 외환위기 여파로, 대량해고와 명예퇴직, 노동시장의 유연화에 따른 비정규직과 임시직 등의 증가가 이루어져 임금소득/기업소득 배율이 하락추세를 나타낸 것은 물론 영업잉여와 재산소득 및 이자소득 등 가계의 모든 요소소득의 대 기업소득 배율이 하락하였다.

노무현 정부에서는 근로장려세제 도입 등 생산적 복지 확대와 복지 관련 공무원 증원 등 일자리 확대 정책을 펴면서, IMF 외환위기 여파로 계속 하락하던 임금소득/가계소득 배율을 2.0배 수준에서 범추세 하였고, 그에 따라 가계소득/기업소득 배율도 하락세를 멈추게 되었다.

그러나 이명박 정부에서는 기업의 투자 증대와 일자리 창출을 촉진한다는 명분으로 법인세율 인하 등의 정책을 폈는데, 오히려 임금소득/기업소득의 배율도 가계소득/기업소득 배율도 감소하는 결과를 낳았다. 이러한 결과가 나타난 이유로는 물론 2008년 발생한 글로벌 금융위기의 여파도 있었지만, 정책 판단에도 문제가 있었던 것으로 생각된다. 왜냐하면, 첫째로 당시의 재벌기업들을 위시한 많은 기업들이 투자자금이 부족해서 국내투자를 망설인 것이 아니었는데도 법인세 세율 인하 정책을 폈기 때문이다. 이 사실은 우리가 앞에서 살펴본 바처럼 기업저축률이 당시에 이미 매우 높은 비중을 차지하고 있었다는 사실을 통해서도 확인할 수 있다. 둘째로, 차후 재벌 문제를 다룰 때 다시 언급하겠지만, 기업저축에서도 중소기업과 재벌기업 간에 양극화가 벌어지고 있어서, 투자자금이 절실히 필요한 곳은 중소기업임에도, 법인세율 인하정책은 대기업일수록 더 큰 혜택이 주어지도록 설계되어 있기 때문이다. 예컨대 법인세 과표(과세표준)가 2억 원 이하인 중소기업의 경우 2%의 법인세율 인하로 법인세 감소효과는 고작 400만 원 이하이지만, 과표가 1조 원이 넘는 재벌기업들은 같은 2% 인하만으로도 200억 원 이상의 감세효과를 누리기 때문이다. 셋째로, 기업들이 당시에 투자를 망설이는 이유가 투자자금이 부족하기 때문이 아니라, 투자기회와 투자여건이 국내에 충분히 조성되지 못했기 때문이라는 판단이 오히려 더 적절하기 때문이다. 국내에 투자여건을 조성하여 일자리를 창출하려면, 이제는 내수 확대를 위한 정책, 예컨대 소득재분배정책이나 복지확대정책 등을 통해 국내 소비시장 확대를 추진하는 것이 더 적절했다고 보여진다. 이 사실은 제Ⅲ장에서 경제성장률과 소비지출 증가율, 투자증가율 및 수출증가율 등과의 관계를 분석한 회귀분석모형에서도 이미 확인한 바 있다.

이명박 정부의 정책판단 문제는 건설경기 활성화와 일자리 창출 확대라는 명분으로 추진한 부동산 경기 활성화 정책을 통해서도 나타난다. 당시 정부는 은행의 부동산 담보대출 제한과 DTI(총부채상환비율), LTV(주택담보대출비율) 등의 규제를 풀고, 다주택 소유자에 대한 양도소득세 중과 완화, 취득세 감면 확대 등 부동산 경기 활성화 정책을 강화하였다. 그러나 그 결과는 OECD의 경고를 받을 정도로 가계부채의 누적(1,000조 원에 육박하는 규모)과 대출이자 상환으로 인한 가계소득구조 악화, 그리고 가계의 소비지출의 감소 등 내수기반을 크게 약화시켜, 투자도 일자리 창출도 어려워지고, 경제성장률도 이전 정부에 비해 최하 수준으로 떨어지게 되었다.

이러한 현상이 나타나리라는 것은 이미 필자가 졸고(2009)에서 밝힌 바 있다. 특히 소득격차가 큰 나라에서 이와 같은 현상이 자주 나타난다는 사실은, 소득격차가 큰 미국과 남유럽의 재정위기의 예에서도 확인할 수 있다. 가장 큰 이유는 고소득층은 한계소비성향이 낮기 때문에 상대적으로 높은 저축률을 시현하는데, 이들은 이러한 높은 저축률을 활용하여, 부동산시장과 증권시장 등에서 투기를 통해 높은 수익을 얻으려고 하기 때문이다.

물론 금융기관 등 자본시장에서 높은 예금이자를 받을 수 있다면, 이러한 자산시장에서의 투기성향은 줄어들 수 있다. 그러나 한계소비성향이 낮은 고소득층에 더 많은 소득이 집중될 경우 최종소비지출 증가가 어려워지기 때문에 내수기반을 악화시켜 투자증가율이 둔화되고, 그에 따라 투자자금 수요가 적어진다면, 예금이자도 높아지기 어렵기 때문에, 자산시장으로 자금이 몰려들면서 투기가 극성을 부릴 가능성이 더욱 커지는 것이다.

따라서 소득격차를 어느 정도 완화하지 않으면, 최종소비지출 증가 둔화 → 내수기반 약화 → 국내투자 증가 둔화 → 예금이자 하락 → 자산시장에서의 투기 증가로 이어지게 될 것이다. 자산시장의 투기 증가는 결국 부동산과 증권 등의 거품(bubble)을 키우다가 경제위기를 초래할 수 있다는 점에서 특히 유념해야 한다. 최근 남유럽 재정위기도 부동산 거품이 꺼지면서 발생하였고, 미국의 서브프라임 모기지로 인한 부동산 버블이 결국 글로벌 금융위기를 불러왔다(졸고(2009) 참고)는 사실이 대표적 예에 속한다.

뿐만 아니라 소득격차가 커지게 되면 실물경제 측면에서도 최종소비지출 증가 둔화 → 투자 증가 둔화 → 국내생산 및 소득 증가 둔화로 이어져, 생산 및 소득 증가도, 일자리 창출도 어려워지게 될 것이다. 최근 우리나라의 국내투자 증가율 저하와 경제성장률 둔화, 일자리 창출 부진 등의 근본적 이유도 여기에서 연유한다고 보여진다.

c) 가계소득원별 증가율

최근 들어 수많은 가계들이 부동산 담보대출로 인하여 대출이자 상환 부담이 커지면서 실질적으로 처분가능한 소득이 줄어들게 되었고, 따라서 다른 소비지출을 줄여야만 하는 처지에 몰리고 있다. 이는 결과적으로 내수기반을 약화시키리라는 점은 위에서 언급한 바와 같다.

이러한 사정은 김영태 · 박진호(2013)의 연구에서 가계소득 중 순이자(수취이자–지급이자)가 마이너스로 전환하게 되었다는 사실을 밝히고 있는 데에서도 확인할 수 있다.

다음 [그림 4-13]은 가계소득을 구성하는 요소별 2001~11년간 연평균 증가율을 나타내고 있다.

| 그림 4-13 | 한국의 가계소득원별 증가율(2001~11)

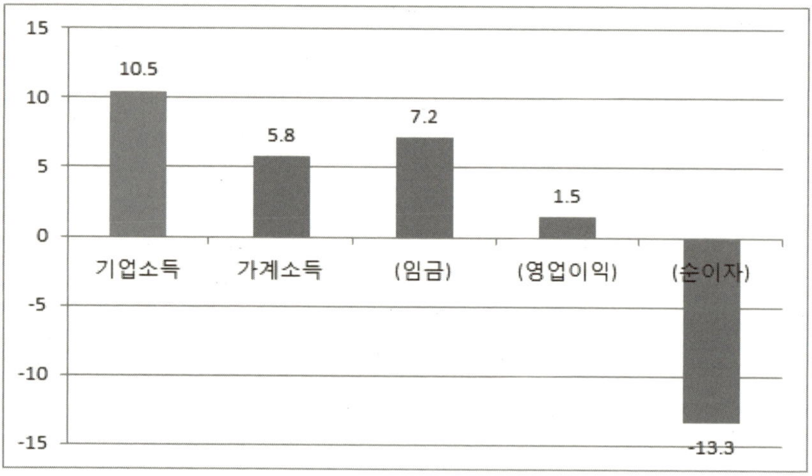

자료 : 김영태 · 박진호(2013)

“우리나라 가계소득 증가세의 GNI 대비 상대적 둔화는 기업소득 증가를 하회하는 임금 증가율 등 기업이익의 가계 환류성 약화, 자영업 영업이익의 낮은 증가 및 순이자소득 급감 등에 기인한 것으로 평가된다. 그림에 나타난 바와 같이 2001~11년 중 임금, 이자 등 가계의 소득원별 증가율이 기업소득 증가율을 하회하면서, 가계소득 증가율이 기업소득 증가율에 못 미치고 있다. 이에 따라 가계소득/기업소득 배율이 2000년 4.2배에서 2011년 2.6배로 하락하였는데 임금(2001~11년 중 배율하락 기여도 0.8배), 자영업 영업이익(0.6배), 순이자(0.2배) 순으로 하락을 주도하였다"(김영태 · 박진호, 2013).

d) 가계소득 구성비의 변화

가계소득의 소득원은 임금과 자영업자의 영업잉여, 재산소득, 이자 등으로 크게 구분할 수 있다. 다음 [그림 4-14]는 가계소득의 각 소득원별 비중 변화 추이를 나타내고 있다.

| 그림 4-14 | 한국의 가계소득원별 구성비 변화 추이

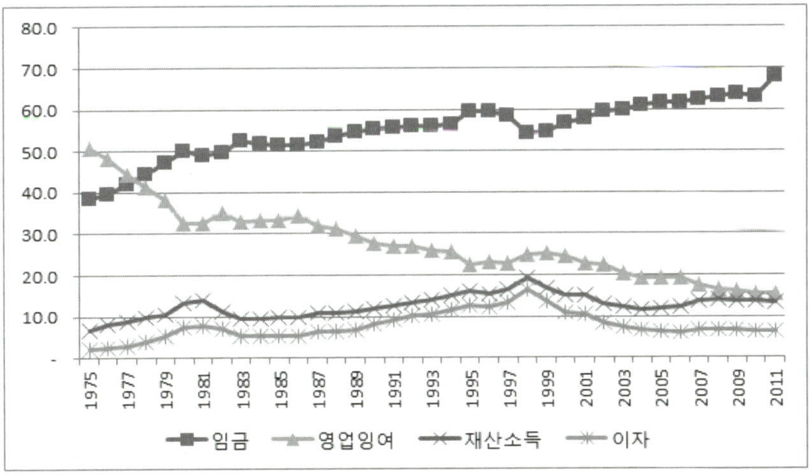

자료 : 한국은행, 경제통계시스템, 제도부문별 소득계정

그림을 살펴보면, 가계소득 중 임금의 비중이 1975년 38.4%에서 지속적으로 상승하여 1996년에는 59.4%로 높아졌으나, IMF 외환위기 기간인 1997~8년에는 58.3%와 54.3%로 낮아졌다는 사실을 알 수 있다. 그러나 이후 다시 점증하여 2011년에는 67.8%로 높아졌다. 이러한 임금소득 비중

상승 추세는 임금근로자 수의 증가와 임금 상승 등의 요인 등 두 가지 요인으로 나누어 살펴볼 필요가 있다. 특히 IMF 외환위기 직후 임금 비중의 감소는 대량 해고와 명예퇴직 등 임금근로자 수의 감소가 주요 원인이 되었지만, 이후 임금근로자의 수가 늘어나면서 임금의 비중은 다시 상승하고 있다. 그러나 IMF 외환위기 이후 임금근로자의 상승은 비정규직과 파견근로자, 임시직과 일용직 등 불안정한 고용상태의 임금근로자가 상당한 비중을 차지하게 되어 나타난 현상이며 임금상승에 의한 요인이라고 보기는 어려워, 가계소득의 불안정성을 증대시키고 있다. 또한 IMF 외환위기 이후 기간에 임금금로자 수의 증가 이면에는 자녀양육비와 사교육비, 대출이자 상환 등 늘어나는 가계지출을 메우기 위해 맞벌이로 나서는 여성취업자가 늘어난 점도 한몫을 하고 있다는 점을 유념해야 한다.

자영업자의 가계소득인 영업잉여의 비중은 임금의 비중이 증가 추세(IMF 외환위기 시 제외)를 나타내고 있는 것과 정반대의 추세를 나타내고 있다. 영업잉여의 비중은 IMF 외환위기에 오히려 증가 추세를 나타내고 있다는 점에서도 상반되는 추세를 나타나고 있음이 확인되고 있다. 이는 IMF 외환위기 시에 실직자들이 자영업을 개업하는 경우가 많기 때문에 나타나는 현상이지, 자영업자의 이익이 늘어난 결과라고 보기는 어렵다.

재산소득과 이자소득의 비중은 매우 유사한 추세를 나타내고 있는데, 특히 물가상승률이 높은 기간(예컨대 1975~80년과 1988~98년)에는 이들의 비중이 빠르게 높아지다가, 물가 안정기에는 다소 상승세가 완화되고 있다는 점이 눈에 띄는 대목이다. 물가상승률이 높은 기간에는 자산의 명목가격과 명목이자율이 빠르게 증가하기 때문에 나타난 현상이라고 볼 수 있다.

(8) 한국의 경제고통지수 추이

앞 장에서 우리는 OECD의 행복지수와 필자가 개발한 국민행복지수를 살펴보았다. 이러한 국민행복지수를 한국경제의 발전과정에서 시기별로 적용해 보면 어떨까? 그러나 불행히도 과거의 통계자료 중 소득격차를 나타내는 5분위분배율이나, 국가청렴도지수(부패인식지수) 등에 대한 자료가 부족하여 국민행복지수를 과거에 적용하기가 어렵다.

따라서 여기에서는 행복지수와 대조되는 개념인 경제고통지수와 이를 확장한 경제사회고통지수를 통해 한국경제의 발전과정에 따라 시기별로 적용해 보기로 한다.

다음에 제시된 [그림 4-15]는 경제고통지수와 경제사회고통지수의 추이를 나타낸 것이다(상세한 수치는 〈부록표 4-13〉 참고).

| 그림 4-15 | 한국의 경제고통지수와 경제사회고통지수 추이

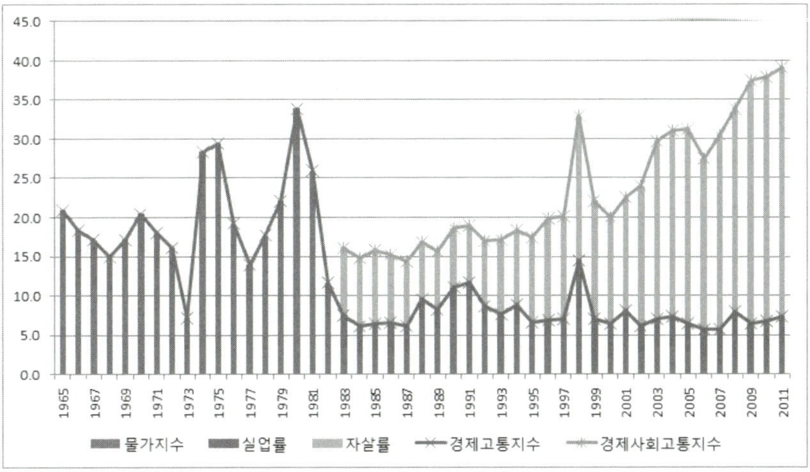

자료 : 한국은행 경제통계시스템, 주요 지표
통계청, 사회경제지표

가. 경제고통지수

경제고통지수는 경제학에서 국민들이 경제적으로 얼마나 큰 고통을 겪고 있는가를 지수화한 것으로서, 일반적으로 물가상승률과 실업률을 합계한 값으로 나타내고 있다. 경제고통지수가 클수록, 바꾸어 말하면 물가상승률이 높을수록, 그리고 실업률이 높을수록 국민들이 느끼는 경제적 고통이 커진다는 것을 의미한다.

[그림 4-15]를 살펴보면, 박정희 정부에서의 경제고통지수는 이후의 다른 정부에서보다 훨씬 높게 나타나고 있어서, 경제발전 과정에서 국민들이 치러야 하는 고통이 매우 높았다는 사실을 알 수 있다.

이처럼 당시의 정부에서 경제고통지수가 높았던 이유는 무엇보다 물가상승률이 매우 높았던 사실에 기인하고 있다. 동 정부에서 물가상승률이 특히 높게 나타나는 것은, 후에 상술하겠지만 당시의 정부가 관치금융하에서 인플레이션 정책을 실시함으로써, 실질임금 하락을 통한 강제저축, 인플레이션 조세(inflation tax)를 통한 정부저축 증대 등을 우선적 목표로 삼았기 때문으로 풀이된다.

※ **실질임금 하락을 통한 강제저축**이란 '화폐의 착각(money illusion)' 이론에 근거하는 것으로서, 동 이론은 근로자들은 만약 명목임금이 20% 오르고, 물가상승률이 30% 오르면 결과적으로는 실질임금이 10% 깎이게 되는 것이지만, 근로자들은 화폐의 착각으로 인해, 명목임금이 20% 올랐다고 일을 더 열심히 하여, 실질적으로 기업가들에게 더 많은 이윤을 올리게 할 수 있다는 이론이다.

※ **인플레이션 조세(inflation tax)**를 이해하기 위해서는 먼저 화폐에 대한 이해가 필요하다. 법정관리통화제하에서 중앙은행(우리나라에서는 한국은행)에서 발행하는 화폐는 국민들에게 발행하는 일종의 채무증서로서, 정부는 국민들에게

발행한 화폐만큼 국민들에게 지불해야 할 채무를 져야 한다. 그러나 정부가 계속 화폐공급을 증가시켜(최근에는 '양적 완화'라는 표현을 많이 쓴다) 물가상승률을 높이면, 결국 기발행한 화폐보유자인 국민들의 채권의 가치는 하락하게 되고, 반면 정부의 채무부담은 줄어들게 된다. 이런 현상을 가리켜 인플레이션 조세라고 부른다.

인플레이션 정책은 임금근로자의 실질임금을 하락시키는 반면, 부동산 등 실물자산의 가격상승을 부추겨, 근로소득자와 자산소득자 간의 빈부 격차를 확대하는 경향이 있다는 점도 이해할 필요가 있다.

전두환 정부의 초기에는 물가상승률이 높았지만, 1982년부터는 통화증발을 억제하는 정책을 펴서 물가상승률이 크게 낮아진 결과 경제고통지수도 낮은 수준으로 유지되었다.

노태우 정부에서는 당시의 경제가 호황인 상태에서 주택 2백만호 건실이라는 공약을 무리하게 추진하면서, 건설노동자의 초과수요로 인한 임금상승과 건설자재 가격 상승 등 물가상승 요인을 부추겨, 물가상승률이 전 정부에 비해 다소 높게 나타났다. 그 결과 경제고통지수도 전 정부에 비해 높아졌다.

김영삼 정부 이후에는 한국은행의 독립성 강화 필요성이 대두되면서, 통화관리정책도 어느 정도 안정적으로 유지되었고, 따라서 물가상승률도 상대적으로 낮은 수준에 머물게 된다.

더구나 실업률도 노태우 정부 이후 IMF 외환위기 직전까지 역대정부 최저수준인 2%대의 완전고용수준 실업률을 나타내어 경제고통지수가 매우 낮았다. 민주화 선언 이후 노조활동이 활성화되면서 임금상승이 이루어진 1988년부터 1997년까지는 경제성장률도 박정희 정부에 버금가는 평균 8%대에 이르렀고, 실업률도 2%대의 극히 낮은 수준을 실현하였다는 점에서,

이 시기는 황금시대(golden age)라고 부를 만하다.

그러나 김영삼 정부 말에 발생한 IMF 외환위기로 인해 1998년에는 대량 해고자와 명예퇴직자들이 늘어나면서, 실업률이 크게 늘어났고, 그에 따라 경제고통지수도 높아졌다. 이와 같은 현상은 2008년 글로벌 금융위기 발생 때에도 마찬가지로 나타나고 있다.

나. 경제사회고통지수

경제사회고통지수라는 용어는 독자의 이해를 돕기 위해 필자가 도입한 개념이다.

이와 같은 개념을 도입한 이유는 자살은 행복 찾기를 포기한 최후의 선택이란 점 외에도, 최근 들어 우리나라에서 자살자 수가 크게 늘고 있고, 우리나라의 자살률(인구 10만 명당 자살자 수)이 OECD 국가들 중 최고 수준이라는 점, 자살 원인도 앞에서 잠시 살펴본 것처럼([그림 3-1] 참고) 경제위기 시마다 크게 늘고 있어, 경제적 요인이 크게 작용하고 있다는 점, 그리고 자살은 경제적 요인 외에도 다양한 사회적 요인에 의해 영향을 받는다는 점 때문이다.

경제사회고통지수는 앞서 설명한 경제고통지수에 자살률(인구 10만 명당 자살자 수)을 합한 수치로 나타낸 것이다. 그러나 우리나라의 자살률 통계가 1983년 이후부터나 공식적으로 집계되고 있어, 그 이전 기간의 경제사회고통지수는 산출할 수 없었다는 점이 아쉽다.

앞의 [그림 3-1]을 살펴보면, 우리나라의 자살률은 1996년까지는 인구 10만 명당 10명 내외였으나, IMF 외환위기 발생연도인 1998년에 18.4명으로 높아졌다. 이후 다시 15명 이내 수준으로 낮아졌으나, 신용대란 이후 다시 20명대 수준으로 높아졌다. 글로벌 금융위기 때인 2008년에는 26.0명으로 다시 높아진 이후, 부자감세 등의 정책을 펼친 이명박 정부 기간에 자살률이 2009년 31.0명, 2010년 31.2명, 2011년 31.7명 등 30명대를 돌파하고 있어, 경제사회고통지수가 최악의 수준으로 치닫고 있다.

2 각 정부시절의 경제정책과 성과

(1) 박정희 정부의 경제성장정책

가. 경제정책의 특징

박정희 정부 출범 이전 1954~60년의 기간에는 "자본축적이 미약하고 공장건설 기자재가 부족한 상태에서도 한국의 기업은 외국의 원조 및 정부 지원을 기초로 생산활동을 전개하였다. 특히 전쟁 이후의 복구과정에서 공업화를 지향하여 1954년부터 1960년에 이르는 동안 한국경제는 연평균 4.7%의 성장률을 보였고, 특히 공업분야에서는 12.2%라는 높은 성장률을 달성할 수 있었다. 그 결과 산업구조에서도 제2차산업이 차지하는 비중이 높아져 1954년의 14.0%에서 1960년에는 20.5%로 상승하였다"(조동성, 1997, p.102).

4·19 민주혁명 직후 수립된 제2공화국 정부에서는 5개년 계획안을 입안하였으나 5·16으로 시행에 이르지 못하였다.

박정희 정부는 동 계획안을 경제개발 5개년 계획안으로 수정하여 본격적으로 실시하기 시작하였다.

당시 정부에서는 경제개발계획에 필요한 자금을 조달하기 위해 우선적으로 화폐개혁을 단행하였다. 1962년 6월 10일 긴급통화 조치법을 통해 시행된 이 개혁은 10환을 1원으로 바꾸는 조치였으나, 퇴장자금의 양성화 목적은 기대한 만큼 달성되지 못하였다. 이어서 정부는 투자명령제를 실시하였다. 이는 당시 삼성 등 대기업 총수들을 탈세와 부정축재 등의 혐의로 잡아들이고 한국비료 등 공장을 지어 국가에 헌납하는 조건으로 풀어주는 형태로 이루어진다.

박정희 정부는 경제개발계획에 필요한 자본을 조달한다는 명분으로 1965년 한일협정을 체결하였다. 당시의 한일협정은 36년간 일제강점기 시대의 일체의 피해를 보상한다는 차원에서 당시 약 3억 달러를 받는 내용으로 체결된 것으로 알려져 있다. 그러나 경제개발을 위한 자금조달의 한 방편이라는 명분에도 불구하고 한일협정 반대시위가 거세게 일었고, 최근까지도 국민들의 입장에서는 강제징용자와 소위 위안부 피해자 문제 등에 대한 충분한 사과도 보상도 받지 못하고 너무 헐값에 협정을 체결하였다는 비판을 받고 있다.

박정희 정부의 경제성장 정책의 특징 중 하나는 불균형 성장정책이다. 이는 허쉬만(A.O. Hirshman)의 불균형 발전론에 기반을 둔 정책이다. 당시 투자재원의 부족에 허덕이던 우리나라로서는 달리 대안이 없었기 때문에 불가피한 선택이라고 볼 수 있다.

※ 불균형 발전론

허쉬만의 불균형 발전론은 후진국이 경제발전을 추진할 때 투자재원 부족에 직면하게 되므로, 한정된 투자재원을 기간산업 등 주요 부문에 집중 투자함으로써 경제발전을 이룰 수 있다는 점을 강조하고 있다. 일부 부문에서의 성장은 다른 부문에도 파급효과를 일으켜 성장을 가속화시킨다는 이론이라고 할 수 있다. 그렇게 하기 위해서는 차관 등 외채를 빌어서라도 집중 투자할 필요가 있으며, 생산성이 높다면, 성장의 과실을 통해 외채 상환도 가능케 될 것이다.

박정희 정부의 불균형 발전 전략은 결과적으로 역대 정부 가운데 가장 높은 경제성장률을 달성하였다는 점에서 성공적인 전략이라고 평가할 수 있다.

경제개발 초기에는 당시 산업구조상 경공업 위주 중심의 수출주도형 전략을 펼 수밖에 없었고, 수출품 중에는 단순가공 무역형태와 OEM(주문자상표부착) 방식의 수출 비중이 높았다. 1970년대부터는 선진국의 탈중화학공업 추세 덕에 차관형태로 우리나라에 많은 중화학공업 시설이 도입되기 시작하였다.

농업부문에서는 농가부채 탕감과 새마을 운동을 전개하는 한편, 식량자급화를 위하여 미질이 떨어지는 통일벼 중심의 품종개량에 노력하여, 쌀의 총생산량 확대정책을 실시하였다. 이러한 쌀의 총생산량 극대화 식량정책은 당시 미국의 잉여농산물 원조가 줄어드는 데 대한 대책을 마련하는 한편, 노동집약적 산업의 수출이 중심이 되었던 만큼 저임금노동을 유지하기 위해 필요했던 것으로 보인다. 그러나 쌀값 안정이라는 목표로 인해 쌀값 인상 억제정책을 폈기 때문에 농가소득 증대에는 기여하지 못했다.

한국과는 대조적으로 일본에서는 2차대전 패전 후 한국 등 식민지에서 가져다 먹던 쌀 등 식량이 끊기게 되자 쌀값이 폭등하게 되었고, 이러한 쌀값 폭등은 일본 농민들의 경작 의욕을 불러일으켜, 일본 농가의 소득 향상은 물론 쌀 생산량을 비약적으로 늘리게 되었고, 심지어 쌀을 수출하는 나라로 탈바꿈하게 되는 계기가 되었다.

박정희 정부의 치적을 손꼽는다면 우선적으로 대덕연구단지 조성을 예로 들 수 있다. 당시 정부는 국토의 중심부인 대전에 고급 과학기술인력을 집중 배치하여 연구의 시너지 효과를 거두기 위해, 대덕연구단지를 설립하였다. 대덕연구단지는 1978년 표준연구소, 원자력연구소, 전자통신연구소 등의 설립을 시작으로 이후 60여 개 연구기관과 수만 명의 연구인력을 결집

시키게 된다. 또한 미국 등 선진국에서 활동 중인 교포 과학자들의 영입도 함께 이루어졌는데, 당시 국내산업과 시장경제 규모의 영세성 등으로 이들 과학자들의 연구환경과 여건 미비, 연구성과에 대한 인센티브나 보상체계 미흡 등으로, 해외 초빙 우수 연구인력들이 연구보다는 장관자리나 국회의원 출마 등에 더 많은 관심을 갖는 사례 등이 나타난 점은 아쉬움으로 남는다. 그러나 이후의 정부에서 경제발전과정에 따라 산업과 시장규모가 커지면서, 대덕연구단지 과학자들의 연구성과가 높아져, 국제특허 출원을 비롯한 국제적으로 인정받는 기술개발 성과를 나타내기 시작하였고, 산업계의 경쟁력을 강화하는 데 일조를 하는 한편, 대학 등의 과학기술교육을 업그레이드하는 데 큰 공헌을 할 수 있도록 하는 밑거름이 되었다.

경제성장과 더불어 사회간접자본 확충 문제가 시급한 과제로 등장하였는데, 사회간접자본 확충정책으로는 무엇보다 1966년에 착공하여 1970년에 개통한 경부고속도로를 손꼽을 수 있다.

나. 경제성장정책의 성과

박정희 정부는 18년간 집권했지만 집권 말(1979년)까지 성장률 면에서 다른 정부에 비해 가장 높은 성장률을 나타냈다. 하지만 만족할 만한 수준의 높은 경제성장을 기록하지는 못하였다고 할 수 있다. 왜냐하면 앞의 [그림 4-1]에서 보여주고 있듯이 당시의 여건에 걸맞을 만큼 높은 성장률을 나타낸 것은 아니었고, 집권 18년째인 1979년 말까지 1인당 국민총생산이 1,693달러에 불과했기 때문이다. 국민소득이 낮은 단계에서 경제개발계획을 추진하는 경우 일반적으로 경제성장률이 두 자릿수를 기록하는 것이 상례이다. 이러한 사실은 최근 뒤늦게 경제개발을 시작한 중국의 경우, 계속적으로 두 자릿수의 성장률을 나타냈고, 심지어 세계적 경제위기로 각국이 마이너스 성장을 할 때에도 중국은 5% 이상의 성장률을 기록하고 있다는 사실만 보더라도 충분히 이해할 수 있을 것이다. 박정희 정부에서 두 자릿수의 성장률을 기록한 해는 집권 18년 중 8년간이었다.

다. 국내외 경제여건

이러한 실적은, 다음에 보는 바와 같이, 당시 우리나라가 국내외적으로 여러 가지 경제성장에 유리한 환경에 놓여 있었다는 점을 고려한다면, 충분히 성공적이었다고 할 만한 실적이라고 보기는 어렵다.

첫째, 우리나라는 당시에도 철도, 항만, 도로, 심지어 지적도까지 사회간접자본이 이미 상당한 수준으로 갖추어져 있었기 때문에 경제개발 초기에 필요한 막대한 초기자본의 부담을 덜 수 있었다는 점,

둘째, 국내에 값싸고 양질의 노동력이 풍부하게 존재했다는 점, 특히 문맹률이 세계 최저수준이어서 당시의 단순가공 중심의 산업에 단기간 교육만으로도 공정에 바로 투입할 수 있었다는 점이다.

셋째, 당시의 통화당국인 한국은행이 정부의 강력한 통제하에 있었기 때문에, 인플레이션 정책을 통한 강제저축과 인플레이션 조세, 실질임금 상승 억제 등 정부와 민간부문의 자본축적을 용이하게 할 수 있었다는 점, 아울러 한국은행 이외의 은행 등 대부분의 금융기관들도 정부의 상당한 통제하에 있었기 때문에 정부의 특혜를 받을 수 있었던 재벌 대기업들은 손쉽게 매우 낮은 실질금리로 많은 자본을 조달할 수 있었다는 점,

넷째, 당시 우리나라는 개발도상국 지위에 놓여 있어서, 외국으로부터의 수입을 금지(전면적 혹은 제한적)할 수도 있는 입장이었고, 수출보조금 등 다양한 수출 지원정책을 쓰더라도 다른 나라의 제재를 받지 않을 수 있다는 점, 또한 개도국 지위로 인해 수입을 금지할 수 있다는 유리한 점 때문에 대

기업을 비롯한 많은 기업들은 수출품 가격보다 2배 이상 높은 가격으로 국내 소비자에게 판매함으로써, 수출로 인한 손실을 만회할 수도 있었다.

다섯째, 미국 등 선진국에서는 공해산업인 중화학공업을 국내에서 해외로 이전시키는 정책을 쓰고 있었기 때문에, 우리나라의 중화학공업 발전에 필요한 주요 생산시설들을 쉽게 국내로 이전시킬 수 있었다는 점,

여섯째, 기술이전 등이 용이한 상황이어서 후발 개발도상국의 이익을 누릴 수 있었다는 점,

일곱째, 생산에 필요한 원유를 비롯한 원자재 가격이 국제적으로 매우 낮았다는 점,

여덟째, 달러가치의 하락과 국제적 이자율수준이 매우 낮았다는 점,

아홉째, 베트남전 특수와 중동건설 붐(해외건설 실적 총 100억 달러 이상) 등 국제적 경제여건이 국내경제에 큰 도움을 줄 수 있는 상황이었다는 점,

열째, 주요 선진국들이 당시 호황기를 맞아 수출시장 개척에 유리했다는 점,

열한번째, 당시에는 오늘날처럼 수출 경쟁대상자들인 개발도상국들이 많이 존재하지 않았다는 점,

그리고 감소 추세이긴 하였지만 우리나라는 미국 등 해외원조를 받고 있었다는 점 등을 고려한다면, 우리나라는 다른 나라들에 비해 훨씬 유리한 여건을 갖추고 있었기 때문이다.

라. 정부주도형 경제성장정책과 문제점

이처럼 유리한 국내외 여건 속에서 더 높은 경제성장을 달성하지 못한 이유 중 하나는 정부주도로 성장정책을 수행하면서 수많은 시행착오를 거듭한 결과가 아닌가 추정된다. 왜냐하면 정부주도형 성장정책이란 효율적

인 시장경제원리를 받아들이기보다는 임의적 정책 판단에 따라 시장경쟁을 제한하거나 통제한다는 뜻을 포함하기 때문이다.

a) 관치금융의 문제점

정부주도형 성장정책의 문제점들은 우선 금융통화정책에서 관치금융을 실시함으로써 많은 부작용을 발생시켜 왔다는 사실에서 찾을 수 있을 것이다. 즉, 통화량이나 이자율을 시장경제의 수요와 공급 원리에 따라 조절하기보다는 정치적 목적이나 재벌기업 지원 등의 도구로 사용해 왔다는 점에서 수많은 부작용을 낳았던 것이다.

관치금융의 대표적 부작용으로는 통화 남발로 인플레이션이 지속되었는데도 실질이자율은 매우 낮게 책정하였다는 데에서도 찾을 수 있다. 이러한 정책으로 인해 낮은 저축률과 높은 대출수요 현상을 낳게 되었는데, 정부는 국민들에게 저축 장려 등 강제저축을 종용하는 한편, 재벌기업들에게는 수출지원금 등 실질이자율이 마이너스인 이자율로 대출을 해 주어, 대출에 대한 만성적인 초과수요 현상을 빚게 하였다. 실질이자율이 마이너스일 경우에는 대출을 많이 받을수록 유리하므로, 재벌기업들은 정치권에 줄을 대어 서로 많은 대출을 받으려고 노력하는 과정에서 정경유착이 심화될 수밖에 없었다. 반면 중소기업과 서민들에게는 은행의 문턱이 매우 높았다.

실질이자율 = 명목이자율 - 물가상승률(인플레이션율)

실질이자율이 마이너스인 이자율로 많은 대출을 확보한 재벌기업들은 도덕적 해이로 인해 효율적인 투자에 집중하기보다는 다른 기업 합병 등 몸집 불리기에 몰두하기 시작하였고, 심지어는 토지 등 비생산적인 부동산 매입에 열을 올리기도 하였다. 부동산은 당시의 인플레이션 상황하에서 가격

상승률이 높았다는 점에서 투기대상으로 손꼽히기도 하였고, 은행대출 심사에서 부동산 담보가 중요한 기준이었기 때문에 부동산 매입은 일석이조의 역할을 했으므로 더더욱 매력적이었을 것이다. 재벌기업들의 이러한 행태는 이후에도 지속되어 결국 IMF 외환위기를 맞을 때까지 이어지게 된다.

통화당국 외의 금융기관들도 '대마불사', 즉 재벌기업들이 망하면 국가경제가 어려워질 것이기 때문에 정부가 어떻게 하든 재벌기업을 도와서 망하지 않게 할 것이라는 인식이 팽배하여 재벌기업 중심으로 대출을 해 주었기 때문에, 서민과 중소기업은 제도권 금융기관으로부터 대출을 받기가 더욱 어려웠다.

b) 독일 중앙은행의 사례

우리는 여기에서 우리나라와는 대조적으로 정치권으로부터 독립하여 통화금융정책을 수행한 독일의 중앙은행인 '도이체 방크(Deutche Bank)'의 사례를 배울 필요가 있다. 독일은 제2차 세계대전의 패전 후, 전쟁배상금과 전후복구, 경제재건 등 막대한 금융 수요에도 불구하고, 도이체 방크에 정치권으로부터 독립적인 지위를 부여하였다. 도이체 방크는 시장경제 원리에 따라 통화량 조절과 이자율 조정을 실시하여, 전후복구와 경제재건의 기초를 다졌으며, 전쟁의 고아라고 불리웠던 마르크화의 가치를 세계의 주요 통화로 자리매김하도록 끌어올리는 데 성공하였다. 또한 당시 분단되었던 동독을 마르크화로 사들였다고 할 정도로 많은 지원을 해 줌으로써 통일을 이루는 데에도 크게 공헌하였던 것이다. 독일은 통일 후 동서독 간의 소득격차로 인해 한동안 어려움을 겪었으나 현재는 어려움을 모두 극복하고 유럽연합(EU) 내에서 영국과 프랑스와 함께 경제강국으로의 면모를 과시할 정도가 되었다. 정치권과 독립적인 중앙은행의 역할이 얼마나 중요한가를 알려주는 중요한 사례이다.

c) 정부주도형 정책 시행착오 사례

관치금융 외에도 정부주도형의 대표적 정책 시행착오의 예로는 송아지 파동과 수출총액 극대화 정책, 그리고 해운업 발전 정책 등 막대한 재정부담을 안겨준 사례 등을 꼽을 수 있다.

여기에서는 똑같은 시행착오를 거듭하지 않게 하기 위해 과거의 경험을 배운다는 취지에서 몇 가지 사례를 소개하기로 한다.

송아지파동의 전말은 다음과 같다. 당시 농가에서는 소가 재산목록 1호라고 할 정도로 귀한 상황이었기 때문에, 정부가 농가소득을 올려주고자 하는 좋은 취지에서 농가에게 송아지 구입자금을 낮은 이자율로 대출하여 주는 정책을 실시하였다. 이 정책이 실시되자 각 농가는 송아지 구입자금을 빌려 송아지를 구입하게 되었는데, 삽자기 많은 송아지 수요가 발생하면서 송아지값이 폭등하게 되었음은 시장원리를 아는 독자라면 충분히 이해가 될 것이다. 반면 수년 후 먹이를 주어 기른 소들을 대출금을 갚기 위해 동시에 판매하려고 내놓는다면 소값이 어떻게 되었을까? 결국 좋은 취지의 정책이라도 시장경쟁원리, 즉 수요와 공급의 원리를 충분히 고려하지 않고 시행한다면 농가에게 피해를 주고 재정 손실도 피할 수 없는 경우가 발생한다는 경험을 겪게 되었다.

해운업 발전을 위한 지원정책도 대표적 시행착오 사례의 하나이다. 물론 우리나라는 3면이 바다이고, 장보고의 역사적 업적도 있는 만큼 추진해 볼 만한 사업이라고 생각할 수 있다. 그러나 해운업계의 상황에 대한 이해 부족과 지원기준이 해운업체가 보유한 선박의 총톤수를 기준으로 하였기 때문에 문제가 발생하였다. 당시 아시아의 해운업계는 해외교포가 많은 일본 해운업체와 중국 해운업체가 석권하고 있었기 때문에, 국내 해운업체들은 해운실적이 저조하였을 뿐만 아니라, 마케팅능력도 극히 취약한 상태였다. 이러한 상태에서 보유 선박톤수를 기준으로 정책지원금을 제공하니까, 한국의 해운업체들은 정책지원을 받기 위해 외국으로부터 중고선박이라도 들여와 보유선박 총톤수를 늘리려고 경쟁하기 시작하였다. 그 결과는 어떻게 나타났을까? 결국 필요 이상으로 많은 선박을 보유한 선박회사들은 빈 배에 대한 정선료마저 지급할 형편이 못 되어 도산하게 되고, 막대한 재정자금만 낭비하는 결과가 되고 말았다.

수출지원정책에서 지원기준을 수출총액으로 삼은 것도 시행착오의 하나라고 볼 수 있다. 수출품 생산에 필요한 원자재 등 해외수입 측면은 고려하지 않고 기업의 수출실적 총액만을 기준으로 수출보조금과 세제 및 금융지원 등 다양한 지원을 제공하였기 때문이다. 이러한 수출총액 기준 지원정책을 시행한 결과, 합판이나 강판 등 부가가치도 낮고 외화가득률도 낮은 산업의 수출비중이 한때 수출액 최상위 순위에 들기도 하였다. 종합무역상사 인가 기준도 수출실적을 기준으로 하였기 때문에, 수출 대기업들은 심지어 중소기업의 수출실적 서류를 사들이는가 하면, 해외지사에 상품을 보낸 것도 수출실적으로 계상하고, 수리한 외국 선박도 선박수출로 계상하여 보조금을 타내는 등 실제 수출규모에 비해 많은 재정지원을 받기도 하는 부작용을 낳았다. 이러한 수출총액기준 지원기준으로 인해 박정희 정부 기간 내내 무역수지 적자를 못 면하고, 그에 따른 외채부담에 시달려야 했다.

만약 당시의 정부가 이승만 정부 시절의 밀과 면화 불하에 대한 정책 시행착오를 교훈 삼았더라면 이러한 총량을 기준으로 삼는 시행착오는 하지 않았을 것이다. 이승만 정부 시절에는 미국으로부터 무상원조를 받은 밀과 면화 등을 민간에 불하할 때 제분업체 등의 생산시설능력을 기준으로 삼았기 때문에, 제분업체들이 제분시설 등을 외국으로부터 과다하게 수입하게 되었고, 그 결과 국내에서 과당경쟁이 나타나 많은 제분업체가 도산하는 부작용을 낳았기 때문이다. 정책 입안자들은 과거 시행착오를 겪은 정책사례들로부터 배워야 한다는 사실을 다시 한 번 일깨워주고 있는 것이다.

마. 수출주도형 경제성장정책과 문제점

박정희 정부는 초기에는 수입대체형 성장정책을 폈으나, 수입대체산업 건설에 필요한 외화 부족으로 추진이 어렵게 되자, 수출주도형 경제성장 전략으로 전환하게 된다.

수출주도형 경제성장정책은 수출보조금 지원을 비롯하여, 수출업체에 대한 초저리 금융지원과 세제상 혜택, 내수용 산업체에 대해서도 수출의무화, 수출업체에 한하여 수입권 허용, 수출탑 시상 등 다양한 지원정책 등을 통해 이루어졌다. 이러한 정책으로 수출규모는 〈부록표 4-4〉에서 보듯이 빠른 성장세를 나티내기도 하였다.

그러나 박정희 정부의 수출진흥정책은 수출총액의 증가를 목표로 하였기 때문에, 각종 수출지원 기준이 수출총액에 비례하여 지원규모가 달라지는 방식으로 지원이 이루어졌다. 그 결과 부가가치와 외화가득률이 낮은 수출(예컨대 합판과 강판 등) 중심으로 산업이 발전하면서, 국민소득 증대에 대한 기여도가 떨어지고, 무역수지 적자 확대와 외채문제 등의 후유증을 낳게 되었다.

박정희 정부의 집권 말인 1979년에는 수출총액이 150억 달러를 넘어서는 기록을 달성하였으나, 수입은 200억 달러를 넘어, 무역수지 적자가 사상 최대인 50억 달러를 넘어섰다.

그 결과 외채문제가 큰 문제로 대두되었다. 그러나 그럼에도 수출주도형 경제성장정책의 성과는 무엇보다, 향후 경제성장에 필요한 물적 기반으로서의 경공업과 중화학공업 등 생산기반을 확충하는 데 크게 기여했다는 점에서 찾아야 할 것이다.

바. 재벌기업 중심의 성장정책

해방 후부터 1960년까지 한국 재벌의 특성은 다음과 같다.

"1) 대기업의 형성이 귀속재산 불하나 외국원조 등과 정부의 특혜와 결합되어 나타남으로써 기업 내부적인 자본축적을 통한 성장이라기보다는 외부의존적이고, 상업주의적인 유통상의 이익을 통해서 자본축적이 이루어졌다.

2) 기업의 경영관리풍토가 혁신이나 기술개발보다는 경영외적인 능력에 좌우된다고 생각하는 경영풍토가 조성되었다.

3) 소비재 중심의 외국 원조물자와 수입물 배정원칙에 따라 기업이 제당, 제분, 방직 등 경공업분야에 치중되어 있어 원료의 대외의존성이 심화되었으며, 대내적으로는 산업성장에 있어 불균형의 확대라는 문제를 야기시켰다.

4) 다수의 대기업이 상업자본적 유통이윤의 획득에 주력하여 생산적 투자보다는 부동산, 저리자본의 획득, 귀금속 등의 투기자산을 추구하는 경향이 나타났다.

5) 그러나 근대적 경영의 역사가 짧고 자본, 숙련된 인력 등 기업경영을 수행하기 위한 경영자원이 절대적으로 부족한 상태에서 기업가들은 제한적으로나마 경공업분야에 대한 투자를 통하여 생산 및 유통의 기반을 구축하여 경제성장의 토대를 마련하였다"(조동성, 1997).

박정희 정부의 경제성장정책의 또 다른 특징은 재벌기업 중심의 성장정책이었다. 물론 이러한 정책은 국제시장에서 경쟁력을 가지려면 일정 수준 이상의 규모를 가져야 한다는 점에서 일면 수긍이 가기도 하지만, 재벌기업에 대한 다양한 특혜 제공으로 말미암아 정경유착의 심화와, 독과점의 폐해, 향후 재벌기업들의 세습화, 소비자들의 권익 침해 등의 문제를 야기하는 계기가 되었다.

박정희 정부는 1960년대에 자본효율의 제고와 과열경쟁 방지 목적으로 투자인가정책을 펼쳤는데, 이는 재벌기업들로 하여금 독과점적 가격 설정을 통한 초과이윤을 누리게 하여 자본축적을 가능케 하는 계기가 되었다.

재벌기업들은 낮은 실질금리로 막대한 은행대출을 받음으로써도 자본축적이 가능했다. 특히 1963년과 1964년에는 은행의 대출금리가 각각 15.7%와 16.0%였는 데 비해 인플레이션율은 각각 29.3%와 30.0%로 실질금리가 각각 -13.5%와 -14.0%여서, 대출을 받는 자체로도 이익을 누릴 수 있었다. "1964년 8월 말 거액대출 현황을 보면, 9개 재벌에 177억 원이 집중적으로 대출되었는데, 이는 당시 화폐발행고의 82%, 통화량의 43%를 차지하였고, 일반금융기관의 대출잔액 462억 원의 약 40%를 점하는 수준이었다"(조동성, p.108). 당시 정부는 또한 국내 은행금리에 비해 이자율이 매우 낮았던 해외차관을 재벌기업에 주로 배분함으로써 자본축적 형성에 큰 도움을 주었다. 이 과정에서 대출에서 상대적으로 소외된 많은 국민들은 높은 인플레이션 비용(실질임금 삭감, 생필품 가격 상승 등)으로 고통을 받을 수밖에 없었다.

수출기업에 대해서는 특히 관세를 포함한 다양한 세제상의 혜택과 함께 초저리의 수출우대금융을 적용해 주는 정책을 실시하여 이차보전을 재정자금으로 충당하기도 하였다. 이 시기에 공영기업의 민영화를 통한 재벌기업 인수 등으로 재벌기업의 몸집 불리기도 한층 강화되었다.

이러한 정책의 결과 우리나라의 재벌기업들은 1960년대 말경에는 "무역

회사, 금융, 제조업체를 계열화하는 산업복합체로서의 모습을 갖추기 시작하였다. 그리고 이를 바탕으로 수직적 결합과 수평적 다각화를 기함으로써 기업경영의 내용과 질적 수준에 있어서도 상당한 발전을 이룩하였다"(조동성, p. 111).

1970년대는 8·3 긴급조치, 중화학공업 육성정책, 종합무역상사 지원정책, 각종 정부사업에의 참여에 힘입어 재벌기업이 한층 더 규모와 범위를 확대한 시기이다.

1972년 8월 3일 발표된 8·3조치는 기업의 부채에 대한 부담을 경감해주기 위한 조치이다. 이 조치로 특히 부채비율이 높았던 재벌기업들의 부채 부담이 크게 경감되었다. 또한 정부는 1973년부터 중화학공업 육성정책을 실시하면서, 중화학공업 육성을 위한 정책금융을 실시하였는데, 이 기간 중 재벌들은 전체 대출규모의 59%를 점하는 정책금융의 대부분을 수혜하였다.

1975년에는 수출마케팅 능력 강화와 중소 제조업의 수출 대행을 위해, 소수 재벌기업들을 종합무역상사 설립주체로 인가하였다. 이들 종합무역상사는 1979년 한국 총수출의 33.9%와 신규 해외개척지역 수출실적의 48.5%를 차지하는 등 긍정적 효과를 나타냈지만, 한편으로는 재벌기업의 지배력을 강화하는 계기로도 작용하였다.

(2) 전두환 정부의 경제정책

전두환 정부는 산업계의 대학졸업자 수요를 충족시키기 위해, 대학의 신설과 대학정원의 증원과 증과 등을 허용하기 시작하였다. 당시까지는 대학이 데모와 시위의 진원지가 될 것을 우려한 박정희 정부의 대학 신설 및 증원 불허 정책으로 인해, 산업계에서는 대학졸업자에 대한 초과수요가 나타나, 당시의 졸업예정자들은 입도선매 식으로 졸업 전에 취업이 확정되는 현상이 나타나기도 하였다. 대졸자들의 취업이 늘어나면서 고임금 근로자들이 늘어나기 시작한 것도 이 시기이다.

전두환 정부가 집권한 1980년대 전반기까지는 박정희 정부의 정부주도형, 수출주도형 경제성장정책의 후유증으로 외채문제가 주요 걸림돌로 작용하였지만, 1980년대 중반 이후 국제 원유가의 하락, 달러가치의 하락, 금리의 하락 등 3저 현상이 지속되는 등 국내외 경제여건이 매우 유리하게 작용하고 있있다. 국내적으로는 특히 긴축정책을 쓰면서 물가가 한 자릿수로 자리 잡게 되는 한편, 강력한 임금 억제정책을 썼기 때문에 기업활동에 매우 유리한 환경을 만들었다.

전두환 정부에서도 수출주도형 성장정책을 추구한 점은 박정희 정부와 마찬가지다. 다만 박정희 정부와 전두환 정부의 수출주도형 성장정책에는 차이가 있다. 전두환 정부에서는 부가가치가 높은 자동차, 전자, 반도체 산업 등 주요 산업이 성장하면서 수출규모도 증가하고, 무역수지도 흑자로 전환되는 계기가 마련되었다.

당시로서는 첨단산업인 이들 산업이 성장에는 산업계의 모험적인 도전의식과 노력이 크게 작용했지만, 정부의 전폭적인 금융 · 세제상의 지원과 정부의 기술지원 등 각종 지원, 그리고 근로자들의 저임금 장시간노동이라는 값진 희생이 뒷받침되지 않았더라면 성공하기 어려웠을 것이다.

수출호조에 따른 무역수지 흑자에 힘입어 국민총생산이 급속히 성장하여 매년 평균 성장률이 8% 내외를 유지하게 되었으며, 1인당 GNP가 1987년에는 3천 달러를 넘어서는(3,402달러) 기록을 달성하였다.

그러나 한국의 수출증가와 더불어 무역수지 흑자국 진입이 이루어지면서, 선진국의 시장개방 압력을 받기 시작하였고, 개발도상국 지위를 위협받게 되는 상황에 처하게 된다.

(3) 노태우 정부의 경제정책

노태우 정부의 경제성장정책도 이전 정부의 정책을 계속 답습하는 형태로 진행되었다.

외교적으로는 동서냉전 종식으로 과거 공산권 국가 등과의 외교관계를 확대하는 한편, 우리나라 최초로 러시아(구소련)에 대한 3억 달러의 차관 공여가 이루어진 것도 이 시기이다.

노태우 정부 시절에는 민주화의 진행과정과 함께 노조의 활성화가 이루어지면서 임금소득자들의 소득이 크게 늘기 시작하였다.

노태우 정부의 경제성장정책의 시행착오는 '주택 2백만호 건설' 이라는 선거공약을 실천하는 과정에서 나타난다. 당시 우리나라는 서울올림픽을 계기로 호황을 맞이하여 실업자가 매우 적은, 즉 완전고용에 가까운 상태에 놓여 있었는데, 이러한 상황에서 대규모 주택건설사업을 추진함으로써, 고용을 늘리기보다는 임금수준을 노동생산성보다 급격히 높이게 되는 결과를 야기하게 되었다. 뿐만 아니라 모래 등 건설자재 공급난으로 건설자재로 부적합한 바다모래를 사용하여 아파트를 짓는 등 부실시공 사례가 속출하기도 하였다.

경제원리로 보면 대형 건설사업은 불황기에 경기를 활성화하고 고용을 늘리기 위해 실시해야 하는 것이지, 호황기에 실시하면 임금상승 등 물가상승 압력만 커지게 한다는 사실을 다시 한 번 깨우쳐 주는 기회가 된 셈이다. 말하자면 같은 정책이라도 시기를 잘못 선택하면 오히려 안하느니만 못한 정책이 될 수도 있다는 것이다.

(4) 김영삼 정부의 경제정책

가. 김영삼 정부의 경제정책 개관

김영삼 정부의 경제정책 중 금융실명제 실시는 그동안 사실상 고소득층에 속하는 금융자산 소득자들에 대한 과세를 가능케 했다는 점에서 과세의 공평성을 제고시키는 계기를 마련하였고, 다른 한편으로는 뇌물수수와 금전 요구목적의 납치 등 범죄를 줄이는 데도 기여할 수 있다는 점에서 큰 공헌을 했다고 평가할 수 있다. 아울러 공직자들의 재산 등록과 부패 방지 정책을 펼친 점도 국가의 투명성을 제고하는 데 일조를 하였다고 판단된다. 또한 5·16 군사 정변 이후 중단되었던 지방자치제를 전면적으로 실시하여 풀뿌리 민주주의를 다시 싹틔우는 계기를 마련하기도 하였다.

김영삼 정부는 1993년에 1인당 국민총소득 8,402달러 달성에 이어 1996년에는 1만 달러를 돌파(12,518달러)하는 기록을 수립하였다. 이러한 성과에 놀란 세계 각국에서 자국에 대한 투자요청이 밀려들기까지 하였다.

나. IMF 외환위기

그러나 김영삼 정부는 이러한 성과에 도취(?)되어 충분한 준비를 갖추지 않은 상태에서 OECD 가입과 외환거래 규제 완화 등을 서둘렀고, 그 결과 6·25 이후 최대 위기라고 불리는 IMF 외환위기를 맞게 되었다. 물론 IMF 외환위기의 배경에는 호시탐탐 먹잇감을 노리는 거대한 국제금융자본이 있었다는 사실을 부인할 수 없지만, 외환거래 규제 완화정책은 한편으로는 사채업자 양성화 조치로 설립된 많은 파이낸스사들이 막대한 단기 외화차입을 할 수 있도록 허용하는 셈이 되었고, 다른 한편으로는 재벌 대기업들이 막대한 외화차입을 통해 무리한 해외투자를 하도록 허용하는 계기를 마련해 준 꼴이 되었다고 할 수 있다. 이처럼 막대한 외화차입 증가는 국제금융자본의 불안감을 증대시켜 외국자본의 대규모 이탈과 함께 외화차입에 대한 조속한 상환요구에 직면하게 된다.

IMF 외환위기의 전조는 그동안 관치금융의 특혜를 누리며 도덕적 해이에 빠져 있던 재벌기업들, 특히 한보철강(1997년 1월)을 비롯하여 기아자동차(7월) 등이 연쇄부도를 맞으면서도 나타났고, 다른 한편으로는 아시아의 다른 나라들에서 연쇄적으로 금융위기가 나타난 데에서도 위기를 감지할 수 있었다. 그러나 당시 김영삼 정부는 외환보유고 실적(300억 달러)과 무역수지 흑자 등을 내세우며, 안일한 대처로 일관하다가 결국 1997년 12월 IMF로부터 구제금융을 받는 대가로 IMF 협약을 받아들였다. 동 협약에는 사실상 한국의 금융정책을 IMF의 통제하에 두는 조치를 포함하여, 대량해고 등 구조조정과 재벌기업들에 대한 개혁 등의 내용이 포함된 것으로 알려졌다.

당시 재벌그룹들 중심의 재계에서는 민주화 이후 노조의 활성화로 임금수준이 급속히 높아지자, 고비용 저효율 때문에 경제가 어려워질 것이라는 우려를 표명하면서, 국내투자보다는 해외투자를 급속히 늘려갔다. 그러나 국내에서는 임금수준 상승으로 국내소비자들의 민간소비가 급속히 팽창하면서 오히려 경제성장을 견인하였던 것이다.

정작 IMF 외환위기는 임금수준 상승에서 온 것이 아니라, 김영삼 정부가 준비를 충분히 갖추지 못한 상태에서 OECD 가입과 외환 규제 완화를 단행하였고, 사채업자의 양성화(각종 파이낸스사 설립 등)로 인한 단기외채의 급증, 그리고 재벌기업들의 무리한 외화차입과 해외투자 등이 불러들인 것이었다.

IMF 외환위기로 인해 김영삼 정부 말인 1998년에는 1인당 국민총생산이 7,607달러로 급전직하하였다.

(5) 김대중 정부의 경제정책

가. 김대중 정부의 정책 개관

김대중 정부는 IMF 외환위기의 극복, 남북 화해와 교류협력 강화, IT산업과 벤처기업의 발전 등에서 상당한 치적을 쌓았으나, 외환위기를 보다 빨리 극복하려고 신용카드 규제를 완화한 결과 신용카드대란의 빌미를 제공하였으며, 부동산 경기 활성화 조치에 따른 부동산 투기 등의 문제점을 초래하기도 하였다.

김대중 정부는 IMF 외환위기를 성공적으로 극복하였을 뿐만 아니라, 최초로 무역수지 흑자와 경상수지 흑자를 동시에 기록한 정부이기도 하다. 게다가 5년 연속 경상수지 흑자를 기록하여 누계 906억 달러의 경상수지 흑자가 증가했다.

국내총생산(GDP) 증가율은 연평균 4.5%였으나, 외환위기 직후인 1998년을 제외한 성장률은 1999년 9.5%, 2000년 8.5%, 2001년 4.0%, 2002년 7.2% 등으로 4년 평균 7.3%였다.

연평균 소비자물가 상승률도 연평균 3.5%로 매우 낮았다.

나. IMF 외환위기의 극복과정

김대중 정부는 취임하자마자 IMF 외환위기 극복을 위해 적극적으로 대처하는 한편, 민주주의와 시장경제 병행 발전을 위해 노력하였다.

김대중 정부는 김영삼 정부 말년에 발생한 IMF 외환위기 사태를 극복하기 위해, 국제통화기금(IMF)과의 자금지원 합의를 통해 약 200억 달러를 도입하였다. IMF는 구제금융을 제공하는 대가로 강도 높은 기업 구조조정 실시 요구와 함께, 국제수준의 기업투명성 강화와 부채비율 축소, 금융기관에 대한 BIS비율 준수 등을 요구하였다.

※ **BIS비율**이란 BIS자기자본비율이라고도 하며, 국제결제은행인 BIS(Bank for International Settlements) 바젤은행감독위원회의 '자기자본 측정과 기준에 관한 국제적 합의'에 따른 개념으로 은행의 리스크 증대에 대처하기 위한 자기자본비율 규제에 관한 국제적 통일기준을 의미한다.

- BIS비율은 위험가중자산 중 자기자본비율이 차지하는 비율로 산정되며, 대체로 이 비율이 8% 이상이면 건전하다고 평가된다.
- 자기자본에는 자본금, 자본준비금, 이익잉여금 및 재평가적립금 등이 포함된다.
- 위험가중자산은 대차대조표상의 은행의 자산(대출자산 등)의 단순합계가 아니라, 이들 자산에 대해 위험가중치를 부여하여 산정한 합계치를 의미한다. 대체로 예금담보대출자산은 위험가중치가 거의 없고, 부동산담보대출은 위험가중치가 높게 책정되어 있다.

이러한 요구들은 구조조정에 따른 대량 해고와 노동시장의 유연화(고용의 불안정성 증가), 재벌기업의 투명성 제고와 부채비율 축소, 금융기관들의 부실채권 정리와 도산 등 우리나라의 전면적 경제구조 개혁을 의미하는 것이었다.

IMF의 요구를 수용하기 위한 구조조정정책의 일환으로 김대중 정부는 재벌그룹 총수들과 기업의 경영 투명성 확보 및 구조조정 촉진 등 5개 항의 합의사항을 이끌어내는 한편, 노사정 협의를 통해 노동시장의 유연성 확보 일환으로 근로기준법을 개정하여, 정리해고제와 근로자 파견제 등을 도입했다. 재벌기업들에 대해서는 독과점 규제 강화와 재무구조 건전성 강화, 순환출자 및 상호지급보증 해소 등 공정거래질서 확립을 위한 조치들도 병행하였다. 구조조정과정에서 부실 금융사와 부실기업 등의 퇴출작업을 수행하기 위해 대규모 공적자금을 투입해야만 했다. 또한 금융시장의 안정을 위해 금융기관 단기외채에 대한 만기연장과 외국환평형기금채권도 발행하였다.

다른 한편으로는 대통령이 주재하는 '무역 · 투자촉진 전략회의'를 설치 운영하여 수출 증대를 위해 힘을 쏟았고, 외국인 투자 자유지역을 설정, 원스톱 서비스 기능을 강화하여 외국인 투자 유치에도 노력했다. 국책사업의 민영화와 외국인에 대한 진입 규제 완화 등이 크게 이루어진 시기도 이때이다.

이러한 정책들을 수행한 결과 외국인 투자가 늘어나고, 대달러 환율의 상승(원화가치의 하락)에 따른 수출 증대로 인한 무역수지 흑자와 경상수지 흑자 등에 힘입어 외환 보유액이 사상 최대 규모로 증가하였고 환율도 안정세를 보였다.

또한 재벌기업들에 대한 구조조정의 성과가 반영되면서 주가도 상승했으며, 금융기관에 대한 구조조정도 마무리되면서 금리도 10% 이하로 다시 하락하고 금융시장도 점차 안정되기 시작하였다.

실물경제 면에서도 경제성장률이 1998년 마이너스 5.7%에서 플러스 1999년 10.7%, 2000년 8.8% 등으로 다시 높아졌다. 물가상승률과 실업률도 2000년 이후 4%대 이하로 낮아졌다. 그 결과 우리나라의 국가 신용등급은 1997년 이후 '투자 부적격' 수준에서 1999년부터는 '투자적격' 수준으로 회복되었다.

이러한 구조조정정책은 금융기관과 재벌그룹들에게는 오히려 큰 도움이 되었지만, 근로자들에게는 대량실직과 고용불안정 심화를 초래하여 근로자들과 가계소득에 큰 충격을 주게 되는 계기가 되었다. 또한 수백조 원에 달하는 공적자금 중 미회수 공적자금은 결국 국민들의 부담으로 남게 되었다.

다. 남북 화해와 교류협력 강화

김대중 정부는 '햇볕정책'이라 불리는 대북포용정책의 일환으로 남북화해협력 정책을 추진하여, 남북한 수출입 허용과 개성공단 설립 등 남북교류를 크게 활성화시켰다.

"처음으로 남북 정상회담이 이루어져 6·15 남북 공동선언이 발표되고 남북 이산가족이 만나는 등 남북 간의 긴장 완화와 화해 협력이 진전되었다. 햇볕정책을 통해 남북 정상회담과 개성공단 설립 등의 가시적 성과는 있었지만 현대가 북한에 7대 대북 사업권 구입을 위해 북한에 4억 5천만 달러를 송금한 대북 불법 송금사건 도중 정상회담 대가도 포함되어 있는 것으로 밝혀져 후일 햇볕정책의 진정성과 투명성의 문제가 생기는 계기가 되었다. 그러나 이는 문민정부와 달리 북한을 비교적 신뢰하며 북한과 대화를 추진하였던 클린턴 행정부의 외교적 요구이기도 했다"(위키백과 참고).

라. 벤처기업 육성정책

김대중 정부는 IMF 외환위기로 침체에 빠진 경제에 활력을 불어넣기 위해, 정보기술(IT) 관련 벤처기업을 비롯한 벤처기업 육성에 노력하였다. 창업지원금 지원을 비롯하여, 실험실 및 교수창업도 가능하게 하였으며, 창업의 문턱도 낮추었다. 2000년에는 지방 벤처기업 육성을 위해 '벤처촉진지구' 제도를 도입하기도 하였으며, 스톡옵션제도를 확산시키는 등 많은 노력을 기울였다. 벤처기업의 자본조달을 용이하게 하기 위해 코스닥시장 활성화 정책도 시행하였다. 그 결과 IT 관련기업 수와 생산액이 크게 늘어났고, 동 부문의 고용도 증가하였다. 매일경제(2001.6.27.)는 니혼게이자이신문의 보도를 인용하여, "1998년 말 2,000사에 불과했던 한국의 IT 벤처기업 수가 2001년 6월 현재 1만개 사를 기록, 2년 6개월간 5배를 넘어서는 등 한국이 IT 부흥으로 구조개혁을 돌파하고 있다며 한국경제의 구조조정 성과를 긍정적으로 평가했다."고 전하고 있다. 또한 네이버, 다음 등 우리나라의 대표급 인터넷기업의 모임인 한국인터넷기업협회는 김대중 전 대통령 추모모임에서, "우리 인터넷기업들은 김대중 전 대통령께 많은 빚을 지고 있다. 고인은 대한민국이 지식정보화 강국으로 도약하는 토대를 놓으셨고, 벤처산업 육성을 통해 인터넷산업이 오늘날 우리 경제의 한 축이 되는 기틀을 다지셨다."고 평가했다(미디어오늘, 2009.8.19.).

그러나 이러한 IT 기업의 급성장은 대박을 노리는 투자자들이 몰려들면서, 주가 폭등 등 IT 버블의 조짐을 보이기 시작하고, 한편으로는 벤처기업에서 정치자금으로 유입되고 있다는 의혹 제기와 세무조사, 새롬기술 사태 등이 발생하면서 내리막을 걷게 되었다.

마. 부동산 경기 활성화 정책과 신용확대정책

김대중 정부의 정책 시행착오는 주로 부동산 경기 활성화 정책과 신용확대정책에서 나타난다.

김대중 정부는 부동산 경기 활성화가 외환위기 극복에 도움이 될 것으로 판단하고, 분양가 전면자율화 및 분양권 전매 허용, 양도세 한시적 면세, 민영아파트 재당첨 제한기간 폐지, 임대주택사업자 요건 완화 등 다양한 부동산 경기 활성화 정책을 폈으나, 이러한 정책은 부동산 가격 상승과 부동산 투기 등의 문제를 심화시켜, 다음 정부 초에까지 영향을 미쳤다.

또한 소비 활성화를 통한 내수(국내소비와 투자) 확대를 위해, 신용카드 규제 완화정책을 폈는데, 동 정책의 결과 카드대란 혹은 신용대란으로 불리는 사태를 빚게 하였다. 카드대란으로 대량의 신용불량자가 발생되었고, 개인파산자와 카드회사의 부실화도 속출되었다. 카드대란은 카드를 무분별하게 남용한 개인 당사자와 수익성과 안전성을 뒷전으로 한 채 몸집 불리기에 급급했던 재벌기업을 비롯한 신용카드회사에게 1차적 책임을 물어야 할 문제이기는 하나, 소득 능력이 없는 개인에게까지 무분별한 카드 발급을 규제하지 못한 것은 정책의 시행착오로 평가된다.

바. 복지정책 확대

김대중 정부의 복지확대정책은 무엇보다 1999년 국민연금 적용대상을 전 국민으로 확대하였다는 점과, 2000년 국민기초생활보장제도를 도입하였다는 점에서 긍정적으로 평가된다.

그러나 IMF 외환위기 기간 중 발생한 대량 실직자를 포함하여, 노동시장의 유연화에 따른 임금근로자의 고용 불안정성 증대, 그에 따른 가계소득의 압박과 노숙자 문제 등의 문제 해결에는 턱없이 부족한 실정이다.

사. 김대중 정부 경제정책의 평가

김대중 정부는 IMF 외환위기를 극복하고 경제를 회생시키는 한편 1인당 국민총생산도 다시 1만 달러 이상(13,460달러)으로 끌어올렸다. 김대중 정부에서 무역수지 흑자와 경상수지 흑자 등이 지속되어, 우리나라가 건국 이래 최초로 순채무국에서 순채권국으로 전환하게 되었다는 점도 경제정책 성과의 하나로 지적할 수 있다.

그러나 당시 IMF 외환위기 극복을 위해 수백조에 달하는 공적자금 발행과 대규모 구조조정에 따른 대량해고 및 노동시장의 유연화(고용불안정) 등이 남긴 숙제는 아직도 그 영향이 남아 있다.

김대중 정부의 경제정책 시행착오는 IMF 외환위기 극복과정에서 경제회복을 서두른 나머지 신용카드 규제 완화정책을 폈는데, 여기에 재벌 대기업을 포함한 신용카드사들의 도덕적 해이가 겹치면서 카드대란을 초래하는 빌미를 제공하여, 다수의 신용불량자가 발생케 했다는 점이다. 물론 정부는 신용카드사들이 소득이 없거나 신용이 낮은 자에게까지 신용카드를 발행해 주리라고는 미처 충분히 검토하지 못했다고 변명을 할 수도 있으나, 재벌기업을 포함한 대부분의 신용카드사들은 이익이나 손실을 충분히 검토하여 카드를 발행하기보다는 영역 확대 노력을 우선시하고, '대마불사' 라는 일종의 도덕적 해이 현상이 매우 강하다는 점을 충분히 인식하지 못한 것 같다.

김대중 정부의 중요한 특징은 남북 긴장환화를 위한 노력과 개성공단 등 경제협력을 강화했다는 점에서 찾을 수 있을 것이다.

아. 인사청문회제도 도입

김대중 정부 시절인 2000년 6월 국회에서 인사청문회법이 제정되었다. 인사청문회제도 도입은 본래 대통령의 권한 중 하나인 고위공직자 임명권에 대한 국회의 견제장치로 도입되었으나, 동 제도의 도입으로 부패방지라는 차원에서 한 단계 업그레이드되는 성과를 나타내고 있다.

그동안 인사청문회를 지켜본 독자들은 얼마나 많은 특권층 사람들이 국민의 4대 의무(납세, 국방, 교육, 근로)를 기피하고, 불법과 편법으로 축재와 증여를 해 왔는지를 목격하였을 것이다. 더구나 이러한 사람들이 염치도 없이 국민들의 지도적 위치라고 할 수 있는 고위공직자에 오르려고 추천을 받는다는 사실만으로도 많은 국민들은 불편한 심기를 감추기 어렵다. 고양이에게 생선가게를 맡길 수 있겠는가?

우리나라는 예로부터 염치와 예의를 존중하고, 청렴한 선비상을 숭상해 왔건만, 언제부터인가 이기적이고 탐욕적인 사람들이 사회지도층으로 부상하였는지 의문이 아닐 수 없다. 필자는 일제 잔재 청산을 비롯한 과거청산이 제대로 이루어지지 않았던 탓에 연유를 찾을 수 있을 것으로 판단한다.

국가의 생산성을 증대시킬 수 있는 사회자본(social capital)의 하나로서, 국민들의 신뢰를 쌓기 위해서는 인사청문회 제도를 보다 강화하여, 앞으로는 이런 사람들이 인사청문회에 감히 나설 수 없게 하도록 사회적 분위기 조성이 필요하다.

(6) 노무현 정부의 경제정책

가. 부동산 투기 대책

노무현 정부는 초기부터, 김대중 정부 시절에 극성을 부리던 부동산 투기 현상을 억제하기 위해 다양한 정책을 펼쳤다. 부동산 가격 안정화 정책으로 가장 역점을 둔 정책은 종합부동산세제이다. 동 세제는 일정수준 이상 가격이 비싼 아파트 등에 누진세율을 적용하겠다는 것으로, 당연히 값비싼 아파트의 소유자나 투기자들의 반발에 부딪칠 수밖에 없었다. 종합부동산세제는 그러나 부분 위헌판결로 그 효력이 떨어지게 되었을 뿐만 아니라 세율도 입법과정에서 낮아지는 결과를 낳아 큰 효과를 보지 못했다. 아파트 분양가 상한제, 원가공개 등은 시장경제 원리를 무시하는 조치라는 주장도 많았으나, 부동산 과열을 막기 위해 밀어붙였다. 동 정부에서는 LTV와 DTI 등 금융 수단을 동원한 부동산 규제책도 새로 마련하였다. 이러한 종합적 부동산 대책들은 투기심리를 위축시키면서, 투기자금들이 대부분 주식시장으로 몰리게 되었고, 그 영향으로 종합주가지수와 코스닥 지수의 상승을 견인하였으며, 결과적으로 기업의 자금 운용에 도움을 주는 효과를 나타냈다.

나. FTA와 대외무역

노무현 정부는 우리나라의 전면적 시장개방이 불가피한 상황에서, 적극적인 대비를 한다는 취지에서, 아시아에서 최초로 미국과 역대 최대 규모의 자유무역협정(FTA)을 체결하였다. 미국 외에도 유럽연합(EU), 캐나다 등과 동시다발적 FTA를 추진하였다. 이러한 협정들은 향후 우리나라의 수출이 급속히 증대되는 추세를 나타냄으로써 성공적이라는 평가도 따른다. 그러나 농·축산업을 비롯한 비교열위 부문에 대한 충분한 보완대책이 마련되지 못한 상태에서 개방을 서둘렀다는 비판과 농·축산업 종사자들의 저항이 따르기도 하였다.

대외무역 면에서는 무역수지 및 경상수지 흑자 기록을 계속 이어나갔고, 순채권국의 지위도 5년간 계속되었다. 이런 결과는 환율이 하락한 상태에서 이룩한 실적이기 때문에 더욱 값진 결과라고 할 수 있다. 왜냐하면 환율 하락으로 수출입체들은 상내적으로 수출대가로 받는 수익이 줄어들어, 수출노력을 덜 기울이는 것이 일반적인 현상이며, 그럼에도 불구하고 달성한 실적이기 때문이다.

다. 경제성장과 복지정책

노무현 정부하에서의 경제성장률은 취임 초기 전임 정부에서부터 초래된 부동산 투기 열풍과 카드대란의 여파가 겹치면서 저조한 실적을 나타냈으나, 당시 정부의 경제정책이 영향을 받는 후반기에는 5%를 초과하는 경제성장률을 달성할 수 있었다. 그 결과 1987년에는 2만 달러를 돌파하는 기록(21,632달러)을 세우기도 하였다.

또한 노무현 정부에서는 정부의 복지지출을 늘리는 한편, 생산적 복지를 표방하면서 고용장려금제도 등의 도입과 차상위계층까지 의료급여 확대,

복지 관련 지자체 공무원을 증원하는 등 복지정책을 강화하였다.

라. 남북경협

남북관계 면에서는 김대중 정부에서 터놓은 남북경제협력을 더욱 강화하는 정책을 폈다. 남북경제협력은 남한의 자본력과 기술력, 북한의 질 좋은 노동인력과 지하자원 등 상호 교류를 통해 상부상조할 수 있는 부분이 매우 크다는 점에서 매우 긍정적인 사업으로 평가할 수 있다. 특히 북한의 지하자원 중 질 좋은 희토류 등은 남한의 전자산업 등 첨단산업 발전에 필수적인 희소자원으로 평가되기도 한다.

뿐만 아니라, 남한과 북한의 철도연계사업은 장차 부산에서 런던까지 철도로 수출입화물을 수송할 수 있는 발판을 만들 수 있다는 점에서 매우 큰 경제적 이익을 가져다 줄 수 있는 사업이기도 하다. 왜냐하면 부산에서 런던까지 철도수송이 연계되면 우리나라의 유럽 수출입 물량뿐만 아니라, 일본의 막대한 유럽 수출입 물량의 대부분이 부산을 통해 밀려들어 올 가능성이 매우 높기 때문이다. 이 경우 남북한이 받는 운송비 등 물류 관련 수입만 해도 막대한 규모에 달할 것으로 추정된다.

그러나 동 정부에서 일부 남북 철도연계가 이루어지는 등 사업이 추진되었으나, 이후 남북 긴장관계가 조성되면서 동 사업도 중단되었다.

마. 부패방지정책

우리는 이미 앞에서 우리나라가 행복한 나라가 되기 위해서는 부정부패를 방지하여 국가청렴도를 높이는 정책이 얼마나 중요한지를 살펴보았다.

노무현 정부의 특징적 정책의 하나로 부정부패 방지에 많은 노력을 기울였다는 점을 들지 않을 수 없다. 우리나라는 해방 후 적산 불하과정과 미국의 잉여농산물 불하과정, 그리고 1960년대 이후 경제개발과정에서 각종 특혜를 받기 위한 정경유착 등 기업들과 정부 간의 정경유착을 비롯하여, 선거과정에서의 금품수수 등 정치부패, 그리고 공직자들의 도덕적 해이에 따른 공직자부패와 권력형 비리, 정부의 인허가과정에서의 급행료와 뇌물, 그리고 교사들에 대한 촌지 등 거의 사회경제의 모든 영역에서 수십년간 각종 부정부패가 만연해 왔다. 심지어 '못해 먹는 놈이 바보' 라는 말이 들릴 정도로 부징부패는 일상화되고, 상납을 안 하는 공무원은 한직으로 돌다가 옷을 벗어야 하는 상황도 비일비재하였다.

이런 상황하에서는 시장에서의 공정한 거래질서도 확립될 수 없고, 능력과 노력에 따른 보상도 기대할 수 없을 것이다. 국제투명성기구(TI)의 전 회장이 "부패는 빈곤의 원인이 되며, 다른 한편 빈곤탈출을 위한 노력에도 장애물로 작용한다."라고 말한 것은 바로 이런 점을 염두에 두고 한 말이라고 할 수 있다(Ⅷ장 참고).

노무현 정부의 부패방지정책은 고위공직자 인사청문회에서의 청렴도 기준 강화, 정치인으로부터 받는 식사대접과 축의금의 50배 벌금 부과, 그리고 공직자의 업무평가기준의 객관화, 전자정부의 추진을 통한 공무원 업무의 투명성 제고 등 다양한 면에 걸쳐 시행되었다. 그 결과 재임기간 중 국제투명성기구의 부패인식지수의 순위가 4단계나 상승하기도 하였다. 그러나 아직도 40위 수준이어서 가야 할 길은 멀다.

바. 전자정부의 추진

노무현 정부에서 추진한 전자정부는 이미 캐나다를 비롯, 미국 등 선진국에서 앞서 시행하고 있는 제도로, 궁극적인 목표는 정부는 국민 위에 군림하는 것이 아니라 국민이 원하는 정보와 서비스를 제공해 주는 기관으로 거듭나게 한다는 것이다. 예컨대 '자동차 등록을 하려면 어디에 가서 어떤 서류를 작성해야 하는가' 에서부터 '정부에서 추진하는 사업이 어떤 목적에서 어떤 법이나 규정에 따라 하는 사업이며, 그 비용은 어떻게 조달되는가' 등에 대해 궁금할 경우, 스마트폰이나 곳곳에 설치된 단말기를 이용하여, 언제 어디에서나 서비스를 받게 한다는 것이다. 전자정부가 상당한 진척을 보이면, 이제는 수퍼마켓처럼 국민들과 가까이에서 서비스를 제공하는 정부가 될 것이다.

사. 노동시간 단축정책의 시행착오

노무현 정부의 정책 시행착오는 주 40시간으로 노동시간을 단축하는 정책을 펴는 과정에서 나타난다. 우리나라는 OECD 국가들 중 장시간노동 피용자율이 1위를 기록할 정도로 장시간노동이 많은 상태에서, 주 40시간으로 노동시간을 단축하는 대신, 남는 임금 여유 몫을 새로운 취업자에게 나누어 줄 수 있게 함으로써 일자리를 확대한다는 취지에서 동 정책은 추진되었다. 그러나 강력한 노조와 일부 여론의 반대에 부딪쳐, 결국 정규직의 근로시간 단축만 이루어졌고, 임금 여유 몫도 사라져 일자리 확대나 비정규직의 정규직화도 어렵게 되었다. 당시의 정부가 여소야대 정국에서 정책을 밀어붙이는 힘이 상대적으로 약하기는 했지만, 충분한 시간을 두고 노조와 협상을 하거나 설득을 더 했어야 비정규직의 일부라도 해결했으리라고 판단된다.

(7) 이명박 정부의 경제정책

이명박 정부는 취임 초에 미국발 글로벌 금융위기를 맞아, 1인당 국민총소득이 2009년 17,941달러까지 떨어졌으나, 2011년에는 22,489달러 수준으로 다시 회복시켰다.

이명박 정부는 노무현 정부에서 취했던 부동산 투기 억제정책을 사실상 모두 해제하는 등 부동산 경기 활성화 정책을 폈고, 추가적으로 취득세 감면정책까지 시행하였다.

다른 한편, 법인세율 인하, 고소득층 소득세의 상대적 큰 폭 인하 등 소위 부자감세정책을 시행하였다.

그러나 부자감세정책과 부동산 경기 활성화 정책을 펴면서, 다시 국내발 경제위기(가계부채위기, 부동산 거품 등)의 우려를 낳고 있다.

취임 초에 이미 미국에서 발생한 서브프라임 모기지 사태를 충분히 연구하여 정책에 반영했더라면, 부자감세정책과 부동산 경기 활성화 정책을 펴지는 않았을 것이다(그 이유에 대해서는 졸고(2009)를 참고 바람).

여기서 그 이유에 대해 간단히 설명하면 다음과 같다. 소득격차가 큰 나라에서는 상대적으로 한계소비성향이 큰 중·저소득층의 소득 몫이 작으므로, 소비지출 감소 → 투자 감소 → 생산 감소 → 소득 감소로 이어질 가능성이 크며, 다른 한편으로는 고소득층은 국내의 투자기회가 적은 상황에서 보다 높은 이익을 목적으로 부동산과 주식 등 거품이 쉽게 커질 수 있는 부문에 자금을 이동시키게 되므로, 더욱 거품을 키우다가 결국 일정 시점(물가 상승 압력이 커져 이자율 상승 조치를 취할 때)에는 거품이 터지면서 경제위기에 빠져 들게 되기 때문이다.

이러한 상황은 소득격차가 큰 나라, 예컨대 미국과 최근 재정위기를 겪고 있는 남유럽 국가들에서 더욱 쉽게 볼 수 있다. 우리나라도 소득격차가 큰 나라에 속하고 있는데, 부자감세로 소득격차를 더욱 벌리고, 게다가 부동산 경기 활성화 정책을 펴기까지 하니, 경제위기가 닥칠 위험이 더욱 커지게 된 것이다.

이제 와서 물가상승을 억제하기 위해 한국은행을 통해 이자율을 올리자니, 부동산 매물이 쏟아져 부동산 가격 하락 → 은행의 대출 상환 독촉 → 더 많은 매물 → 부동산 가격 폭락 → 은행 등 부동산 담보대출 비중 높은 금융기관 파산 등 미국의 서브프라임 모기지 사태가 재연될 우려가 크다.

그렇다고 이자율을 인하하거나 내릴 경우 물가상승 압력이 커져, 그렇지 않아도 사교육비와 양육비 등 어려움을 겪고 있는 가계의 생활비 상승이라는 부담을 한층 더 크게 안겨줄 것이기 때문이다. 결국 이자율을 올리지도 내리지도 못하는 딜레마에 빠지게 된 것이다.

이명박 정부에서는 글로벌 금융위기와 유럽의 재정위기에도 불구하고 수출규모의 GNP 대비 비중이 줄곧 50%를 넘어서고, 무역의존도도 2009년을 제외하면 100%를 넘어설 정도로 무역규모가 급성장하였다. 무역수지도 2008년을 제외하면, 계속 흑자를 나타내었다. 2008~11년간 무역수지 흑자규모는 총 1,000억 달러에 달하는 규모였다.

그러나 이처럼 수출규모가 급속히 증대하고 있음에도, 수출의 경제성장 기여도(다음의 제Ⅴ장 참고)가 내수(소비 및 투자)의 성장기여도보다 낮게 나타나, 경제성장률은 역대 정부 최저 수준인 평균 3.1%에 머물게 되었다.

재벌기업들에 대해서는 친기업적 정책을 표방하면서, 이전 정부에서 시행되던 총액출자제한제도(총출제)를 폐지하는 등 재벌기업들에 대한 규제를 완화하였고, 그 결과 재벌기업들의 시장지배력과 계열기업 수가 급속히 확대되었다(제Ⅶ장 참고). 이 시기에 재벌기업들의 중소상공인 영역 침범에 대한 재래시장 상인과 소비자 등의 반발이 크게 나타나기도 하였다.

〈부록표 4-1〉 1인당 국민총생산소득(달러)과 경제성장률(%) 추이

	1인당 국민총생산	경제성장률		1인당 국민총생산	경제성장률
1953	67		1982	1,927	8.3
1954	70	5.6	1983	2,113	12.2
1955	65	4.5	1984	2,300	9.9
1956	66	-1.3	1985	2,355	7.5
1957	74	7.6	1986	2,702	12.2
1958	80	5.5	1987	3,402	12.3
1959	81	3.9	1988	4,548	11.7
1960	79	1.2	1989	5,556	6.8
1961	82	5.9	1990	6,303	9.3
1962	87	2.1	1991	7,276	9.7
1963	100	9.1	1992	7,714	5.8
1964	103	9.7	1993	8,402	6.3
1965	105	5.7	1994	9,727	8.8
1966	125	12.2	1995	11,735	8.9
1967	142	5.9	1996	12,518	7.2
1968	169	11.3	1997	11,505	5.8
1969	210	13.8	1998	7,607	-5.7
1970	243	8.8	1999	9,778	10.7
1970	255	8.8	2000	11,292	8.8
1971	291	10.4	2001	10,631	4.0
1972	322	6.5	2002	12,100	7.2
1973	404	14.8	2003	13,460	2.8
1974	559	9.4	2004	15,082	4.6
1975	607	7.3	2005	17,531	4.0
1976	825	13.5	2006	19,691	5.2
1977	1,043	11.8	2007	21,632	5.1
1978	1,443	10.3	2008	19,161	2.3
1979	1,693	8.4	2009	17,041	0.3
1980	1,660	-1.9	2010	20,562	6.3
1981	1,826	7.4	2011	22,489	3.6

※ 단, 1969년 이전은 1975년 기준, 1970년 이후는 2005년 기준

자료 : 한국은행 경제통계시스템, 주요 지표

〈부록표 4-2〉 한국의 생산구조 추이

	농림어업	광공업	제조업	건설 및 전기·가스·수도사업	서비스업
1953	47.30	10.10	9.00	2.60	40.00
1954	39.80	12.70	11.80	3.10	44.40
1955	44.50	12.60	11.60	3.60	39.30
1956	46.90	12.70	11.60	3.30	37.10
1957	45.20	12.70	11.20	4.20	37.90
1958	40.70	14.40	12.80	4.10	40.70
1959	33.80	15.90	14.10	4.30	46.00
1960	36.80	15.90	13.80	4.10	43.20
1961	39.10	15.50	13.60	4.40	41.00
1962	37.00	16.40	14.40	4.60	42.10
1963	43.40	16.30	14.70	3.90	36.30
1964	46.80	17.40	15.60	3.70	32.10
1965	38.00	20.00	18.00	4.70	37.20
1966	34.80	20.50	18.60	5.10	39.60
1967	30.60	21.00	19.10	5.30	43.00
1968	28.70	21.60	20.10	6.20	43.50
1969	27.90	21.70	20.30	7.20	43.20
1970	29.10	20.20	18.50	6.40	44.30
1971	29.50	19.80	18.30	5.70	45.10
1972	28.60	21.10	20.00	5.40	44.90
1973	26.50	24.10	23.00	5.40	43.90
1974	26.40	23.70	22.40	5.00	45.00
1975	26.90	23.70	22.20	5.60	43.70
1976	25.50	25.30	24.10	5.60	43.60
1977	24.20	25.40	23.90	6.70	43.70
1978	22.20	25.50	24.10	8.80	43.50
1979	20.70	25.60	24.40	10.00	43.70
1980	16.00	26.00	24.60	10.00	48.00
1981	16.70	26.50	25.00	9.10	47.70
1982	15.60	26.20	24.90	9.70	48.40

※ 단, 1969년 이전은 대GNP 비중, 1970년 이후는 대GNI 비중

자료 : 한국은행 경제통계시스템, 주요 지표

〈부록표 4-2〉 한국의 생산구조 추이(계속)

	농림어업	광공업	제조업	건설 및 전기·가스·수도사업	서비스업
1983	14.30	27.20	25.90	10.20	48.30
1984	13.40	28.40	27.20	10.10	48.00
1985	13.30	28.00	26.70	9.80	49.00
1986	11.70	29.60	28.30	9.40	49.30
1987	10.50	30.60	29.50	9.40	49.50
1988	10.40	31.00	30.10	9.30	49.20
1989	9.70	29.20	28.40	10.20	50.90
1990	8.70	27.40	26.60	12.50	51.50
1991	7.70	27.40	26.70	13.20	51.60
1992	7.50	26.40	25.90	12.70	53.30
1993	6.70	26.50	26.00	12.90	53.90
1994	6.50	26.80	26.30	12.30	54.40
1995	6.20	27.20	26.70	12.10	54.60
1996	5.80	26.20	25.80	12.30	55.80
1997	5.30	25.80	25.40	12.40	56.50
1998	4.90	26.80	26.40	11.10	57.30
1999	5.00	27.50	27.20	10.20	57.30
2000	4.60	28.60	28.30	9.40	57.30
2001	4.40	26.90	26.60	9.70	59.00
2002	4.00	26.50	26.20	9.80	59.80
2003	3.70	26.00	25.80	10.60	59.60
2004	3.70	28.00	27.70	10.20	58.10
2005	3.30	27.80	27.50	9.90	59.00
2006	3.20	27.40	27.10	9.80	59.70
2007	2.90	27.50	27.30	9.60	60.00
2008	2.70	28.10	27.90	8.30	60.80
2009	2.80	28.00	27.80	8.70	60.40
2010	2.60	30.50	30.30	8.30	58.50
2011	2.70	31.40	31.20	7.90	58.10

※ 단, 1969년 이전은 대GNP 비중, 1970년 이후는 대GNI 비중
자료 : 한국은행 경제통계시스템, 주요 지표

〈부록표 4-3〉 한국의 국민소득 지출구조 추이

	최종소비지출	민간	정부	총고정 자본형성	순수출
1953	92.30	84.30	8.00	7.30	-7.90
1954	94.30	84.00	10.30	9.30	-6.40
1955	85.90	87.00	8.90	10.40	-8.40
1956	102.90	93.60	9.30	10.40	-11.90
1957	95.20	84.30	10.90	10.70	-10.60
1958	95.90	83.00	12.90	10.20	-8.80
1959	96.40	82.10	14.30	11.20	-7.70
1960	99.90	85.30	14.60	10.90	-9.40
1961	98.00	84.30	13.70	11.80	-9.60
1962	97.60	83.50	14.10	13.80	-11.70
1963	92.00	81.00	11.00	13.60	-11.10
1964	91.90	83.30	8.60	11.40	-7.70
1965	93.50	84.10	9.40	14.90	-7.40
1966	89.30	79.20	10.10	20.50	-9.90
1967	90.10	79.80	10.30	21.80	-10.70
1968	86.10	75.50	10.60	25.40	-12.80
1969	82.20	71.80	10.40	26.10	-11.90
1970	84.60	74.50	10.10	25.50	-10.30
1971	85.90	75.50	10.40	22.90	-10.80
1972	83.80	73.10	10.70	21.10	-5.00
1973	77.70	68.60	9.10	24.00	-3.50
1974	79.00	69.00	10.00	26.80	-11.30
1975	80.60	69.10	11.50	26.60	-8.60
1976	75.60	64.10	11.50	25.30	-2.30
1977	72.20	60.70	11.40	28.20	-1.20
1978	70.20	59.50	10.80	32.40	-4.00
1979	70.50	59.90	10.60	33.60	-7.30
1980	75.40	62.70	12.70	31.90	-8.60
1981	74.90	62.30	12.70	27.70	-6.00
1982	73.80	61.30	12.50	28.10	-3.40

※ 단, 1969년 이전은 대GNP 비중, 1970년 이후는 대GNI 비중

자료 : 한국은행 경제통계시스템, 주요 지표

〈부록표 4-3〉 한국의 국민소득 지출구조 추이(계속)

	최종소비지출	민간	정부	총고정 자본형성	순수출
1983	70.60	58.70	12.00	29.00	-1.80
1984	68.30	57.10	11.20	28.60	0.70
1985	67.80	56.50	11.30	28.20	1.20
1986	64.50	53.50	11.00	27.80	5.20
1987	61.60	50.90	10.70	28.70	7.20
1988	59.90	49.10	10.80	29.20	7.00
1989	62.60	51.10	11.50	31.50	2.10
1990	62.40	50.70	11.80	36.20	-0.70
1991	62.20	50.60	11.60	38.00	-2.30
1992	63.10	51.10	12.00	36.00	-0.20
1993	63.10	51.30	11.80	35.40	0.80
1994	63.60	52.20	11.40	35.50	-0.40
1995	63.50	52.30	11.20	36.40	-0.50
1996	64.90	53.30	11.60	36.60	-2.70
1997	65.00	53.60	11.50	34.60	-0.50
1998	62.90	50.30	12.60	29.30	12.20
1999	64.90	52.80	12.10	28.60	6.40
2000	66.70	54.80	12.00	30.00	2.90
2001	68.70	55.90	12.70	28.80	2.20
2002	69.30	56.70	12.60	28.60	1.40
2003	67.80	54.80	13.00	29.30	2.30
2004	65.90	52.60	13.30	29.20	4.20
2005	67.70	53.80	13.90	28.90	2.70
2006	69.00	54.50	14.50	28.70	1.40
2007	69.10	54.40	14.70	28.50	1.50
2008	70.00	54.70	15.30	29.30	-1.20
2009	70.10	54.10	16.00	29.10	3.70
2010	67.80	52.60	15.20	28.30	2.60
2011	68.30	52.90	15.40	27.40	2.10

※ 단, 1969년 이전은 대GNP 비중, 1970년 이후는 대GNI 비중
자료 : 한국은행 경제통계시스템, 주요 지표

〈부록표 4-4〉 한국의 수출과 수입 및 무역수지 추이

(단위 : 백만 달러)

	수출	수입	무역수지		수출	수입	무역수지
1957	22	442	-420	1985	30,283	31,136	-853
1958	16	378	-362	1986	34,714	31,584	3,131
1959	20	304	-284	1987	47,281	41,020	6,261
1960	33	344	-311	1988	60,696	51,811	8,886
1961	41	316	-275	1989	62,377	61,465	912
1962	55	422	-367	1990	65,016	69,844	-4,828
1963	87	560	-473	1991	71,870	81,525	-9,655
1964	119	404	-285	1992	76,632	81,775	-5,144
1965	175	463	-288	1993	82,236	83,800	-1,564
1966	250	716	-466	1994	96,013	102,348	-6,335
1967	320	996	-676	1995	125,058	135,119	-10,061
1968	455	1,463	-1,007	1996	129,715	150,339	-20,624
1969	623	1,824	-1,201	1997	136,164	144,616	-8,452
1970	835	1,984	-1,149	1998	132,313	93,282	39,031
1971	1,068	2,394	-1,327	1999	143,685	119,752	23,933
1972	1,624	2,522	-898	2000	172,268	160,481	11,786
1973	3,225	4,240	-1,015	2001	150,439	141,098	9,341
1974	4,460	6,852	-2,391	2002	162,471	152,126	10,344
1975	5,081	7,274	-2,193	2003	193,817	178,827	14,991
1976	7,715	8,774	-1,058	2004	253,845	224,463	29,382
1977	10,046	10,811	-764	2005	284,419	261,238	23,180
1978	12,711	14,972	-2,261	2006	325,465	309,383	16,082
1979	15,055	20,339	-5,283	2007	371,489	356,846	14,643
1980	17,505	22,292	-4,787	2008	422,007	435,275	-13,267
1981	21,254	26,131	-4,878	2009	363,534	323,085	40,449
1982	21,853	24,251	-2,397	2010	466,384	425,212	41,172
1983	24,445	26,192	-1,747	2011	555,214	524,413	30,801
1984	29,245	30,631	-1,387				

자료 : 무역협회, 수출입통계

〈부록표 4-5〉 한국 무역규모 및 무역수지의 대GNP 비중 추이(%)

	무역규모	총수출	총수입	무역수지		무역규모	총수출	총수입	무역수지
1953	12.90	3.20	9.80	-6.60	1983	72.80	34.60	38.30	-3.70
1954	9.50	2.10	7.40	-5.30	1984	75.10	36.80	38.30	-1.50
1955	12.90	2.90	10.00	-7.10	1985	70.30	34.50	35.80	-1.30
1956	15.50	2.30	13.20	-10.90	1986	71.50	37.30	34.20	3.10
1957	14.30	2.20	12.00	-9.80	1987	72.60	39.30	33.30	6.00
1958	13.60	2.80	10.80	-8.00	1988	67.10	36.80	30.30	6.50
1959	13.70	3.40	10.30	-6.90	1989	60.70	31.30	29.40	1.90
1960	16.80	4.10	12.70	-8.60	1990	58.20	28.70	29.50	-0.80
1961	21.30	6.30	14.90	-8.60	1991	56.20	26.90	29.40	-2.50
1962	22.60	6.00	16.60	-10.60	1992	55.50	27.60	28.00	-0.40
1963	21.30	5.40	15.80	-10.40	1993	52.60	26.60	26.00	0.60
1964	20.20	6.70	13.50	-6.80	1994	54.40	26.90	27.50	-0.60
1965	25.50	9.50	15.90	-6.40	1995	59.30	29.20	30.10	-0.90
1966	32.20	11.90	20.30	-8.40	1996	60.10	28.40	31.70	-3.30
1967	36.00	13.60	22.40	-8.80	1997	66.20	32.50	33.70	-1.20
1968	40.60	14.70	25.90	-11.20	1998	80.80	45.80	35.10	10.70
1969	41.40	15.40	26.00	-10.60	1999	71.50	38.40	33.10	5.30
1970	39.20	15.20	24.10	-8.90	2000	77.50	39.90	37.60	2.30
1971	42.50	16.10	26.40	-10.30	2001	72.20	37.10	35.10	2.00
1972	45.70	20.40	25.40	-5.00	2002	67.10	34.30	32.80	1.50
1973	62.30	29.30	33.00	-3.70	2003	70.60	36.50	34.10	2.40
1974	66.90	27.80	39.10	-11.30	2004	79.80	42.10	37.70	4.40
1975	65.00	27.60	37.40	-9.80	2005	78.60	40.60	38.00	2.60
1976	64.20	30.60	33.60	-3.00	2006	80.90	41.20	39.70	1.50
1977	64.20	31.20	33.00	-1.80	2007	85.90	43.80	42.10	1.70
1978	63.40	29.60	33.90	-4.30	2008	110.70	55.10	55.60	-0.50
1979	63.50	27.70	35.70	-8.00	2009	98.80	51.50	47.30	4.20
1980	78.90	34.30	44.60	-10.30	2010	105.20	54.00	51.30	2.70
1981	82.20	36.80	45.30	-8.50	2011	113.20	57.70	55.40	2.30
1982	76.40	35.30	41.10	-5.80					

※ 단, 1969년 이전은 대GNP 비중, 1970년 이후는 대GNI 비중

자료 : 한국은행 경제통계시스템, 주요 지표

〈부록표 4-6〉 총저축률과 총투자율 추이

	총저축률	민간	가계·비영리단체	기업	정부	국내 총투자율	국내총 고정투자율	투자재원 자립도
1953	13.1	11.1			2.0	14.7	6.9	89.1
1954	10.4	10.3			0.1	11.4	8.9	91.2
1955	10.3	9.7			0.6	11.7	9.7	88.0
1956	8.6	4.0			4.6	8.0	9.3	107.5
1957	13.9	10.5			3.4	14.0	9.7	99.3
1958	12.8	9.8			3.0	11.8	9.3	108.5
1959	10.8	8.2			2.6	10.4	10.3	103.8
1960	9.0	5.0			4.0	10.0	9.9	90.0
1961	11.7	7.0			4.7	12.0	10.6	97.5
1962	11.0	6.8			4.2	11.8	12.6	93.2
1963	14.4	10.4			4.0	17.0	12.7	84.7
1964	14.0	9.8			4.2	13.2	10.7	106.1
1965	13.2	7.7			5.5	14.1	13.8	93.6
1966	16.6	11.3			5.3	20.4	19.1	81.4
1967	15.4	9.1			6.3	20.9	20.5	73.7
1968	18.2	10.7			7.5	24.9	24.1	73.1
1969	21.4	14.6			6.8	27.9	25.0	76.7
1970	17.4	10.8			6.5	25.4	24.9	68.3
1971	15.3	9.7			5.5	26.0	22.6	58.7
1972	17.0	14.3			2.7	21.3	20.9	79.8
1973	22.8	19.6			3.3	25.3	23.8	90.2
1974	21.5	18.8			2.7	31.9	26.7	67.3
1975	19.1	16.1	8.1	8.0	2.9	28.7	26.7	66.4
1976	24.7	20.1	11.2	8.9	4.6	26.6	25.2	92.8
1977	28.2	23.8	13.4	10.4	4.4	29.5	28.1	95.6
1978	30.6	25.0	14.9	10.1	5.5	32.6	32.1	93.7
1979	29.7	23.3	13.4	9.9	6.4	36.7	33.5	81.0
1980	24.3	19.2	7.7	11.5	5.1	33.0	32.0	73.7
1981	24.3	19.1	8.4	10.7	5.2	30.5	28.0	79.6
1982	25.6	20.0	9.2	10.8	5.6	30.1	28.3	85.0

※ 단, 1969년 이전은 대GNP 비중, 1970년 이후는 대GNI 비중

자료 : 한국은행 경제통계시스템, 주요 지표

〈부록표 4-6〉 총저축률과 총투자율 추이(계속)

	총저축률	민간	가계·비영리단체	기업	정부	국내 총투자율	국내총 고정투자율	투자재원 자립도
1983	28.9	22.4	10.1	12.3	6.5	31.2	29.2	92.7
1984	30.9	24.9	12.3	12.6	6.1	31.2	28.9	99.3
1985	31.2	25.5	12.9	12.5	5.8	31.3	28.6	99.7
1986	34.9	29.4	15.7	13.7	5.6	30.5	28.1	114.6
1987	38.4	32.5	18.1	14.4	6.0	30.8	28.7	125.0
1988	40.4	33.4	18.7	14.8	7.0	32.4	29.0	124.8
1989	37.6	30.6	17.8	12.7	7.1	35.3	31.4	106.7
1990	37.8	30.3	17.5	12.8	7.5	38.0	36.1	99.6
1991	37.9	31.0	19.3	11.7	6.9	40.0	38.0	94.6
1992	36.9	30.1	18.4	11.7	6.9	37.0	36.0	99.8
1993	36.9	29.6	17.5	12.1	7.3	36.0	35.4	102.7
1994	36.4	28.6	16.1	12.4	7.8	36.8	35.5	99.1
1995	36.2	27.3	14.0	13.3	8.9	37.1	36.6	97.7
1996	34.8	25.3	14.1	11.3	9.5	38.1	36.8	91.4
1997	34.6	24.8	12.6	12.3	9.8	35.6	34.8	97.2
1998	36.6	27.8	18.6	9.1	8.8	25.2	29.6	145.2
1999	34.6	25.5	13.1	12.4	9.0	29.1	28.9	118.6
2000	33.0	21.4	8.6	12.8	11.6	30.7	30.1	107.6
2001	31.1	20.3	6.0	14.2	10.9	29.3	28.9	106.4
2002	30.5	19.2	3.1	16.1	11.4	29.3	28.7	104.3
2003	31.9	20.8	5.9	14.9	11.1	30.0	29.4	106.5
2004	34.0	24.3	8.1	16.2	9.8	29.9	29.2	113.7
2005	32.1	22.2	6.9	15.3	9.8	29.8	29.0	107.6
2006	30.8	20.8	5.7	15.1	10.0	29.7	28.8	103.8
2007	30.8	20.2	4.3	15.8	10.6	29.5	28.6	104.6
2008	30.5	21.2	4.4	16.8	9.3	31.0	29.1	98.4
2009	30.2	23.4	5.3	18.1	6.8	26.2	29.0	115.4
2010	32.1	24.7	5.0	19.7	7.4	29.6	28.3	108.5
2011	31.7	24.1	4.3	19.9	7.6	29.4	27.4	107.7

※ 단, 1969년 이전은 대GNP 비중, 1970년 이후는 대GNI 비중

자료 : 한국은행 경제통계시스템, 주요 지표

〈부록표 4-7〉 한국의 취업구조 변화 추이

	취업자 수			비율	
	취업자	비임금근로자	임금근로자	비임금근로자	임금근로자
1963	7,561	5,178	2,383	68.5	31.5
1964	7,697	5,334	2,363	69.3	30.7
1965	8,109	5,500	2,609	67.8	32.2
1966	8,323	5,543	2,780	66.6	33.4
1967	8,622	5,582	3,040	64.7	35.3
1968	9,059	5,659	3,400	62.5	37.5
1969	9,283	5,736	3,547	61.8	38.2
1970	9,618	5,872	3,746	61.1	38.9
1971	9,947	6,024	3,923	60.6	39.4
1972	10,382	6,377	4,005	61.4	38.6
1973	10,942	6,789	4,153	62.0	38.0
1974	11,423	6,979	4,444	61.1	38.9
1975	11,691	6,940	4,751	59.4	40.6
1976	12,413	7,273	5,140	58.6	41.4
1977	12,813	7,099	5,714	55.4	44.6
1978	13,413	7,171	6,242	53.5	46.5
1979	13,603	7,124	6,479	52.4	47.6
1980	13,684	7,220	6,464	52.8	47.2
1981	14,025	7,420	6,605	52.9	47.1
1982	14,380	7,541	6,839	52.4	47.6
1983	14,505	7,335	7,170	50.6	49.4
1984	14,429	6,798	7,631	47.1	52.9
1985	14,970	6,866	8,104	45.9	54.1
1986	15,505	7,072	8,433	45.6	54.4
1987	16,354	7,163	9,191	43.8	56.2

자료 : 한국은행 경제통계시스템, 고용 노동 임금

〈부록표 4-7〉 한국의 취업구조 변화 추이(계속)

	취업자 수			비율	
	취업자	비임금근로자	임금근로자	비임금근로자	임금근로자
1988	16,870	7,260	9,610	43.0	57.0
1989	17,561	7,171	10,390	40.8	59.2
1990	18,085	7,135	10,950	39.5	60.5
1991	18,649	6,950	11,699	37.3	62.7
1992	19,009	7,099	11,910	37.3	62.7
1993	19,235	7,291	11,944	37.9	62.1
1994	19,849	7,370	12,479	37.1	62.9
1995	20,414	7,515	12,899	36.8	63.2
1996	20,853	7,653	13,200	36.7	63.3
1997	21,214	7,810	13,404	36.8	63.2
1998	19,937	7,641	12,296	38.3	61.7
1999	20,291	7,628	12,663	37.6	62.4
2000	21,155	7,795	13,360	36.8	63.2
2001	21,572	7,913	13,659	36.7	63.3
2002	22,169	7,988	14,181	36.0	64.0
2003	22,138	7,736	14,402	34.9	65.1
2004	22,557	7,663	14,894	34.0	66.0
2005	22,856	7,671	15,185	33.6	66.4
2006	23,151	7,600	15,551	32.8	67.2
2007	23,433	7,463	15,970	31.8	68.2
2008	23,577	7,371	16,206	31.3	68.7
2009	23,506	7,052	16,454	30.0	70.0
2010	23,829	6,858	16,971	28.8	71.2
2011	24,244	6,847	17,397	28.2	71.8

자료 : 한국은행 경제통계시스템, 고용 노동 임금

〈부록표 4-8〉 한국의 취업구조의 성별 변화 추이

	취업자 수			비율	
	취업자	남자	여자	남자	여자
1963	7,563	4,930	2,633	65.2	34.8
1964	7,698	5,024	2,674	65.3	34.7
1965	8,112	5,273	2,839	65.0	35.0
1966	8,326	5,425	2,901	65.2	34.9
1967	8,624	5,609	3,015	65.1	35.0
1968	9,062	5,809	3,253	64.1	35.9
1969	9,285	6,024	3,261	64.9	35.1
1970	9,617	6,104	3,513	63.5	36.5
1971	9,946	6,305	3,641	63.4	36.6
1972	10,379	6,578	3,801	63.4	36.6
1973	10,942	6,832	4,110	62.4	37.6
1974	11,421	7,198	4,223	63.0	37.0
1975	11,692	7,431	4,261	63.6	36.4
1976	12,412	7,668	4,744	61.8	38.2
1977	12,812	8,068	4,744	63.0	37.0
1978	13,412	8,315	5,097	62.0	38.0
1979	13,602	8,383	5,219	61.6	38.4
1980	13,684	8,462	5,222	61.8	38.2
1981	14,024	8,679	5,345	61.9	38.1
1982	14,379	8,757	5,622	60.9	39.1
1983	14,505	8,819	5,686	60.8	39.2
1984	14,429	8,894	5,535	61.6	38.4
1985	14,970	9,137	5,833	61.0	39.0
1986	15,504	9,339	6,165	60.2	39.8
1987	16,354	9,741	6,613	59.6	40.4

자료 : 한국은행 경제통계시스템, 고용 노동 임금

〈부록표 4-8〉 한국의 취업구조의 성별 변화 추이(계속)

	취업자 수			비율	
	취업자	남자	여자	남자	여자
1988	16,870	10,099	6,771	59.9	40.1
1989	17,561	10,409	7,152	59.3	40.7
1990	18,085	10,709	7,376	59.2	40.8
1991	18,649	11,120	7,529	59.6	40.4
1992	19,010	11,370	7,640	59.8	40.2
1993	19,235	11,490	7,745	59.7	40.3
1994	19,849	11,829	8,020	59.6	40.4
1995	20,414	12,147	8,267	59.5	40.5
1996	20,853	12,351	8,502	59.2	40.8
1997	21,214	12,483	8,731	58.8	41.2
1998	19,937	11,847	8,090	59.4	40.6
1999	20,291	11,954	8,337	58.9	41.1
2000	21,156	12,387	8,769	58.6	41.5
2001	21,572	12,581	8,991	58.3	41.7
2002	22,169	12,944	9,225	58.4	41.6
2003	22,139	13,031	9,108	58.9	41.1
2004	22,557	13,193	9,364	58.5	41.5
2005	22,856	13,330	9,526	58.3	41.7
2006	23,150	13,444	9,706	58.1	41.9
2007	23,433	13,607	9,826	58.1	41.9
2008	23,577	13,703	9,874	58.1	41.9
2009	23,506	13,734	9,772	58.4	41.6
2010	23,829	13,915	9,914	58.4	41.6
2011	24,244	14,153	10,091	58.4	41.6

자료 : 한국은행 경제통계시스템, 고용 노동 임금

〈부록표 4-9〉 피용자보수율과 노동소득분배율 추이

	피용자보수	기업 및 재산소득	노동소득 분배율		피용자보수	기업 및 재산소득	노동소득 분배율
1953	22.50	65.00	25.80	1982	39.30	37.40	51.30
1954	27.10	59.00	31.40	1983	40.40	35.80	53.00
1955	26.00	60.40	30.10	1984	40.70	36.30	52.90
1956	23.50	58.60	28.60	1985	40.40	36.70	52.40
1957	25.00	57.70	30.30	1986	40.00	37.30	51.70
1958	27.90	53.80	34.10	1987	40.30	37.10	52.10
1959	31.40	49.90	38.60	1988	41.50	36.20	53.40
1960	30.00	50.20	37.40	1989	43.80	35.00	55.60
1961	27.90	52.90	34.50	1990	44.50	33.60	57.00
1962	28.90	51.30	36.10	1991	46.00	33.30	58.00
1963	25.50	57.70	30.70	1992	45.80	33.30	57.90
1964	23.90	61.10	28.10	1993	46.00	33.00	58.20
1965	26.30	56.60	31.80	1994	46.00	32.80	58.40
1966	27.30	55.30	33.00	1995	46.80	30.70	60.40
1967	30.20	52.00	36.70	1996	47.90	28.70	62.60
1968	30.50	50.90	37.50	1997	46.20	29.00	61.40
1969	31.60	50.00	38.70	1998	44.70	29.10	60.60
1970	32.50	49.80	39.50	1999	43.40	30.20	59.00
1970	33.80	48.50	41.00	2000	43.20	31.20	58.10
1971	33.80	48.60	41.00	2001	43.80	30.70	58.80
1972	33.50	49.80	40.20	2002	43.50	31.60	58.00
1973	33.50	49.30	40.40	2003	44.70	30.80	59.20
1974	31.60	50.30	38.60	2004	44.70	31.50	58.70
1975	32.30	49.10	39.60	2005	46.00	29.80	60.70
1976	32.70	47.20	41.00	2006	46.40	29.30	61.30
1977	34.30	45.30	43.10	2007	46.10	29.40	61.10
1978	36.10	43.80	45.10	2008	45.90	29.30	61.00
1979	37.90	41.60	47.70	2009	46.10	29.60	60.90
1980	39.20	39.00	50.10	2010	44.80	31.30	58.90
1981	38.70	39.00	49.80	2011	45.00	31.20	59.00

※ 단, 1969년 이전은 1975년 기준, 1970년 이후는 2005년 기준 연간지표임.
자료 : 한국은행 경제통계시스템, 주요 지표

〈부록표 4-10〉 한국의 제도부문별 대GNI 비중 변화 추이

	가계	기업	정부	GNI
1975	79.2	9.3	11.5	100.0
1976	78.2	9.4	12.4	100.0
1977	76.6	10.9	12.5	100.0
1978	76.1	11.5	12.4	100.0
1979	75.0	12.2	12.8	100.0
1980	72.4	13.9	13.7	100.0
1981	73.0	13.1	13.9	100.0
1982	72.9	13.3	13.8	100.0
1983	70.9	14.9	14.2	100.0
1984	71.8	14.9	13.3	100.0
1985	71.9	15.2	13.0	100.0
1986	71.2	16.2	12.5	100.0
1987	70.6	17.2	12.1	100.0
1988	70.1	17.9	11.9	100.0
1989	71.7	16.5	11.8	100.0
1990	71.5	16.1	12.4	100.0
1991	73.0	15.0	12.0	100.0
1992	72.9	14.9	12.2	100.0
1993	72.8	15.2	12.0	100.0
1994	72.1	15.4	12.5	100.0
1995	70.6	16.6	12.8	100.0
1996	72.0	14.5	13.5	100.0
1997	70.5	15.3	14.2	100.0
1998	73.7	12.8	13.5	100.0
1999	70.3	15.4	14.3	100.0
2000	68.7	16.5	14.8	100.0
2001	67.5	17.7	14.8	100.0
2002	65.0	20.0	15.0	100.0
2003	66.1	19.2	14.7	100.0
2004	65.6	20.3	14.1	100.0
2005	65.9	19.8	14.2	100.0
2006	65.9	19.2	14.8	100.0
2007	64.6	20.2	15.2	100.0
2008	63.7	21.0	15.2	100.0
2009	63.4	22.2	14.5	100.0
2010	62.0	23.5	14.6	100.0
2011	61.6	24.1	14.3	100.0

자료 : 한국은행 경제통계시스템, 제도부문별 소득계정

〈부록표 4-11〉 한국의 가계소득/기업소득 배율 변화 추이

	가계	임금	영업잉여	재산소득	이자
1975	8.5	3.3	4.3	0.6	0.2
1976	8.3	3.3	4.0	0.7	0.2
1977	7.0	2.9	3.1	0.6	0.2
1978	6.6	2.9	2.7	0.6	0.3
1979	6.1	2.9	2.3	0.7	0.3
1980	5.2	2.6	1.7	0.7	0.4
1981	5.6	2.7	1.8	0.8	0.4
1982	5.5	2.7	1.9	0.6	0.4
1983	4.8	2.5	1.6	0.5	0.2
1984	4.8	2.5	1.6	0.5	0.3
1985	4.7	2.4	1.6	0.5	0.2
1986	4.4	2.3	1.5	0.4	0.2
1987	4.1	2.1	1.3	0.4	0.3
1988	3.9	2.1	1.2	0.4	0.2
1989	4.3	2.4	1.3	0.5	0.3
1990	4.4	2.5	1.2	0.5	0.4
1991	4.9	2.7	1.3	0.6	0.4
1992	4.9	2.7	1.3	0.7	0.5
1993	4.8	2.7	1.2	0.7	0.5
1994	4.7	2.6	1.2	0.7	0.5
1995	4.2	2.5	1.0	0.7	0.5
1996	5.0	2.9	1.1	0.8	0.6
1997	4.6	2.7	1.1	0.8	0.6
1998	5.8	3.1	1.4	1.1	1.0
1999	4.6	2.5	1.1	0.8	0.6
2000	4.2	2.4	1.0	0.6	0.5
2001	3.8	2.2	0.9	0.6	0.4
2002	3.2	1.9	0.7	0.4	0.3
2003	3.4	2.1	0.7	0.4	0.3
2004	3.2	2.0	0.6	0.4	0.2
2005	3.3	2.0	0.6	0.4	0.2
2006	3.4	2.1	0.7	0.4	0.2
2007	3.2	2.0	0.6	0.4	0.2
2008	3.0	1.9	0.5	0.4	0.2
2009	2.9	1.8	0.5	0.4	0.2
2010	2.6	1.7	0.4	0.4	0.2
2011	2.6	1.7	0.4	0.3	0.2

자료 : 한국은행 경제통계시스템, 제도부문별 소득계정

〈부록표 4-12〉 한국의 가계소득 구성비율 변화 추이

	가계	임금	영업잉여	재산소득	이자
1975	100.0	38.4	50.8	6.7	2.1
1976	100.0	39.5	48.3	8.0	2.6
1977	100.0	41.9	44.5	8.8	2.8
1978	100.0	44.4	41.3	9.8	4.0
1979	100.0	47.2	38.0	10.7	5.2
1980	100.0	50.0	32.6	13.4	7.4
1981	100.0	48.9	32.7	14.2	7.9
1982	100.0	49.7	35.2	11.3	7.0
1983	100.0	52.4	32.8	9.6	5.2
1984	100.0	51.9	33.2	9.6	5.4
1985	100.0	51.6	33.2	9.9	5.3
1986	100.0	51.5	34.3	9.8	5.4
1987	100.0	52.1	32.0	10.9	6.3
1988	100.0	53.4	31.0	10.8	6.3
1989	100.0	54.7	29.4	11.4	6.9
1990	100.0	55.5	27.8	12.0	8.1
1991	100.0	55.6	27.0	12.7	9.2
1992	100.0	56.0	26.9	13.5	10.3
1993	100.0	56.1	25.9	14.0	10.5
1994	100.0	56.3	25.5	15.2	11.6
1995	100.0	59.5	22.4	16.3	12.5
1996	100.0	59.4	23.0	15.4	12.3
1997	100.0	58.3	23.0	16.5	13.3
1998	100.0	54.3	24.8	19.2	16.5
1999	100.0	54.5	25.2	16.9	13.6
2000	100.0	56.6	24.5	15.1	10.9
2001	100.0	57.8	22.7	15.2	10.6
2002	100.0	59.6	22.3	13.0	8.3
2003	100.0	59.9	20.2	12.3	7.3
2004	100.0	60.9	19.3	11.6	6.6
2005	100.0	61.6	19.3	11.9	6.4
2006	100.0	61.7	19.2	12.3	6.2
2007	100.0	62.4	17.5	13.7	6.5
2008	100.0	63.0	16.4	13.9	6.7
2009	100.0	63.8	16.0	13.6	6.8
2010	100.0	63.1	15.6	13.7	6.5
2011	100.0	67.8	15.6	13.3	6.3

자료 : 한국은행 경제통계시스템, 제도부문별 소득계정

〈부록표 4-13〉 한국의 경제고통지수와 경제사회고통지수 추이

	물가지수	실업률	자살률	경제고통지수	경제사회 고통지수
1965	13.5	7.4		20.9	
1966	11.3	7.1		18.4	
1967	10.9	6.2		17.1	
1968	10.8	4.1		14.9	
1969	12.4	4.8		17.2	
1970	16.0	4.5		20.5	
1971	13.5	4.5		18.0	
1972	11.7	4.5		16.2	
1973	3.2	4.0		7.2	
1974	24.3	4.1		28.4	
1975	25.3	4.1		29.4	
1976	15.3	3.9		19.2	
1977	10.1	3.8		13.9	
1978	14.5	3.2		17.7	
1979	18.3	3.8		22.1	
1980	28.7	5.2		33.9	
1981	21.4	4.5		25.9	
1982	7.2	4.4		11.6	
1983	3.4	4.1	8.7	7.5	16.2
1984	2.3	3.8	8.7	6.1	14.8
1985	2.5	4.0	9.3	6.5	15.8
1986	2.8	3.8	8.6	6.6	15.2
1987	3.0	3.1	8.2	6.1	14.3
1988	7.1	2.5	7.3	9.6	16.9
1989	5.7	2.6	7.4	8.3	15.7
1990	8.6	2.4	7.6	11.0	18.6
1991	9.3	2.4	7.3	11.7	19.0
1992	6.2	2.5	8.3	8.7	17.0
1993	4.8	2.9	9.4	7.7	17.1
1994	6.3	2.5	9.5	8.8	18.3
1995	4.5	2.1	10.8	6.6	17.4
1996	4.9	2.0	12.9	6.9	19.8
1997	4.4	2.6	13.1	7.0	20.1

자료 : 통계청, 한국의 사회지표, 각년도

〈부록표 4-13〉 한국의 경제고통지수와 경제사회고통지수 추이(계속)

	물가지수	실업률	자살률	경제고통지수	경제사회 고통지수
1998	7.5	7.0	18.4	14.5	32.9
1999	0.8	6.3	15.0	7.1	22.1
2000	2.3	4.1	13.6	6.4	20.0
2001	4.1	4.0	14.4	8.1	22.5
2002	2.8	3.3	17.9	6.1	24.0
2003	3.5	3.6	22.6	7.1	29.7
2004	3.6	3.7	23.7	7.3	31.0
2005	2.8	3.7	24.7	6.5	31.2
2006	2.2	3.5	21.8	5.7	27.5
2007	2.5	3.2	24.8	5.7	30.5
2008	4.7	3.2	26.0	7.9	33.9
2009	2.8	3.6	31.0	6.4	37.4
2010	3.0	3.7	31.2	6.7	37.9
2011	4.0	3.4	31.7	7.4	39.1

자료 : 통계청, 한국의 사회지표, 가년도

V 행복한 나라 만들기(1) – 경제성장정책의 방향

1 세계경제의 흐름

우리는 앞서 제Ⅲ장에서 소득이 행복지수(OECD 행복지수 및 국민행복지수)에서 중요한 요소 혹은 변수가 되고 있다는 사실을 살펴보았다. 그러나 소득을 높이기 위해서는 경제성장정책을 잘 펼쳐야 하는데, 우리나라의 경제성장정책은 과거 개발도상국 지위에 있을 때와 달리 이제는 개방경제하에서 수행해야 하는 어려움이 있다. 우리나라가 이제는 개발도상국 지위를 벗어나, WTO 가입, OECD 가입, 미국을 비롯한 여러 나라와의 FTA 체결 등 문호를 활짝 열어젖힌 상황에서, 경제성장정책을 효과적으로 수행하기란 쉽지 않다. 따라서 경제성장정책을 어떤 방향으로 수행해야 하느냐를 검토하기에 앞서, 먼저 세계경제의 흐름을 살펴볼 필요가 있다.

(1) 자유무역주의와 GATT의 출범

제2차 세계대전이 끝나면서 세계 각국은 경제정책의 방향을 바꾸게 된다.

첫째, 자유무역정책을 추진하자는 방향으로 각국의 합의를 이끌어 내었고, 그 결과물로서 자유무역과 관세율 인하를 주요 내용으로 한 국제협정 GATT(General Agreement on Tariff and Trade)를 출범시키게 된다.

이러한 합의가 이루어진 배경에는 제2차 세계대전 발발의 간접적 원인이, 세계 각국이 보호무역을 실시하면서 자국의 수출을 늘리기 위한 경쟁을 강화한 결과 무역분쟁이 격화된 사실에 있다고 보는 인식이 깔려 있었다. 제2차 세계대전 직전까지 자본주의 시장경제를 표방하는 세계 각국은 수출을 통해 자국의 국민소득과 일자리를 마련한다고 하는, 즉 수출주도형 경제성장정책을 실시해 왔으며, 수출주도형 성장정책을 뒷받침하기 위해 국내적으로 저임금정책을 펴 왔고, 이러한 저임금정책은 국내소비를 비롯한 내수기반의 취약으로 이어졌다. 내수기반의 취약으로 각국은 생산물의 판로를 충분히 확보할 수 없게 되자 더욱 수출에 주력하게 되었고, 이것이 무역마찰을 빚었기 때문이다.

둘째, 복지정책의 강화는 전후 상인군인들과 퇴역군인들의 처우, 전쟁후유증으로 인한 미망인, 고아 등에 대한 사회적 배려 차원에서도 필요하였지만, 보다 중요한 인식의 변화는 경제성장이 수출을 통해서만 가능한 것이 아니라, 복지지출 증대를 포함한 국내소비 증대를 통해서도 이루어질 수 있다는 인식이 확산되었다는 사실이다.

(2) 케인즈의 유효수요 이론

이러한 인식의 변화를 가져온 계기는 케인즈(J.M. Keynes)의 '유효수요 이론' 이 마련했다고 할 수 있다. '유효수요 이론' 이란 국내총수요를 구성하는 국내소비지출, 투자지출 및 순수출(=수출-수입) 중 어느 항목이라도 증가한다면 국내총수요를 늘리게 되고 이는 국내총생산 증가(경제성장)로 이어지게 된다는 이론이다.

즉, 수출만이 유효수요를 늘리는 것이 아니라, 임금 인상과 복지지출을 통한 국내소비 증대도 유효수요를 늘리는 데 중요한 역할을 할 수 있다는 것이 케인즈 이론의 핵심이다. 이런 이유로 케인즈 경제학이 무역마찰과 전쟁을 회피하면서도 경제성장을 이룰 수 있다는 의미에서, "평화의 경제학"이라고 불리기도 한다.

(3) 복지국가의 등장

제2차 세계대전 직후 1950년대부터 1970년대 초반까지는 미국을 비롯한 세계 여러 나라에서 복지지출 확대 경향이 크게 나타났고, 그와 병행하여 상당한 수준의 경제성장이 이루어졌다. 필자의 표현으로 말하자면, 성장과 분배가 조화를 이루는 "황금법칙(golden rule)"이 작용하게 된 것이다.

북유럽의 여러 나라를 비롯한 많은 나라들이 "복지국가(Welfare State)"를 지향하게 된 것은 우연이 아니다.

(4) 레이거노믹스

그러나 1980년대에 들어서 미국의 제40대 대통령인 레이건(Ronald W. Reagon) 대통령(1981~89)이 등장하면서 세계경제의 흐름이 다시 한 번 크게 바뀌게 된다.

레이건 대통령의 가장 큰 업적은 아마도 동서냉전을 종식시키게 한 계기를 마련했다는 점에서 찾을 수 있을 것이다. 레이건은 당시 미국과 구소련으로 대표되는 동서 양 진영이 군비확산으로 국내재정이 악화일로를 걷자, 구소련에게 군비확산을 멈추지 않으면 천문학적인 비용이 드는 우주무기 개발에 나서겠다는 위협을 가해, 군비확산을 멈추게 하였다고 한다.

문제는 경제정책 방향에서 제기되고 있다. 레이건의 경제정책은 소위 레이거노믹스(Reagonomics)로 불리기도 하는데, 이는 법인세와 소득세 등의 감세정책과 복지지출 축소, 기업활동을 저해하는 각종 규제의 철폐 등을 주요 내용으로 하는 것이다. 이러한 내용은 신자유주의와 궤를 같이하는 것임은 물론이다.

레이거노믹스는 정통경제학의 범주에는 들지 못하는, 공급중시경제학(Supply-side Economics)에 기반을 두고 있다. 그 내용은 법인세와 소득세의 감세는 투자의욕과 노동의욕을 높여 생산성을 높이게 됨으로써 오히려 조세수입이 늘어나게 될 것이라는, 소위 래퍼 커브(Laffer Curve)를 주요 논거로 삼고 있다. 래퍼 커브는 세율이 올라가면서 조세수입도 늘어나다가 정점에 이른 후부터는 세율이 올라가면서 오히려 조세수입이 감소한다는 것을 그래프로 보여주는 것이다. 따라서 정점을 지난 후에는 세율 인하가 오히려 조세수입을 늘리게 될 것이라는 주장을 펴고 있다. 그러나 이 논리의 최대 약점은 현재의 세율이 정점 이전 수준이라면 세율 인하가 조세수입을 감소시킬 터인데, 과연 현재의 세율이 정점 이전 수준이냐, 이후 수준이냐에 대한 답을 내놓지 못하고 있다.

레이거노믹스는 그러나 미국의 조세공평성을 저해하였을 뿐 재정수입에 대한 기여는 거의 없었다. 미국의 피키티-사에즈(2007)의 실증연구는 미국 연방세의 "누진성 약화가 크게 두드러진 시기가 1980년대 레이건 행정부 시절과 2000년대 부시(Bush) 행정부 시절"이었으며, "누진성의 주요 원인을 법인세와 상속세의 비중 감소에서 찾고 있다."[1)] 다시 말해 부자감세정책은 래퍼 커브의 설명과 달리 조세수입의 증가로 이어지지 않고 있다는 것이다.

(5) 신자유주의의 등장

신자유주의는 1970년대 말경 미국과 영국 등 선진국 경제가 침체 국면을 맞이하게 된 배경을 업고 등장하였다. 신자유주의는 국가의 개입을 최소화하는 자유주의의 입장과 달리, 강한 정부를 배경으로 시장경쟁 질서를 권력적으로 이끌어 가는 '작고도 강한 정부'를 표방하고 있다. 신자유주의는 영국의 대처 수상이 '영국병'을 성공적으로 치유했다는 평가를 기반으로 더욱 힘을 얻게 된 것도 사실이다.

신자유주의가 표방하는 정책은 대체로 다음과 같이 정리할 수 있을 것이다.

- 각국의 시장개방을 통한 자유무역 확대 및 국제적 분업
- 시장의 자유경쟁을 제한하는 각종 규제의 철폐
- 사유재산권 보호
- 공기업 민영화
- 노조 억제와 노동시장의 유연화
- 부자감세와 법인세 감세

이와 같은 신자유주의는 거대한 자본력을 갖춘 금융기관이나 부호층 등 시장경쟁에서 유리한 지위를 갖는 기득권층에게 매우 유리할 수밖에 없다. 마치 정글의 최상위 포식자인 사자에게 날개를 달아준 격이기 때문이다. 따라서 신자유주의를 주장하는 사람들은 주로 기득권층이며, 사회학적 관점에서 보면 보수층이기도 하다. 반면, 경제적 약자(경제규모가 아직 충분히 크

1) 이준구(2011)에서 재인용.

지 않은 국가와 중소기업 및 서민층 등)의 입장에서 보면, 이러한 신자유주의는 결국 권력을 등에 업고 시장의 약육강식 체제를 강화하겠다는 논리로 비칠 수밖에 없다.

※ 보수주의와 진보주의

사회학에서는 보수주의자와 진보주의자를 나누는 방식이 비교적 명쾌하다. 보수주의자란 "변화를 통해서 얻을 것은 별로 많지 않고 잃을 것은 많아서 변화를 원치 않는 자"로 규정하고 있으며, 진보주의자는 "변화를 통해서 얻을 것이 많고 잃을 것은 별로 없어서 변화를 원하는 자"로 규정하고 있다.

그러나 신자유주의를 주도하고 있는 미국의 경우조차도 여전히 세수 증대가 의도한 대로 이루어지지 않는 반면, 양극화가 심화되어 복지수요가 늘고 있어, 재정의 어려움이 가중되고 있는 형편이다.

(6) 거대 외국자본과 IMF 외환위기

신자유주의로 가장 큰 혜택을 보는 계층은 미국을 위시한 선진국들의 대자본을 소유한 사람들이다. 이들 거대 자본은 자국 내의 내수기반이 소득재분배 악화로 줄어들자, 자국 내에 투자하여 생산을 증대시키기보다는 세계 각국의 경계를 거침없이 드나들며 돈 되는 기업사냥이나 증권시장에서 거품(bubble)을 키우고 다닌다.

버블(거품)이란 "실제의 자산가치보다 가격이 더 높게 형성되는 현상"을 말하며, 주로 증권시장이나 부동산시장에서 많이 나타난다. 예컨대 우리나라 증권시장에 거대 외국자본이 대거 들어오면 주식가격이 상승하게 되고,

뒤따라 국내 기관투자자들이 주식을 매입하기 시작하면 가격이 더욱 상승하게 되어, 이런 주가상승이 이어지면 일반투자자(개미투자자)까지 매수를 시작하게 되고, 주가는 정점에 이르게 된다. 이때를 노려 외국자본이 주식을 매도하고 빠져 나가면 주가가 떨어지기 시작하고, 이어서 기관투자자들이 매도를 시작하면 가격은 더욱 떨어질 수밖에 없다. 따라서 거대 외국자본은 물론 짧은 기간에 막대한 이익을 챙기게 된다. 다행히 주가가 떨어지기 전에 매도한 사람들은 이익을 볼 수 있지만, '상투를 잡고 막차를 탄 사람들' 은 큰 손실을 입을 수밖에 없다.

(7) 미국발 글로벌 금융위기

전 세계적인 시상개방으로 무대를 넓힌 거대 자본이 입힌 피해 사례로는 무엇보다 미국발 세계 금융위기를 초래한 서브프라임 모기지(Sub-Prime Mortgage) 사태를 예로 들 수 있을 것이다.

이 사태 직전에는 'IT 버블' 이라고 해서 IT 기업과 인터넷기업에 몰려들었던 거대 자본이 이제는 부동산시장으로 몰려들기 시작하였다.

※ IT 버블이란?

IT bubble 또는 dot-com bubble이라고도 불리며, 1995~2000년 기간에 벤처기업으로 출발한 정보통신기업과 인터넷기업들이 빠른 성장을 보이자, 대규모 자본이 이들 기업의 주식에 배팅하게 된 결과 마국 나스닥(NASDAQ) 지수가 1995년 1,000을 밑돌던 수준에서 2000년에는 무려 5,132까지 상승하였다. 그러나 미국 연방준비위원회가 한 해에 무려 8차례나 이자율을 올리면서, 이 버블은 사그라들었다.

서브프라임 모기지란 신용이 낮은 저소득자에게 주택구입 자금을 대출해 주는 대신 주택을 담보로 잡는 것을 말한다. 저신용자에게 서브프라임 모기지가 실시되자 수많은 무주택자들의 주택수요가 늘어나게 되고, 그 결과 주택가격 상승으로 이어졌다.

은행의 입장에서는 담보로 잡은 주택가격이 상승하는 데 힘입어, 더 많은 대출자금을 확보하기 위해 담보로 잡은 주택채권을 근거로 파생상품을 발행하기 시작하였다. 그에 따라 우리나라 금융권을 포함한 수많은 나라에서 이러한 파생상품에 투자(투기)하기 시작하였다. 이처럼 파생상품을 발행하기 시작한 이유는 소위 **레버리지 효과**(leverage effect)를 기대하였기 때문이다.

※ 레버리지 효과(leverage effect)

레버리지 효과는 지렛대 효과라고도 부르며, 자기자본만으로 수익을 내는 것보다는 타인자본을 빌려 수익을 낼 경우 자기자본 수익률이 더 크게 발생하는 현상을 가리킨다. 예컨대 자기자본 100억 원으로 10%의 수익을 낼 수 있는 경우, 타인자본 200억 원을 6%의 수익배분(혹은 이자율)을 주기로 하고 빌려서 투자하게 되면, 총수익은 (300억 원×10%)-(200억 원×6%)=18억 원이 된다. 이를 자기자본으로 나누면, 자기자본 수익률은 18억원÷100억 원=18%로 높아진다는 것이다.

- 이런 이유로 당시 많은 미국 은행들이 파생상품을 세계 각국의 은행기관들에게 판매하여 자금을 조달하였지만, 그로 인해 미국 내의 유동성이 증가하면서 인플레이션 압력을 초래하게 되었다.

그러나 유동성 증가로 인해 인플레이션을 우려한 미국 정부에서 이자율을 인상하였다. 그러자 이자부담 증가를 견디지 못한 주택구입자들이 주택을 매물로 내놓기 시작하였고, 주택가격이 하락하게 되었다. 주택가격이 하락하면서 은행들은 채권회수가 어려워질 것을 우려하여 대출상환을 재촉할 수밖에 없었다. 이러한 상환 재촉으로 주택시장에 매물이 한꺼번에 쏟아지게 되면서 주택가격이 예전의 1/3 수준으로 폭락하는 사태를 빚었다. 그 결과 미국의 많은 초대형 은행들이 도산하게 되었고, 이들 은행들이 발행한 파생상품을 구입한 많은 나라의 은행들까지 큰 손실을 보게 된 것이다.

이러한 사태는 결과적으로 실물경제에도 큰 영향을 미치게 하였음은 말할 나위도 없다. 이것이 미국발 글로벌 금융위기의 근원이 되었음은 주지의 사실이다.

(8) 신자유주의와 한국의 경제 상황

이미 우리나라에서도 IMF 외환위기를 맞았을 때 거대 외국자본의 위력을 뼈저리게 경험한 바 있다. 단지 200억 달러의 외환부족으로 우리나라가 디폴트(default) 위기에 몰리게 되자, 무리한 해외투자로 인해 외화채무가 많았던 재벌기업들은 고금리 사채를 발행하여 외화채무를 막기 위해 필사의 노력을 벌였으나, 결국 우리나라는 IMF의 구제금융을 받을 수밖에 없었다는 사실은 온 국민이 모두 경험한 바이다.

당시의 외환위기로 대 달러당 환율이 2,000원대에 달하자 외국자본은 대기업과 금융기관, 부동산은 물론 심지어 흑자 운영되던 공기업에도 눈독을 들이고 있었다. 당시 한국재정학회 회장을 맡고 있던 필자는 KBS 심야토론회에서, 아무리 막대한 달러가 급히 필요한 위기상황이라도 한국전력 등과 같은 국가기간산업은 절대로 외국자본에 넘길 수 없다는 점을 강조한 바 있다.

당시 김대중 정부는 수백조 원의 공적자금을 투입하여, 중복투자와 무리한 해외투자 등으로 외채상환에 어려움을 겪던 재벌기업들을 비롯하여, 대출채권 회수가 어렵게 된 금융기관 및 흑자도산의 위기에 몰린 중소기업들을 살려내기 위해 노력한 결과 국가파산이라는 위기를 모면하는 데는 성공하였다. 그러나 이러한 공적자금 조성은 국민들의 부담을 가중시키게 되었고, 이후 노무현 정부에 이르기까지 재정부담으로 남게 되었다.

가. 신자유주의에 대한 한국의 입장

선진국에 비해 상대적으로 경제규모가 작고 취약한 구조를 갖고 있는 우리나라가 이러한 신자유주의적 정책을 따라 하기에는 너무도 많은 위험이 따를 것이라고 필자는 생각한다.

나. 정글의 법칙과 시장의 법칙

왜냐하면, 신자유주의는 각국을 아무런 보호장치 없이 약육강식의 시장원리에 내맡기라는 것과 마찬가지이기 때문이다. 이른바 '정글의 법칙'을 수용하라는 것이다. 아니다! 시장의 법칙은 정글의 법칙보다 훨씬 더 두려운 존재이다. 정글에서는 비록 최상위 포식자가 약한 짐승을 잡아먹기는 하지만, 배부르면 더 이상 사냥을 하지 않기 때문에 정글의 먹이사슬이 유지되고 있는 것이다. 만약 사자와 같은 최상위 포식자가 닥치는 대로 계속 사냥을 한다면, 정글이 유지될 수 있을까? 시장에서는 배부르다고 더 이상 사냥을 하지 않는 것이 아니다!

다. 시장에 대한 규제의 필요성

따라서 시장의 법칙에도 어느 정도 규제와 규범이 필요하다. 예컨대 미국에서도 대표적 글로벌 기업인 마이크로소프트(Microsoft)사를 독점금지법(Anti Trust Act) 위반 혐의로 제소한 예가 그것이다. 공정한 시장경쟁을 가로막는 규제는 철폐해야 하지만, 국가기간산업과 식·의약품 안전이나 환경 등에 대해서는 경제주권적 차원에서라도 규제가 필요하다.

최근 자유경제 원리를 신봉하는 미국에서도 거대 금융자본에 대한 견제 장치가 필요하다는 인식에서, 금융규제를 위해 관련법을 개정하려는 움직임을 보이고 있다는 점에 유념해야 한다.

라. 공정한 게임의 룰

한편으로는 국내의 시장질서가 공정하게 이루어져 경쟁력을 키워야 이러한 신자유주의 물결에 휩쓸려가지 않을 것이다. 시장질서를 공정하게 바로잡기 위해서는 집중된 경제권력을 배경으로 '공정한 게임의 룰' 을 무시하는 재벌들에 대한 개혁을 통해 경제민주화를 실현하는 것이 반드시 필요함은 물론이다. 국내에서는 상대적으로 강자인 재벌기업들이라 하더라도 국제적인 대자본 앞에서는 취약할 수 있다. 따라서 각종 편법과 나쁜 관행을 통해 경쟁력을 보충하려는 생각보다, 진정한 승부의 세계에서 품질과 기술 및 가격경쟁력이라는 진검을 가지고 승부할 수 있는 체질을 만들어야 한다.

2 수출주도형에서 내수기반형 성장정책으로 전환 필요

여기에서는 우리나라에서 쟁점이 되고 있는 거대 담론 중 하나인 수출주도형 성장정책을 계속 실시해야 하느냐, 아니면 이제는 내수기반형 성장정책으로 전환해야 하느냐의 문제를 다루기로 한다.

우리나라는 1960년대 초부터 수출주도형 경제성장정책을 실시하기 시작한 이래, 이미 50여 년이 지나고 있다. 그 결과 2008년에는 수출의존도(수출액÷GNI)가 55.1%, 수입의존도(수입액÷GNI)가 55.6%로 무역의존도가 100%를 넘어서, 무역규모가 국민총소득(GNI) 규모를 초과하고 있으며, 2011년에는 무역의존도가 113.2%에 달하고 있다.

그러나 이처럼 엄청난 수출규모의 확대에도 불구하고, 같은 기간 동안 우리나라의 경제성장률은 이전에 비해 최하 수준인 3%대에 머물고 있는 사실은 무엇을 의미할까?

그 이유 중 하나는 우리나라 수출품의 상당수 품목이 여전히 부가가치가 낮은 품목이라는 점과, 수출품을 생산하기 위해 원유와 원자재, 그리고 부품 등 중간재와 정밀기계 등의 막대한 수입을 필요로 하기 때문에, 무역수지 개선에 큰 도움을 주지 못하고 있다는 사실에서 찾아야 할 것이다.

그리고 더 중요한 이유는 우리나라 경제가 이제는 수출의 경제성장 기여도보다는 내수(최종소비지출 및 국내투자)의 경제성장 기여도가 더 크게 작용하는 시대로 접어들었다고 하는 점이다.

여기에서 우리는 이러한 사고의 전환이 필요하다는 점을 이해하기 위해, 김영태 · 박진호(2013)의 글을 인용해 보기로 한다.

"최근 들어 **스티글리츠 위원회** 보고서 등에서 물적 복지(material well-being)가 생산보다는 소득 및 소비에 의해 평가되어야 한다는 것을 강조하고 있다. 이는 경제성과 평가 및 경제구조 분석의 중점이 GDP 등 생산활동에서 가계, 기업 등 경제주체들의 소득의 발생, 분배 및 지출 활동으로 점차 전환되어야 함을 의미한다.

우리나라도 2011년 중 1인당 국민소득(GNI)이 2만 2,489달러를 기록하는 등 소득수준이 높아짐에 따라 과거 '물적 투자 – 저임금 노동'에 의한 수출 위주의 양적 성장방식에서 '소득 확대 – 소비 증가 – 고용 창출 – 인적자본 축적 – 성장 지속 – 소득 확대'의 선순환에 의한 질적 성장방식, 즉 내수를 강화하는 성장모형으로 전환하기 위해 관련 연구 및 분석이 강화되어야 할 것이다."

※ 스티글리츠 위원회

2008년 2월 프랑스 사르코지 대통령이 '삶의 질 반영지표' 개발 등을 위하여 Joseph E. Stiglitz, Amartya Sen 등 22명의 저명 교수들로 구성한 위원회로, 공식 명칭은 '경제적 성과와 사회발전 측정위원회(Commission on the Measurement of Economic Performance and Social Progress)'이다. 나아가 OECD, World Bank, UN 등은 기존 GDP를 기초로 한 양적 성장의 한계를 인식하고 지속가능한 성장의 관점에서 부(wealth), 복지(well-being) 등 질적 성장을 평가하려는 노력이 점차 강화되고 있다(김영태 · 박진호, 2013).

최근 경제민주화, 보편적 복지 등의 화두가 주요 쟁점으로 대두되고 있는 것을 보면, 우리나라의 양극화 문제가 상당히 심각한 수준에 도달하고 있다는 느낌을 받는다.

(1) 복지국가들의 경제성장

앞에서 우리는 세계경제의 흐름을 설명하면서, 복지정책을 쓴 많은 국가들이 경제성장도 상당한 수준까지 병행하여 왔다는 사실을 지적한 바 있다.

이 사실은 최근 OECD의 1인당 국민소득(GNI: Gross National Income) 통계자료에서도 여실히 드러나고 있다. 동 통계자료에 의하면, 북유럽의 복지국가들은 1997~2009년까지도 연평균 1인당 국민소득 성장률이 OECD 평균 3.7%보다 높은 성장률을 시현하고 있는 것으로 나타났다. 예컨대, 핀란드(4.8%), 노르웨이(4.0%), 스웨덴(4.2%), 덴마크(3.7%), 네덜란드(4.1%), 스위스(3.7%) 등이다.

〈표 5-1〉 북유럽 복지국가들의 국민소득 성장률과 OECD 평균 성장률

국명	OECD	핀란드	노르웨이	스웨덴	덴마크	네덜란드	스위스
연평균 성장률(%)	3.7	4.8	4.0	4.2	3.7	4.1	3.7

자료 : OECD, *OECD Factbook 2011: Economic, Environmental and Social Statistics*, 2011

(2) 선성장 후분배 식 성장?

그런데 지금까지 학자들 중에는 선성장 후분배 식의 성장정책을 써야 한다거나, 혹은 소득격차를 완화하고 복지정책을 펴는 것은 경제성장의 발목을 잡을 것이라는 주장을 펴는 이들이 많았다. 따라서 성장과 분배가 상충(trade-off)관계인지 혹은 보완관계인지에 대한 검토가 필요하다.

여기에서는 우리나라의 경우 이러한 주장들이 타당한지, 아니면 소득격차 완화와 복지정책 실시가 경제성장에도 도움을 줄 수 있는지를 간단히(?) 살펴보기로 한다. 사실 이러한 주장들은 수십 편의 저서와 논문으로도 부족할 만큼 거대 담론에 속하므로, 이러한 주장들의 타당성을 검증하기 위해서는 매우 많은 데이터와 자료가 필요한 것이 사실이나, 여기에서는 현실의 데이터를 단순한 통계적 기법으로 분석 · 제시함으로써 독자들의 판단에 도움을 주고자 한다.

(3) 경제성장에 가장 큰 영향을 미치는 변수는?

가구소득을 포함한 국민소득을 증대시키기 위해서는 먼저 경제성장정책의 방향을 제대로 설정해야 한다.

이제까지 우리나라는 수출주도형 성장정책을 펴 왔다. 그러나 이러한 수출주도형 성장정책은 국제적인 경제환경 변화에 매우 취약한 구조를 갖게 되기 때문에 국제적 경제위기 시마다 크게 위축될 뿐만 아니라 우리나라 경제도 함께 위기로 빠져들 위험이 커질 수 있다.

따라서 여기에서는 먼저 우리나라의 경제성장이 수출과 투자 및 국내소비 중 어느 경제변수에 의해 가장 큰 영향을 받는지 분석해 보기로 한다.

결론적으로 말하면, 우리나라의 경제성장은 과거와 같이 수출에 의해 큰 영향을 받던 시절을 벗어나 이제는 국내수요(내수)에 의해 더 큰 영향을 받는다는 사실이다. 이에 대한 검증은 다음 절에서 증명하기로 한다.

3 경제성장 기여도 분석

이 절에서는 우리나라의 경제성장에 최종수요항목, 즉 소비(최종소비지출), 투자 및 수출 중 어떤 항목이 경제성장에 더 큰 기여를 했는지, 한국은행의 산업연관표를 이용하여 살펴보기로 한다.

(1) 경제성장 기여도 분석

가. 부가가치유발액 기준

다음 [그림 5-1]은 최종수요항목별 성장기여도를 부가가치 기준으로 살펴본 것이다.

| 그림 5-1 | 경제성장 기여도 추이-부가가치유발액 기준

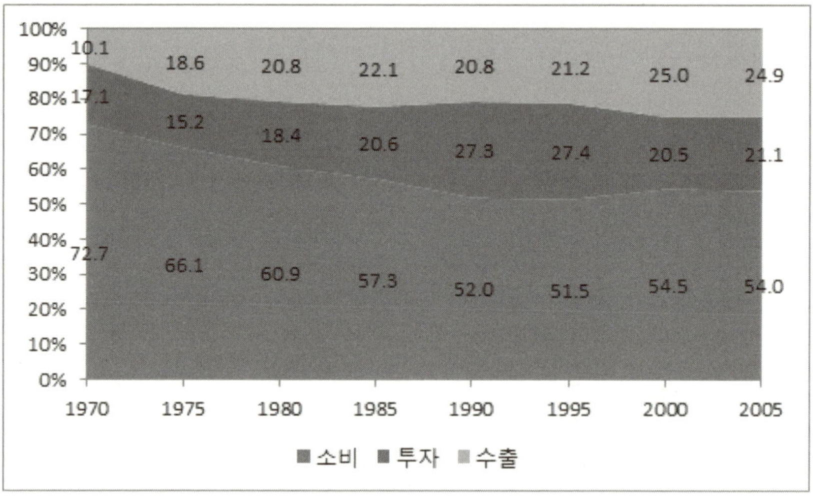

※ 단, 소비는 민간소비지출과 정부소비지출의 합계
투자는 민간고정자본형성, 정부고정자본형성 및 재고증가의 합계임.
자료 : 한국은행, 산업연관표, 최종수요항목별 부가가치유발 구성비

그림을 보면 부가가치유발액 기준으로 볼 때 최종소비수요의 경제성장 기여도가 가장 높다는 사실을 알 수 있으며, 다음으로는 수출수요와 투자수요가 엇비슷한 수준으로 경제성장에 기여해 왔다는 사실을 파악할 수 있다.

특히 최종소비수요의 성장기여도는 1970년대에 6~70% 수준으로 높았고, 이후 점차 낮아지는 추세를 나타냈으나, 2005년까지도 여전히 50% 이

상의 기여도를 나타내고 있다는 점이 특징적이다.

내수(국내수요)는 소비수요와 투자수요를 합한 것을 말하는데, 이 경우 내수의 경제성장 기여도는 2005년 경우에도 75.1%가 되어, 경제성장 기여도의 3/4을 차지하고 있어, 경제성장을 위해서는 내수를 확대할 필요가 있다는 사실을 확인시켜 주고 있다.

나. 생산유발액 기준

생산유발액 기준으로 경제성장 기여도를 나타내면 다음 [그림 5-2]와 같다.

| 그림 5-2 | 경제성장 기여도 추이-생산유발액 기준

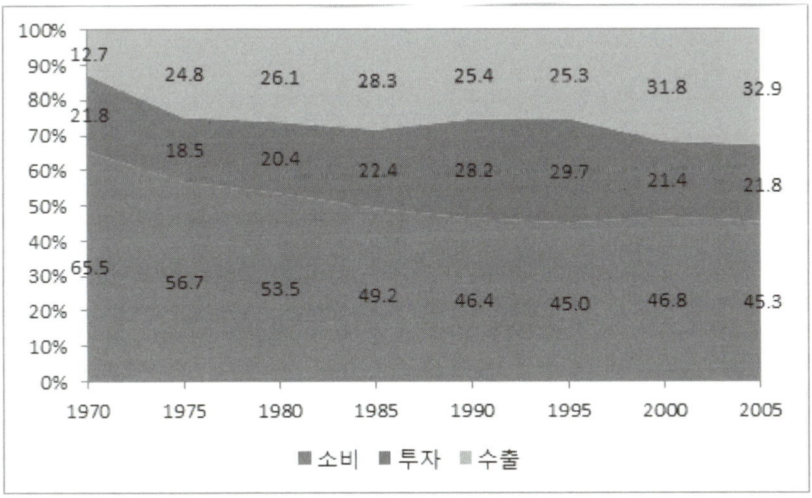

※ 단, 소비는 민간소비지출과 정부소비지출의 합계
투자는 민간고정자본형성, 정부고정자본형성 및 재고증가의 합계임.
자료 : 한국은행, 산업연관표, 최종수요항목별 부가가치유발 구성비

위의 그림에서 생산유발액 기준으로도 최종소비수요의 경제성장 기여도가 가장 높다는 사실을 확인할 수 있다.

생산액 기준으로도 내수의 경제성장 기여도는 2005년 경우에도 68.1%가 되어, 경제성장을 위해서는 내수의 확대가 절실함을 보여주고 있다.

(2) 수입유발 분석

가. 최종수요항목별 수입유발 구성비

다음 [그림 5-3]은 각 연도별로 최종수요항목별 수입유발 구성비를 나타낸 것이다.

| 그림 5-3 | 최종수요항목별 수입유발 구성비 추이

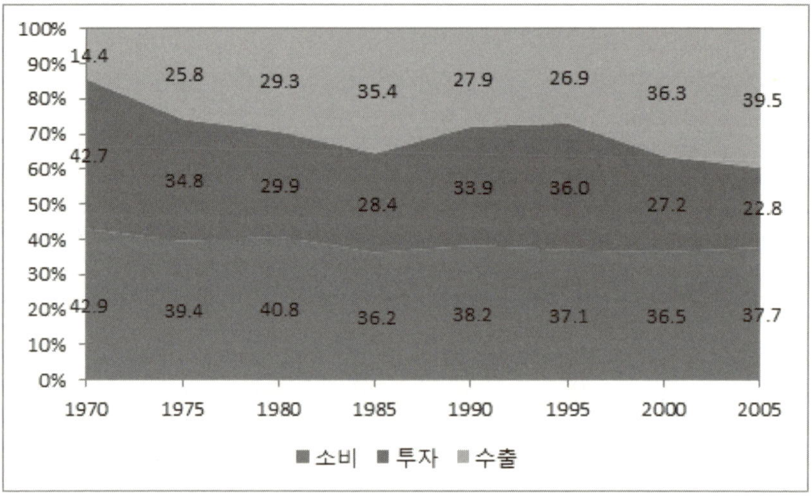

자료 : 한국은행, 산업연관표, 최종수요항목별 수입유발 구성비

최종수요항목별로 수입유발이 크게 나타나면, 이는 국내생산이 저하되고 그에 따라 일자리도 줄어들 가능성이 크다. 따라서 최종수요항목별 수입유발액 규모는 적게 나타나는 것이 바람직하다.

[그림 5-3]을 보면 1970년대 초반에는 소비와 함께 투자의 수입유발 구성비가 가장 높았던 것으로 나타났다. 이는 당시에 아직 우리나라의 농산물을 비롯한 소비재의 생산이 부족하고, 또한 투자재(혹은 중간재)의 부족 현상도 매우 높았기 때문으로 추정된다.

그러나 2005년도부터는 수출의 수입유발 비중이 가장 높은 것으로 나타났다. 이처럼 수출의 수입유발 비중이 가장 높다는 사실이 무엇을 의미하는 것인지는 다음 항에서 살펴보자.

나. 부가가치유발액 대비 수입유발액 비중

다음 [그림 5-4]는 최종수요항목별로 부가가치유발액 대비 수입유발액 비중을 나타낸 것이다.

| 그림 5-4 | 부가가치유발액 대비 수입유발액 비중 추이

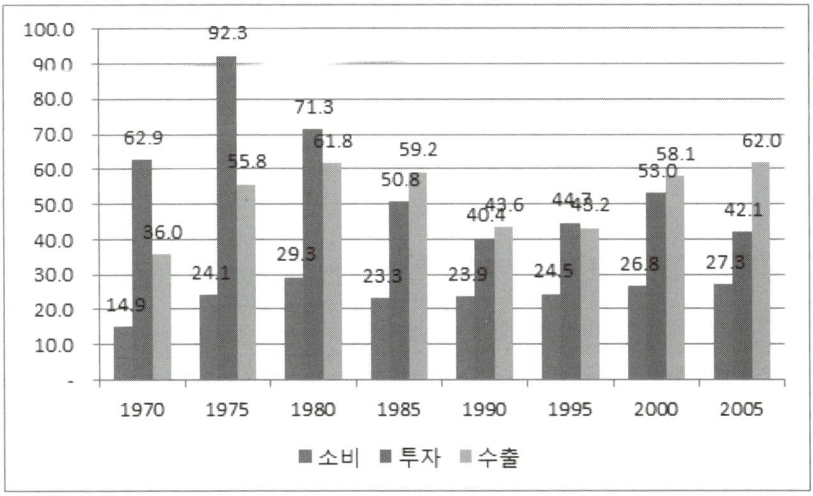

자료 : 한국은행, 산업연관표, 최종수요항목별 부가가치유발액 및 수입유발액

[그림 5-4]에서 우리는 1970년에서 1980년까지는 투자의 부가가치유발액 대비 수입유발액 비중이 가장 높아, 이 기간에는 투자재와 자본재 등 투자를 위한 수입이 크게 높았던 것을 알 수 있다.

그러나 2000년부터는 수출의 부가가치유발액 대비 수입유발액 비중이 가장 높게 나타나고, 그 비중도 60%대에 달하고 있다는 사실을 확인할 수 있다. 이 사실은 2000년 이후에는 수출규모와 수출의존도가 매우 높아지고 있음에도, 경제성장 기여도는 그리 빠르게 높아지지 않고 있는 이유를 간접적으로 설명해 주고 있는 것이다.

수출의 부가가치유발액 대비 수입유발액 비중을 낮추려면, 그리고 부가가치유발액과 생산유발액을 높이려면, 수출구조를 원자재에서부터 부품 및 자본재, 그리고 설계와 디자인 및 기술 등에 이르기까지 국내에서 조달 가능한 수출품, 바꾸어 말하면 해외수입 의존도가 적은 수출품 중심으로 전환해야 한다. 그렇게 하기 위해서는 부품 등을 공급하는 중소기업에 대한 지원과 기술인력 양성 등의 정책에 중심축이 옮겨져야 한다.

(3) 분석 결과의 정책적 시사점

지금까지 살펴본 결과를 요약하면 다음과 같다.

첫째, 수출의 경제성장 기여도가 최근 다소 높아지고 있지만, 여전히 내수(국내소비와 투자)의 경제성장 기여도에 비해 크게 미약한 수준이라는 점,

둘째, 수출의 부가가치유발액 대비 수입유발액 비중이 매우 높기 때문에, 수출규모에 비해 부가가치유발효과 및 생산유발효과가 크게 상쇄되고 있다는 점,

셋째, 수출규모의 빠른 증가에도 불구하고, 아직도 우리나라 국내수요(소비와 투자)의 경제성장 기여도가 훨씬 크게 나타나고 있다는 점 등이다.

따라서 우리는 지난 반세기 동안 줄기차게 수출주도형 경제성장정책을 펴 왔지만, 이제는 내수기반형 성장정책으로 전환해야 할 때가 되었다.

내수기반형 성장정책을 펴려면, 다음과 같은 사항이 고려되어야 한다.

첫째, 부품과 중간재 등을 주로 생산하는 중소기업 육성정책을 통해 이들 중간재의 국산화를 촉진하고, 재벌 대기업의 중소기업 부품가격 후려치기와 기술 탈취 등을 엄격히 규제하여 공정거래질서를 강화해야 한다.

둘째, 고용불안정 상태에 놓인 근로자들의 고용안정과 소득안정을 확보케 하여, 처분가능 소득을 높여주어야 한다.

셋째, 교육복지와 출산양육복지 등 생산적 복지를 비롯한 복지지출 확대와 소득재분배 등을 통해 한계소비성향이 높은 중·저소득층의 소득을 증대시키기 위한 노력을 강화해야 할 것이다.

넷째, 이러한 복지지출을 포함한 소비지출이 증가하면, 그동안 내수부진으로 국내투자에 미온적이었던 기업들의 투자가 늘어나, 경제성장과 함께 일자리 창출도 가능하게 될 것이다.

4 GDP 성장률과 부문별 증가율의 관계 분석

여기에서는 최근의 우리 경제에 대한 분석(상관관계 분석과 회귀분석 등)을 통해 내수기반형 성장정책의 타당성을 확인해 보자. 앞서의 산업연관분석은 매 5년마다 실측되는 자료이기 때문에 매년 끊임없이 변하는 경제상황을 제대로 파악하기 어렵다는 문제점이 있다. 따라서 이하에서는 최근 25년간의 연간 데이터를 이용하여 분석하기로 한다.

(1) 상관관계 분석

〈부록표 5-1〉은 1987년 민주화 선언 이후의 우리나라 경제성장률과 부문별 증가율을 정리한 것이다.

표에서 보면 1987년 이후 우리나라의 경제성장은 수출보다는 민간소비지출이 주도해 오고 있다고 해도 과언이 아니다. 왜냐하면 표의 하단에서 보듯이 GDP 성장률과 가장 높은 상관관계를 갖는 것은 민간소비지출 증가율(0.9074)이며, 다음으로 투자증가율(0.8826), 정부소비지출 증가율(0.3569)의 순이며, 수출증가율과는 0.3118의 상관관계만을 갖는 것으로 나타났기 때문이다.

(2) 부문별 성장기여율 분석

또한 〈부록표 5-2〉에서 부문별 성장기여율[2])을 보더라도, 민간소비지출의 성장기여율이 매우 높다는 사실을 확인할 수 있다. 다만 외환위기, 카드대란, 글로벌 금융위기 등의 위기 시에는 민간소비지출의 기여율이 급격히 떨어지고, 경제성장률도 하락추세를 나타내고 있음을 볼 수 있다. 경제위기 시에 민간소비지출 기여율이 이처럼 급격히 떨어지는 원인은 보다 상세한 자료를 수집해야 분석 가능하지만, 이들 위기 시에는 고용감소에 따른 실업과 소득 감소 등의 여파로 민간소비지출이 감소한 데에서 주요 원인을 찾을 수 있을 것이다.

〈부록표 5-2〉에서 우리는 흥미로운 사실을 발견할 수 있다. 그것은 민주화 이후 피용자보수율이 계속 높아지는 추세를 보일 때는 민간소비지출의 성장기여율과 함께 경제성장률도 높은 수준을 나타내다가, 피용자보수

2) 전년대비 해당 연도의 각 부문별 증가분(명목)을 국내총생산 증가분(명목)으로 나눈 비율(%).

율이 계속 낮아지는 추세를 보일 때는 민간소비지출의 성장기여율과 함께 경제성장률도 낮은 수준을 나타낸다고 하는 사실이다. 이는 피용자보수를 받는 소득계층이 기업 및 재산소득계층에 비해 상대적으로 한계소비성향(MPC)이 높기 때문으로 풀이된다.

이러한 사실로 미루어 판단할 때 우리는 피용자보수율을 높여 민간소비지출을 늘리는 것이 경제성장에도 바람직하다는 결론에 도달할 수 있을 것이다.

바꾸어 말하면, 이제까지 실시해 온 수출주도형 경제성장정책을 지양하고, 내수기반형 경제성장정책으로 전환해야 한다는 것이다.

(3) 회귀모형 분석

우리나라의 경제성장률을 결정하는 주요 요인은 무엇일까? 본서에서는

| 그림 5-5 | 경제성장률과 최종소비 증가율, 투자증가율 및 수출증가율

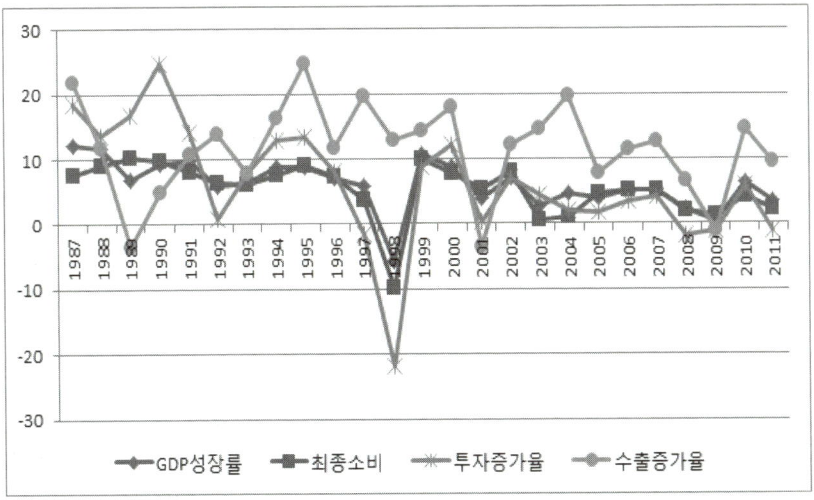

자료 : 한국은행, 경제통계시스템, 주요 지표

최종소비 증가율과 투자증가율 및 수출증가율이 경제성장률을 결정하는 가장 주요한 요인이라고 본다.

이해를 돕기 위해 경제성장률과 이들 세 가지 증가율을 그림으로 나타낸 것이 [그림 5-5]이다.

위의 그림에서 경제성장률이 마이너스를 기록한 시기는 IMF 외환위기 시기인 1998년이다. 그림을 잘 살펴보면 경제성장률 추세와 가장 근접한 추세를 나타내는 것은 최종소비 증가율과 투자증가율이라는 점을 파악할 수 있을 것이다.

그러나 보다 정밀한 분석을 위해서는 회귀분석모형을 설정하여 분석해 보아야 한다.

여기에서는 GDP 성장률과 부문별 증가율과의 관계를 분석하기 위해, 다음과 같은 모형을 설정하기로 하자.

경제성장률 = f(최종소비 증가율, 투자증가율, 수출증가율)

이하에서는 GDP성장률과 부문별 증가율과의 관계를 분석하기 위해, 다중회귀분석모형을 설정하여 분석해 보기로 한다. 본 회귀모형은 공급(혹은 생산(GDP))이 수요측(최종소비, 투자 및 수출수요) 요인에 의해 얼마나 큰 영향을 받는지를 분석하기 위해 설정한 모형이다.

통계자료는 한국은행 경제통계시스템(ECOS)의 1987~2011년간 국내총생산 및 국내총지출 데이터를 이용하기로 한다.

상기 데이터를 이용하여 설정한 다중선형회귀모형은 아래와 같다.

경제성장률 = a + $b1$ × 최종소비 증가율 + $b2$ × 투자증가율 + $b3$ × 수출증가율… ②

위에서 설정한 회귀분석모형에 따라 추정한 회귀계수와 신뢰구간은 다음과 같다.

〈표 5-2〉 회귀계수와 모형의 적합성에 대한 신뢰수준

	상수항(a)	최종소비 증가율	투자증가율	수출증가율
회귀계수(bi)	0.449	0.565	0.129	0.158
신뢰수준		99.0%	95.0%	99.0%
모형의 적합성($\bar{R}^2$)	92.4%			
신뢰수준	99.0%			

※ 모형에 대한 보다 상세한 내용은 본 Ⅳ장 부록을 참고.

추정 결과는 매우 높은 모형의 적합성(92.4%)을 나타내 주고 있으며, F 값도 1% 유의수준에서도 유의한 것으로 나타났다. 독립변수의 경우는 최종소비 증가율과 수출증가율이 99%의 신뢰수준에서, 투자증가율은 95% 신뢰수준에서 신뢰할 수 있는 것으로 나타났다(〈Ⅴ장 부록〉참고).

이 결과는 우리나라 GDP 성장률이 최종소비 증가율과 투자증가율 및 수출증가율 3변수만으로 92.4% 충분히 설명되며, 적합성에 대한 신뢰수준도 매우 높다는 사실을 설명해 주고 있는 것이다.

우리의 회귀분석모형이 얼마나 적합성을 갖는지는 다음 그림을 통해서도 잘 확인할 수 있다. [그림 5-6]을 살펴보면 GDP 성장률이 10% 이상 수준에서 마이너스 5% 이하 수준까지 큰 폭으로 변화하고 있음에도, 본 회귀분석모형으로 추정한 추정치는 실적치와 매우 근사한 값을 보여주고 있다는 사실이 모형의 정확성을 다시 한 번 확인시켜 주고 있는 것이다.

우리의 회귀분석모형이 갖는 장점은, 첫째 각 부문의 증가율을 알면 경제성장률을 예측할 수 있다는 점, 둘째 각 부문의 증가율이 경제성장률에

어느 정도 큰 영향을 미쳤는지를 계량적인 수치로 측정 가능하다는 점, 셋째 정책적으로 어느 부문을 증대시켜야 경제성장률이 더 크게 높아질 수 있는가를 판단할 수 있다는 점 등이다.

또한 우리의 모형은 향후 정부에서 경제성장률 목표치를 설정하고, 최종소비와 투자 및 수출을 각각 몇 %씩 증대시키도록 노력해야 할 것인가에 대한 정책적 전략을 짤 때에도 중요한 판단기준으로 활용할 수 있다.

| 그림 5-6 | GDP 성장률과 회귀분석모형에 따른 추정치

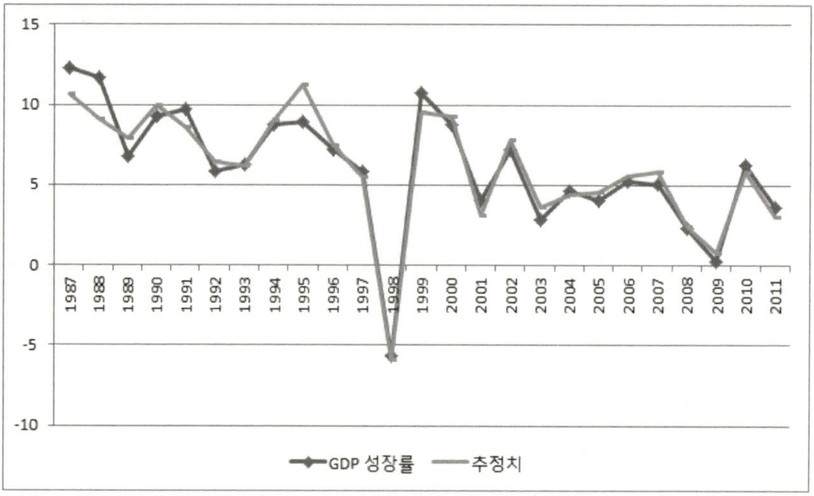

자료 : 한국은행, ECOS

(4) 분석 결과의 정책적 의미

한편, 회귀계수의 크기를 살펴보면 최종소비 증가율의 회귀계수(0.565)가 압도적으로 크고, 다음으로 수출증가율(0.158), 투자증가율(0.129)의 순으로 나타나, 최종소비가 GDP 성장률을 높이는 데 가장 중요한 변수라는 것이 입증되고 있다. 이는 각 변수 밑에 제시한 베타값을 살펴보더라도 확

인할 수 있다.

또한 이런 사실은 우리가 앞 절에서 경제성장 기여도를 분석한 결과, 즉 "최종소비지출의 경제성장 기여도가 가장 높고, 다음으로 수출 및 투자의 순으로 높다"라는 분석 결과와도 일치하고 있다는 점에서 재차 확인되고 있는 것이다.

필자가 여기에서 회귀분석모형을 도입한 이유는, 동 분석모형을 통해 경제성상 정책의 방향과 목표치를 구체적으로 세울 때 큰 도움이 되기 때문이다. 우리의 추정 결과를 달리 표현하면, 최종소비(실질)가 10% 증가하면 GDP가 5.65% 증가하며, 수출이 10% 증가할 때는 GDP가 1.58%, 투자가 10% 증가하면 GDP가 1.29% 증가한다는 것을 의미한다. 따라서 경제성장률 목표치를 10% 달성하려면 소비와 투자 및 수출 증가율을 각각 몇 %씩 증가시킬 때 달성할 것인가? 혹은 수출을 10% 증가시킨다면 경제성장률은 얼마나 높아질 것인가를 동 모형을 통해 확인할 수 있기 때문이다.

우리의 모형은 일종의 경제성장의 최종수요항목별 탄력성을 나타내고 있다는 점에서 더욱 유용성이 높다.

회귀분석 결과는 이제까지 실시해 온 수출주도형 경제성장정책을 지양하고, 내수기반형 경제성장정책으로 전환해야 GDP 성장률을 높이는 데 더 크게 기여할 것이라는 결론을 내려주는 것이다. 여기에서 내수란 국내수요의 줄임말이며, 최종소비와 투자를 합한 것을 의미한다.

내수기반을 확대하기 위해서는 복지정책을 포함한 소득재분배정책이 필수적이다. 왜냐하면 근로소득자를 포함한 중·저소득자들의 한계소비성향(MPC)이 고소득자들의 그것보다 높기 때문이다. 바꾸어 말하면, 저소득자들은 추가로 벌어들인 소득의 대부분을 소비지출에 사용하지만, 고소득자들은 추가소득의 일부분만을 소비에 충당한다는 말이다.

■ 참고로 1954년부터 1986년까지의 한국은행 자료를 이용하여 경제성장률 회귀모형을 살펴보면 다음과 같다(Ⅴ장 부록 참고).

1954~86년의 모형에서는 $\overline{R}^2$의 값도 낮고, 설명변수 중 최종소비지출을 제외한 다른 변수들의 유의성도 낮아 모형의 적합성이 떨어지는 것으로 나타났다. 그 이유는 앞서의 1987~2011년 경제모형에서는 수요(최종소비와 투자 및 수출)측 요인이 경제성장률에 중요한 영향을 미치고 있지만, 1954~86년의 모형에서는 이러한 수요측 요인보다는 공급(생산)측 요인, 즉 생산설비 부족과 산업구조 불균형 등이 경제성장률에 중요한 요인으로 작용하였기 때문이라고 해석할 수 있다.

달리 표현하면, 1986년까지는 생산능력을 키우는 것이 경제성장정책의 관건이 되었지만, 1987년부터는 수요기반을 확대하는 것이 경제성장률을 높이는 관건으로 나타나고 있다는 해석이 가능하다.

여기에서 독자들의 이해를 돕기 위해 연습문제를 내기로 한다. 만약 독자가 정답을 맞추면, 우리의 회귀분석모형을 충분히 이해하고 있다고 할 수 있다(정답은 〈Ⅴ장 부록〉에 제시).

| 문제 1 | 우리의 1987~2011년 경제성장률 회귀분석모형에서 만약 2012년에 최종소비가 전년도에 비해 10% 감소한 반면 수출 10%, 투자도 10% 증가한다면 2012년도 경제성장률은 몇 %가 될까?

| 문제 2 | 만약 2012년에 수출과 투자는 2011년에 비해 증가하지 않고, 최종소비만 10% 증가한다면 경제성장률은 몇 %가 될까?

(5) 황금법칙은 존재하는가?

앞의 Ⅲ장에서 우리는 소득수준의 절대적 크기뿐만 아니라 상대적 크기 즉 소득격차가 각 국가의 행복지수(BLI)의 크기를 결정짓는 주요 변수라는 사실을 살펴보았다.

만약 소득재분배를 통해 소득격차를 줄이는 것이 행복지수를 높일 수 있을 뿐만 아니라, 내수기반형 경제성장정책이 함께 이루어짐으로써 경제성장률을 끌어올릴 수 있다면, 우리는 성장과 분배라는 두 마리의 토끼를 한꺼번에 잡는 '황금법칙(golden rule)'을 달성할 수 있을 것이다.

필자가 복지확대와 소득재분배정책 실시로 경제성장도 이룰 수 있다는 의미에서 황금법칙이라는 용어를 사용하는 것은, 저소득자뿐 아니라 고소득자에게도 더 많은 소득을 안겨주게 되고, 이를 통해 국민화합과 사회적 통합을 이뤄내어 행복한 나라를 이룰 수 있기 때문이다.

5 선성장 후분배? 또는 선순환구조의 성장정책?

이 절에서는 또 하나의 거대 담론인 선성장 후분배 정책을 계속해야 하느냐 혹은 이제는 선순환식 성장정책이 필요하냐의 문제를 다루기로 한다.

(1) 쿠즈네츠의 역 U자 가설

성장과 분배에 대한 고전적인 가설은 Kuznets(1955)의 '역 U자 가설'이다. 이 가설은 경제성장 초기에는 소득불평등도가 낮은 상태에서 경제성장

| 그림 5-7 | 쿠즈네츠의 역 U자 가설

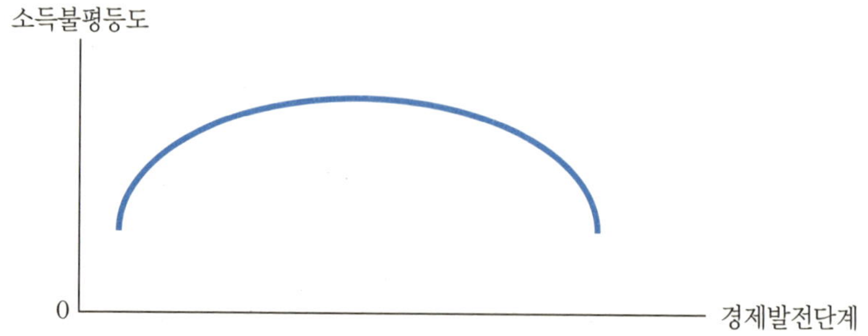

※ 역 U자 가설

'U자 가설'이라고 불리기도 한다. 양자의 차이는 종축을 소득불평도로 나타내느냐, 소득평등도로 나타내느냐의 차이일 뿐이다.

과 함께 소득불평등도가 커지다가 어느 정도 경제성장이 이루어진 후에는 정부의 소득재분배정책 등에 의해 소득불평등도가 다시 낮아진다는 내용으로 잘 알려져 있다.

Kuznets는 또한 경제성장에서 대표적 생산요소인 노동과 자본이 매우 중요한 요소라는 점을 강조하고 있다.

Kuznets의 가설을 달리 해석하면 경제성장 초기에 필요한 자본축적을 위해 저임금이 요구되며, 경제성장과 더불어 자본축적이 어느 정도 이루어진 이후에는 정부의 소득재분배정책에 의해 소득불평등도가 낮아진다는 논리가 될 것이다. 이 가설의 의미를 주의 깊게 살펴보면 시장의 법칙에 의해 소득불평등도가 높아졌다가 시장의 법칙에 의해 소득불평등도가 낮아진다는 것이 아니라, 정부의 성장정책에 의해 소득불평등도가 높아졌다가 정부의 소득재분배정책에 의해 소득불평등도가 낮아지는 각국의 현상을 정리한 것에 불과하다는 것을 깨닫게 될 것이다.

(2) 각국의 경제성장정책 경험

과거 많은 나라들이 경제성장 촉진 정책으로 사용한 방법은, 첫째 자본축적 수단으로 inflation tax(인플레이션 조세) 및 저축 장려 등을 통한 강제저축, 둘째 수출경쟁력 강화 수단으로 노조 설립 규제와 임금 가이드라인 등을 통한 저임금 유지, 셋째 기업의 판로 확보 수단으로 덤핑수출 지원 및 수입규제를 통한 국내 소비자에 대한 비싼 가격 판매 등이었다.

이러한 성장정책은 기업 규모와 경쟁력을 키우는 데 성공하였지만, 그 결과로 소득불평등도는 높아질 수밖에 없었다.

그러나 성장이 어느 정도 이루어진 후에는, 국민들의 의식이 변화되어 민주화가 진행되면서 소득재분배정책에 대한 여론이 점차 강해지는 한편, 노조활동도 자유로워지고 그 결과 임금인상 요구가 강해져 임금상승이 이루어지게 된다. 결국 성장 초기에도 정부의 개입이 필요하고 성장이 이루어진 이후에도 정부의 소득재분배정책 개입이 필요하다는 논리가 된다.

이러한 현상은 시대를 거슬러 올라가 영국의 산업혁명 이후 원시적 자본축적과정과 그 후의 성장정책 및 사회보장정책을 상기한다면 매우 큰 유사성을 발견할 수 있을 것이며, 후발 주자인 독일과 일본의 성장정책 진행과정과도 매우 흡사한 과정을 나타내고 있다는 사실을 깨닫게 될 것이다.

(3) 한국의 현재 단계는?

Kuznets의 가설이 옳다고 한다면, 우리나라 경제도 이제는 복지정책을 포함한 소득재분배정책을 중시해야 할 시기에 도달한 것이라고 판단된다.

우리 경제가 1인당 국민소득 2만 달러 수준으로는 아직 후기 단계로 보기에는 어렵다고 주장하는 이도 없지 않겠지만, 우리나라 재벌대기업들의 자본축적 규모로 본다면 후기단계로 규정하는 데 이의를 달 사람은 많지 않을 것이다. 환언하면 우리나라도 이제는 소득양극화 해소와 소득격차 완화를 위해, 정부의 소득재분배정책을 강화해야 할 시기가 도래하였다는 것이다.

6 성장과 분배의 조화

(1) 성장과 분배의 조화 달성 가능성

이제 우리는 민간소비지출이 성장기여율에서 가장 높은 비중을 차지하는 것을 〈부록표 5-2〉를 통해 확인할 수 있었고, 회귀분석모형을 통해서도 다시 한 번 확인할 수 있게 되었다. 환언하면 경제성장률을 끌어올리려면, 수출이나 투자 증가도 중요하지만, 이들 보다도 민간소비지출을 증가시키는 것이 첩경이라는 것이다.

그렇다면 민간소비지출 증가율을 높이려면 어떻게 해야 할까? 민간소비지출은 GDP 총액 규모의 크기에 제약을 받기 때문에 민간소비지출을 무한정 늘리는 데는 한계가 있다. 따라서 민간소비지출을 늘려 경제성장률을 높이기 위해서는, 첫째 한계소비성향(MPC)이 높은 중·저소득층에게 양질의 일자리를 제공하여 높은 소득(피용자보수)을 올릴 수 있게 하거나, 둘째 한계소비성향(MPC)이 낮은 고소득층에게 보다 높은 세율로 과세하여 소득의 일부를 한계소비성향이 높은 저소득층으로 재분배하는 방법을 강구할 필요가 있다.

이제까지의 우리의 분석 결과는 앞에서 OECD의 행복지수가 소득의 절대적 크기뿐만 아니라 상대적 크기, 즉 소득격차와도 밀접한 관련을 갖는다는 설명과도 맥을 같이하는 것이다. 다시 한 번 강조한다면 경제성장을 이루려면, 성장정책과 함께 소득격차 완화 등 재분배정책도 동시에 추진해야 바람직한 성과를 달성하리라는 것이다.

(2) 선성장 후분배 이론의 문제점

만약 소득격차를 완화시키지 않고서는 — 그리하여 민간소비지출을 높이지 않고서는 — 높은 경제성장을 달성하기 어렵다는 주장이 보다 타당하다면, 각국은 국민들 간의 소득격차를 해소해야 보다 높은 소득수준에 도달 가능하다는 논리가 성립한다. 이 말은 선(先)성장 후(後)분배 식의 성장우선 논리가 설 자리를 잃게 만들 것이다.

선성장 후분배 논리는 "빵(pie)의 이론" 혹은 "파이 키우기"로 널리 알려진 이론으로서, 우선 함께 허리띠를 졸라매고 빵을 크게 만든 후에 나누어 먹어야 각자가 보다 큰 빵조각을 얻을 수 있다는 논리로 매우 설득력을 갖는 것처럼 보이지만, 사실은 중대한 결함을 가진 이론이기도 하다.

첫째로, 빵을 나눌 때 언제, 누가 나누는 몫을 결정하느냐에 대한 설명이 생략되어 있다.

둘째로, 함께 허리띠를 졸라매는 것이 아니라 어느 한쪽만 졸라매는 경우에는 어떻게 나누어야 공평한가에 대한 설명도 생략되어 있다. 실제로 많은 나라에서는 허리띠를 졸라매지 않은 쪽이 빵을 나누는 칼을 쥐고 있어, 오히려 더 많은 빵을 가져가는 경우가 허다하다. 이러한 경우에는 해당 국가의 대다수 국민들이 불공평을 느끼고 불만을 표출하여 사회혼란을 야기시키게 될 것이다.

(3) 터널현상

이러한 예의 대표적 사례로는 파키스탄과 아르헨티나를 들 수 있을 것이다. 이들 나라는 우리나라보다 먼저 경제개발정책을 실시하여 초기에 높은 경제성장률을 달성하였으나, 소득격차 문제를 소홀히 한 채 성장위주의 정책(선성장 후분배 정책)을 계속하다가 결국 양극화 문제로 인해 국민들의 불만과 터널현상에 따른 극심한 사회혼란을 겪게 되고, 이를 빌미로 군부쿠데타가 계속되고 경제성장이 침체되면서 오늘날에는 우리나라보다 한참 뒤처진 나라가 되고 말았다.

※ 터널현상

터널현상이란 소득을 비롯한 부의 양극화가 사회안정의 중심 역할을 담당하는 중산층을 엷게 만들어 '가진 자'와 '갖지 못한 자' 간의 사회적 갈등을 완화시키지 못하고 사회혼란을 가중시키는 현상을 가리킨다.

- **터널효과**란 성장과정 속에서 분배를 소홀히 한 채 경제성장 일변도의 정책을 펴게 되면, 국민들의 불만이 높아져 결국 성장도 어려워질 것이라는 논리로서, 허쉬만(A.O. Hirshman)은 2개의 차선뿐인 터널의 예를 들어 설명하고 있다. 터널 내에서 한쪽은 교통이 원활하고, 다른 쪽은 정체되어 있더라도 처음에는 곧 자기 쪽도 풀릴 것이라는 믿음을 갖고 기다리지만, 정체가 계속되면 결국 끼어들기 등으로 차들이 서로 엉켜 양쪽 차선이 모두 정체되고 마는 상황으로 묘사하고 있다.

7 한국에서의 성장과 분배의 경험

(1) 민주화운동의 영향

우리나라는 다행히도 이러한 '터널현상' 발생 직전에, 1987년 '6월 민수항쟁'으로 촉발된 전국적 민주화운동의 영향으로, 정치적으로는 '6·29 선언'과 이후의 정치민주화를 이끌어내는 성과를 얻었고, 경제적으로는 노조의 활성화를 통해 임금상승과 피용자보수율의 상승 등으로 어느 정도 소득격차를 완화시키는 효과를 나타내게 되었다(Ⅳ장 '그림으로 보는 한국경제' 참고).

(2) 고비용 저효율?

당시에 김영삼 정부에서 재벌기업들은 이러한 임금상승이 고비용 저효율로 이어져 한국경제가 침체에 빠질 것이라는 우려를 계속 제기하면서, 임금상승 억제를 주문하였다. 그러나 결과는 이러한 우려와 다른 양상으로 나타났다.

그동안 저임금 때문에 사고 싶어도 살 수 없었던 근로자들은 임금이 상승하자, TV를 비롯하여 냉장고와 에어컨 등 각종 전자제품에 대한 수요가 폭발하면서 내수확대가 급격히 이루어졌다. 이러한 내수확대의 영향으로 경제성장이 이루어지고, 그 결과 1인당 국민소득 1만 달러 돌파라는 기록을 달성하게 되었다.

IMF 외환위기는 재벌기업들이 우려한 임금상승 때문이 아니라, 오히려 재벌기업들의 무리한 해외투자로 인한 막대한 외채부담이 크게 작용하여 발생하였다고 해도 과언이 아니다. 이 문제는 차후 다시 논의하기로 한다.

(3) 피용자보수율과 경제성장

〈부록표 5-2〉에서 1987년 이후 피용자보수율 추이를 보면 피용자보수율이 1987년 이후 빠른 속도로 증가하는 한편 기업 및 재산소득 점유율은 점차 하락하는 추세가 나타나고 있음을 알 수 있을 것이다. 이 시기의 경제성장률은 비교적 높은 수준이었다.

※ 피용자보수율
전체 분배국민소득인 국민총처분가능소득은 피용자보수, 기업 및 재산소득, 국외순수취경상이전 등으로 구분되는데, 이 가운데 피용자보수가 차지하는 비율, 즉 피용자가 임금 등으로 가져가는 비율을 말한다.

그러나 1997년 말경 발생한 '외환위기'와 2003년 발생한 '카드대란' 등 경제위기를 겪으면서, 피용자보수율은 다시 하락하는 반면 기업 및 재산소득 점유율은 점차 상승 추세를 나타내고 있다. 이 시기의 경제성장률은 매우 낮은 수준이었다.

피용자보수율이 다시 상승 추세로 바뀌는 것은 복지 확대와 종부세 등 부동산 과세를 강화하는 한편 근로장려세제 도입 등 생산적 복지를 추구한 노무현 정부 시대이다. 이 기간 중에는 기업 및 재산소득 점유율은 점차 하락하는 추세가 나타나고 있다. 이 시기의 경제성장률을 살펴보면 비교적 높은 수준으로 회복되고 있음을 알 수 있다.

이명박 정부에서는 부동산 경기 활성화를 위해 부동산세제를 완화하고 부동산 담보대출을 확대하는 한편, 소위 '부자감세' 라고 불리는 세제 개편을 실시하였는 바, 그 결과 피용자보수율은 다시 하락하는 추세를 보이는 반면, 기업 및 재산소득 점유율은 점차 상승 추이를 나타내게 되었다. 이 시기의 경제성장률은 비교적 낮은 수준이었다.

각 정부 기간에 시행된 경제시책과 경제성장률과의 관계를 대비해 보면, 선성장 후분배 식 성장정책 주장보다는, 적정한 소득분배와 함께 경제성장을 추진해야 한다는 우리의 주장이 상당한 논리와 근거를 갖는다는 사실을 다시 한 번 확인할 수 있을 것이다.

〈부록표 5-1〉 한국의 경제성장률과 부문별 증가율

	GDP 성장률	최종소비 지출 증가율 (실질)	민간 소비	정부 소비	투자	수출	수입
1987	12.3	7.7	8.0	6.5	18.5	21.9	19.3
1988	11.7	9.0	9.0	8.9	13.6	11.7	13.5
1989	6.8	10.3	10.6	8.8	16.9	-3.6	16.0
1990	9.3	9.8	9.7	10.5	24.7	4.9	13.3
1991	9.7	8.1	8.7	5.6	14.2	10.8	18.5
1992	5.8	6.5	6.5	6.5	0.9	13.9	5.4
1993	6.3	6.2	6.5	5.0	7.8	7.9	4.9
1994	8.8	7.7	8.6	3.6	12.8	16.4	22.8
1995	8.9	9.1	10.3	3.8	13.4	24.7	22.5
1996	7.2	7.3	7.3	7.3	8.2	11.6	14.7
1997	5.8	3.7	4.0	2.7	-1.5	19.8	4.2
1998	-5.7	-9.9	-12.5	2.2	-22.0	12.9	-22.0
1999	10.7	10.1	11.9	3.0	8.7	14.4	26.4
2000	8.8	7.8	9.2	1.8	12.3	18.1	22.6
2001	4.0	5.5	5.7	5.0	0.3	-3.4	-4.9
2002	7.2	8.1	8.9	4.9	7.1	12.1	14.4
2003	2.8	0.5	-0.4	4.4	4.4	14.5	11.1
2004	4.6	1.0	0.3	3.8	2.1	19.7	11.7
2005	4.0	4.6	4.6	4.3	1.9	7.8	7.6
2006	5.2	5.1	4.7	6.6	3.4	11.4	11.3
2007	5.1	5.1	5.1	5.4	4.2	12.6	11.7
2008	2.3	2.0	1.3	4.3	-1.9	6.6	4.4
2009	0.3	1.2	0.0	5.6	-1.0	-1.2	-8.0
2010	6.3	4.1	4.4	2.9	5.8	14.7	17.3
2011	3.6	2.2	0.0	5.6	-1.0	-1.2	6.5
성장률과의 상관계수		0.9025	0.9074	0.3569	0.8826	0.3118	

※ 단, 상관계수는 성장률과 수출(순수출이 아니라)증가율(실질)과의 상관계수임.
자료 : 한국은행 경제통계시스템, 국내총생산 및 국내총지출 데이터를 이용, 재작성함.

〈부록표 5-2〉 한국의 부문별 성장기여율 및 분배 추이

	GDP 성장률	부문별 성장기여율*				피용자 보수율	기업 및 재산소득
		민간소비	정부소비	투자	순수출		
1987	12.3	36.3	9.0	34.0	18.6	40.3	37.1
1988	11.7	40.1	10.9	41.9	6.7	41.5	36.2
1989	6.8	65.9	17.3	56.9	-35.9	43.8	35.0
1990	9.3	48.7	13.1	51.3	-14.5	44.5	33.6
1991	9.7	50.2	10.9	49.5	-10.1	46.0	33.3
1992	5.8	55.0	14.8	15.9	14.6	45.8	33.3
1993	6.3	52.8	10.1	27.7	8.9	46.0	33.0
1994	8.8	57.2	9.1	41.3	-7.2	46.0	32.8
1995	8.9	53.3	9.8	37.9	-1.7	46.8	30.7
1996	7.2	61.0	14.8	45.2	-20.9	47.9	28.7
1997	5.8	56.5	10.3	11.0	22.8	46.2	29.0
1998	-5.7	363.8	-96.9	1,022.0	-1,202.7	44.7	29.1
1999	10.7	78.9	6.7	69.2	-53.5	43.4	30.2
2000	8.8	74.5	10.7	47.5	-33.4	43.2	31.2
2001	4.0	70.3	22.6	11.6	-5.2	43.8	30.7
2002	7.2	64.3	11.5	29.5	-5.9	43.5	31.6
2003	2.8	24.4	19.6	40.6	14.5	44.7	30.8
2004	4.6	25.0	16.8	30.5	28.4	44.7	31.5
2005	4.0	79.2	25.8	24.4	-28.7	46.0	29.8
2006	5.2	67.8	27.3	28.3	-24.8	46.4	29.3
2007	5.1	53.3	17.1	26.8	3.2	46.1	29.4
2008	2.3	61.0	26.6	65.0	-52.1	45.9	29.3
2009	0.3	37.2	34.7	-105.0	133.6	46.1	29.6
2010	6.3	37.9	7.5	61.5	-8.5	44.8	31.3
2011	3.6	59.3	18.9	28.0	-8.1	45.0	31.2

* 부문별 성장기여율은 전년대비 해당 연도의 각 부문별 증가분(명목)을 국내총생산 증가분(명목)으로 나눈 비율(%)임.

자료 : 한국은행 경제통계시스템, 국내총생산 및 국내총지출 데이터를 이용하여 재작성.

■ 추정한 경제성장률의 회귀분석모형은 다음과 같다.

$$grGDP = 0.449 + 0.565grCON + 0.129grINV + 0.158grEXP$$

(0.827) (5.338)** (2.566) (5.184)**

[0.634] [0.306] [0.294]

$\overline{R}^2 = 0.924$, $F = 98.924$**

단, grGDP : GDP성장률(실질)
grCON : 최종소비지출 증가율
grINV : 투자(고정자본형성)증가율
grEXP : 수출증가율
( ) 내의 수치는 t-value, [ ] 내의 수치는 베타값
**는 99%의 유의수준. *는 95%의 신뢰수준에서 신뢰함을 의미

■ 참고 : 1954~86년 경제성장률 회귀모형

$$grGDP = 0.252 + 0.877\ grCON + 0.061grINV + 0.061grEXP$$

(0.170) (3.747)** (1.681) (2.028)

[0.508] [0.227] [0.266]

$\overline{R}^2 = 0.484$, $F = 11.011$**

단, grGDP : GDP성장률(실질)
grCON : 최종소비지출 증가율
grINV : 투자(고정자본형성) 증가율
grEXP : 수출증가율
( ) 내의 수치는 t-value, [ ] 내의 수치는 베타값
** 는 99%의 유의수준. * 는 95%의 신뢰수준에서 신뢰함을 의미

■ 문제에 대한 정답

[문제 1]의 정답

경제성장률 = 0.449 + 0.565×(−10) + 0.129×10 + 0.158×10 = −2.349%

[문제 2]의 정답

경제성장률 = 0.449 + 0.565×10 + 0.129×0 + 0.158×0 = 6.099%

※ [문제 1]과 [문제 2]를 비교해 보면, 우리는 최종소비 증가가 경제성장률에 얼마나 큰 영향을 미치는지를 분명하게 이해하게 된다. 이는 수출지향형 성장정책에서 내수기반형 성장정책으로 전환해야 한다는 사실을 분명하게 일깨워 주고 있는 것이다.

Ⅵ

행복한 나라 만들기(2) - 소득재분배정책의 방향

1 한국의 소득분배 상황

이 절에서는 앞서 살펴본 거대 담론인 '선성장 후분배'와 '선순환구조의 성장정책' 간의 논쟁에 대해, 노동시장 측면에서의 검증을 시도해 보기로 한다.

(1) 소득분배와 소득재분배

우리는 앞에서 국민행복지수를 높이려면, 소득격차지수(5분위배율)를 낮춰야 한다, 즉 소득격차를 줄여야 한다는 사실을 확인한 바 있다.

소득격차를 줄이기 위해서는, 첫째 노동시장을 비롯한 자본시장 등 생산요소시장에서 생산성에 따른 보수가 제대로 이루어져야 하며, 둘째 생산요소시장에서 생산성에 걸맞은 보수가 이루어지더라도, 그 격차가 매우 클 경우는 소득재분배정책으로 소득격차를 줄이는 한편, 셋째 고령 · 질병 · 사고 · 장애 등의 사유로 생산활동에 참여하지 못한 사람들에 대해서는 정부가 복지지출을 통해 최소한의 인간다운 생활을 영위케 해 주어야 한다.

※ 소득분배와 소득재분배의 차이

- 소득분배란 생산요소시장인 노동시장과 자본시장 등에서 시장의 수요와 공급의 원리에 의해 결정되는 임금소득, 이자소득, 임대소득 등을 말한다.
- 소득재분배란 생산요소시장에서 결정된 임금소득, 이자소득, 임대소득 등의 소득에 대해 정부가 종합소득자에 대해 누진세율을 적용, 소득세를 부과하여, 저소득층 및 최저생계비 미달자 혹은 차상위계층 해당자들에 대한 복지지출을 해 주는 것을 말한다.

(2) 노동시장과 임금수준 결정에 대한 이해

우리는 소득분배가 생산요소시장에서 결정된다는 사실과, Ⅳ장 1절 '그림으로 보는 한국경제'에서 임금소득이 가계소득에서 차지하는 비중이 점점 더 높아지고 있다는 사실을 보았다.

따라서 여기에서는 노동시장을 중심으로 임금이 어떻게 결정되는가를 살펴볼 필요가 있다. 경제학에서는 노동시장도 상품시장과 마찬가지로 수요와 공급의 원리, 즉 공급이 수요보다 많으면 가격(임금)이 내려가고, 공급이 수요보다 적으면 가격(임금)이 올라간다고 한다. 뛰어난 기술이나 기능 혹은 재능(운동선수와 예능인 등)을 가진 사람들은 공급자 수가 적기 때문에 몸값(임금)을 많이 받을 수 있는 반면, 교육수준도 낮고 특별한 재능도 갖지 못한 사람들은 공급자 수가 많아, 상대적으로 힘든 일을 하면서도 낮은 임금을 받는 이유도 이러한 노동시장의 원리 때문이다.

우리나라 1960년대에서 70년대 중반까지는 인구가 많아 노동공급이 충분한 반면, 노동을 수요할 기업체 수는 상대적으로 적어서, 노동공급이 노동수요를 초과하는 공급초과 현상을 빚었기 때문에, 상대적으로 임금수준이 낮았다. 노동수요가 노동공급을 초과한 예는 전두환 정부 초기에 많은 기업들이 급속히 늘어나는 무역업무를 담당할 대졸자를 필요로 하였을 때 나타났다. 이전의 박정희 정부에서는 대학의 증설이나 증과 · 증원을 억제해 왔던 탓에 대졸자들이 부족하였다. 따라서 전두환 정부 당시에는 기업마다 대졸자를 서로 모셔가기에 바쁜 실정이었는데, 그 결과 당시 대졸자들은 더 높은 임금을 준다는 기업을 골라서 가는 즐거운 입장에 놓였었다.

노동시장이 만약 노동공급자도 많고, 노동을 수요하는 업체 수도 매우 많다면, 완전경쟁 상태에 놓이게 되어 임금수준은 노동생산성(엄밀히 말하면 노동의 한계생산물가치)과 같은 수준에서 결정되며, 수요와 공급이 일치하여 실업자가 없는 균형상태에 도달하게 된다.

그러나 현실에서 이러한 상태가 실현되기는 매우 어렵다. 그 이유는 취업희망자들이 선호하는, 전망이 밝고 장래성이 있으며, 작업환경과 노동환경도 좋으며, 임금수준과 기업복지수준도 높은 기업체 수는 그리 많지 않다는 점, 노동공급 측면에서는 고임금 직종을 선택하려면 교육과 훈련 및 자격증 등을 준비해야 하는데, 교육과 훈련 등에 소요되는 시간이 많이 든다는 점, 그리고 노동은 저장할 수 없다(하루 쉬었다고 다음 날 이틀분 노동을 제공할 수 없다)는 점 등의 제약이 따르기 때문이다.

또한 취업희망자들이 선호하는 좋은 직장이 소수에 불과하다면, 이 경우에는 노동시장이 수요독점시장이 되어 임금수준은 노동생산성을 밑돌게 되며, 강성 노조가 존재하는 경우에는 임금수준이 노동생산성을 초과하게 되고, 그 결과 실업자가 늘게 되기도 한다.

다른 생산요소시장도, 예컨대 자본시장도 마찬가지로 시장의 원리, 즉 수요와 공급의 원리에 의해 가격(이자율)과 균형 고용량(대출규모 등)이 결정된다.

이처럼 생산요소시장에서 결정된 임금소득, 이자소득, 임대소득 등이 가계소득의 원천으로 흘러들어가게 되는 것이다.

(3) 한국의 소득분배율 변화 추이

우리는 앞서 Ⅳ장 '그림으로 보는 한국경제'에서 가계소득/기업소득 배율이 빠른 속도로 감소하고 있는 사실을 확인하였다. 여기에서는 가계소득에서 높은 비중을 차지하고 있고, 또한 그 비중이 점차 높아지고 있는 임금소득과 기업소득을 대비시켜 분석해 보기로 한다.

다음 그림은 임금소득/기업소득 배율과 함께 임금근로자 수의 증가추이를 나타낸 것이다.

| 그림 6-1 | 임금소득/기업소득 배율과 임금근로자 수의 추이

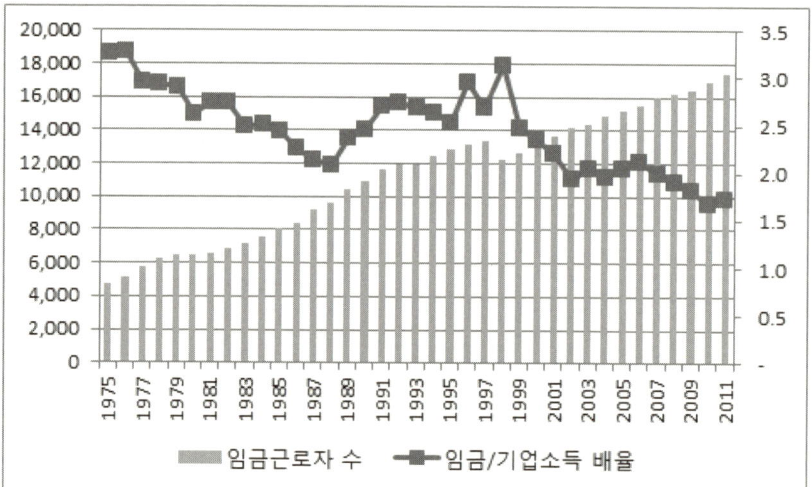

자료 : 한국은행, 경제통계시스템, 분배국민소득 및 경제활동인구

위의 그림을 살펴보면, 우리는 1988년까지는 임금근로자 수의 증가와

반비례적으로 임금소득/기업소득 배율이 빠른 속도로 낮아지고 있다는 사실을 확인할 수 있다. 이것은 임금근로자 수는 빠르게 증가하고 있지만 평균 임금수준은 오히려 낮아지고 있다는 사실을 반영하고 있기 때문이라고 판단된다. 이러한 결과는 박정희 정부와 전두환 정부의 임금억제정책이 크게 작용한 결과라고 할 수 있다.

그러나 1987년 민주화 선언 이후 노조의 활성화가 이루어지면서, 1988년부터 IMF 외환위기 직전까지는 임금근로자 수의 증가추세와 같은 방향으로 임금소득/기업소득 배율도 높아지고 있다.

1998년 IMF 외환위기 이후 임금소득/기업소득 배율은 다시 임금근로자 수의 증가추세와 반비례하여 급속히 하락하는 현상을 나타내고 있다.

임금소득/기업소득 배율과 임금근로자 수의 증가추세가 같은 방향으로 다시 나타난 것은 2001년부터 2006년 기간이다.

임금근로자 수와 임금소득/기업소득 배율이 재차 반비례 추세를 나타낸 것은 2006년 이후이며, 특히 임금근로자 수의 빠른 증가에도 불구하고 임금소득/기업소득 배율이 급속히 낮아진 것은 이명박 정부 기간이다.

가. 한국경제의 황금시대

여기에서 우리는 민주화 선언 직후인 1988년부터 IMF 외환위기 직전인 1997년까지의 추세에 주목할 필요가 있다. 이 기간에는 위의 그림에서 보듯이 평균 실질임금이 근로자 수와 더불어 증가추세를 나타내고 있는데, 이 기간에는 '선성장 후분배' 혹은 '파이 키우기'를 주장하는 사람들이 임금상승에 따른 경제성장 하락을 우려한 것과 달리, 경제성장률이 박정희 정부시절에 버금갈 정도인 평균 8%대(Ⅳ장 '그림으로 보는 한국경제' 참고)의 성장률을 달성하고 있었다.

더욱이 이 기간의 실업률은 역대 정부 최저 수준인 2%대의 극히 낮은 실업률을 나타내었다. 2%대의 낮은 실업률은 완전고용수준의 실업률이다. 따라서 우리는 높은 경제성장률과 높은 임금수준, 1인당 국민소득 1만 달러 돌파(1996년 12,518달러), 그리고 가장 낮은 실업률을 달성했던 이 기간을 한국경제의 황금시대(golden age)라고 명명할 만하다.

나. 선순환적 성장과 노동시장정책의 중요성

이러한 성장이 가능했던 것은 근로자들의 임금상승으로 가전제품과 자동차 등 내수시장이 크게 확대되면서 생산과 투자 및 일자리가 늘어났기 때문으로 추정된다. 바꾸어 말하면 '선순환적 성장'이 이루어진 것이다. 선순환적 성장이 지속되면, 차후에 살펴보겠지만 정부의 복지지출도 최소화될 수 있다는 점에서 정부의 노동시장정책 방향이 매우 중요하다.

임금은 기업의 입장에서 보면 최대한 줄여야 하는 비용의 성격을 지니지만, 국민경제 차원에서 보면 인적자본(human capital)을 형성시키기 위한 노동의 재생산비, 즉 투자적 성격을 갖는다는 점에서 정부의 노동시장정책이 얼마나 중요한가를 깨달아야 한다.

(4) 친기업적 노동시장정책

위의 그림을 통해 우리는 노동시장정책과 관련하여, 다음과 같은 정책적 결론을 얻을 수 있다.

첫째, IMF 외환위기 기간을 제외하면, 정부가 친기업적 정책을 펴온 기간에는 임금소득 증가율은 상대적으로 저조한 증가율을 보인 반면, 기업소득은 빠른 속도로 증가하였다.

둘째, 정부가 친기업적 정책을 편 기간에는 임금근로자들의 평균 실질임금수준은 상대적으로 하락하였다.

이러한 사실은 다음의 〈표 6-1〉에 의해서도 확인할 수 있다.

〈표 6-1〉 각 정부기간별 부문별 연평균 증가율(%)

	기간	가계	기업	정부	GNI
박정희 정부	1975~79	30.6	41.7	36.0	32.4
전두환 정부	1980~87	16.7	20.8	15.1	17.1
노태우 정부	1987~92	18.5	14.3	17.9	17.7
김영삼 정부	1992~97	13.0	14.5	17.2	13.8
김대중 정부	1997~2002	5.7	13.4	8.7	7.5
노무현 정부	2002~07	6.1	6.5	6.5	6.3
이명박 정부	2007~11	4.9	10.9	4.5	6.2

※ 단, 위의 표는 명목기준이므로, 정부기간별 증가율 비교는 의미가 없으며, 같은 기간 제도부문별(가계, 기업, 정부) 증가율과 GNI(국민총소득) 증가율과의 상대적 비교만 의미있음.

자료 : 한국은행, 경제통계시스템, 제도부문별 소득계정

위의 표를 요약하면, IMF 외환위기 기간을 제외하면, 친기업적 정책을 편 박정희 정부와 전두환 정부 그리고 이명박 정부 기간에 특히, GNI 증가율 대비 기업소득 증가율이 가계소득 증가율보다 큰 차이로 높게 나타나고 있음을 확인할 수 있다.

(5) 친기업적 노동시장정책을 편 이유

박정희 정부와 전두환 정부 그리고 이명박 정부가 친기업적 노동시장정책을 편 이유는, 기업들로 하여금 이윤의 사내유보 등 기업저축을 늘려 투

자재원을 마련케 함으로써, 투자 증대를 통해 성장촉진과 일자리를 마련한다는 취지였다.

앞서 Ⅳ장 '그림으로 보는 한국경제'의 저축률과 투자율에서 살펴본 것처럼 박정희 정부와 전두환 정부 중반까지는 투자재원자립도가 낮았기 때문에 이러한 취지가 어느 정도 설득력을 가진다고 할 수 있다. 그러나 이미 1984년 투자재원자립도가 100%대에 진입한 이래, 이후 계속 최소한 100%대 이상을 실현하고 있는 마당에서 이윤의 사내유보 등 기업저축을 늘려 투자재원을 마련케 함으로써, 투자 증대를 통해 성장촉진과 일자리를 마련한다는 취지는 설득력을 잃게 된다.

더욱이 그동안 투자재원자립도의 한 축을 담당하고 있던 가계저축률이 IMF 외환위기 이후 한 자릿수로 떨어진 반면, 기업저축률은 오히려 증가추세를 나타내고 있는 상황에서 친기업적 노동시장정책을 통해 기업의 이윤을 증대시켜 기업저축률을 늘리려는 정책은 방향이 크게 잘못된 것이다.

(6) 법인세율 인하정책의 문제점

특히 이명박 정부에서는 가계저축률이 5%대로 낮아진 반면, 기업저축률은 20% 가까이 높아지고 있는 상황에서도 법인세율 인하 등 친기업적 정책을 펴온 것은 정책의 시행착오라고 하지 않을 수 없다. 더구나 법인세율 인하 등 소위 '부자감세' 정책은 법인이윤이 상대적으로 대규모인 재벌기업을 위시한 대기업에게 상대적으로 더 큰 이익을 주는 정책이기 때문에, 투자여력이 적은 중소기업들에게는 상대적으로 적은 혜택만이 주어져 투자를 촉진하기 어렵다. 현행 제도하에서 예컨대 5조 원의 법인이윤을 올리는 대기업은 2%의 법인세율 인하만으로도 1,000억 원의 혜택을 누릴 수 있는 반면, 2억 원의 법인이윤을 올리는 중소기업은 2%의 법인세율 인하로 고작

400만 원의 혜택을 받기 때문이다.

또한 이명박 정부의 법인세율 인하 정책은 기업저축률을 증가시켰지만, 투자 증대효과는 상대적으로 적게 나타나, 2011년에는 저축과 투자의 갭이 국민총소득의 4.3%에 달하게 되어, 경제성장과 일자리 창출은 물론, 불황을 초래할 위기마저 불러들이고 있다.

앞서도 언급한 바 있지만, 투자가 잘 안 이루어지는 이유는, 이제는 투자재원이 부족해서가 아니라 투자기회와 투자여건이 충분치 않기 때문에, 다시 말해 국내소비 즉 내수가 살아나지 않기 때문이다.

따라서 내수를 살아나게 하려면, 이제는 정부가 친기업적 노동시장정책을 버리고, 임금근로자들이 생산성에 따른 임금수준을 받을 수 있도록 최소한 중립적인 입장에서 노동시장정책을 펴야 한다. 중립적 노동시장정책을 펴기 위해서는 기업들로 하여금 비정규직을 정규직으로 전환케 하고, 용역업체를 동원한 노조깨기나 부당한 정리해고를 규제하는 한편, 강성노조의 지나친 임금투쟁 등을 노사합의로 해결토록 중재자 역할을 강화해야 할 것이다.

2 한국의 소득격차 수준

(1) 소득격차의 확대 추세

앞서 행복지수에서 살펴보았듯이 우리나라의 소득격차지수(5분위배율)는 OECD 회원국 중 25위로 행복지수 순위보다 더 낮은 순위에 놓여 있다.

더 큰 문제는 다음 [그림 6-2]에서 보듯이, 소득격차가 최근 들어와서 더 크게 상승 추세를 나타내고 있다는 사실이다. 이 그림은 최근 들어 소득의 양극화가 빠르게 나타나고 있다는 사실을 잘 보여주고 있다.

특히 부자감세정책을 펴온 이명박 정부 들어서 더 빠르게 진행되고 있음을 나타내는 것은 우연이 아니다.

| 그림 6-2 | 소득 5분위배율 추이 (단위 : 배)

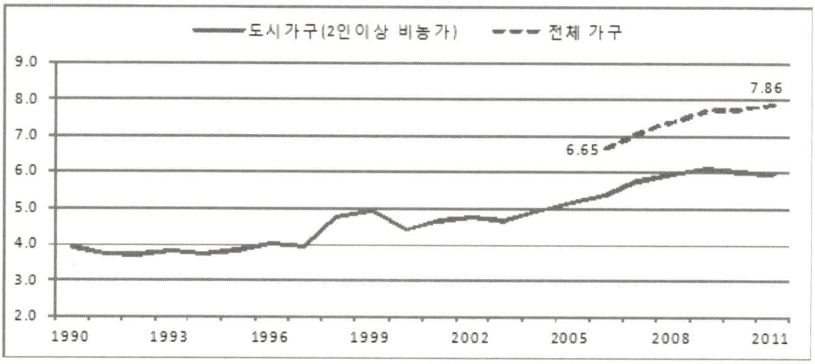

주 : 소득 5분위배율은 소득 하위 20%의 평균소득 대비 상위 20%의 평균소득의 배수임.
자료 : 통계청, 소득분배지표, 강병구(2012)에서 재인용.

(2) 가계소득과 기업소득의 양극화

앞서 Ⅳ장 '그림으로 보는 한국경제'에서 우리는 가계소득에서 임금소득이 차지하는 비중이 계속 높아지고 있는 반면, 가계소득/기업소득의 배율이 계속적으로 낮아지고 있다는 사실을 확인한 바 있다.

가계소득 증가율이 상대적으로 둔화된 것은, 가장 큰 비중을 차지하는 임금소득이 IMF 외환위기 이후 대량실직과 명예퇴직, 노동시장의 유연화에 따른 비정규직과 임시직 등 불안정한 고용형태가 크게 늘면서 임금소득 증가율이 둔화되어 가계소득 증가율을 둔화시켰다는 점, 다음으로는 우리나라의 성장을 주도해 온 수출 · 제조업의 고용흡수력이 크게 낮아졌다는 점,

그리고 비임금근로자에 속하는 자영업자의 영업이익 증가율이 법인기업의 영업이익 증가율에 비해 매우 낮았다는 점, 부동산경기 활성화 정책으로 부동산 담보대출 등에 따른 가계의 지급이자가 예금에 대한 수취이자보다 크게 나타나 순수취이자소득(예금이자소득－지불이자소득)이 마이너스로 돌아섰다는 점 등이 가계소득 증가율을 둔화시킨 요인이라고 하겠다.

이에 비해 기업소득이 상대적으로 크게 늘어난 이유는, 재벌기업을 위시한 대기업들의 시장지배력이 커지게 되어, 독점적 이윤을 포함한 영업잉여가 크게 늘어났고, 법인세 인하 등의 조치로 처분 가능한 이윤이 더 커진 데다가, 소액주주를 포함한 많은 주주들에게 배당을 상대적으로 적게 해 주었기 때문이다. 여기에서 배당이 적게 이루어진다는 것은 기업에서 가계로의 소득의 환류가 적게 이루어진다는 것을 의미한다.

따라서 이제는 투자를 촉진하기 위해 법인세를 인하해야 한다는 주장은 설득력이 없으며, 기업이윤의 사내유보(기업저축)보다는 가계의 소득을 증대시켜 내수를 촉진하는 정책을 써야 할 시기가 되었다고 판단된다. 그렇게 하기 위해서는 배당을 늘려 가계소득을 증가시키기 위해, 사내유보로 남겨진 이윤에 대해서도 배당세(예컨대 지상배당세)를 강구할 필요가 있다.

(3) 부와 자산의 분배 격차

더욱이 "우리나라의 부(wealth)는 소득에 비해 더욱 불평등하게 분배되고 있다. 〈표 6-2〉에서 보듯이 총자산의 5분위배율은 2006년 33배에서 2011년 57배로 증가하여 부의 양극화가 심화되고 있다. 총자산의 지니계수는 동 기간에 0.634에서 0.606으로 낮아졌지만, 시장소득으로 측정한 지니계수에 비해 매우 높은 수준이다"(강병구, 2012).

"총자산의 불평등한 분배는 특히 금융자산에서 두드러지게 나타나 금융자산의 5분위배율은 2006년 46배에서 2011년 70배로 증가하였으며, 동 기간에 지니계수 또한 0.607에서 0.637로 증가하였다. 또한 순자산 규모 상

〈표 6-2〉 자산분배의 불평등지표 (단위 : 만 원, %)

		2006		2011	
		1인당 금액	구성비	1인당 금액	구성비
총자산	상위 1%	388,128	13.0	396,009	9.9
	상위 20%(*a*)	76,655	54.1	96,873	59.7
	하위 20%(*b*)	1,948	1.7	1,493	1.1
	5분위배율(*a*/*b*)	33배		57배	
	지니계수	0.634		0.606	
금융자산	상위 1%	77,007	11.3	104,443	11.0
	상위 20%(*a*)	15,395	51.1	20,104	53.1
	하위 20%(*b*)	298	1.1	254	0.8
	5분위배율(*a*/*b*)	46배		70배	
	지니계수	0.607		0.637	
실물자산	상위 1%	348,116	15.6	345,701	11.8
	상위 20%(*a*)	64,797	56.8	69,491	53.5
	하위 20%(*b*)	144	0.2	29	0.03
	5분위배율(*a*/*b*)	350배		2,025배	
	지니계수	0.700		0.679	
순자산	상위 1%	347,956	14.5	337,554	10.6
	상위 20%(*a*)	68,483	54.1	70,045	50.4
	하위 20%(*b*)	854	0.8	-70	-
	5분위배율(*a*/*b*)	65배		-	
	지니계수	0.662		0.629	

자료 : 통계청, 소득분배지표, 강병구(2012)에서 재인용.

위 20%의 1인당 순자산액은 2006년 6억 8,483만 원에서 2011년 7억 45만 원으로 증가했지만, 하위 20%의 경우에는 2011년에 마이너스 70만 원을 기록하여 하위집단의 가계부채가 심각함을 보이고 있다. 2011년 순자산 규모 상위 1%의 순자산액은 33억 7,554억 원에 달하고 있다"(강병구, 2012).

3 한국의 복지수준

이 절에서는 또 하나의 거대 담론인 '복지 포퓰리즘'이냐 혹은 '복지는 비용이라기보다는 투자의 성격을 갖는다'라는 주장에 대해 살펴보기로 한다.

앞의 Ⅲ장에서 우리는 소득격차지수(5분위배율)가 국민행복지수를 결정하는 세 가지 중요한 변수의 하나로 포함되어 있다는 사실을 알게 되었다. 본장에서는 어떻게 하면 소득격차지수를 낮출 수 있는가를 살펴볼 차례이다. 사실상 소득격차 완화 정책(복지정책 포함)은 고소득층의 조세부담 등 추가부담이 불가피하기 때문에 국민적 합의가 필요한 바, 합의를 도출하기란 쉽지 않은 과제이다.

(1) 복지정책이 포퓰리즘인가?

지난 대선정국에서 복지 확대를 공약으로 내거는 것에 대해 복지 포퓰리즘이라고 비난하는 사람들이 종종 나타나고 있다. 필자는 이들에게 4가지를 질문하고 싶다.

• 한국의 소득 양극화가 어느 정도 심각한 수준인지 알고 있는가?

- 한국의 복지지출 수준이 국제비교에서 어떤 수준인지 알고 있는가?
- 행복한 나라들에 속하는 북유럽 복지국가들이 OECD 평균보다 높은 성장률을 달성하고 있는 사실을 아는가?
- 교육복지와 출산 및 육아복지 없이 출산율을 높일 수 있다고 보는가?

사실상 복지정책은 '대한민국 사람이면, 누구라도 최소한의 인간다운 삶을 영위할 권리를 갖는다' 라는 차원에서 접근해야 한다. 이처럼 중대한 명제를 저버리고, 복지정책이 마치 불쌍한 사람에게 복지혜택을 늘려주는 대신 한 표를 얻겠다는 정치적 차원에서 이해하려는 것은 너무 근시안적이다. 복지 포퓰리즘이란 본래 정치적 목적에서 도입된 용어이긴 하지만, 정작 북유럽 복지국가들의 성공사례는 예로 들지 않고, 복지국가라고 할 수 없는 남유럽 국가들이나 아르헨티나와 같은 나라들을 예로 들고 있다는 점은 아이러니가 아닐 수 없다. 이들 나라들은 소득격차도 클 뿐만 아니라, 부정부패도 매우 심각한 나라들이다. 또한 복지 포퓰리즘이라고 비난하는 사람조차도 각종 재난이나 교통사고, 혹은 뇌졸중과 치매 등 다양한 위험에서 완전히 자유로울 수가 없다는 점을 명심할 필요가 있다.

(2) OECD 최하위 수준의 복지지출

또한 앞서 Ⅲ장에서 보았듯이, 우리나라는 복지와 관련된 사회안전망의 질 면에서 최하위권에 머물고 있다.

우리나라 복지지출 수준은 OECD 국가들 중 최하위 수준이며, 최저한의 사회안전망조차 갖추지 못한 상태에서 어떻게 복지 포퓰리즘이란 용어를 쓸 수 있는지 의아하지 않을 수 없다.

[그림 6-3]에 나타난 것을 보더라도 우리나라의 GDP 대비 공공사회복

지지출 비중은 비록 2003년도부터 빠른 증가 추세를 나타내고 있으나, 아직도 OECD 평균치의 절반 수준에도 미치지 못하고 있는 실정이다.

| 그림 6-3 | OECD 국가들의 GDP 대비 공공사회복지지출 비중

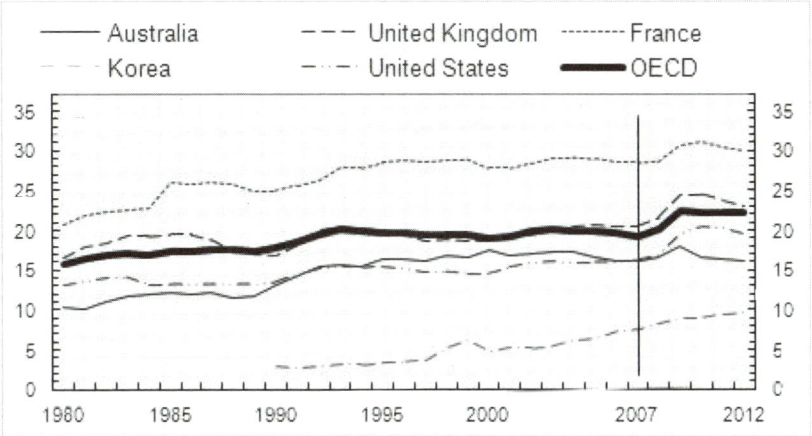

※ 단, 2008년 이후는 전망치임.
자료 : OECD, Social Expenditure Database(SOCX)

(3) 사회보험 및 기초보장제도의 사각지대

다음의 〈표 6-3〉에서 보듯이 "2010년 8월 우리나라 임금근로자의 공적연금, 건강보험, 고용보험 미가입률은 각각 28.3%, 2.7%, 33.9%에 달하고 있다. 특히 사회보험의 사각지대는 영세규모 사업장, 저임금근로자, 비정규직에게서 크게 나타나고 있다. 10인 미만 사업장, 저임금근로자의 사회보험 가입률은 임금근로자의 평균수준에 비해 크게 낮고, 정규직이라 하더라도 영세사업장에 종사하는 취약근로자인 임시직 · 일용직의 사회보험가입률은 비정규직의 평균수준에 미치지 못하고 있다. 저임금계층의 고용보험 미가입률은 무려 52.5%에 달하고 있다"(강병구, 2012).

〈표 6-3〉 임금근로자의 사회보험 미가입률(2010년 8월 기준) (단위 : %)

		공적연금	건강보험	고용보험
전체		28.3	2.7	33.9
사업체 규모	1~4	62.7	6.2	74.3
	5~9	40.4	3.8	48.1
	10~29	25.1	2.3	29.9
	30~99	14.4	1.1	17.8
	100~299	6.8	0.7	8.5
	300인 이상	3.6	0.3	5.0
임금계층	저임금	62.3	6.1	67.3
	중간임금	23.4	2.1	30.5
	고임금	4.6	0.3	8.3
고용형태	정규직	17.2	1.7	21.5
	(정규 상용)	1.4	0.0	2.6
	(정규 임시)	57.5	5.9	70.7
	(정규 일용)	78.6	10.9	92.5
	비정규직	50.5	4.5	58.3

주 : 임금계층은 시간임금이 중위값의 2/3 미만인 경우 '저임금', 2/3 이상을 '고임금', 그 중간을 '중간임금'으로 정의함.
자료 : 통계청, 경제활동인구 근로형태별 부가조사, 2010.8. 이병희(2011) 재인용.

"더욱이 우리나라의 대표적인 사회부조인 국민기초생활보장제도 또한 커다란 사각지대로 인해 빈곤층을 보호하지 못하고 있는 실정이다. 2010년 현재 소득인정액이 최저생계비 미만이면서, 수급자가 아닌 기초보장의 사각지대는 66만 가구(117만 명)로 추정된다"(강병구, 2012).

4 복지 및 소득재분배정책의 필요성

(1) 가계소득과 기업소득의 양극화 완화

앞에서 우리는 가계소득, 특히 임금소득과 기업소득의 양극화가 매우 심각하게 진행되고 있으며, 특히 친기업적 노동시장정책을 펴 온 시기에 이러한 양극화가 더욱 심화되어 온 사실을 확인하였다.

따라서 복지 및 소득재분배정책에 앞서 소득분배과정에서부터 노동시장의 정상화를 통해 정당한 임금 몫을 확보하도록 중립적인 노동시장정책을 시행할 필요가 있다. 이러한 정책은 사후적 복지지출과 소득재분배정책의 부담을 더는 효과도 가져다 줄 것이나.

(2) 내수기반형 경제성장 추진 수단

앞 절에서도 살펴본 바와 같이 Kuznets 가설에 따르더라도 이제는 우리나라도 복지정책을 포함한 소득재분배정책을 강화해야 할 시기가 되었을 뿐만 아니라, 내수 확대에 의한 경제성장정책을 효과적으로 실행하기 위해서도 복지정책을 포함한 소득재분배정책을 강화해야 한다.

내수기반 확대를 통한 경제성장 정책을 수행하기 위해서는, 소득재분배정책을 통해 한계소비성향(MPC)이 낮은 고소득층에게 보다 높은 세율로 과세하여 재원을 마련, 한계소비성향(MPC)이 높은 중·저소득층에게 복지지출 및 사회보험 지원 등 혜택을 제공할 필요가 있다. 이러한 정책은 내수를 확대하는 데 크게 기여할 것이다.

이러한 정책전환이 필요한 이유에 대해서는 앞의 V장에서 확인한 바처럼, 수출의 성장기여도보다는 내수의 성장기여도가 더 크게 작용하고 있고, 경제성장률 모형에서 보듯이 경제성장의 최종소비지출 탄력성이 경제성장의 수출탄력성보다 더 크게 나타나고 있다는 사실 등에서 찾을 수 있다.

가. 복지국가의 경제성장

일부 학자들은 복지국가를 지향하는 나라들은 기업의 해외이전과 노동생산성 저하로 경제성장률이 낮아질 것이라는 주장을 펴고 있는데, 앞의 장에서도 살펴본 바와 같이 복지국가들의 연평균 성장률이 OECD 연평균 성장률보다 높다는 사실이 이러한 주장을 무색케 하고 있다. 복지국가의 롤 모델이라고 할 수 있는 스웨덴의 경우 유럽 재정위기 기간이 포함된 2006~11년 기간에도 OECD 국가들의 평균 성장률 1.2%(OECD *Economic Outlook* 2012)보다 높은 2.0%를 시현하고 있다는 사실을 보면 이들 주장이 옳지 않다는 것을 알 수 있다.

나. '사회적 임금'

많은 사람들은 스웨덴의 기업가들이 세금이 과중한데, '왜 다른 나라로 기업을 이전하지 않는지' 의아해 한다. 그 비밀은 '기업들이 근로자들에게 해 주어야 할 것을 정부가 해주기 때문' 이라는 James O' Coner(1990)의 사회적 임금(Social Wage)을 이해한다면 쉽게 풀릴 수 있다. 이러한 사회적 임금 형태로서의 정부의 복지지출은 기업가와 노동자들 간에 상당한 신뢰관계 혹은 협동정신을 향상시키는 데에도 큰 도움을 주고 있다.

이런 나라에서는 노사간에 팀워크도 잘 이루어져 생산성이 높아지고, 치열한 노사분규로 인한 사회혼란과 사회적 비용도 크지 않을 것으로 짐작된다. 여기에서 우리는 L. Thurow(1985)의 말을 상기할 필요가 있다. "더로

우는 주류경제학의 이론이 경제의 장기발전에 필수적이라고 할 수 있는 몇 가지 요인을 간과하고 있다고 지적했다. 그것은 다름 아닌 동기(motivation), 협동심, 그리고 팀워크의 세 가지라는 것이다"(이준구, 2011에서 재인용).

(3) 경제위기 대처수단으로서의 소득재분배정책

가. 가계부채 위기

우리나라도 최근 가계부채를 비롯한 국가채무, 공기업부채 및 기업부채 등이 급속히 증가하고 있어, 경제위기 위험이 예사롭지 않은 상태이다.

특히 우리나라의 가계부채 상황은 OECD가 경고하고 있을 만큼 위험한 수준으로 알려지고 있다. OECD는 '경제전망 보고서(2012.5.24.)' 에서 한국의 가처분소득 대비 가계부채비율이 2011년 3분기 154.9%로 미국발 금융위기 전인 2007년 145.8%보다 9.1%포인트 높아졌다고 밝히고 있다. 이는 재정위기에 처한 PIIGS 5개국 중 부동산거품이 꺼지면서 이미 디폴트 상태에 빠진 아일랜드(228.7%)를 제외한 4개국보다 높은 수치이다.

최근 우리나라는 가계부채 규모가 점증하고 있고, 은행권의 가계대출 제한으로 대출이자율이 상대적으로 높고 연체자 상승률도 높은 비은행권으로 가계대출이 이행하고 있으며, 근로소득자 외에도 자영업자의 가계대출 비중이 높아지고 있다.[1] 이미 OECD가 한국 가계부채 위험을 경고한 이후에도 이처럼 가계부채가 빠른 증가를 나타내는 현상은 우리 경제가 위기로부

---

1) YTN, 2012.10.31. "한국은행이 오늘 발표한 금융안정보고서에 따르면 자영업자의 부채 규모가 430조 원에 달하는 것으로 나타났는데…자영업자들의 부채는 지난 1년여 동안 무려 16.9%가 증가했습니다. 같은 기간 전체 가계부채 증가율보다 2배나 빠르게 늘어나고 있습니다. 일년에 버는 돈의 40% 이상을 대출이자와 원금을 갚는 데 쓰는 과다 채무 가구의 비중도 14.8%에 달합니다."

터 결코 자유로울 수 없다는 사실을 단적으로 알려주는 것이다.

나. 국가채무 급증

정부 산하 27개 공기업의 총부채도 지난해 말 약 361조 원으로 전년에 비해 40조 이상 증가한 것으로 나타났다.[2] 국가채무는 2012년 445조 9천억 원에 달해 한 해 이자만 20조 원을 넘어서며, 특히 적자성 채무는 221조 원으로 비중이 49.6%, 절반에 육박한다고 한다.[3] 부채규모도 문제지만 증가 속도가 매우 빠르다는 점이 더욱 심각성을 높이고 있다.

다. 기업부채의 증가

보험연구원(2012.8.7.)에 따르면 2011년 1분기 기준 우리나라 기업부채는 국내총생산(GDP)의 107%에 달한다.[4] 이를 환산하면 무려 1,300조 원이 넘는 규모이다.

기업이 부채규모를 늘리는 이유로는 투자를 하기 위해서, 법인세 부담 경감을 위해서, 경영권 방어를 위해서, 적자를 보전하기 위해서 등 다양한 이유가 존재한다. 그러나 기업부채규모가 GDP의 107%가 넘는다는 것은 문제가 될 수 있다.

특히 지난 IMF 외환위기가 우리나라 재벌기업들의 무리한 해외투자로 인해 당시 20조 원 가까운 외화차입금을 빌려 쓴 데서 주로 기인한다는 사실은, 우리로 하여금 다시 한 번 위기를 맞지 않을까 우려하게 만들지 않을 수 없다.

---

2) 소비자가 만드는 신문, 2012.10.12.

3) YTN, 2012.9.24. 14:53

4) 중앙일보, 2012.8.7일자

라. 피용자보수율 하락과 기업 및 재산소득 점유율 상승

현 정부에서는 부동산 경기 활성화를 위해 부동산 세제를 완화하고 부동산 담보대출을 확대하는 한편, 소위 '부자감세'라고 불리는 세제 개편을 실시하였는바, 그 결과 피용자보수율은 다시 하락하는 추세를 보이는 반면, 기업 및 재산소득 점유율은 점차 상승 추이를 나타내게 되었다. 피용자보수율은 중·저소득층과, 기업 및 재산소득 점유율은 고소득층과 관련이 깊다고 한다면, 이 결과는 현 정부의 정책이 소득격차를 더 높이는 결과를 나타낼 것이다.

이러한 현 정부의 정책과 다가오는 경제위기의 징후와는 관련이 없을까?

마. 유럽 재정위기 국가들의 상황

유럽의 재정위기를 겪고 있는 나라들(PIGS : Portugal, Italy, Ireland, Greece, Spain)도 모두 같은 기간 평균 경제성장률이 매우 낮은 수준에 머무르고 있는데, 이들 나라들은 앞의 〈부록표 3-1〉에서 보듯이 소득격차지수(5분위배율)가 공통적으로 높아서 우리나라와 거의 비슷한 수준이거나 더 높다. 남유럽 국가들(PIIGS)의 위기가 부동산 거품이 빠지면서 가계부채가 늘어난 데 기인한다는 점에서 매우 닮은꼴을 보이는 우리나라에서도 같은 위기를 겪게 될지 모른다는 우려를 금할 수 없다.

글로벌 금융위기의 진원지가 되었던 미국도 같은 기간 평균 경제성장률이 OECD 평균보다 낮은 0.9%[5]를 기록하고 있다. 미국의 소득격차지수가 〈부록표 3-1〉에서 보듯이 7.7로 매우 높은 수준이라는 사실과 낮은 경제성장률 및 금융위기가 관련을 갖고 있는 것은 아닐까?

5) OECD Economic Outlook No. 91. OECD Economic Outlook : Statistics and projections(database). 2012.

바. 소득 양극화와 버블

소득격차가 크게 벌어지면 — 양극화가 나타나면 — 고소득층은 내수기반이 취약하기 때문에, 투자보다는 고수익을 노린 투기로 전환하여, 부동산시장과 증권시장으로 몰려들면서 거품(bubble)을 키우고, 결국은 나라 전체 혹은 세계경제를 위기로 몰아넣는 사례가 많다는 사실은 이미 졸고(2009)에서 밝힌 바 있다. 최근의 남유럽 국가들도 부동산 거품이 꺼지면서 높은 가계부채로 인해 재정위기를 겪고 있음은 주지의 사실이다.

물론 각국의 소득격차와 금융위기 혹은 재정위기 등 경제위기와의 관계는 추후의 연구과제로 미룰 수밖에 없지만, 본서에서 보여주고 있는 사실은 소득격차가 크게 나타나면 경제성장에도 제약을 받게 되고, 경제위기로부터도 자유롭지 못하다는 점이다.

(4) 자동안정화장치로서의 소득재분배정책

자동안정화장치(automatic stabilizers *or* built-in stabilizers)란 경기침체나 호황 시에 정부가 개입하지 않아도 자동적으로 경기변동폭을 줄이고 경제를 안정시키는 장치를 말한다. 이러한 자동안정화장치는 정부 재정이 누진소득세제와 복지지출을 포함한 사회보장지출 구조를 함께 가지고 있을 때 더 큰 효과를 낸다. 즉, 불황일 때는 총수요를 증가시켜야 하는데 자동안정화장치가 마련되어 있으면, 세수가 감소하는 동시에 사회보장지출이 늘어나게 됨으로써, 정부의 별도 개입 없이 총수요 증대효과를 나타낸다는 것이다. 자동안정화장치가 경기대응 정책으로서 갖는 또 하나의 장점은 time lag 없이 즉시적으로 대응할 수 있어서 경기대응 효과가 매우 높다는 점이다.

(5) 사회통합 수단으로서의 소득재분배정책

우리 사회를 잠시 돌아보면, 부유층과 저소득층 간의 갈등, 수도권과 비수도권의 갈등, 노사간의 갈등, 재벌기업과 중소기업의 갈등 등 수많은 갈등들로 인해 국민들이 기꺼이 함께 뜻을 모을 수 있는 사회적 통합을 저해받고 있다.

가. 호주의 사례

OECD의 행복지수가 최고로 높은 호주의 경우, Ⅶ장에서 설명하고 있는 것처럼 강한 공동체 유대감을 갖고 있고, 시민참여 수준도 높다는 사실을 명심해야 한다. 또한 호주는 정부에 대한 신뢰의 척도이기도 하고 시민참여에 대한 척도이기도 한 투표 참여율이, 최근 선거에서 95%를 나타냈는데, 이는 OECD(평균 73%)에서 가장 높은 수준이다. 상위 20%의 투표 참가율이 96%이고, 하위 20%의 참여율이 94%로, 사회계층 간에 투표율 차이도 거의 없다. 이 차이도 OECD 평균 7%에 비해 매우 낮은 수준이어서, 호주의 민주적 제도 내에서 광범위한 포용이 이루어지고 있는 것이다.

나. 명품 추구와 과시적 소비

최근 고소득층의 명품 추구도 사회적 통합을 저해하는 한 요인이 되고 있다. 명품 추구를 이제는 중·저소득층까지 따라 하기에 급급하여, 가짜 명품까지 수입하다 적발되는 건수가 계속 늘고 있다는 보도도 잇따르고 있다. 이러한 현상은 T. Veblen이 말하는 과시적 소비(Conspicuous Consumption)의 전형이라고 말할 수 있다. 즉, 필요에 의해 상품을 구입하는 것이 아니라, 남에게 과시하기 위하여 구입한다는 것이다. 과시적 소비 현상은 소득격차가 크게 날수록 더욱 극성을 부리게 된다. 만약 소득격차가 거의 없다면 과시적 소비는 거의 사라질 것이다. 다시 말하면 우리나라의 소득격차는 위화감 조성 등 사회를 병들게 할 정도로 이미 크게 벌어져 있다는 사실을 반증하는 것이다.

더구나 과시적 소비가 문제가 되는 것은 구입 대상이 주로 수입품이라는 점에서, 국내생산 위축과 일자리를 빼앗기게 한다는 점이다. 필자가 수행한 다른 연구에서 분석한 결과에 의할 때, 만약 우리나라 수입상품의 1%만 국내생산으로 대체한다고 하더라도 연간 약 5.5조 원 이상의 국내생산 증대효과와 함께, 약 2만 명 이상의 일자리를 창출하게 될 것이다.

소득재분배정책으로 소득격차가 줄어들면, 앞서 인용한 L. Thurow (1985)의 협동심과 팀워크도 강화되어, 노사분규로 인한 기업의 비용 및 사회적 비용도 감소할 것이고 생산성도 증대할 것이다.

(6) 사회안전망의 확충수단

복지정책을 포함한 소득재분배정책을 강화하면 사회안전망의 질적 수준을 향상시키게 되어, 일터에서 안심하고 일할 수 있게 될 뿐만 아니라, 심지어 군복무에도 보다 더 충실하게 될 것이다.

우리나라의 사회안전망의 질은 OECD 국가들 중 최하위권이라는 사실은 앞에서 밝힌 바 있다. 사회안전망이 충실치 못하면, 경기변동으로 직장을 잃거나 중병에 걸리거나 혹은 사고를 당한 가장을 포함하여, 한 가정이 파괴될 수도 있다. 이 경우에 부담해야 하는 사회적 비용이 적지 않을 것이다. 반면, 사회안전망이 충실하면, 한 번 실패한 사람이라도 교육과 훈련을 받을 수 있는 여력을 갖게 되므로 충분히 재기할 기회를 갖게 된다.

따라서 복지정책은 단순히 시혜 차원에서 지불해야 하는 비용이 아니라 사후적으로 지불해야 할 사회적 비용을 줄이고, 한 사람이라도 더 생산력을 갖는 구성원으로 거듭나게 하기 위해 필수적으로 시행해야 하는 것이다.

(7) 사회적 임금으로서의 복지

James O' Coner(1990)의 사회적 임금(Social Wage)은 정부가 복지지출을 통해 근로자들에게 다양한 복지혜택을 제공함으로써, 기업이 지불해야 할 노동 재생산비용을 정부가 덜어준다는 의미에서 사용하고 있다. 물론 이러한 복지혜택에는 의료비는 물론 사회보험 지원을 포함하여, 교육비 지원과 주거비 지원 등 다양한 혜택이 포함될 수 있다.

이러한 사회적 임금이 확산될수록 기업이 지불해야 하는 노동비용은 상대적으로 적어지게 되므로 기업에게도 이익이 된다.

(8) 출산율 증가를 위한 복지정책

우리나라는 출산율이 전 세계에서 가장 낮은 1.15명(2010년 기준)이며 계속 감소세를 나타내고 있다고 한다. 출산율이 낮아지면 초고령화 사회로의 진입 속도가 빨라질 뿐 아니라, 노동력 저하로 경제성장도 어려워지기 때문에, 미국을 비롯한 선진국들도 출산율 감소에 매우 민감하게 반응을 보인다.

우리나라의 출산율이 낮아지는 이유는 무엇일까? 이에 대한 연구는 많이 있지만, 대체로 첫째 사교육비를 포함한 교육비 부담, 둘째 출산과 양육에 필요한 시간과 비용 등을 손꼽는 데 이의를 달 사람은 많지 않을 것이다. 따라서 교육복지와 출산 및 양육과 관련된 복지정책이 시급하다.

만약 교육비 부담이 거의 들지 않고 자녀 출생에서부터 양육 등에 이르기까지 비용이 거의 들지 않는 북유럽 국가들처럼 우리의 복지수준이 높아지면, 출산율이 급속히 높아질 수 있을 것이다. 출산율이 높아지면 초고령화 사회로의 진입도 자연히 늦춰질 것이다.

가. 교육복지

우선 교육복지 차원에서 우리나라의 교육환경을 살펴볼 필요가 있다.

우리나라의 교육열은 세계적으로도 최고의 수준이어서 다음 [그림 6-4]에서 보듯이 24세에서 34세 사이의 인구 중 고졸 미만의 인구 비중은 2% 수준으로 OECD 국가들 중 최저수준이다. 이는 우리나라 학부모들이 어떻게든 고등학교는 물론 대학교까지 마치게 하려는 노력 때문일 것이다. 그 결과 앞에서 행복지수의 교육 평가항목이 매우 높은 점수를 얻은 사실은 이미 밝힌 바와 같다. 또한 앞 장에서 언급한 것처럼 우리나라의 노동생산성이 OECD에서 가장 높다는 것도 이런 교육열 때문이라고 보아야 한다.

| 그림 6-4 | OECD 국가들의 고졸 미만 인구 비중(25~34세 및 25~65세)

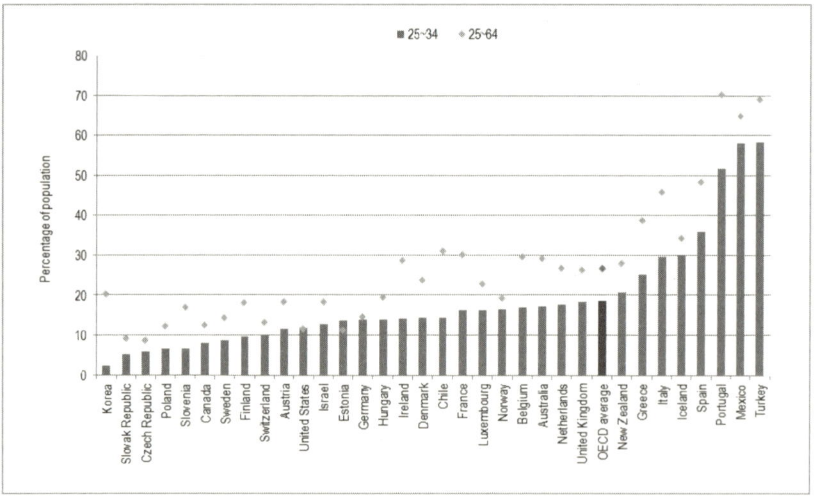

자료 : OECD(2011), *Education at a Glance 2011 : OECD Indicators*, OECD, Paris

위의 그림에서 최근 재정위기를 심각하게 겪고 있는 PIGS(포르투갈, 이탈리아, 그리스, 스페인)들의 고졸 미만 인구 비중이 높다는 사실은 우연이 아닐 것이다.

우리나라는 그동안 교육기회 균등의 원칙을 준수하여, 재산이나 소득 수준과 관련없이 공정한 방식으로 우수한 인재들을 배출해 왔고, 법관과 공무원 채용 시에도 사법시험과 행정고시 등을 통해 우수한 공직자를 채용해 왔다는 사실이 그나마 우리 사회를 지켜주는 버팀목이 되어 왔었다. 그러나 최근에는 자사고와 특목고 등이 등장하면서 이들 고등학교에 진학하기 위해 사교육비를 더 많이 지출해야 할 뿐 아니라 상대적으로 교육비가 더 많이 드는, 따라서 부유한 집 자제가 들어가기 쉬워지는 식으로 교육제도가 바뀌면서, 교육기회 균등의 원칙이 훼손되고 있다.

교육기회 균등의 원칙이 중시되어야 하는 이유는 우수한 자질을 가진 학생이 학비나 사교육비 등의 문제로 진학하기 어려울 경우, 국가 전체로도 손실이 크기 때문이다. 따라서 고등학교까지는 재산이나 소득수준에 관계없이 모든 사람들이 진학할 수 있도록, 의무교육 혹은 무상교육으로 전환하고, 대학교의 경우에도 원하는 학생들에게는 외국의 사례처럼 사립대학에도 재정지원을 통해 많은 학생들이 지원토록 해야 할 것이다. 독일과 프랑스처럼 모든 대학이 국립으로 되어 등록금을 한 푼도 내지 않고도 진학할 수 있을 만큼 대학까지 지원하기에는 우리나라의 재정이 허락하지는 않겠지만, 최소한 일본의 예처럼 1인당 국민소득이 5천 달러를 넘어설 때부터 사립대학을 지원한 예는 본받을 필요가 있다. 많은 국민들로부터 징수한 교육세 등의 재원으로 국립대학에만 지원해 주고, 사립대학에 진학한 학생들에게는 지원을 해 주지 않는다면, 교육세를 납부한 학부모의 입장에서는 공평성의 문제를 제기할 수밖에 없다. 사립대학의 등록금이 국립대학에 비해 비싼 가장 큰 이유도, 이처럼 교육세 재원이 대부분 국립대학에게만 지원되고 있는 사실에 기인하는 것이다.

따라서 학부모의 교육비 부담을 완화하기 위해서는 우선적으로 고등학교까지 의무교육 · 무상교육으로 전환하고, 자율형 사립고와 각종 특목고 등 사교육을 부추기는 제도를 폐지하여 교육기회 균등의 원칙을 강화해야 한다. 또한 지식 · 기술 · 정보 등이 주요한 생산요소로 등장하고 있고, 부의 원천으로도 작용하고 있는 시대(디지털경제시대)로 접어들고 있는 만큼, 인적자본(human capital)을 강화하기 위해 대학에 대한 재정지원도 늘려나가야 한다.

교육비의 가계비 비중이 날로 높아가는 상황에서, 고소득층을 제외한 중산층 이하의 가계에서는 다른 소비 지출을 억제하더라도 교육비 지출은 줄이려고 하지 않기 때문에 가계의 압박이 더 커지고 있는 것이다.

✚ 한국의 교육빈곤층

한겨레신문(2012.11.26일자)은 현대경제연구원의 발표를 이용하여 우리나라 교육빈곤층에 대한 기사를 전하고 있다.

"현대경제연구원이 8월 발표한 '국내 가구의 교육비 지출구조 분석' 보고서를 보면, 교육빈곤층의 실체가 나온다. 연구원 조사 결과, 지난해 기준으로 모두 82만 4,000가구가 교육빈곤층에 속했다. 자녀 교육비 지출이 있는 가구의 13%를 차지한다.

이들 교육빈곤층은 소비지출의 28.5%를 자녀 교육비에 쓴다. 자녀 교육비 지출이 있는 전체 가구 평균인 18%보다 월등히 높다.

부모 연령별로 보면, 중고등학생 자녀를 둔 40대의 교육빈곤층 비중이 17.1%로 가장 높았다. 여성들이 취업 전선에 뛰어드는 연령대와 겹친다.

학력별로는 고졸 부모 가구에서, 직종별로는 서비스 · 판매와 단순노무직에서 교육빈곤층의 비중이 더 높게 나타났다. 소득이 낮은 가구일수록 전체 지출 가운데 교육비 지출이 차지하는 비중이 높고, 그 결과 가계가 다시 불안해지는 악순환을 겪고 있는 것이다."

경향신문(2012.11.25.)에서도 삼성생명 은퇴연구소의 설문조사 결과, "복수응답 기준 '현재와 미래의 불안요인'으로는 자녀의 교육과 취업 · 결혼비용 등 뒷바라지 문제가 42.7%를 차지했다."고 밝히고 있다.

이런 상황에서 출산율이 어떻게 높아지기를 기대할 수 있겠는가? 이러한 상황에서 일부 재벌기업 가족과 전문직 종사자 등 부유층은 교육비가 훨씬 더 드는 외국인학교에 부정입학까지 시키려다 적발되는 사례를 어떻게 보아야 할까?

따라서 OECD에서 경고하고 있는 것처럼 '경제성장을 위해 필요한 고등학교 교육'[6]까지는 국가가 교육비를 지원해야 한다.

영유아 무상교육도 포함됨은 물론이다. 이것이 교육복지의 첫걸음이다. 이런 교육복지가 실현된다면, 출산율 제고에 큰 도움이 될 것이다.

북유럽 국가들 외에도 독일이나 프랑스와 같은 국가들은 대학교도 모두 국립으로 하고, 학비도 전혀 없다. 다만 학생자치회비만 부담할 뿐이다. 북유럽 국가들과 독일 및 프랑스의 경우 경제성장률이 OECD 평균 증가율보다 높다는 사실은 이미 앞에서 언급한 바 있다.

따라서 대학까지는 못하더라도 최소한 영유아 교육부터 고등학교까지는 공교육화 또는 국가에서 전액 보조하는 정책을 펴야, 경제성장 촉진과 함께 출산율 제고 및 교육기회 균등 달성 등 세 마리 토끼를 동시에 잡을 수 있을 것이다.

나. 출산 및 양육 관련 복지

최근 대선정국에서는 정도의 차이는 있지만, 출산휴가를 남편에게도 주

6) OECD(2011), *Education at a Glance 2011: OECD Indicators*, OECD, Paris.

어 출산에 도움을 주자는 공약이 나오고 있다. 북유럽에서는 이미 남편도 1년간의 출산휴가를 주어 출산뿐 아니라 산후조리와 양육에도 도움을 주게 하고 있다. 우리나라에서도 뒤늦은 감은 있지만 이러한 공약이 실천되면, 충분하지는 않지만 다소 출산율 제고에 도움을 줄 수 있을 것으로 기대한다.

다만 이런 정도의 출산복지 수준만으로는 출산율을 충분한 수준까지 높이기 어렵다는 점이다. 왜냐하면 출산을 기피하는 또 다른 이유 중의 하나는 양육비와 병원비 등의 비용이 맞벌이 부부라도 감당하기 어려운 가계가 많다는 점 때문이다. 누군들 자식을 남부럽지 않게 키우고 싶지 않겠는가? 그러나 소득격차가 매우 높은 상황에서 특히 상대적으로 출산율이 높은 저소득층에게 충분한 소득이 주어지지 않는다면, 출산율을 최소한 인구감소가 일어나지 않는 수준까지 도달케 하기는 어려울 것이다.

따라서 출산율 제고를 장기적으로 추진하기 위해서라도 복지 확대 및 소득재분배정책이 강화되어야 한다. 우리나라에서도 당장에 복지국가 수준까지는 이르지 못하더라도 복지 확대정책을 시급히 실시해야 한다.

5 소득재분배정책(복지정책 포함)의 방향

(1) 노동시장정책의 변화

노동시장정책의 변화로 임금근로자들이 노동생산성에 걸맞은 임금을 확보할 수 있도록 한다면, 소득격차 해소에 도움이 될 뿐만 아니라 가계소득과 기업소득 간의 양극화 문제도 대부분 사라질 것이며, 정부의 복지지출 부담도 크게 줄어들 수 있다는 점에서 매우 중요한 정책이다.

노동시장정책의 변화는 이제까지의 친기업적 정부로부터 노동시장에서 일한 만큼 정당한 보수를 받을 수 있도록, 기업 측과 노조 간의 협의가 원활히 이루어지도록, 정부가 중립적인 입장에서 중재자 역할을 강화하는 쪽으로 전환하는 것을 말한다. 미국 노동정책의 역사적 과정을 살펴보면, 노조가 지나치게 강한 입장을 고수할 때는 친기업적 정책을, 기업이 지나치게 강한 입장을 고수할 때는 친노동적 정책을 번갈아 펴 왔다는 사실을 알 수 있다.

우리나라가 친기업적 노동시장정책을 펴 온 이유는 물론 저임금을 통한 기업의 수출품 경쟁력을 강화하고, 기업의 투자재원을 확보케 하려는 데 주 목적이 있었다고 보아야 한다. 그러나 이제 우리나라 기업들도 저임금을 통한 가격경쟁력으로 국제시장에서 성공하기 어렵게 되어, 품질과 기능 및 기술 등을 통해 경쟁력을 갖춰야 할 단계에 이미 접어들었다. 다른 한편으로는 Ⅳ장 '그림으로 보는 한국경제' 에서 살펴보았듯이 기업저축률이 매우 높아졌고, 투자재원자립도도 이미 100%를 넘어섰다는 점에서, 계속 친기업적 정책을 펴야 한다는 논리는 정당성을 갖지 못한다.

오히려 Ⅴ장에서 살펴본 것처럼, 내수의 경제성장 기여도가 상대적으로 수출의 기여도보다 크고, 경제성장의 최종소비지출 탄력성도 수출보다 훨씬 크게 나타난다는 사실에 주목한다면, 임금이 점점 더 높은 비중을 차지하는 가계소득을 늘려, 경제성장에 도움이 되는 정책을 펴야 할 것이다.

따라서 이제는 정부가 최소한 중립적인 입장에서 노사관계를 조정하여, 기업으로 하여금 생산성에 걸맞은 임금을 지불하도록 하는 한편, 강성노조의 지나친 임금인상 투쟁을 막아야 한다.

이러한 정부의 노동시장정책에는 비정규직을 포함하여, 임시직과 일용직 그리고 파견근로자들의 고용불안정을 해소하고, 용역업체를 동원한 노조파괴나 정리해고 및 위장폐업 등을 규제하는 정책이 포함됨은 물론이다.

비정규직의 문제는 노조로 하여금 장시간노동을 정규시간으로 줄이는 대신 초과근로에 대한 임금 몫을 덜 받고, 이러한 임금 여유 몫을 비정규직 혹은 신규채용으로 흘러들어가게 하는 방식으로 풀어나가야 할 것이다. 이러한 방식은 근로자에게도, 새로운 일자리 창출에도 도움이 될 뿐만 아니라 기업에게도 큰 도움이 될 수 있다. 왜냐하면, 이미 몇몇 기업에서는 이렇게 초과근로시간을 줄임으로써 노동생산성이 크게 향상되는 성과를 나타내고 있기 때문이다. 노동생산성의 향상은 노동시간을 줄여 피로감을 줄이고 집중력을 높인다는 측면에서도 이루어지지만, 다른 한편으로는 근로자들이 여가시간을 활용하여 재충전(re-creation)과 업무능력 증대를 위한 학습 기회를 갖게 한다는 측면에서도 이루어지기 때문이다.

(2) 가계소득과 기업소득의 양극화 완화

우리는 앞의 Ⅳ장 '그림으로 보는 한국경제'에서 우리나라의 임금근로자 수는 이미 1,700만 명을 넘어서고 있으며, 가계소득에서 차지하는 임금소득의 비중이 가장 높다는 사실을 확인한 바 있다. 그러나 한편으로는 가계소득/기업저축의 배율이 급속히 떨어지고 있다는 사실을 확인하였다. 이것은 가계소득 증가가 기업소득 증가에 비해 현저하게 떨어지고 있다는 사실을 의미한다. 특히 법인세 인하 등 부자감세정책이 실시된 이후 더욱 가계소득과 기업소득의 양극화가 심화되고 있다. 이런 양극화 현상은 가계저축률과 기업저축률에서도 극단적으로 나타나고 있다.

이처럼 가계소득과 기업소득의 양극화 원인은 가계부문과 기업부문으로 나누어 살펴볼 필요가 있다.

✚ 가계부문

가계소득이 상대적으로 증가 속도가 낮은 이유는, 첫째 비정규직을 포함하여 임시직과 일용직 그리고 파견근로자들의 고용불안정으로 인한 임금소득의 상대적 열악성, 둘째 노동생산성 대비 상대적으로 낮은 임금 수준, 셋째 배당소득 등 기업소득의 가계소득으로의 환류성 약화, 넷째 부동산 경기 활성화 정책의 결과 가계부채의 증가와 그에 따른 순수취 이자소득의 감소 등이 주요 원인이다.

✚ 기업소득부문

이에 비해 기업소득이 상대적으로 크게 늘어난 이유는, 첫째 재벌기업을 위시한 대기업들의 시장지배력이 커지게 되어 독점적 이윤을 포함한 영업잉여가 크게 늘어났고, 둘째 법인세 인하 등의 조치로 처분 가능한 이윤이 더 커진 데다가, 셋째 소액주주를 포함한 많은 주주들에게 배당을 상대적으로 적게 해 주었기 때문이다.

따라서 가계소득과 기업소득의 양극화를 완화시키려면 노동시장정책에 대한 정부의 태도 변화가 필요하다.

(3) 임금근로자 가계에 대한 노동의 재생산비 지원

Ⅳ장에서 우리는 임금근로자 수가 꾸준히 늘어나, 가계소득 중 임금의 비중이 높아지고 있는 반면, 가계소득/기업소득 배율은 크게 낮아지고 있다는 사실을 확인한 바 있다. 따라서 우리 경제구조가 건강한 구조를 갖게 하기 위해서라도, 임금근로자 가계를 튼튼하게 뒷받침해 주어야 한다. 이들에 대한 복지 확대는 노동의 재생산, 즉 결혼, 출산, 양육 및 교육 등을 통해 건강한 노동이 계속 재생산되도록 한다는 점에서 비용이라기보다는 일종의 투자로 보아야 한다. 왜냐하면 건강한 노동이 계속 재생산되는 경제구조하에서만 생산성의 증가를 통한 경제성장과 내수확대를 통한 투자증가와 경

제성장이라는 선순환이 가능하기 때문이다.

물론 현재의 재정형편으로 많은 임금근로자 가계를 지원하기는 어렵겠지만, 건강한 노동의 재생산이 어려운 형편에 있는 **차상위계층**까지라도, 최소한 노동의 재생산비, 즉 기초적 주거와 의료, 출산, 양육, 교육 등에 소요되는 비용을 일부 보전해 주거나 시설을 마련해 주어야 한다.

> ※ **차상위계층**이란 기초생활수급권자가 아니면서, 소득금액이 최저생계비의 120% 이하인 가구를 말한다. 현재는 의료급여만 제공되며, 의료급여의 범위도 희귀난치성질환자, 만성질환자, 18세 미만 아동 등으로 제한되고 있다.

이러한 정책에는 주택건설정책도 투기를 조장하는 식의 주택정책이 아니라, 인간다운 삶을 영위할 안정된 삶의 터전을 마련해 준다는 의미에서의 주택정책으로 전환해야 함을 의미하며, 우선적으로 차상위계층까지 저가 임대주택 등을 제공하기 위해 저가 임대주택 공급을 확대해야 한다.

(4) 부자감세의 철회와 누진과세의 강화

소득재분배정책의 방향은 기본적으로 담세능력이 큰 고소득자에게 높은 세율을 부과하고 담세능력이 적은 저소득자에게는 낮은 세율을 부과하는 한편, 취약계층에 대해서는 다양한 복지혜택을 제공하는 방향으로 설정되어야 한다.

이를 위해서는 부자감세의 철회 및 최고세율 인상 등 고소득자와 고소득법인에 대한 과세를 강화하고 근로소득자들에 대한 공제 폭 확대 등을 통해 중·저소득층의 가처분소득을 증대시켜야 한다. 실현된 자본이득에 대해서도 납세의무를 부과하고,재벌계열사에 대한 배당세도 부활시켜야 한다. 아울러 부동산 세제 강화와 재벌기업 소유 업무용 토지에 대해서도 과세하여 조세 감면혜택을 축소할 필요가 있다.

복지지출도 내수 확대에 기여할 것이며, 차상위계층에 대한 복지 확대는 생산적 인구의 인적자본 형성에 기여한다는 점에서, 기초생활수급권자에 대한 복지지출은 사회안전망의 확대와 사회보험적인 성격 강화라는 측면에서 확대할 필요가 있다. 복지재원은 그동안 일방적으로 증대되어 온 기업소득에서 이끌어 내야 한다. 사실상 기업소득은 노동과 자본이 함께 생성한 성과물이라고 볼 수 있기 때문에, 이제는 소득의 양극화와 가계소득과 기업소득의 양극화를 치유하기 위해, 일부는 법인세율의 차별적 인상 등을 통해 복지재원으로 쓰여져야 한다.

가. 한국의 소득재분배기능 취약

우리나라 정부재정의 소득재분배기능은 OECD 회원국 중 최하위권에 속할 정도록 극히 취약하다. 조세 및 이전지출의 소득재분배 효과를 나타내는 〈부록표 6-1〉을 살펴보면, 정부의 소득재분배 정책으로 소득격차를 줄이는 효과가 극히 미약하다는 사실을 분명히 파악할 수 있다.

"시장소득과 가처분소득으로 측정된 지니계수의 차이는 조세와 이전지출로 인해 소득불평등이 감소된 정도를 나타낸다. OECD 회원국의 경우 조세 및 이전지출로 인해 시장소득의 불평등이 감소된 정도는 평균 31.3%인데, 우리나라의 경우에는 8.4%에 그치고 있어, [행복지수 최하위권인] 멕시코와 칠레 다음으로 낮은 수준이다"(강병구, 2012).

※ 로렌츠곡선(Lorenz curve)과 지니계수(Gini coefficient)

일반적으로 소득불평등도를 나타내기 위해 로렌츠곡선과 지니계수, 5분위배율, 10분위지수 등이 많이 사용되고 있다.

- 로렌츠곡선은 최저소득자부터 최고소득자까지 인구의 누적백분비(%)를 가로축으로, 최저소득부터 최고소득까지 소득의 누적백분비(%)를 세로축으로 삼아 현재의 소득분포를 그릴 경우, 대각선(완전평등선) 아래에 초생달 모양의 궤적을 나타내게 된다.
- 지니계수는 이 초생달 모양의 넓이를 대각선 아래의 삼각형의 넓이로 나눈 값이다. 따라서 지니계수가 0에 가까울수록 소득격차가 작다는 것을 의미하며, 지니계수가 1에 가까울수록 소득격차가 크다는 것을 의미한다.

"또한 〈부록표 6-2〉에서 조세와 이전지출로 인해 빈곤율이 감소된 정도를 보면 OECD 회원국 평균은 57.7%인데, 우리나라의 경우에는 14.3%에 그치고 있어 OECD 회원국 중에서 멕시코 다음으로 낮다. 따라서 우리나라 조세 및 재정체계의 소득재분배효과는 상당히 미약하다"(강병구, 2012).

"이와 같이 조세재정체계의 재분배기능이 취약한 것은 무엇보다도 조세수입의 측면에서 조세부담률이 낮고 공평과세가 이루어지지 않기 때문이다. 개인소득세의 경우 다양한 비과세감면제도로 인해 근로소득세 및 종합소득세의 과세비율이 낮을 뿐만 아니라 고소득 자영업자의 경우 소득탈루로 인해 소득세의 소득재분배 효과를 크게 떨어뜨리고 있다. 법인세의 경우에도 각종 비과세 감면혜택이 재벌 대기업에 집중되어 조세부담의 불공평을 발생시키고 있다. 더욱이 역진적인 성격을 갖는 간접세의 비중이 점차 증가하기 때문에 조세체계의 전반의 재분배기능이 더욱 약화되고 있다.[7] 재

7) 한국납세자연맹의 2012년 4월 9일자 보도자료에 의하면, 국세에서 간접세가 차지하는 비중은 2007년 48.3%에서 2010년 53.1%로 4.8%p 증가하였다.

정지출의 측면에서도 과도한 토건 및 국방지출로 인한 복지지출의 압박은 재정지출을 통한 소득재분배기능을 취약하게 만들고 있다”(강병구, 2012).

✚ 누진세율의 수준

정부재정의 소득재분배기능을 강화하기 위해서 누진세율을 어느 수준까지 높여야 하느냐의 문제는 스턴(N. Stern, 1976)의 최적선형누진세율 모형을 참고로 할 필요가 있다.

스턴은 동 모형에서 최적선형누진세율은 국민들의 평등에 대한 선호가 클수록 높아지게 되며, 평등에 대한 선호가 낮을수록 최적선형누진세율이 낮아진다고 밝혔다. 우리나라 국민들의 평등에 대한 선호가 어느 수준인지를 측정하기는 어렵지만, 현재와 같은 소득분배 상황에서 국민들의 불평의 목소리가 커지고 있는 만큼, 현재 수준보다는 누진세율세도를 강화해야 할 필요가 있다고 판단된다.

나. 낮은 조세부담률

“우리나라의 조세부담률과 국민부담률은 1970년대 이후 지속적으로 증가하였지만, 여전히 OECD 회원국의 평균수준에 비해 크게 낮은 수준이다. 〈표 6-4〉에서 보듯이 조세부담률의 경우 1975년에 GDP 대비 14.9%에서 2008년 20.7%로 증가한 이후 2009년 19.7%로 감소하였고, 국민부담률의 경우 동 기간에 15.1%에서 25.5%로 증가하였다. 그러나 2009년 조세부담률과 국민부담률의 경우 각각 OECD 회원국 평균의 80.1%와 75.4%에 불과한 수준이다. 특히 이명박 정부의 감세정책으로 인해 2008년 이후 조세부담률과 국민부담률이 지속적으로 감소하고 있다”(강병구, 2012).

〈표 6-4〉 조세부담률과 국민부담률의 추이(%)

		1975	1980	1990	1995	2000	2003	2004	2008	2009	2010
조세 부담률	한국	14.9	17.1	17.9	18.1	19.6	20.4	19.5	20.7	19.7	19.3
	OECD 평균	23.1	24.5	26.7	26.5	27.9	26.8	26.5	25.8	24.6	
	한국/OECD	64.5	69.8	67.0	68.3	70.3	76.1	73.6	80.2	80.1	
국민 부담률	한국	15.1	17.2	18.9	19.4	23.6	25.3	24.6	26.5	25.5	25.1
	OECD 평균	29.7	32.0	34.8	35.7	37.1	36.3	35.9	34.8	33.8	
	한국/OECD	50.8	53.8	54.3	54.3	63.6	69.7	68.5	76.1	75.4	

자료 : OECD, *Revenue Statistics 1965-2010*, 2011. 강병구(2012)에서 재인용.

(5) 사회적 합의의 도출

복지정책을 포함하여, 소득재분배정책은 '가진 자' (the Haves)와 '갖지 못한 자' (the Have-nots) 사이에 이해관계가 상충되기 때문에, 앞에서 우리가 살펴본 바처럼 소득격차 완화가 행복지수, 경제성장 및 경제안정화에도 중요한 역할을 한다는 점을 인정한다고 하더라도, 정치적으로 쉽게 타결되기는 어려운 경우가 많다. 특히 우리나라처럼 경제적 부가 집중된 계층에게 언론 등 사회적 권력과 정치적 권력이 집중되는 경향이 큰 나라에서는 더욱이 힘든 일이다.

따라서 소득격차 완화정책을 제대로 실시하기 위해서는 먼저 사회적 분위기의 전환을 통해 국민적 합의를 도출해야 할 것이다.

가. '노블리스 오블리제' 와 '버핏세'

따라서 고소득층이 'noblesse oblige' 의 정신으로 부자증세를 자청하거나, 사회에 대한 기부금을 선뜻 내놓는 풍토가 조성된다면, 소득격차 완화는 물론 건전한 소비행태와 나아가 경제성장과 안정화에도 큰 도움을 줄 수 있을 것이다. 물론 우리나라에서 이러한 일이 일어나리라고 기대하는 사람은 별로 없을 것이다.

그러나 미국과 같은 선진국에서는 최고 갑부에 속하는 Warren Buffett과 George Soros 등이 부자증세를 목표로 한 버핏세(Buffett rule) 도입을 주장하고 있으며, 최근 오바마 대통령 재선 이후로는 미국 공화당 의원들조차 '부자증세'에 가세하고 있는 실정이어서, 최상위 소득계층 2%에 부자증세를 실시하기로 합의가 이루어지고 있다고 한다. 미국에서는 부유층의 기부문화가 이미 광범위하게 확산되고 있으므로, 우리나라에서도 사회적 공감대가 마련된다면 기대해 볼 수 있으리라는 희망을 갖는다.

사실상 우리나라에서 이런 일들이 벌어지면, 정말 '탐욕스런 부자' 대신 '존경받는 부자'로 거듭날 수 있을 것이다.

나. 한국 재벌들이 국민들에게 진 빚

필자는 재벌기업을 비롯한 우리나라 대기업의 총수들은 실은 국민들에게 많은 빚을 지고 있다고 생각한다. 우리나라 재벌기업들이 오늘날에 이르기까지는 수많은 국민들의 도움이 엄청나게 컸기 때문이다.

왜냐하면 첫째, 개발도상국 시절에 우리나라 기업들의 국내 생산품들(TV, 냉장고, 세탁기 등 전자제품과 자동차)이 아직 열악한 수준임에도, 당시 수출가격보다 배 이상 비싼 가격으로 우리 국민들이 사 주지 않았더라면 재벌기업들이 오늘날처럼 성장할 수 있었을까?

둘째, 1970년대 당시 인플레이션율이 높아 실질이자율이 마이너스인데도 정부에서는 각급 학교 입학할 때마다 장기 저축예금통장을 만들게 하는 등 저축장려정책을 펴 왔는데, 우리나라 많은 국민들이 마이너스 실질 금리로 자본을 모아주지 않았더라면, 재벌기업들이 오늘날처럼 성장할 수 있었을까?

셋째, 1970년대 은행 대출금리가 25%에 달할 때 수출기업들에게는 5%의 턱없이 낮은 이자율로 정책금융을 제공하여, 무려 20%의 이차보전을 국민들의 세금으로 부담하였는데, 이러한 이차보전이 이루어지지 않았더라면 재벌기업들이 오늘날처럼 성장할 수 있었을까?

넷째, 전 세계에서 최고 수준의 노동생산성[8]을 보유한 우리나라의 근로자들이 저임금 장시간노동을 통해 수출경쟁력을 뒷받침해 주지 않았더라면, 과연 재벌기업들이 오늘날처럼 성장할 수 있었을까?

다. IMF 외환위기와 재벌기업의 외화채무

특히 전 국민이 고통을 받은 IMF 외환위기 때에도 재벌기업들은 국민들에게 엄청난 빚을 졌다고 보아야 한다. 지난 IMF 외환위기는 외부로부터 발생한 위기라기보다는, OECD 가입과 외환거래 자유화 등 준비 없는 문호개방정책의 잘못과 함께, 재벌기업들의 무분별한 해외투자로 인한 막대한 외화차입, 그리고 사채업자를 양성화한다는 취지에서 설립한 많은 파이낸스사들의 단기 외화차입 등이 불러온 내부로부터 발생한 위기라고 할 수 있기 때문이다.

한나라당 공적자금국정조사특별위원회의 「공적자금 조사보고서」(2001. 5.)를 보면 이러한 내용을 잘 살펴볼 수 있다.

---

8) 우리나라는 문맹률이 극히 낮고, 교육열이 매우 높아 노동생산성이 매우 높은 것으로 알려지고 있다. OECD Economic Outlook 91 Database에 의하면 우리나라 노동생산성은 1984~94년간에도 OECD 회원국 평균 1.9%보다 훨씬 높은 5.9%의 최고 수준이며, 여러 번의 경제위기가 포함된 1995~2011년 기간에도 OECD 회원국 평균 1.5%보다 훨씬 높은 3.5%의 수준이다.

"1998년 상반기 중의 대규모 외채상환(아래 표 참고) 이후에도 기업들의 외채는 7월 말 현재 장기 300억 4천만 달러, 단기 187억 6천만 달러 등 총 388억 달러에 달하였고, 모건스탠리(Morgan Stanley)는 연말까지 200억 달러의 외채상환요구가 있었을 것으로 추산"(p. 67)

	현대	삼성	대우	LG	SK	합계
자금조달액	4,527.4	2,396.0	8,568.8	2,123.4	1,839.6	19,455.2
외채상환	1,790.2	1,964.1	258.4	1,889.1	1,543.5	7,445.3

"정부는 재벌의 외화부채에 대해 적절한 대응방안을 마련하지 않고, 당장의 시장안정을 위해 이들이 국내에서 회사채 발행을 통해 자금을 끌어들여 외채를 갚는 형태를 묵인함으로써, 문제를 3년 후로 지연시키고 결국 현재의 회사채 시장마비를 초래하고, 국민부담을 늘린 결과 초래"(p. 67)

동 보고서에 의하면, "외환위기를 극복하기 위해 당시 정부발표 1차 공적자금만 하더라도, 당해연도 정부예산보다 많은 109조 원을 웃돌았으며, 국민혈세부담이 가구당 840만 원에 달하는 것"(p.6)으로 추정하고 있다.

필자는 이처럼 재벌기업들이 IMF 외환위기를 불러온 책임의 일단을 져야 함에도, 오히려 위기극복 과정에서 가장 큰 혜택을 받았다고 생각한다. 왜냐하면 외채상환에 어려움을 겪을 때 정부가 지급보증과 함께 신탁회사로 하여금 재벌기업의 회사채를 인수케 하여 재벌기업 회생에 큰 도움을 주었을 뿐만 아니라, 노조 때문에 어려움을 겪던 재벌기업들이 대량해고를 포함한 구조조정도 국가적 위기상황을 이용하여 손쉽게 실천할 수 있었기 때문이다. 물론 이 과정에서 노동시장의 유연화 — 근로자의 입장에서는 직업안정의 불안정성 증대— 도 함께 이루어진 것이 사실이다.

이외에도 헤아릴 수 없는 특혜를 받으면서, 국민들이 부담한 희생은 전혀 도외시한 채, 재벌 일가에게만 그동안 축적한 부를 나누어 주고, 이제는 여세를 몰아, 중소기업 영역과 중소 유통분야까지 넘보는 실태는 어떻게 이해해야 할까?

(6) 탈세자는 무덤까지 쫓아간다

이제부터라도 국민들에게 진 빚의 일부라도 갚는 심정으로 'noblesse oblige'의 정신을 실천한다면, 국민들은 '탐욕스런 부자' 대신 '존경받는 부자'로 여기게 될 것이다. 한걸음 더 나아가 국민경제적 차원에서는 소득격차의 완화에 따른 최종소비지출 증대와 경제성장 및 경제안정화까지 실현할 수 있는 지름길로 들어설 것이다.

그러나 재벌기업을 비롯한 고소득층에게 소득재분배정책에의 자발적 참여를 기대하는 것만으로는 부족하다. 소득재분배정책을 성공적으로 추진하기 위해서는 사회적 분위기 조성이 전제가 되지만 충분조건은 되지 못한다. 충분조건이 실현되려면 미국의 속담처럼 '탈세자는 무덤까지 쫓아간다'라고 할 정도의 철저한 세무행정과 납세풍토가 뒷받침되어야 하며, 고액 납세자에게는 그에 걸맞은 사회적 대우도 해 줄 필요가 있다.

예컨대 미국의 일부 주에서는 고액 납세자들을 중요 행사에 초청하여 주지사 옆에 앉게 하는 예우를 해 주고 있다.

6 소득재분배정책 수단 예시

소득재분배정책의 수단들을 예시해 보면 다음과 같다.

(1) 친기업적 노동시장정책에서 중립적 노동시장정책으로의 전환

(2) 가계소득과 기업소득의 양극화 완화

(3) 임금근로자 가계에 대한 노동의 재생산비 지원을 위해 차상위계층까지 기초 복지 확대

(4) '부자감세' 철회와 함께 고소득층 및 고소득법인에 대한 최고세율구간 확대

(5) 기업의 이윤 중 사내유보(기업저축)분에 대해서도 지상배당세를 적용하여, 기업소득의 가계소득으로의 환류성 증대

(6) 고소득층 및 고소득법인에 대한 탈루세액 징수 강화 및 처벌규정 강화

(7) 부동산 관련 과세 감면 대상 축소와 정상화

(8) 자본거래과세제도 혹은 실현된 자본이득에 대한 과세제도 도입

(9) 재벌 계열사에 대한 배당세 부과제도 복원

(10) 상속세와 증여세 강화 및 변칙증여 처벌 강화

(11) 탈루소득에 대한 과징금 대폭 인상 및 처벌 강화

(12) 지하경제 축소 노력을 통한 세수 증대

(13) 근로소득자들에 대한 감면 대상 및 폭 확대

(14) 근로소득장려세제의 확대

- 근로소득장려세제는 노동력 부족으로 어려움을 겪고 있는 중소기업에게 큰 도움이 될 뿐만 아니라, 저임금에 허덕이는 근로자들에게도 큰 도움이 될 수 있다.

(15) 생산적 복지 확대와 차상위계층 및 사회적 취약계층에 대한 복지 지출 확대

(16) 영유아 무상교육 포함, 고등학교까지 의무교육 확대

(17) 양질의 노동력을 필요로 하는 신기술 및 신제품 생산 기업에 대한 고용지원 확대

(18) 벤처기업에 대한 위험회피 비용 지원 및 창업기업 지원

다시 한 번 강조하자면, 복지를 포함한 소득재분배정책은 단지 '시혜적 차원'에서 필요한 것이 아니라, 경제성장과 경제안정화 및 일자리 창출을 위해서도 매우 중요한 정책이라는 것이다.

〈부록표 6-1〉 OECD 회원국 조세 · 이전지출의 소득재분배 효과

	시장소득	가처분소득	지니계수 축소 (% 포인트)	지니계수 축소비율(%)
벨기에	0.469	0.259	0.210	44.8
오스트리아	0.472	0.261	0.211	44.7
핀란드	0.465	0.259	0.206	44.3
슬로베니아	0.423	0.236	0.187	44.2
체코	0.444	0.256	0.188	42.3
헝가리	0.466	0.272	0.194	41.6
독일	0.504	0.295	0.209	41.5
덴마크	0.416	0.248	0.168	40.4
룩셈부르크	0.482	0.288	0.194	40.2
프랑스	0.483	0.293	0.190	39.3
스웨덴	0.426	0.259	0.167	39.2
노르웨이	0.410	0.250	0.160	39.0
슬로바키아	0.416	0.257	0.159	38.2
이탈리아	0.534	0.337	0.197	36.9
폴란드	0.470	0.305	0.165	35.1
포르투갈	0.521	0.353	0.168	32.2
에스토니아	0.458	0.315	0.143	31.2
스페인	0.461	0.317	0.144	31.2
네덜란드	0.426	0.294	0.132	31.0
그리스	0.436	0.307	0.129	29.6
일본	0.462	0.329	0.133	28.8
호주	0.468	0.336	0.132	28.2
뉴질랜드	0.455	0.330	0.125	27.5
캐나다	0.441	0.324	0.117	26.5
스위스	0.409	0.303	0.106	25.9
이스라엘	0.498	0.371	0.127	25.5
영국	0.456	0.345	0.111	24.3
미국	0.486	0.378	0.108	22.2
아이슬란드	0.382	0.301	0.081	21.2
터키	0.470	0.409	0.061	13.0
한국	0.344	0.315	0.029	8.4
칠레	0.526	0.494	0.032	6.1
멕시코	0.494	0.476	0.018	3.6
OECD 평균	0.457	0.314	0.143	31.3

주 : 칠레(2009), 덴마크(2007), 헝가리(2007), 터키(2007), 일본(2006)을 제외하고는 모두 2008년 기준임.
자료 : OECD Statistics Database. 강병구(2012)에서 재인용.

〈부록표 6-2〉 OECD 회원국 조세·이전지출의 빈곤율 감소 효과

	시장소득 기준 빈곤율	가처분소득 기준 빈곤율	빈곤율 감소 (% 포인트)	빈곤율 감소 (%)
체코	25.6	5.5	20.1	78.5
프랑스	32.6	7.2	25.4	77.9
헝가리	26.6	6.4	20.3	76.1
핀란드	30.1	8.0	22.1	73.4
덴마크	22.1	6.1	16.0	72.5
오스트리아	28.8	7.9	20.8	72.5
독일	32.5	8.9	23.6	72.5
슬로바키아	24.7	7.2	17.4	70.7
네덜란드	24.1	7.2	16.9	70.2
벨기에	31.4	9.4	22.0	70.0
스웨덴	26.5	8.4	18.2	68.5
룩셈부르크	26.9	8.5	18.4	68.4
슬로베니아	25.3	8.0	17.3	68.3
노르웨이	23.8	7.8	16.0	67.3
아이슬란드	19.0	6.4	12.6	66.2
이탈리아	33.3	11.4	21.9	65.8
그리스	31.1	10.8	20.4	65.5
영국	31.2	11.0	20.2	64.7
폴란드	27.7	11.2	16.5	59.5
포르투갈	28.4	12.0	16.4	57.9
스위스	19.9	9.3	10.6	53.3
에스토니아	26.6	12.5	14.1	53.2
캐나다	24.7	12.0	12.6	51.2
뉴질랜드	22.4	11.0	11.4	50.9
스페인	27.2	14.0	13.1	48.3
호주	27.2	14.6	12.6	46.2
일본	28.7	15.7	13.0	45.2
미국	27.0	17.3	9.7	35.9
이스라엘	27.7	19.9	7.8	28.2
터키	22.0	17.0	5.0	22.7
칠레	21.4	18.4	3.1	14.4
한국	17.5	15.0	2.5	14.3
멕시코	23.6	21.0	2.7	11.2
OECD 평균	26.3	11.1	15.2	57.7

주 : 1) 빈곤율은 중위소득 50% 이하를 기준으로 측정된 수치임.
2) 칠레(2009), 덴마크(2007), 헝가리(2007), 터키(2007), 일본(2006)을 제외하고는 모두 2008년 기준임.

자료 : OECD Statistics Database. 강병구(2012)에서 재인용.

Ⅶ

행복한 나라 만들기(3) – 부패 방지와 공정거래질서 확립

1 사회자본의 중요성

사회자본이란 사회 구성원들 사이에 이루어지는 다양한 사회적 관계(계약관계, 노사관계, 소비자와 제조 및 판매자와의 관계, 정부와 국민들의 관계 등) 속에서 형성되는 무형의 자본으로서, 대표적 예로는 신뢰(trust), 상호 호혜주의(reciprocity), 관용(tolerance) 등을 들 수 있다. 사회자본 학자들 사이에서도 신뢰(trust)는 가장 중요한 사회적 자본으로 손꼽힌다.

사회자본이 최근 학자들 사이에 중요시되고 있는 이유는, 신뢰와 같은 사회자본을 키우지 않고서는 선진국으로 진입하기 어려우며, 경제발전도 한계에 부딪히게 될 것이라는 점 때문이다.

예를 들어 근로자들과 사용자들 간의 신뢰가 없다면, 노사 갈등으로 인한 노동쟁의 등이 연중 행사처럼 나타날 것이고, 소비자와 제조 · 판매업체 간의 분쟁도 마찬가지다. 정부와 국민들 간의 신뢰가 약하다면 정부가 어떤 정책을 실시한다고 하더라도 불신 때문에 정책효과가 크게 나타날 수 없을 것이다. 불신과 갈등으로 인한 사회적 비용(예를 들어 파업으로 인한 국민들의 불편 등)도 엄청나게 클 것이다.

부정부패와 비리가 만연하고, 공직자들의 지위를 이용한 권력 남용 등이 횡행하는 사회에서 신뢰가 쌓일 수 있을까? 재벌들의 경제력집중과 독과점 등을 통한 불공정 거래와 우월한 지위를 이용한 중소기업 성과 가로채기 및 일감 몰아주기, 그리고 소비자에게 불리한 약관 적용 등이 일상화되고 있다면 신뢰가 높아질 수 있을까?

우리나라가 아직도 후진국과 마찬가지로 혈연 · 지연 · 학연 등이 중요한 평가요소로 작용하고 있다는 사실은, 바로 사회자본의 하나인 신뢰가 약하기 때문에, 혈연 · 지연 · 학연 등 1차원적인 관계에 매달리고 있다는 것을 반증한다고 볼 수 있다.

따라서 행복한 나라를 만들기 위해서는 부정부패를 방지하고, 경제력 집중과 독과점 폐해 방지 등 공정한 거래질서 확립을 통해, 신뢰라는 사회자본을 형성하여 국가적 생산성을 높여야 한다. 북유럽 복지국가들이 높은 복지수준을 유지하면서도 높은 경제성장률을 달성할 수 있는 비결도, 바로 이러한 신뢰라는 높은 사회자본의 생산성 때문에 가능한 것으로 필자는 보고 있다.

부정부패 방지와 공정거래질서 확립은 정부가 얼마나 공정한 법질서 확립에 대한 확고한 의지를 갖고 있느냐에 달려 있다. 공정한 법질서 확립에는 추가로 정부재원이 더 드는 것도 아니며, 다만 이미 거대한 사회권력으로 등장한 세력에 대해 부정하고 불공정한 방법으로 얻은 기득권을 내려놓도록 하는 데 다소 힘겨울 따름이다.

이 장에서는 앞서 Ⅲ장에서 살펴본, 국민행복지수의 마지막 변수로 국가청렴도지수 혹은 부패인식지수(CPI)가 왜 '행복한 나라를 만들기' 위해서

반드시 필요한가를 살펴보기로 한다. 우리는 앞에서 행복한 나라가 되기 위해서는 사회자본(social capital)의 하나인 국민 구성원들 간의 신뢰(trust)를 쌓아, 국가의 생산성을 높이고 불필요한 사회갈등을 최소화해야 한다는 점을 이미 설명하였고, 북유럽 복지국가들의 국가청렴도가 매우 높아 노사간의 신뢰는 물론, 정부와 국민들 간의 신뢰도 매우 높다는 사실도 살펴보았다.

이 문제는 마지막 거대 담론인 부정부패와 재벌기업의 경제력 집중 및 독과점 등은 경제발전과정에서 불가피하게 나타나는 '필요악' 일 뿐이라는 주장 대 부정부패와 경제력 집중 등을 방치하면 국민경제가 침몰하게 될 것이라는 '부패망국론' 의 주장과도 밀접한 관련을 갖는다.

2 부패인식지수

이 장에서는 국민행복지수의 마지막 변수인 국가청렴도지수 혹은 부패인식지수(CPI)를 어떻게 높여 행복한 나라를 만들 수 있는가를 검토해 보기로 한다.

(1) 국제투명성기구

국제투명성기구(TI : Transparency International)에서는 부패방지를 위해, 매년 각 국가의 부패의 정도를 나타내는 부패인식지수(CPI : Corruption Perception Index)를 비롯하여, 뇌물공여지수(BPI : Bribe Payer's Index) 및 세계부패바로미터(GCB: Global Corruption Barometer) 등을 발표하고 있다.

부패인식지수(CPI)는 가장 부패한 나라는 1점, 가장 청렴한 나라는 10점 만점으로 평가하여 각국의 부패 정도를 나타내는 지수이다. 따라서 동 지수는 국가청렴도지수라고 불러도 무방하다.

(2) 소득수준과 부패인식지수

국제투명성기구의 전임 회장이었던 Peter Eigen은 "부패는 빈곤의 원인이 되며, 다른 한편, 빈곤탈출을 위한 노력에도 장애물로 작용한다."고 말한 바 있다. 환언하면 부패방지 없이는 소득수준을 끌어올리기 어렵다는 것이다.

앞서 〈표 3-3〉에서 보았듯이 북유럽의 고소득 국가들 대부분이 부패인식지수(CPI : 국가청렴도지수)가 10점 만점에서 9점 이상을 기록하고 있는 반면, 최근 재정위기를 겪고 있는 남유럽 국가들은 대체로 낮은 점수를 받고 있다는 사실이 이를 반증하고 있다고 할 수 있다.

(3) 한국의 부패인식지수

우리나라는 부패인식지수가 2011년 5.3으로 낮게 나타나 국제적으로 43위를 기록하고 있다. 이는 전년도에 비해서도 4단계나 하락한 수준이다. 이러한 부패인식지수 수준은 남유럽 국가들 수준과 비슷한 수준이며, 앞에서 살펴본 바와 같이 소득격차지수(5분위배율)도 남유럽 국가들 수준과 비슷하다는 점에서 우리나라의 경제위기 가능성이 높다고 보아야 한다. 더구나 우리나라 가계부채 수준은 이미 OECD의 경고를 받고 있을 정도이다.

(4) 행복지수와 부패인식지수의 관계

우리는 앞의 제3장에서 행복지수와 부패인식지수(국가청렴도지수)가 정

(正)의 상관관계를 가지며, 행복지수의 크기에 미치는 영향도 소득수준 못지 않게 높은 영향을 미친다는 사실을 실증적으로 분석한 바 있다. 즉, 국가청렴도(부패인식지수)가 높아질수록 행복지수가 커진다는 것이다.

그렇다면 부패는 왜 발생하는 것일까? 우리는 이하에서 잠시 부패의 발생원인을 살펴보기로 한다.

3 부패의 발생원인과 유형

부패는 선거를 포함한 정치부패와 공직자부패, 기업부패 등 대상에 따라 달리 분류하기도 한다.

선거부패는 노무현 정부 시절 받은 돈의 50배를 물어내게 하는 등 강력한 법직 · 제도적 장치를 마련한 덕에 상당한 효과를 나타내었기 때문에, 여기에서는 논외로 하고, 공직자부패에 초점을 맞추기로 한다.

(1) 공직자의 의미

공직자는 영어로는 public servant 혹은 civil servant라고 하여 국민들의 종, 혹은 노예라는 의미를 갖는다. 우리나라에서는 과거 공복(公僕)이라고 하였다. 이는 국민들의 세금으로 녹(월급)을 받는 사람들이니까 국민들이 원하는 대로 국민들의 뜻에 따라 움직여야 한다는 의미이다. 그러나 우리나라에서는 선진국들과 달리, 이런 의미로 받아들이는 공직자도, 국민들도 많지 않다는 게 불행한 현실이다.

특히 고위 공직자가 국민들의 모범이 될 정도로 청렴해야 함에도, 우리나라에서는 고위 공직자들에 대한 인사청문회에서 보여지고 있는 사례처럼, 오히려 특권을 이용하여 부정과 비리를 저지른 사람들이 상당수 고위 공직자로 천거되는 경우가 많다는 사실은 아직도 후진국 수준을 벗어나지 못한 것 아니냐는 자괴감을 느끼게 된다.

(2) 규제정책

공직자부패는 각종 규제정책, 특혜, 도덕적 해이(moral hazard) 등이 원인이 되고 있다.

※ 도덕적 해이(moral hazard)

도덕적 해이란 "법적으로나 윤리적으로 자신이 해야 할 최선의 의무를 다하지 않는 행위"를 말한다. 다음과 같은 예를 보면 이해가 될 것이다.

- 공무원들은 자신이 하는 행위를 국민들이 잘 모를 것이라고 판단하여, 뇌물을 받고 인허가를 내주는 예
- 사회의 모범이 되어야 할 지도적 위치에 있는 사람들조차, '못 해 먹는 놈이 바보' 라는 식의 사고를 갖고, 공금유용이나 수뢰, 부동산 투기, 자녀 병역면제 등을 일삼는 예
- 종합보험에 가입하면 중과실이 아닌 한 형사처벌을 면한다는 규정 때문에, 종합보험 가입 후 운전자들이 주의 의무를 게을리하는 예
- 대기업들이 자기 기업이 망하면 국민경제가 흔들릴 것을 우려하여 정부가 부채를 탕감해 줄 것이라는 생각으로, 금융기관으로부터 막대한 규모의 대출을 받는 예 등

규제정책과 관련하여 공직자부패가 나타나는 것은 규제로 인해 경제적 지대(economic rent)가 발생하기 때문이다. 쉽게 풀이하면 규제를 통해 보호받는 사람들은 그렇지 못한 사람들에 비해 더 큰 이익을 볼 수 있기 때문

이라는 것이다.

이해하기 쉬운 예를 들어보자. 이승만 정부 시절에는 다방과 당구장에 대해서도 허가제를 실시하였는데, 그 이유는 당시 낮은 소득수준에서 낭비를 억제한다는 고마운(?) 배려 차원이었다. 그러나 허가를 받은 다방은 독점적 지위를 갖게 되어 높은 가격을 받고 커피 품질과 서비스도 형편이 없어, 국민들의 불만이 쌓이게 되겠지만, 업소 주인은 경쟁이 없이 손쉽게 돈을 벌 수 있었다. 이처럼 쉽고 편하게 돈을 벌 수 있는 상황은, 돈이 많은 다른 사람들로 하여금 인허가 담당자에게 뇌물을 주어서라도 허가를 받으려는 유인을 갖게 할 것이다. 결국 이러한 인허가제는 국민들의 후생을 떨어뜨리는 대신 허가를 받은 업소와 인허가 담당 공직자의 주머니만 불리게 된다.

이러한 인허가 관련 규제는 민주화 시기에 들어오면서 상당부분 사라졌지만, 우리나라 개발도상국 시절 경제개발정책 수행과정에서 수많은 규제가 이루어진 반면, 일부 대기업에 대해서는 다양한 특혜가 주어진 사실은 주지하는 바와 같다.

(3) 예산 부풀리기

또 다른 형태의 부패는 정부의 예산 집행과정에서 나타난다. 예컨대 정부 청사를 짓는 데 대부분 규모를 필요 이상으로 크게 지으려고 하고, 공사비도 엄격히 심사하여 최대한 낮추려는 노력을 기울이지 않는 경우가 많다. 이런 현상은 국민들이 낸 세금으로 짓기 때문에, 즉 '내 돈 나가는 것이 아니라' 고 생각하기 때문에 발생하는 것이다. 만약 공직자가 자기 집을 짓는다면 필요 이상으로 크게 짓지도 않고, 공사비도 최대한 낮추려고 할 것이다. 필요 이상으로 공공건물을 짓는 또 다른 이유의 하나는 '공사비가 많이 나갈수록 내 뒷주머니로 들어올 금액이 많아질 것을 기대' 할 수 있기 때문이다. 심지어 어느 공공건물 공사에서는 국산 건자재가 있는데도 굳이 수입 건자재를 사용했는데, 그 이유는 국산 건자재를 사용할 경우에는 조달청 단가보다 많이 줄 수가 없기 때문에, 따라서 뇌물액수가 작아질 것을 우려한 때문이라는 것이다.

이런 관행이 만연되다 보니 정부의 각 부처 혹은 지방자치단체들까지 우선 예산을 많이 따내고 보자 하는 심리가 작용하게 된다. 많은 지자체의 경우에서 흔히 나타나는 예로는 연말경에 예산을 집행하다 보니 예산이 남는 경우가 발생하는데, 이때 주로 쓰는 방법이 멀쩡한 보도블록 바꾸기, 멀쩡한 유리창이나 집기 바꾸기 등으로 예산을 낭비하는 예이다. 본래는 예산이 남으면 국고로 반납해야 하는 것이 원칙이지만, 이 경우 예산담당자가 문책을 받거나 다음 해 예산이 깎일 것을 우려하여 이런 현상이 나타나는 것이다.

(4) 철의 삼각형

재벌들과 관련된 전형적인 부패의 형태는, 법을 만드는 국회의원과 공무원이 함께 특정 기업에 유리하도록 법을 제정하는 경우이다. 이러한 경우는 매우 견고한 부패고리를 형성하게 되는데, 미국에서도 이를 '철의 삼각형' 이라고 부르며 경계할 정도이다. 왜냐하면, 국회의원과 공무원은 정치자금과 뇌물을 받아서 좋고, 기업은 다른 기업에 비해 경쟁에서 유리한 지위를 법을 통해 누릴 수 있기 때문이다. 이러한 경우는 '내부고발자' 가 나타나기 전에는 적발하기 어렵다.

이 경우, 우리 속담에 "누이 좋고 매부 좋은 격"이니, 내버려 두어야 할까?

아니다! 그 손실은 소비자를 포함한 국민들에게 돌아가는 것이다! 경제학 용어로 표현하면 국민들이 경제적 후생손실을 떠안게 되는 것이다.

(5) 권력형 비리

공직자부패에서 가장 큰 문제가 되는 것이 권력형 비리이다.

우리나라는 경제력 집중과 함께 사회적 권력을 포함한 정치권과 특권층의 비리가 특히 심각하다. 실제 일부 특권층에서는 "못 해 먹는 놈이 바보다."라는 말이 공공연히 떠돌 정도이다. 고위 공직자 인사청문회에서도 "위장전입한 것은 잘못한 것이지만 자식 놈 때문에 어쩔 수 없었다."라고 하면 통과되는 경우가 있다. 특권층이 아니라면 인정상 봐 줄 수도 있지 않느냐고 말하는 이도 있지만, 그로 인해 기회를 빼앗긴 다른 사람의 피해는 어떻게 보상해야 하는가?

얼마 전 모 고위 공직자의 자제를 특채 형식을 빌려 공무원에 채용했다가 권력형 비리문제로 언론에 보도되어 사회적 문제가 된 적이 있다. 사실상 우리나라 사회가 그나마 공정성의 명맥을 간신히 지탱해 온 것은, 첫째 교육기회의 균등 원칙, 둘째 사법고시와 행정고시를 비롯한 공무원 임용과 관련한 공채제도의 공정성이 뒷받침되어 왔기 때문이라고 필자는 생각한다.

그러나 박정희 정부 시절 군장교 출신을 공무원으로 특채하기 시작한 이후, 공무원 특채형태가 자주 나타나고 있다. 특채의 형태가 뛰어난 인재를 뽑기 위해서라기보다는 특권층의 이익을 추구하기 위해서 이루어지는 사례가 빈발한다면, 나라의 장래가 어떻게 될 것인가? 더구나 교육기회의 균등 원칙도 최근 보편적 교육보다는 사교육 등 차별화된 교육형태를 지향하면서, 특권층에게 유리한 형태로 가고 있어 교육기회 균등의 이념마저 상실되는 것이 아닌가 우려된다.

(6) 전관예우?

우리나라에서 아직까지 내려오는 권력형 비리 중 또 다른 예는 소위 '전관예우' 이다. 전관예우란 예를 들어 전직 판사나 검사가 퇴직 후 변호사 사무실을 차리게 되면, 이들이 변호하는 사건은 거의 예외 없이 승소하게 해 준다는 관례를 말한다. 이렇게 해 줌으로써 그동안 박봉(?)으로 판검사를 지낸 사람들에게 노후대책을 마련해 줄 수 있다는 이야기이다. 왜냐하면 법적으로 질 것이 뻔한 사람이라도 큰 돈을 싸들고 이런 변호사에게 사건을 맡겨 승소할 수 있다면, 전관예우를 받는 변호사는 충분히 노후자금을 마련할 수 있기 때문이다.

그러나 이런 전관예우는 독재시절이나 극히 낙후된 후진국에서나 찾아볼 수 있을까, 도저히 용납이 안 되는 관례이다. 분명히 법적으로 재판에서 이길 수 있는 사람이, 돈이 없어 전관예우 때문에 재판에서 진다면 얼마나 억울할 것인가를 생각해 보라! 법은 모든 사람에게 평등하게 적용되어야 한다는 '법의 정신' 이 무너진다면 어떻게 공정한 사회를 이룩할 수 있겠는가? 따라서 이런 전관예우는 하루빨리 제거되어야 할 대표적인 비리이다.

(7) 탈세와 지하경제

부패 혹은 비리의 또 다른 형태인 탈세를 비롯한 지하경제 규모가 매우 큰 것으로 알려지고 있다.

안종석(2011)에 의하면, "1990년대 이전에 GDP의 30%에 육박하였던 지하경제 규모가 1990년대에는 25% 내외로 축소되었고, 2008년에는 17.1%로 추정"된다고 한다. 이를 금액으로 환산하면 거의 200조 원에 달하는 엄청난 규모이다.

※ 지하경제란?

- 광의의 지하경제는 국민의 경제활동 중에 정부의 공식통계에 잡히지 않는 부분을 말한다. 이 범위의 지하경제는 대략 다음의 세 분류로 나눌 수 있다.
  (1) 불법적인 경제활동
  (2) 합법적으로 거래되는 부분 중 공식통계에 포함되지 않는 부분
  (3) 시장에서 거래되지 않는 경제활동
- 일반적으로 말하는 협의의 지하경제는 (1)과 (2)를 포함한다.

안종석은(2011)은 지하경제의 추정은 (1)과 (3)을 제외하고 (2)를 추정하는 데 초점을 맞췄다. 즉, 주로 세금을 피하기 위해 거래를 은폐하는 경우와 노동시장에서의 규제 등 각종 규제를 회피하기 위해 거래를 감추는 경우가 대상이 된다.

안종석(2011)의 지하경제 규모 추정에서 제외된 (1) 불법적인 경제활동 규모도, 많은 사람들은 수백조 원에 이를 것이라고 체감적으로 느끼고 있을 것이다. 여기에는 불법 사채업자를 비롯하여, 불법 성매매, 불법 도박장 운영 등 많은 부분이 포함될 수 있기 때문이다.

동 연구에서 안종석은, "Schneider(2007)는 전 세계 145개국의 지하경제 규모를 추정하였는데, 우리나라는 2004~05년 지하경제 규모가 GDP의 27.6%로 OECD 회원국 중 세 번째로 큰 것으로 나타났다. 이후 Schneider 교수는 매년 세계 각국의 지하경제 규모를 추정 · 발표하였는데, 우리나라의 지하경제 규모는 시간이 지나면서 약간씩 증가하는 추세를 보인다.", 그러나 "Schneider는 세계 모든 국가에 공통적으로 적용할 수 있는 변수들로 모형을 설정한 데 비해 본 연구에서는 우리나라의 특성을 대변하는 변수들을 활용한 것이 이러한 차이를 가져온 것으로 판단됨"이라고 밝히고 있다.

뿐만 아니라 지하경제에 포함되지 않는 세금 체납액 규모도 상당한 액수에 달해 우리나라 재정에 큰 손실을 입히고 있다.

조선일보(2011.9.25.)에 따르면, "우리나라의 최근 5년간 연평균 세금 체납액이 15조 3,684억 원에 달하며, 이 중 47%인 7조 원이 매년 결손 처리되는 것으로 확인" 되었다고 한다.

따라서 안종석의 연구에서 추정된 약 200조 원과, 동 연구에서 제외된 불법적인 경제활동 규모(약 200조 원?)를 포함시켜, 여기에 평균 세율 25%만 적용하더라도 100조 원 가까이 될 것으로 추정된다. 여기에 체납세액 규모를 합하면 120조 원 가까이 될 것이다. 이 정도의 조세수입이 확충되면, 복지 확대와 교육비 지원 등의 재원마련은 크게 걱정하지 않아도 될 것이다.

납세의무는 우리나라 국민이라면 누구나 져야 할 신성한 의무이다. 그러나 탈세와 세금체납, 조세회피 등이 특히 고소득층에서 자주 발견되는 현상을 우리는 어떻게 이해해야 할까?

(8) 도덕적 해이

그렇다면 국민들의 세금으로 녹을 받는 공직자가 왜 쉽게 뇌물의 유혹에 넘어갈까? 그것은 도덕적 해이(moral hazard) 때문이다. 이를 달리 표현하면, 공직자들은 국민들이 공직자가 수행하는 일에 대해 곁에서 지켜보지 않기 때문에, 자기가 뇌물을 받더라도 국민들이 잘 모르겠지 하는 생각을 갖고 있기 때문이다.

따라서 공직자가 수행하는 업무에 대해서는 항상 보고서를 작성케 하고 국민들에게 정보공개를 통해 샅샅이 알리게 한다면, 공직자부패는 상당부분 줄어들 것이다. 외국의 경우 의회TV를 통해 어떤 국회의원이 정책결정과정에서 어떤 발언을 하는지, 찬성했는지 반대했는지, 상시적으로 국민들에게 정보를 알려주는 이유도 도덕적 해이를 줄이기 위한 노력의 일환이다.

(9) 부패에 대해 관대한 인식

국제투명성기구(TI)에서 발표한 바와 같이, 우리나라의 부패인식지수 수준이 낮다는 것은, 우리나라 국민들이 부패에 대해 갖고 있는 인식수준이 낮거나, 너무 관대하다는 데 기인할 수도 있다.

다음의 예를 보면 우리의 인식수준이 어떤가를 잘 알게 될 것이다.

| 예시 1 | 필자가 철도공사 출범 직후 코레일의 윤리경영위원장을 맡았을 때의 일이다. 당시 초대 철도공사 사장으로 취임한 이철 사장은 당시까지 만연하던 부패를 청산하기 위해 엄청난 노력을 기울였다. 그러나 첫해 공기업 청렴도 평가에서 최하위 성적을 받고 말았다. 이유는 지방의 작은 역에서 공사를 맡은 업체에서 작업을 하다가 점심때가 되자 관행대로 역무원들을 불러 같이 식사를 하였다는 것이다. 방대한 조직과 구성원을 가진 코레일로서는 속속들이 구성원들에게 부패방지 교육을 시키기가 쉽지 않았던 것이다. 여기에서 착안한 것이 내부고발 형태의 청렴 옴부즈맨제도를 운영케 하는 한편, 부패방지 UCC 동영상 경연대회를 열어 '무심코 관행으로 여겼던 행동이 부패와 관련된 것임을 깨닫도록' 하는 데, 누가 재미있으면서도 호소력 있는 동영상을 잘 만들었는가를 심사하여 표창하는 방법을 사용하였다. 필자는 이 방법이 조직원들의 의식개혁에 있어 큰 성과를 보았다고 생각한다. 그 결과 공기업 청렴도에서 첫해 꼴찌에서 다음 해에는 1등을 차지하게 되었다.

| 예시 2 | 우리나라에서는 아직까지 선생님께 선물하는 것을 뇌물로 여기지 않고 있다. 게다가 값싼 선물은 하지 않느니만 못하다는 인식이 높다. 다음 예는 미국의 교포사회에서의 일이다. 교포 중 하나가 자녀를

맡고 있는 선생님에게 그다지 비싸지 않은 도자기로 만든 찻잔세트를 선물했다고 한다. 그러나 미국에서는 선물을 받은 경우 신고토록 되어 있어서, 이 사실이 다른 미국 학부모들에게 알려졌고, 다음 날 이들 미국 주민들이 피켓 시위를 벌이는 사건이 터졌다. 피켓 내용은 "너희 나라나 썩게 만들지, 왜 미국까지 와서 썩게 만들려고 하느냐?"라는 내용이었다. 이 사건이 보도되면서 교포들은 얼굴을 들고 다니지 못하게 되었다고 한다.

| 예시 3 | 정년을 며칠 남기지 않은 어느 교장 선생님의 예이다. 이 분의 정년 직전 새로이 교내 매점을 맡게 된 사람이 교장 책상에 500만 원을 놓고 갔다고 한다. 이를 관행으로 생각하고 있던 교장 선생님은 그것을 별 생각 없이 받아 넣었는데, 이 사실이 알려지면서 징계를 받아 정년을 마치지 못하고 자리를 떠나게 되었다고 한다. 이렇게 되면 이 분이 평생 받게 될 연금도 절반으로 줄게 되어, 받은 것보다 훨씬 더 큰 수십배의 손실을 입게 된 것이다.

4 부패방지정책 방안

(1) 규제개혁

앞에서 살펴본 바와 같이 규제는 시장의 공정한 경쟁을 가로막고 특정층에게 경제적 지대를 안겨 주기 때문에 부패의 중요한 요인이 되고 있다. 따라서 규제개혁을 지속적으로 실시하여, 경쟁을 저해하는 규제는 최대한 줄여야 한다.

그렇다고 규제를 모두 없애야 한다는 것은 결코 아니다. 국민들의 건강과 보건, 환경오염, 식료품과 의약품 등의 제조와 판매 등에 대한 규제는 오히려 강화해야 한다. 아울러 공정한 경쟁질서 확립을 통해 국가경쟁력을 높이기 위한 차원에서, 시장경쟁을 저해하는 독과점 규제(상세한 논의는 다음 절 참고)도 강화해야 한다. 과장광고나 허위광고 등에 대한 규제도 공정한 시장경쟁을 위해 오히려 강화할 필요가 있다. 과장광고는 소비자의 올바른 선택을 저해하여 국민들의 후생을 떨어뜨리기 때문에 규제해야 한다.

최근 우리나라의 대표적 자동차회사가 미국에서 자동차 연비 과장광고를 실었다가 미국 소비자들의 집단소송에 직면하였다는 보도가 있었다. 집단소송제는 미국 소비자들의 후생이 침해받을 경우, 한 명의 소비자가 소송을 내어 승소하면, 다른 해당자들도 똑같이 승소한 혜택을 누리게 하는 제도로서, 해당 기업이 소송에 패하면 천문학적인 배상금을 물게 되는 제도이다. 우리나라에도 집단배상제도가 명목상으로는 존재하지만 실제로 이런 사례를 찾기는 힘들다.

뿐만 아니라, 우리나라 정부에서는 각 자동차회사의 차종별 연비를 측정하고는 있으나, 실제 연비와 자동차회사에서 홍보하고 있는 연비를 비교하여 발표하지는 않고 있어, 재벌기업 감싸기라는 비난을 면하기 어렵다.

(2) 공직자 기강 확립

앞에서 본 바와 같이 국민으로부터 녹을 받는 공직자(공무원과 국회의원 등 포함)는 국민의 편에 서서, 도덕적 해이를 떨쳐버리고, 국민의 비용 부담을 줄이며, 편익을 최대화하도록 노력해야 한다. 이렇게 하기 위해서는 공직자들에 대한 교육은 물론, 행정절차의 투명성과 국민의 알 권리 강화 등이 병행되어야 효과를 볼 수 있을 것이다.

(3) 내부고발자 보호제도의 강화

앞서 살펴본 바와 같이 공직자 부패는 '누이 좋고 매부 좋은 식'이 되어, 뇌물공여자와 뇌물수수자는 내부고발자가 나타나거나 한 특별한 사정이 생기지 않는 한 결코 입을 열지 않을 것이다. 우리나라에도 내부고발자제도가 실시되고 있지만, 실질적인 보호에는 크게 미치지 못하고 있다.

우리나라에서는 아직도 내부고발자가 '조직을 배신한 놈' 쯤으로 치부되거나 조직에서 쫓겨나는 경우가 자주 발생하며, 심지어 재판을 통해 복직판결을 받더라도 원직복귀가 어려운 경우도 종종 나타난다.

얼마 전 모 재벌기업 총수가 10조 원대의 비자금을 조성한 사실을 고발한 전 재벌그룹 소속이었던 모 변호사의 경우, 많은 사람들은 동 변호사를 용감한 고발자로 칭찬하기는커녕, "재벌기업 물을 먹은 사람으로서 할 도리가 아니다"라는 식의, 조직의 배신자로 취급하는 여론이 많았던 사실을 기억한다면, 아직도 우리나라에서는 내부고발자가 얼마나 어려움을 겪는가를 충분히 이해할 수 있는 대목이다.

독일은 내부고발자제도가 잘 발달되어 있고, 일반 국민들도 비리를 보면 서슴지 않고 고발하는 자세를 보인다. 그러나 독일인들의 이런 고발정신은 히틀러 치하에서 유대인 대학살이 벌어진 것이 국민들의 고발정신이 미약했기 때문이라는 반성에서 출발했다고 아는 사람은 많지 않다.

따라서 우리나라에서도 내부고발이 조직을 오히려 튼튼하게 만들고, 국가발전에 기여하는 것임을 많은 국민들이 깨닫도록 교육을 하는 한편, 내부고발자에 대한—원대복귀 지원, 생계지원 및 가족보호 등을 포함한—보호를 강화해야 한다.

(4) 퇴직 후 관련기관 및 관련기업 취업 제한 강화

우리나라에도 공직자 퇴직 후 관련기관 및 관련기업 취업 제한이 제도적으로 존재하지만, 지난 저축은행 부실화와 저축가입자들의 항의 사태 등을 불러일으킨 저축은행들과 금융감독원 출신 인물들이 관련되어 있다는 보도를 보면, 사실상 이러한 제도가 유명무실하지 않은가 의심된다. 보다 제한 대상 범위와 기간 등을 강화해야 할 것으로 보인다.

앞서 예로 든 전관예우와 같은 악습도 하루속히 말끔히 정리되어야 한다.

(5) 인사관리에서 공정한 평가체계의 확립

인사관리는 채용에서부터 승진, 배치, 연봉 등 많은 면에서 부패의 유혹을 받기 쉽다. 해당자가 능력 면에서 떨어지는 경우 특히 뇌물을 통해서라도 유리한 기회를 잡으려는 성향은 어쩌면 당연한 것일지도 모른다. 그러나 이런 행태가 만연되면, 그 조직 구성원 간의 팀워크가 깨질 것이 분명하고 따라서 조직 혹은 기관의 성과도 떨어질 것이 분명하다.

한동안 뇌물이 극성을 부리던 시기에는 부패가 조직적으로 이루어져, 청렴한 공직자는 승진도 못하고 한직으로 떠돌다 결국 쫓겨나는 경우도 많았다. 당시에는 '나만 청렴해 봤자, 나만 손해다' 라는 생각에 마침내 부패고리에 함께 빠져들어 가는 소위 '부패의 조직화, 구조화' 가 형성되는 지경에 이르기까지 하였다.

따라서 인사관리의 공정한 평가체계의 확립과 함께, 다면평가 등 인사권을 분산시켜 인사권자의 전횡을 방지할 필요가 있다.

(6) 국민들의 부패에 대한 인식 강화

앞에서 우리는 우리나라 국민들의 부패에 대한 인식수준이 낮고, 부패에 대해 관대(?)하다는 점을 예로 들어 설명한 바 있다. 아직도 어떤 이는 "음주운전에 걸렸지만 권력층의 도움으로 무사히 처벌을 면했다."며, 마치 무용담처럼 얘기하는 것을 간혹 본다. 그러나 부패와 비리는 앞의 제3장에서 본 바처럼 국민들의 행복지수를 낮추는 요인이 될 뿐만 아니라, 국가를 병들게 하고 자신도 병들게 하는 요인이 된다는 사실을 미처 깨닫지 못하고 있는 것 같다.

가. 장제스군의 예

대표적인 예로 과거 장제스(장개석)군이 마오쩌뚱(모택동)군에게 패한 주요 이유로 부패를 들고 있다는 점을 유념해야 한다. 당시 장제스군은 미국의 선진 군사교육을 받았고, 무기도 미국의 도움을 받아 화력 면에서도 마오쩌뚱군과 비교할 정도가 아니었다. 그러나 군의 부패로 최신 무기가 적에게 흘러들어 가면서 결국 패퇴하여 타이완(대만)으로 쫓겨 나간 것이다. 장제스는 타이완으로 쫓겨 나간 이후, 부패척결을 무엇보다 우선시하였고, 그 과정에서 부패에 연루된 친척을 극형에 처했다는 사실은 이미 널리 알려진 실화이다.

나. 베트남전의 예

또 한 예로는, 베트남전에서 막강한 미국군이 결국 패전에 이른 주요 이유 중 하나로, 당시 베트남 정부와 군의 부패가 손꼽히고 있다.

다. 원자력발전소의 예

최근 우리나라 한국수력원자력(한수원)에서 관리하는 원자력발전소의 일부에서 불량부품이 상당수 발견되어, 주민들은 물론 온 국민들을 불안에 몰아넣고 있는 상황은 어떻게 이해해야 할까? 담당자가 실수로 불량부품을 모르고 구입했을까? 아니면 비용을 절감하기 위해 싼 값으로 구입하려고 불량품을 썼을까? 아니면 불량품인줄 알지만 뇌물을 받고 합격품으로 눈감아 준 것일까? 요는 어떤 것이 진실이건, 직무유기 혹은 부패로 인해 엄청난 인명피해를 피할 수 없는 상황이 벌어질 수도 있었다는 사실이다.

(7) 탈세와 체납행위 등에 대한 과징금 인상 및 재발방지

따라서 부패문제는 엄한 처벌이 반드시 뒤따라야 하고, 재발방지를 위한 제도적 장치가 마련되어야 한다.

탈세와 체납행위에 대해서도 엄정한 법적 처리는 물론, 고액 탈세나 체납 행위자는 신상정보를 공개하여, 숨어서라도 호강하며 지내는 이들이 발생하지 않도록 해야 한다.

5 공정거래질서 확립

(1) 공정거래질서 확립과 부패방지의 관계

공정거래질서 확립과 부패방지 혹은 국가청렴도 향상은 양날의 칼과 같다. 공정거래질서가 경제력 집중을 억제하여 공정경쟁을 확보함으로써, 경쟁력 강화와 함께 공정한 성과배분을 보호한다면, 부패방지는 그동안 한국 경제의 성장과정에서 묵시적으로 이루어져 왔던 정경유착의 고리를 끊어 투명한 시장경쟁의 틀을 만들어 내려는 것이기 때문이다.

(2) 독과점 규제 강화

공정거래질서 확립의 목적이 공정한 경쟁을 통한 시장질서의 확립이라면, 독과점금지와 같은 규제는 오히려 강화해야 한다. 이는 공정거래질서 확립의 가장 중요한 활동 목표이다.

미국에서 세계 최대 기업 중의 하나이며, 엄청난 부를 미국에 안겨주는 마이크로소프트사(Microsoft)를 독점금지법(Anti Trust Act) 위반 혐의로 제소한 예가 바로 좋은 실례가 될 수 있다. 마이크로소프트사를 독점금지법 위반 혐의로 제소한 이유는 전 세계에서 사용하지 않는 나라가 거의 없을 정도로 판매된 윈도우즈(Windows)에 익스플로러(Explorer)를 끼워 팔기를 함으로써, 결과적으로 경쟁상대인 넷스케이프(Netscape)를 문 닫게 만들었기 때문이다. 이러한 제소의 배경에는 기업이 일단 독점적 지위에 오르면, 기술개발에 따르는 위험을 회피하고, 독점적 지위를 이용한 시장지배(예를 들어 광고를 통한 소비자의 충성(Lock-in) 유도) 등 위험이 적은 쪽으로 더 많은 노력을 기울이기 때문에, 국가경쟁력이 약화된다는 판단이 작용하고 있는 것이다. 기술개발에 따른 위험이란 기술개발 실패에 따른 위험과 시장의 위험(기술개발에는 성공했으나 상품판매가 부진한 경우) 등을 포함한다. 따라서 독과점 대기업이 될수록 기술개발의 위험을 회피하려는 노력이 크게 나타나는 것이 일반적인 현상이다.

6 경제력 집중의 현황

우리나라 과거 정부에서는 경제성장 추진과정에서 국제적으로 경쟁력 있는 대기업을 키운다는 명분으로 그동안 다양한 특혜를 몇몇 기업들에게 제공하여 왔고, 이러한 특혜를 받기 위해 이들 기업은 정경유착을 강화하여 왔다. 그 결과 재벌 대기업들의 문어발식 영역 확장은 계속되어 왔다.

이하에서는 우리나라 재벌기업들의 경제력 집중이 어느 수준까지 이르렀는가를 살펴보기로 한다.

(1) 상장기업 중 30대 재벌의 경제력 집중

가. 경실련의 보도자료

경제정의실천시민연합(이하 경실련)은 자산기준 상위 30대 민간 재벌(2011년 4월 기준) 상장계열사의 최근 3년간(2007~10) 총자산, 매출액, 당기순이익 추이를 분석 발표하였다. 조사 항목인 상장기업의 재무자료는 한국거래소와 금융감독원 전자공시시스템, NICE 신용평가 KIS Value 재무자료를 활용하였다고 한다. 동 분석발표의 목적은 "재벌규제 완화 이후 얼마나 경제력 집중이 심화되었는지를 살펴봄으로써 재벌개혁의 필요성을 알려주기 위함"이라고 한다.

이하의 분석 내용은 경실련의 발표자료를 토대로 한 것이다.

a) 전체 상장기업 중 30대 재벌의 비중

✚ 총자산 규모

30대 재벌 상장계열사의 총자산은 2007년 619조 7천억 원에서 2008년 769조 5천억 원, 2009년 878조 7천억 원, 2010년 1,155조 7천억 원으로 급속히 증가하였다. 그 결과 [그림 7-1]에 나타난 바와 같이, 30대 재벌 상장계열사의 총자산이 전체 상장기업 총자산에서 차지하는 비중은 2007년 39.3%에서 빠른 속도로 증가 추세를 나타내어, 2010년에는 절반을 웃도는 54.7%까지 증가하게 되었다.

| 그림 7-1 | 전체 상장기업의 총자산 중 30대 재벌계열사의 총자산 비중

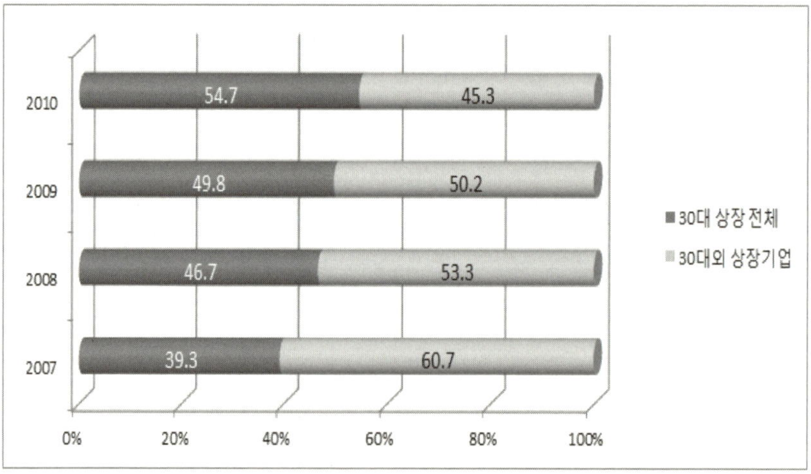

자료 : 경실련 보도자료(2012.3.)

✚ 매출액 규모

30대 재벌 상장계열사의 매출액도 2007년 532조 7천억 원에서 2008년 687조 1천억 원, 2009년 696조 8천억 원, 2010년 887조 9천억 원으로 꾸

준히 증가하였다. 그 결과 [그림 7-2]에 나타난 바와 같이, 30대 재벌 상장계열사의 매출액이 전체 상장기업 매출액에서 차지하는 비중은 2007년 59.8%에서 꾸준한 증가추세를 나타내어, 2010년에는 66.6%까지 증가하게 되었다.

| 그림 7-2 | 전체 상장기업의 매출액 중 30대 재벌계열사의 매출액 비중

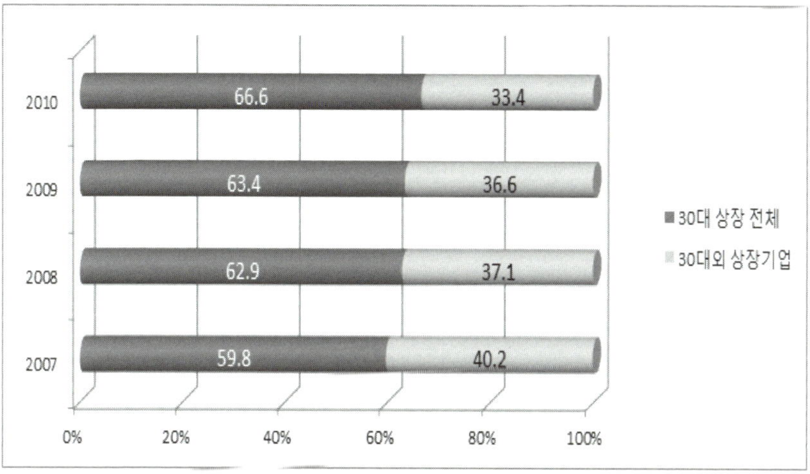

자료 : 경실련 보도자료(2012.3.)

✚ 당기순이익 규모

30대 재벌 상장계열사의 당기순이익도 2007년 39조 2천억 원에서 2008년 26조 5천억 원, 2009년 76조 9천억 원, 2010년 111조 3천억 원으로, 2008년 글로벌 금융위기로 다소의 기복이 있었으나, 비재벌 상장기업에 비해 상대적으로 빠른 증가세를 나타냈다. 그 결과 [그림 7-3]에 나타난 바와 같이, 30대 재벌 상장계열사의 당기순이익이 전체 상장기업 당기순이익에서 차지하는 비중은 2007년 64.3%에서 빠른 속도로 증가 추세를 나타내어, 2010년에는 75.3%까지 증가하게 되었다.

| 그림 7-3 | 전체 상장기업의 당기순이익 중 30대 재벌계열사의 당기순이익 비중

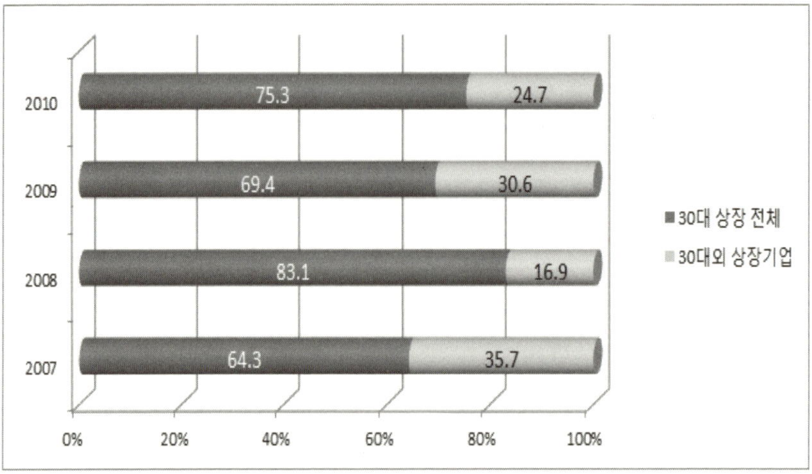

자료 : 경실련 보도자료(2012.3.)

b) 전체 상장 도소매업 중 30대 재벌의 비중

30대 재벌 상장계열사의 경제력 집중 현상은 특히 도소매업에서 두드러지게 나타나고 있다. "도소매업의 경우 30대 재벌의 상장 도소매업체들이 시장의 대부분을 장악하고 있어 타 업체들과의 양극화가 매우 심한 것으로 나타났다."

✚ 총자산 규모

30대 재벌 상장 도소매업체의 총자산은 2007년 48조 1천억 원에서 2008년 56조 9천억 원, 2009년 68조 1천억 원, 2010년 86조 5천억 원으로 급속히 증가하였다. 그 결과 [그림 7-4]에 나타난 바와 같이, 30대 재벌 상장 도소매업체의 총자산이 전체 상장기업 총자산에서 차지하는 비중은 2007년 77.1%에서 빠른 속도로 증가 추세를 나타내어, 2010년에는 81.4%까지 증가하게 되었다.

| 그림 7-4 | 전체 상장 도소매업체 총자산 중 30대 재벌 도소매업체의 총자산 비중

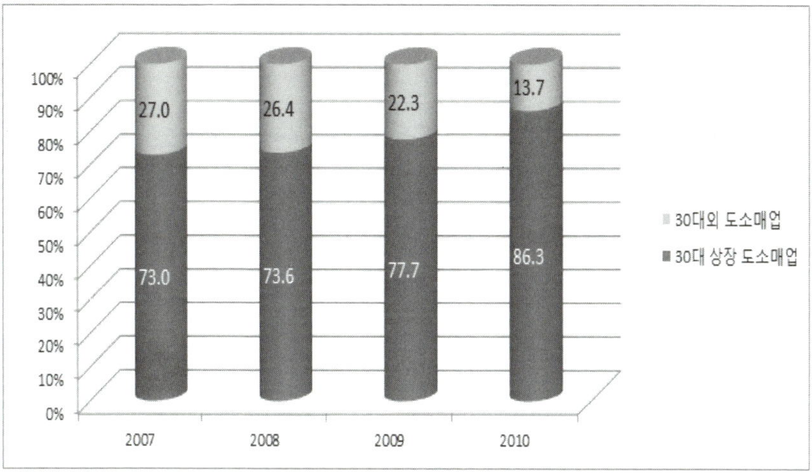

자료 : 경실련 보도자료(2012.3.)

✚ 매출액 규모

30대 재벌 도소매업체의 매출액도 2007년 62조 1천억 원에서 2008년 76조 원, 2009년 696조 8천억 원, 2010년 110조 원으로 꾸준히 증가하였다. 그 결과 [그림 7-5]에 나타난 바와 같이, 30대 재벌 도소매업체의 매출액이 전체 도소매업체의 매출액에서 차지하는 비중은 2007년 73.0%에서 꾸준한 증가 추세를 나타내어, 2010년에는 86.3%까지 증가하게 되었다.

✚ 당기순이익 규모

30대 재벌 상장 도소매업체의 당기순이익도 2007년 3조 1천억 원에서 2008년 2조 4천억 원, 2009년 1조 9천억 원, 2010년 4조 3천억 원으로, 2008년 글로벌 금융위기로 다소의 기복이 있었으나, 비재벌 상장기업에 비해 상대적으로 빠른 증가세를 나타냈다. 그 결과 [그림 7-6]에 나타난 바와 같이, 30대 재벌 상장계열사의 당기순이익이 전체 상장기업 당기순이익에

| 그림 7-5 | 전체 상장 도소매업체 매출액 중 30대 재벌 도소매업체 매출액 비중

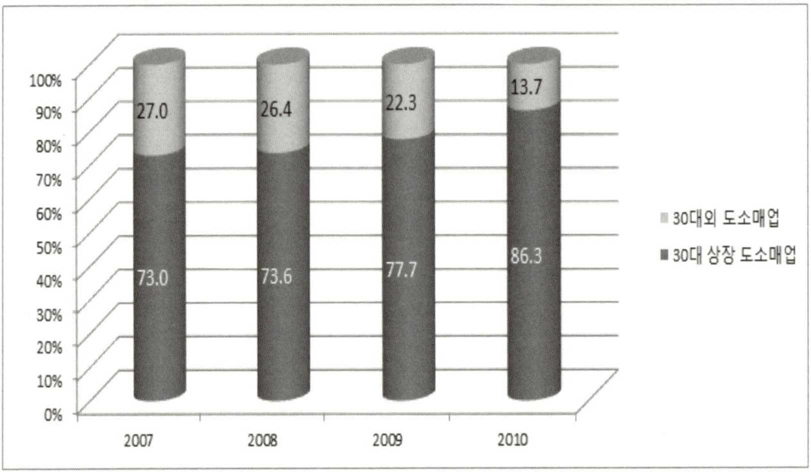

자료 : 경실련 보도자료(2012.3.)

서 차지하는 비중은 2007년 106.9%에서 빠른 속도로 증가 추세를 나타내어, 2010년에는 110.3%까지 증가하게 되었다.

| 그림 7-6 | 전체 상장 도소매업의 당기순이익 중 30대 재벌의 당기순이익 비중

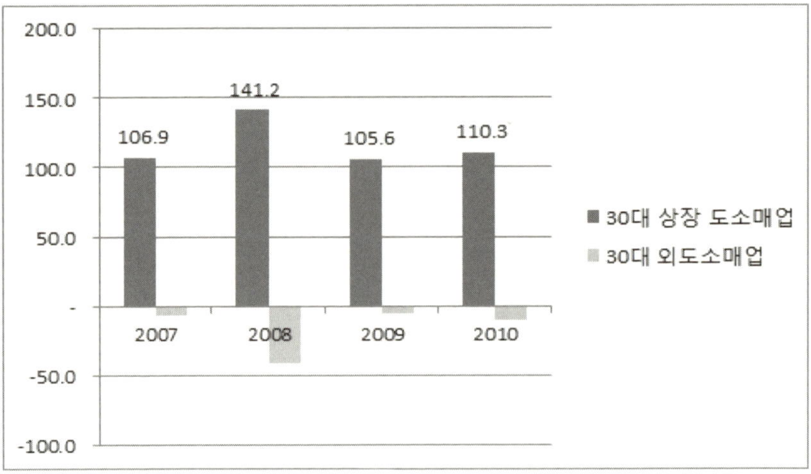

자료 : 경실련 보도자료(2012.3.)

30대 재벌 상장계열사의 당기순이익 비중이 100.0%를 웃도는 것은 다른 상장 도소매업체들이 그만큼 적자를 보고 있다는 것을 의미한다. 글로벌 금융위기 발생시기인 2008년의 경우 30대 재벌 상장 도소매업체의 당기순이익이 141.2%를 시현한 데 비해 다른 상장 도소매업체들의 당기순이익 비중은 -41.2%를 나타내 특히 양극화가 극심하게 나타났다.

30대 재벌 상장 도소매업체의 수도 경실련에 의하면 빠른 속도로 증가하고 있어, 경제력 집중이 더욱 심화되고 있는 것으로 나타났다.

"30대 재벌 상장 도소매업체 수는 2007년 19개사에서 2010년 25개사로 6개사(32%)가 증가한 것으로 조사되었다. 이러한 도소매업의 경우 특성상 큰 기술력을 필요로 하지 않고 중소기업과 서민상권이 많아서 자본력과 마케팅 능력만 있으면 쉽게 이윤을 창출할 수 있기 때문에 재벌들이 진출을 늘리고 있다고 본다."

경실련은 이러한 경제력 집중 현상의 이유를 정부와 정치권의 재벌규제 완화 정책에서 찾고 있다.

"경실련은 이번 분석 결과를 통해 소수의 상장 재벌기업들이 국내 상장시장의 대부분을 장악하고 있는 만큼, 비상장기업을 포함한 국내 전체 기업들과의 격차는 더욱 심각하다고 판단한다. 이러한 기업 간 양극화가 심화된 이유는 정부와 정치권의 재벌규제 완화 정책이 큰 역할을 했다고 본다."

경제력 집중을 억제하기 위한 정책방안으로 경실련은 출총제의 재도입, 순환출자의 금지, 전속고발권의 폐지, 과징금 부과기준의 상향, 징벌적 손해배상제 도입, 집단소송제의 도입과 함께 상위 3사의 시장집중률 40% 이하의 업종에 대해서는 재벌의 진출을 제한하도록 법제화를 추진해야 한다고 주장한다.

"따라서 재벌의 경제력 집중을 저지하기 위해서는 공정거래법을 개정하여 출총제의 재도입(30대 민간기업집단 대상, 출자한도 25%), 순환출자의 금지, 전속고발권의 폐지, 과징금 부과기준의 상향, 징벌적 손해배상제 도입, 집단소송제의 도입 등이 이루어져야 한다. 특히 분석 결과에서도 알 수 있듯이 중소기업 및 서민상권이 많은 도소매업 등의 비제조 및 서비스업으로의 재벌 경제력 집중이 심화되고 있어 상위 3사의 시장집중률 40% 이하의 업종에 대해서는 재벌의 진출을 제한하도록 법제화를 추진함으로써 중소서민상권을 보호해야 한다. 끝으로 경실련은 총선과 대선을 앞두고 정치권에서 표를 의식한 추상적 재벌개혁정책이 아닌 실효성 있고 구체적인 정책대안 제시를 통해 하루빨리 재벌개혁에 나서야 한다고 주장한다."

c) 재벌 계열사 수의 급증

경실련에서는 2012년 6월에 10대 재벌의 계열사 수가 683개[1]에 이르고, 업종분포도 우리나라 표준산업분류상 76개 업종의 대부분을 차지하는 58개 업종[2]에 진출하고 있다고 발표하고 있다. 가히 가공할 만한 경제력 집중이다. 특히 계열사가 급속히 늘어난 시기는 '출자총액제한제도 폐지 시기 이후' 라고 한다.

나. 전경련의 반박자료

전국경제인연합회(이하 전경련)는 반박자료(2012.10.25.)를 내어 "10대 그룹 신규 계열사들의 약 85%가 모회사의 주력사업과 수직계열화 관계에 있는 수직계열사다."며, 경실련의 주장은 "새롭게 떠오르는 신사업에 대기업은 진출하지 말라는 주장으로 사양산업인 경우일지라도 한 우물만 파다가 궁극적으로 도태되라는 말과 같다."는 논리로 반박하고 있다.

그러나 전경련의 이러한 논리는 설득력이 별로 없다. 이런 논리는 마치

1) 경실련 2012.10.24. 참고.
2) 경실련 보도자료(2012.11.1.) 참고.

'어느 자식이 효도할지 모른다' 며 자식을 줄줄이 낳아야 되겠다는 논리와 별반 다르지 않기 때문이다. 또한 거느리고 있는 기업들을 잘 살리려면, 사양산업에 속하는 기업이나 경쟁력이 약화되는 기업들은 처분 정리하고, 유망한 기업 중심으로 재편하여 경쟁력을 강화하는 것이 상례인데, 기업들을 정리하지 않은 채 계속 계열사를 늘리는 것은 이해가 되지 않기 때문이다.

수직계열사라는 주장도 최근의 세계적 추세가 수직적 통합에서 다운사이징(downsizing)이나 아웃소싱(outsourcing)으로 전환하는 추세로 돌아서고 있다는 사실을 알고 있다면, 특별한 이유가 없는 한 납득하기 어려운 설명이다.

(2) 계열사 확장의 숨겨진 이유

재벌기업들이 계열사를 늘리는 이유는 총수일가의 소수 지분으로도 계열사들에 대한 순환출자 고리를 활용하면, 편법승계가 가능하며, 가공의결권을 통해 그룹 전체를 지배할 수 있기 때문이다.

경실련의 보도자료(2012.11.1.)를 통해 총수일가의 소수 지분으로 얼마나 많은 기업들을 지배할 수 있는지 그 실태를 살펴보자.

"2007년과 2012년 9개 재벌의 총수일가 지분과 계열사 지분 등을 분석한 결과, 9개 재벌의 재벌총수일가(동일인 및 동일인 일가) 지분은 2007년 3.54%에서 2012년 2.68%로 0.86%로 줄었지만 계열사 지분은 2007년 42.23%에서 2012년 50.65%로 8.42% 늘어났다.

또한 재벌총수일가 지분 대비 계열사 지분 배수를 살펴보면 12배(2007년, 3.54/42.23)에서 19배(2012년, 2.68/50.65)로 늘어나 출총제 폐지 등이 무분별한 계열사 확장에 활용된 결과를 초래했다. 2012년 재벌별 총수일가 지분 대비 계열사 지분 배수를 살펴보면 삼성이 61.8배(0.95/58.75)로 가장 켰으며, 이어서 SK 60.8배(0.8/48.6), 현대중공업 57.4배(1.21/69.42), 한화 27.5배(1.96/53.97) 순으로 나타났다.

이러한 계열사 확장은 이명박 정부 탄생 이후 출자총액제한제도 폐지, 순환출자 허용 등 친(親)기업정책으로 인해 가속화된 경향이 있다. 무차별한 계열사 확장으로 인해 중소기업과 서민상권이 어려움을 겪으며, 점차 경제 양극화가 심화되어 오늘날에 이르게 되었다."

물론 재벌기업의 입장에서는 '경영권 방어'를 위해 불가피하다고 하지만, '모든 계열사에 대한 방어권 보호'는 지나친 욕심이다. 뿐만 아니라 일반 소액 주주 등 다른 주주의 권익이 침해되는 것은 불문가지이다.

순환출자 외에도 재벌기업들이 계열사들을 확장할 수 있는 힘의 원천은 집중된 경제력을 이용하여, 중소기업의 성과 가로채기와 일감 몰아주기, 통행세 등을 통해서 경쟁력 없는 계열사까지 먹여 살리고 있는 것이다. 이는 공정거래질서를 심각하게 어지럽히는 결과가 될 것이다.

어떤 이는 계열사가 아닌 중소기업의 부품가격 후려치기와 기술탈취를 통해, 계열사의 부품가격 올려주기와 기술이전 등 계열사를 먹여 살리고 있다고 보고 있다. 계열사의 부품가격 올려주기는 계열사 살리기뿐만 아니라 비자금 루트로도 활용될 수 있다는 얘기이다.

(3) 경제위기 가능성 제고

그러나 이런 몸집 불리기는 경제력 집중을 더욱 심화시켜 국가경제를 위태롭게 할 뿐만 아니라 재벌기업들 자체도 위기로 몰아넣을 수 있다는 점에서 경각심을 가져야 한다.

왜냐하면 지금은 우리나라가 과거 개발도상국의 지위를 갖고 국가보호하에 보호무역을 할 수 있는 입장도 아니며, 문호가 완전히 개방된 현 상황에서는 오로지 경쟁력을 강화해야만 살아남는 가혹한 현실에 처해 있기 때문이다. 경쟁력이 없는 계열사까지 무리하게 껴안고 가려는 것은, 비록 경영권 방어에는 성공할 수 있을지는 몰라도, 함께 침몰할 위험을 높일 수밖에 없다.

게다가 우리나라는 경제력 집중, 특히 재벌기업들의 계속되는 몸집 불리기로 인해, 경쟁력 있는 중소기업의 설 자리가 점점 취약해지고 있다는 점에서 위기의 가능성이 더욱 크다. 이는 마치 상체가 엄청나게 무거운 데 비해 다리가 빈약한 상태로, 국제마라톤경기에 출전하려는 것과 같기 때문이다.

(4) IMF 외환위기와 재벌

앞에서 살펴보았듯이, 1997~8년에 겪었던 IMF 외환위기의 배경에는 재벌기업들의 무리한 해외투자로 인한 막대한 외화차입이 중요한 요인이 되었다는 사실을 벌써 잊었기라도 한 듯이, 재벌기업들은 대선 후보자들의 경제민주화 혹은 재벌개혁 공약에 반발하고 있는 모습을 보인다. 아마도 우리 국민들이 아직도 '우리나라 재벌들이 망하면, 우리나라도 망한다' 고 생각하여 '재벌개혁이 웬 말이냐' 고 편들어 줄 것을 기대하고 있는 것은 아닐까? 이는 아마도 우리 사회에 팽배해 있던 '대마불사론' 에 근거하고 있는 것 아닌가 추측된다. 즉, 대기업이 망하면 우리 경제가 송두리째 흔들리게 되기 때문에 정부가 어떻게 하든 살리고 볼 것이라는 주장이다. 우리나라의 많은 금융기관들도 대마불사론에 근거하여 중소기업보다는 대기업 위주로 대출을 해 주다가 IMF 외환위기 때 얼마나 큰 손실을 보거나 외국자본의 손에 넘어가고 혹은 흡수통합당하게 되었는가?

그러나 IMF 외환위기를 겪고 나서 우리 국민들은 5대 재벌에 속하던 대우그룹의 총수가 실질적인 권한을 상실하더라도, 여전히 대우자동차(현재는 쉐보레)를 비롯한 대우건설 등이 살아남아 우리 경제에 기여할 수 있다는 사실을 경험하고 있다.

여기에서 우리는 한국의 국가 경쟁력을 높여 위기를 방어하려면 어떤 정책을 펴야 하는가를 논의하기에 앞서, 먼저 이해를 돕기 위해 재벌기업과 대기업의 차이, 그리고 대기업과 중소기업의 차이를 살펴볼 필요가 있다.

(5) 재벌의 의미

✚ 재벌이란?

재벌의 의미에 대해 브리태니커 사전의 풀이는 다음과 같다.

"재벌은 생산구조상 관련성에 구애받지 않는 다각화를 통해, 여러 시장에 걸친 많은 계열기업을 소유하고 있으며 외형상으로는 독립되어 있으나, 실질적으로는 산하기업들 사이의 자본소유관계 또는 임원 겸임 등을 통해 일관된 체제하에 움직이는 기업군을 형성한다. 또한 특정 가족의 혈연적 지배하에 모기업을 중심으로 많은 기업을 지배함으로써 소유와 경영을 폐쇄적으로 운영하는 기업집단이다.

한국이나 제2차 세계대전 전의 일본에서 나타나는 재벌이라는 다각적 기업집단의 출현은 동양의 대가족제도라는 전통문화적 요인과 개발공업국이라는 사회경제적 요인이 복합적으로 작용해 이루어졌다. 대가족 또는 가(家)라는 혈연집단을 사회조직의 기본원리로 삼았던 문화적 특성이 산업화 과정의 기업조직에 반영되어 가족주의적 소유경영체계를 유지시키게 된 것이며, 선진공업국의 우월한 경쟁력과 불완전한 시장조건하에서 공업화를 추진할 수밖에 없었던 후발공업국의 불리함을 극복하고자, 소수 기업을 중심으로 물적 · 인적 자원을 집중시켰던 사회적 · 경제적 특성이 재벌을 형성시키는 배경이 되었다.

재벌은 독점적 시장지배를 목적으로 동일업종 내의 기업결합을 하는 것이 아니기 때문에 트러스트(trust)나 카르텔(cartel)과는 다르며, 다각화를 추구하면서도 자금 · 인사 · 경영 면에서 일관된 체제하에 움직이고 있다는 점에서 복합기업(conglomerate)과도 성격을 달리한다.

일본이나 한국의 경우 국가가 재벌을 통해 공업화를 추진했다. 이 과정에서 놀랄 만한 경제와 기업의 성장을 이룩한 것은 사실이나, 한편으로는 소수 재벌에게 경제력이 집중되어 효율적 자원배분을 왜곡시키는 과점적 시장구조와 불균형 산업구조를 파생시켰으며, 부와 권력의 불균등 분배구조를 심화시키는 사회적 결과를 야기시키기도 했다."

여기에서 우리는 '특정 가족의 혈연적 지배하에 모기업을 중심으로 많은 기업을 지배함으로써 소유와 경영을 폐쇄적으로 운영하는 기업집단' 으로 한국과 일본의 재벌을 예로 들었는데, 일본의 재벌은 2차대전 후 맥아더 사령부에 의해 해체되었다는 사실에 유념할 필요가 있다.

또한 우리 경제가 과거와 같은 방식으로 개발정책을 쓸 수도 없는 상황이라는 점을 특히 명심해야 한다. 왜냐하면 우리나라가 개발도상국 시절에는 재벌기업들에게 다양한 특혜를 주어 수출경쟁력을 지원할 수 있지만, 전면적으로 문호를 개방한 현재 시점에서는 이러한 지원을 해 줄 수 없기 때문이다. WTO 가입과 동시에 수출지원정책은 금지되고 있으며, 이제는 미국을 비롯한 여러 나라와의 FTA까지 체결하고 있기 때문에 관세율마저 보호장치가 되지 못하고 있다.

따라서 이제는 "경쟁력 강화만이 살길"이다.

(6) 대기업과 중소기업의 차이

대기업과 중소기업의 차이는 법률적으로는 업종에 따라 다소 다르지만,

종업원 수와 자본금 규모 등의 차이로 구분하고 있다.

그러나 경제학적으로는 대기업은 규모의 경제(economies of scale), 즉 생산규모를 크게 함으로써 대량생산의 이익(평균 생산비 절감)을 얻는, 소품종 대량생산 형태의 기업으로 보며, 중소기업은 다품종 소량생산을 강점으로 하는 기업으로 구분하기도 한다.

이런 구분으로 보면 앞에서 설명한 재벌기업과 대기업은 분명히 차이가 있다는 점을 알 수 있다. 그러나 우리나라에서는 재벌기업에 속하지 않는 대기업이 거의 없다는 점에서, 우리 국민들은 재벌기업을 대기업과 착각하는 사람도 많다.

(7) 중소기업의 중요성

가. 21세기는 중소기업의 시대

"21세기는 중소기업의 시대이다."라는 말이 있다. 이 말은 오늘날 기술변화의 속도가 매우 빨라져서 계속 기술혁신을 추진하지 않으면 살아남기 어렵고, 제품의 라이프 사이클(life cycle)도 짧아져 중소기업에 보다 적합한 환경으로 변화하고 있다는 사실을 두고 하는 말이다. 또한 소득수준 향상과 함께 소비자의 선호도 다양화해지고 있어, 다품종 소량생산에 적합한 중소기업이 경쟁에서 유리하다는 것이다.

대만은 대기업이 별로 없고 중소기업 위주의 경제이지만, 우리가 IMF 외환위기를 겪을 때, 우리에게 절실했던 200억 달러를 우리에게 제공하겠다는 의사를 전해 올 정도로 탄탄한 경제기반을 갖고 있다는 점을 예로 들 수 있다. 일본도 중소기업이 강한 나라 중의 하나이다.

나. 대기업의 동반자

사실상 아무리 큰 대기업이라도 중소기업과의 협력 없이는 살아남을 수 없다. 빠른 기술변화에 대한 유연한 대응능력, 다품종 생산능력, 유연한 경영조직 등 대기업이 갖지 못하는 장점을 중소기업이 갖고 있기 때문이다. 자동차를 생산하는 대기업의 경우 대체로 300개 내외의 중소기업과 협력관계를 갖고 있으며, 그 아래로는 천여 개의 소기업들이 협력관계를 유지하고 있는 사실을 이해하면, 중소기업의 중요성을 알게 될 것이다.

다. 고용흡수력과 일자리 창출

뿐만 아니라 중소기업은 고용흡수력이 대기업에 비해 높기 때문에 일자리 창출에 기여할 여지가 크다. 다만 중소기업에서 일자리 창출이 원활히 이루어지려면, 대기업이 중소기업에 대해 적정한 부품가격을 지불하여, 중소기업이 보다 높은 임금을 지불할 능력을 갖도록 해야 한다. 바꾸어 말하면 중소기업 부품가격 후려치기, 기술탈취 등에 의한 남의 성과 가로채기 등의 행위를 중단하고 정당한 가격을 지불하여 중소기업도 함께 성장할 수 있도록 해야 한다는 것이다. 바로 이 점이 동반성장의 요체이다.

라. 내수기반형 성장에 필수조건

앞에서 우리나라는 현재 단계에서는 수출지향적 경제성장정책보다 내수확대를 기반으로 한 성장정책이 필요함을 논증한 바 있다. 중소기업은 대기업에 비해, 생산에 필요한 원자재의 조달에서부터 생산품의 판로에 이르기까지, 그리고 고용창출을 통한 소득향상 면에서 보더라도 내수기반형 성장에 도움이 되는 기업형태이다.

마. 한국 중소기업의 강한 경쟁력

한국의 중소기업은 높은 기술개발력을 통해 품질과 가격 면에서 국제수준에서도 손색이 없는 경쟁력을 갖고 있다. 이 사실은 자동차 부품산업의 경우 미국의 Big 3도 한국의 중소기업으로부터 자동차 부품을 조달받고 있고, 독일의 유명 자동차 부품생산업체인 보쉬도 한국으로 진출하고 있는 사례를 통해서도 입증될 수 있다.

이러한 한국의 중소기업들이 한국의 재벌기업 자동차업체와 동반성장한다면, 한국의 자동차산업의 지속적인 발전은 물론 튼튼한 경쟁체질을 보강하여, 경제성장에도 큰 도움을 주게 될 것이다.

이러한 동반성장이 나타내는 효과는 실로 엄청나다. 우선 가장 큰 효과로는 양질의 일자리를 대거 창출할 수 있으며, 국민소득 증대에 기여하는 것은 물론, 소득분배의 공평성도 상당부분 개선될 수 있을 것이다. 이외에도 수많은 효과를 기대할 수 있으나, 여기에서는 이 정도로 생략하기로 한다.

7 경제민주화와 재벌개혁의 필요성

(1) 경제민주화의 필요성

지난번 대선 후보들이 공통적으로 내건 주요 이슈가 경제민주화이다. 동 이슈에는 재벌개혁론이 핵심 내용이다. 주요 후보들이 재벌개혁론을 주요 이슈로 들고 나온 이유는 국민들이 더 이상 재벌기업들의 불공정거래 관행과 과도한 영역 확장을 참을 수 없는 지경에 이르렀다는 인식이 작용하고 있다고 보아야 할 것이다.

경제민주화라는 용어가 어떤 이에게는 낯설게 느껴질지 모르지만, 실은 경제민주화는 우리나라 헌법 제119조에 근거하는 것이다.

※ 헌법 제119조

① 대한민국의 경제질서는 개인과 기업의 경제상의 자유와 창의를 존중함을 기본으로 한다.

② 국가는 균형 있는 국민경제의 성장 및 안정과 적정한 소득의 분배를 유지하고, 시장의 지배와 경제력의 남용을 방지하며, 경제주체 간의 조화를 통한 경제의 민주화를 위하여 경제에 관한 규제와 조정을 할 수 있다.

헌법 제119조에 명시되어 있듯이, 국가는 '시장의 지배와 경제력의 남용을 방지하며, 경제주체 간의 조화를 통한 경제의 민주화를 위하여 경제에 관한 규제와 조정'을 할 수 있는 것이다.

가. 일본 재벌의 전례와 특징

우리는 재벌의 원조 격이라 할 수 있는 일본의 재벌들의 전례를 잘 알고 있다. 일본 재벌들의 탐욕은 일본 산업의 전반을 지배하는 정도로 만족하지 않고, 세계지배를 위해 일본 군부 및 정부와 손잡고 우리나라를 비롯한 아시아의 많은 나라를 점령하거나 식민지화하여 그 세력을 확장하는 데까지 성공하였으나, 결국 태평양전쟁 패배 후 맥아더 사령부의 재벌해체 조치로 해체되는 운명을 맞게 되었다.

일본 재벌기업의 특징은 우리나라 재벌의 특징과 매우 유사한 면도 있지만, 주요한 면에서 다른 특징을 갖는다. 즉, 창업자가 2세, 3세에게 총수 자리를 물려주지 않는다는 것이다. 오늘날 일본 대기업들 중 창업자가 2세, 3

세에게 자리를 넘겨 준 기업의 사례는 거의 찾아볼 수 없다.[3] 대개의 경우 오랫동안 회사 내에서 뛰어난 성과를 올린 사원들 중에서 회장 자리에 오르는 것이 일반적이다.

나. 미국 대기업 창업자들의 사례

미국의 경우에도 록펠러나 카네기, 포드 등 뛰어난 창업주가 있었지만, 2세, 3세가 회장 자리를 맡는 경우가 거의 없다. 미국의 경우는 상속세 등이 과중하고 탈세는 거의 성공하기 어렵다는 점 때문에, 그리고 문화재단을 설립하여 주식을 넘기는 경우에도 의결권이 없는 주식만을 보유토록 하고 있고, 일단 문화재단을 설립하면 다시 개인이 사유화를 할 수 없도록 하는 제도가 마련되어 있기 때문이다. 우리나라에서도 재벌기업들이 많은 문화재단을 설립하여 다양한 세제상 혜택 등을 누리고 있는 반면, 문화재단 소유 주식을 통해 의결권을 행사할 뿐만 아니라 사유재산처럼 운영되고 있다는 점이 문제이다.

다. 재벌해체론에 대해

일부에서는 재벌해체론을 들고 나오는 사람도 없지 않겠지만, 우리나라의 대기업 가운데 재벌계열 기업이 아닌 대기업이 거의 존재하지 않기 때문에 우리나라 경제에 주는 충격이 너무 커서 사실상 실행 불가능하다고 판단된다.

그러나 현재 재벌기업들이 갖는 경제적 · 사회적인 우월적 지위를 남용하여, 무차별한 영역 확대와 남의 성과 빼앗기 등을 계속한다면, 우리나라

3) 이러한 전통은 과거 일본의 영주들이 자신의 영토를 지키기 위해, 친자식들이 있음에도 다른 사람의 자식이 뛰어날 경우 양자로 맞아들여 후계자로 삼는 전통에서 비롯된 것이 아닌가 생각한다.

기업의 경쟁력은 급속히 떨어질 수밖에 없고, 그에 따라 경제성장 침체는 물론 회복하기 어려운 경제위기를 맞이할 수도 있다는 점에서 재벌개혁은 반드시 필요하다.

(2) 소득의 양극화 해소 차원

가. 임금소득/기업소득 배율

우리는 앞서 Ⅳ장 '그림으로 보는 한국경제'에서 가계소득과 기업소득의 양극화 현상을 확인한 바 있다. 이러한 현상은 과거 가계소득/기업소득 배율이 1975년 8.5배에서 2011년에는 2.6배로 나타났고, 특히 임금소득/기업소득 배율은 같은 기간 3.3배에서 1.7배로 낮아졌다는 사실로도 설명될 수 있다. 임금소득/기업소득 배율이 이렇게 크게 낮아졌다는 사실은, 우리가 Ⅵ장에서 분석한 것처럼 임금근로자 수가 1975년 4,751천 명에서 2011년 17,397천 명으로 약 4배 증가했다는 사실을 고려한다면, 임금근로자의 평균 실질임금 수준이 매우 빠르게 낮아진 결과라는 해석을 가능케 한다.

이 기간 중에 노동생산성이 크게 낮아진 결과라고 달리 해석할 수 있지만, 자본투자 규모가 커질수록 노동생산성은 높아지는 것이 일반적 현상이므로 이러한 해석은 설득력이 없다. 다만, IMF 외환위기 이후 노동시장이 불안정화되어, 비정규직과 임시직 및 일용직 비중이 다소 높아졌다는 점은 일부 설득력을 갖기는 하지만, 전체에서 차지하는 비중이 크게 높지 않다는 점에서 이러한 해석도 근거가 약하다.

나. 정상적인 노동시장정책 필요성

임금소득과 기업소득의 양극화는 우리가 Ⅵ장에서 확인한 것처럼, 친기업적 정부정책이 이루어진 시기에 특히 빠르게 이루어졌다는 사실에 연유하는 것이다.

따라서 이제부터라도 정부가 친기업적 노동시장정책을 탈피하여, 근로자들이 노동생산성에 따른 자기몫으로 임금을 받을 수 있도록 중립적인 노동시장정책을 펴서 부당해고나 정리해고, 비정규직 확대, 용역업체를 이용한 노조깨기 등 근로자들에게 불리한 처우를 불식시키고, 노사협의를 통한 정상적인 임금협상이 이루어지도록 중재해야 한다.

최근 한화그룹에서 비정규직을 정규직으로 전환하도록 방침을 정했다는 뉴스는 이러한 점에서 매운 반가운 소식이 아닐 수 없다.

(3) 국가경쟁력 차원

경제민주화 혹은 재벌개혁은 국가경쟁력 차원에서도 바람직하다. 현재와 같이 재벌기업들의 경제력 집중이 계속되어 불공정거래가 지속된다면, 다른 경제주체들의 조화로운 성장 발전을 저해할 뿐만 아니라. 재벌기업들 자체의 존립을 위태롭게 할 수도 있다.

예컨대 중소기업의 기술개발 이익 가로채기와 기술탈취가 계속된다면, 중소기업들은 기술개발을 포기할 수밖에 없고 이는 중소기업의 몰락을 초래할 것이며, 국내중소기업의 몰락은 이들로부터 부품을 조달받는 많은 재벌 대기업들도 경쟁력이 상실될 위기를 맞을 것이기 때문이다.

일부 재벌기업은 외국의 중소기업으로부터 부품을 조달받으면 된다고 생각할지 모르지만, 이들 재벌기업은 국내 중소기업의 몰락으로 국내소비를 비롯하여 국내투자 등 내수기반이 취약해져, 재벌 대기업들의 성장기반인 국내수요라는 버팀목이 무너져 내릴 것이라는 점을 이해하지 못하고 있는 것이다.

(4) 재벌기업들의 경쟁력 강화에 도움

우리나라 재벌기업들이 계열사들을 정리하여 경쟁력 있는 부문에 전문화하여 집중 투자한다면, 실질적으로 경쟁력 있는 글로벌 기업으로 거듭날 수 있을 것으로 판단된다.

2012년에는 삼성의 스마트폰이 판매대수 면에서 세계 최대 실적을 쌓아 미국 애플사의 스마트폰인 아이폰을 추월하였다. 그러나 삼성의 스마트폰(갤럭시 시리즈)이 미국에서 76만 원에 판매되는 반면, 한국에서는 이보다 30%가량이나 비싼 99만 원에 판매하고 있다는 사실(삼성에서는 미국 판매제품에는 이어폰 등 액세서리가 포함되지 않기 때문이라고 반박하고 있음)을 감안한다면, 이는 삼성의 경쟁력이 강해서라기보다는 국내 소비자들의 희생을 통해서 이룬 성과라는 생각을 떨치기 어렵다.

스마트폰뿐 아니라 냉장고 등 다른 제품도 미국의 **덤핑**판정을 받아 막대한 과징금을 지불해야 할 상황에 처한 것이 어제 오늘의 일이 아니라 비일비재하다.

※ 덤핑(dumping)

일반적으로 해외 수출품 가격이 수출 국가의 국내가격보다 낮을 때 수입국에서 자국의 산업을 보호하기 위해 덤핑판정을 내리게 되며, 막대한 과징금을 부과하게 된다.

| 예시 1 | "미국 국제무역위원회(ITC)는 13일 LG전자와 삼성전자가 한국과 멕시코 공장에서 생산한 하단냉동고형 냉장고를 미국 시장에서 덤핑 판매한 것으로 보인다는 예비판정을 내렸다."(한국일보 2011.5.14일자)

| 예시 2 | "미국 정부가 한국산 대형 변압기에 대해 최종 덤핑판정을 내렸다. 3일(현지시간) 미 관련업계에 따르면 상무부는 이날 한국산 변압기 덤핑 제소건과 관련, 현대중공업과 효성 등이 적정가격 이하에 변압기를 미국 시장에 덤핑 수출하고 있는 것으로 판단했다고 발표했다."(한국경제 2012.7.4일자)

미국의 입장에서는 소비자들이 수입제품을 싸게 살 수 있어 좋고, 덤핑 판정에 따른 막대한 과징금 수입을 챙길 수 있어, 이중의 이득을 취하는 셈이 된다.

그러나 우리나라 국내 소비자들의 입장은 어떨까? 우리나라 국민들은 재벌기업들의 성장을 위해 50년이 넘게 뒷받침해 왔다고 해도 과언이 아니다. 강제저축을 통해 재벌들의 자본축적을 도와주었고, 저임금 장시간노동을 통해 OECD 최고 수준의 노동생산성을 제공하였으며, 개발도상국 시절에는 수출가격의 2배 이상 비싼 가격으로 재벌기업의 제품을 구입해 주었기 때문이다.

재벌기업들은 국민들의 이러한 성원에 감사하는 마음으로 국내 소비자들에게 싼 값으로 판매해도 충분한 보상이라고 보기 어려울 터인데, 아직도 국내 소비자들에게 덤터기를 씌울 수 있느냐고 항의를 받을 지경이다. 국내 소비자들이 상대적으로 가격이 비싼 재벌기업 제품을 회피하고 수입품을 더 선호하게 되면, 따라서 국내시장을 잃게 되면 재벌기업들의 성장은 가능할까?

(5) 글로벌기업들의 교훈

미국의 애플사를 비롯하여, 자동차업계의 Big 3(포드사, GM사, 크라이슬러사), 일본의 도요타 자동차회사 등은 계열사들을 많이 거느려서 글로벌기업으로 성장한 것이 아니다. 오히려 이들 기업들은 전문화를 통해 글로벌기업들로 성장한 기업들이다.

물론 이들 기업들도 한국에서처럼 불공정거래가 일상적으로 이루어지고 처벌이나 과징금도 미약한 나라에서 만약 기업활동을 한다면, 한국의 재벌기업들의 행태를 닮지 않을 것이란 보장이 없다고도 말할 수 있다. 그러나 미국과 같이 정부가 국민의 대부분을 차지하는 소비자의 권익을 위해, 그리고 국가경쟁력 향상을 위해 그러한 불공정거래행위나 경제력 집중을 철저히 막기 때문에 그러한 행태가 나타날 수가 없다.

따라서 재벌기업들의 경쟁력 강화를 위해서나, 소비자들의 권익보호, 중소기업의 상생 발전을 위해서라도 계열사 축소를 통한 전문화가 시급하다.

(6) 일자리 창출 기회의 확대

가. 노동시장 정상화에 따른 투자증대와 일자리 창출

일자리 창출을 위해서는 무엇보다 재벌기업을 비롯한 많은 기업(중소기업 포함)들의 투자가 활발히 이루어져야 한다. 투자 증대를 위해서는 내수기반을 확충해야 된다는 점을 Ⅴ장과 Ⅵ장에서 이미 자세히 설명한 바 있다. 반면 Ⅵ장에서 이명박 정부에서처럼 법인세율 인하로 기업저축을 증대시켜 투자를 촉진하겠다는 정책은 효과를 나타내지 못한다는 사실도 확인한 바 있다.

내수기반 확대를 위해서는 무엇보다 가계소득의 큰 비중을 차지하는 임금소득을 증대시켜 소비를 활성화하는 방법이 최선이다. 임금소득을 증대시키려면 물론 친기업적(친재벌적) 노동시장정책을 그만두고, 노사가 화합할 수 있도록 정부가 중립적 혹은 중재적 역할을 담당함으로써, 근로자들이 최소한 노동생산성에 따른 임금몫을 받도록 해야 한다. 이러한 정책은 그동안 친기업적 정책하에서 근로자들의 평균 실질임금 하락 부분을 원상회복하는 효과를 나타내게 될 것이다.

이처럼 노동시장의 정상화로 근로자들의 평균 실질임금이 상승하게 된다면, '국내소비 증대 → 투자증대 → 생산증대 및 일자리 창출 확대 → 국민소득 증대→ 소비증대' 라는 선순환구조가 작동되어 경제성장은 물론 소득과 일자리 창출 확대가 순조롭게 이루어질 것이다. 기업의 매출과 당기순이익 등의 증가도 물론 함께 이루어질 것이다.

일부 재벌기업들은 임금상승은 기업의 비용을 높여 기업의 재무구조 건전성을 우려할 수도 있지만, 임금수준이 노동생산성을 초과하지 않는 한 이러한 우려는 기우에 불과하다. 만일 임금수준이 노동생산성을 초과하는 경우에는 자본생산성의 일부를 잠식할 수도 있지만, 임금수준이 노동생산성을 초과하지 않는 한, 자본생산성의 몫은 기업에게 돌아갈 것이기 때문이다.

나. 중소기업과의 동반성장을 통한 일자리 창출

대졸자를 포함한 많은 청년들이 대기업을 선호하는 이유는 우선적으로 높은 임금과 안정된 직장, 그리고 발전가능성 등을 꼽는다. 그러나 만약 재벌기업들이 중소기업들에게 정당한 부품가격을 지불하고 동반성장을 도모한다면, 중소기업들도 높은 임금을 줄 수 있는 여유를 갖게 될 것이다. 앞서 사례를 든 도요타사의 경우가 좋은 본보기가 될 것이다.

고용흡수력이 상대적으로 높은 중소기업들이 높은 임금을 준다고 하면, 대졸자라도 굳이 대기업만을 고집하지 않을 것이기 때문에, 현재와 같은 청년실업의 문제는 상당 부분 해소될 여지가 있다.

다. 재벌개혁이 일자리 창출을 저해?

재벌기업들은 재벌개혁 논의가 나타날 때마다, 투자 위축과 일자리 창출 기회를 꺾을 것이란 반대 논리를 펴고 있다.

그러나 경실련 보도자료(2012.10.26.)를 보면, 이러한 논리가 사실과 상당히 차이가 있음을 발견하게 된다.

"국내 5대 재벌(삼성, 현대자동차, SK, LG, 롯데)의 2007년 종업원 수는 484,050명에서 679,076명으로 40.3% 증가했다. 그러나 같은 기간 동안 계열사 수가 241개에서 373개로 54.7% 늘어난 것을 고려하면, 계열사당 종업원 수는 2,009명에서 1,820명으로 오히려 떨어졌다. 즉, 재벌 대기업의 일자리 확대는 출총제 폐지에 따라 지분인수 등을 통한 계열사 늘리기를 통해 비롯된 것이지, 실제로 신규 고용을 늘린 것이 아니란 것을 확인할 수 있다."

라. 재벌기업 해외투자의 문제점

최근 재벌기업들은 국내의 고임금을 이유로 중국을 비롯하여 동남아시아와 중남미 국가 등 해외투자에 열을 올리고 있고, 국내투자에는 큰 노력을 나타내지 않고 있기 때문에, 청년실업의 문제가 더 심각해지고 있다.

a) 임금수준과 노동생산성의 관계

국내의 고임금을 해외투자의 주요 이유로 드는 것은 매우 근시안적 판단이다. 임금수준이 높으냐 낮으냐는 노동생산성과 연관지어 판단해야 한다. 만약 높은 임금수준이더라도 노동생산성이 더 높으면 전혀 문제가 되지 않는다.

이에 대한 좋은 선례가 프린터로 명성이 세계적으로 알려진 일본의 엡슨(Epson)사의 경우이다.

당시 일본 기업들은 3D현상(일본에서는 3K현상이라고 부름)에 따른 인력

난과 고임금이란 이중의 어려움에 처해 있어서 많은 기업들이 동남아 등으로 공장을 이전하는 바람에 일본 내에서 산업공동화 우려의 목소리가 높아지고 있었다.

이때 Epson사는 국내의 생산과정을 기계화 · 자동화하여 3D현상을 불식시키는 한편, 일본 국내의 고임금수준에 대응하는 전략을 세웠다. 그 결과 국내의 고임금에도 불구하고, 해외로 이전한 공장에 비해 생산성이 15% 이상 높아졌다는 분석 결과를 발표하였다. 일본 기업들이 국내로 회귀하는 전기를 만들어낸 것이다.

b) 국내시장의 위축

재벌기업들이 국내투자보다 해외투자를 선호할 경우 국내시장은 위축될 수밖에 없다. 우선 부품을 생산 · 납품하는 중소기업의 입지를 약화시킬 뿐만 아니라, 투자에 따른 전후방 산업연관효과가 낮게 나타나 내수기반을 확대시키기 어렵다.

해외투자는 일자리 창출 측면에서도 거의 기여하는 바가 없기 때문에 투자와 함께 내수기반을 형성하는 소비 측면에서도 기여하는 바가 거의 없다.

c) 부메랑 효과

뿐만 아니라 저임금을 기반으로 한 해외투자는 결국, 투자가 이루어진 국가의 가격 및 기술경쟁력을 강화시켜, 국내기업들의 가격 및 기술경쟁력을 위태롭게 만들 수도 있다는 점에 유의해야 한다.

8 재벌개혁의 방향

(1) 공정거래질서의 확립

재벌개혁의 방향은 무엇보다 공정거래질서의 확립 차원에서 시급히 이루어져야 한다. 그동안 우리나라 재벌기업들은 정부의 친기업적(친재벌적) 정책이라는 보호막 속에서 다양한 불공정거래 행태가 일상화되어, 중소기업과 중소 유통업체, 소비자와 소액 주주들에 대한 막대한 피해를 주어 왔다. 뿐만 아니라 일부 재벌기업 총수들의 10조 원 규모의 비자금사건, 주식의 부당 내부거래, 회사 자금의 유용 등 총수들의 비리도 적지 않게 언론에 보도되고 있는 실정이다.

특히 시장지배력 확장을 위해 몸집 불리기 과정에서 불법과 탈법 등 다양한 수법도 동원되고 있다. 이러한 사실은 최근 재벌그룹이 주축을 이루는 이동통신사들이 가입자 확보를 위해, 공정거래위원회의 단속과 과징금 및 처벌에도 불구하고, 계속 변형된 형태의 단말기 보조금 지급을 계속하고 있는 행태에서도 드러나고 있다. 사실상 이러한 단말기 보조금 지급은 사실상 통신요금 인상으로 이어지는 것이지만 많은 소비자들은 미끼상품(최신 스마트폰, 무제한 이용제 등)에 넘어가는 경우가 많다.

공정거래질서 확립이라는 목표는 재벌 대기업과 중소기업(혹은 중소 유통업체) 간의 문제가 중요한 부문을 차지하지만, 독과점 등 시장지배력을 통한 가격 담합과 독점이윤 추구, 그리고 보험가입이나 신용카드 발급 시 맺게 되는 계약관계에서 나타나는 불공정 거래약관 등 소비자 권익 침해 문제도 매우 중요하다.

(2) 계열사의 축소와 전문화 지향

재벌개혁에서 우선시해야 하는 부분은 문어발식 다각화 경영방식을 지양하고, 경쟁력 있는 부문에 집중 투자하도록 유도하는 정책이다. 이것은 기업의 경쟁력뿐 아니라 국가 경쟁력 차원에서도 필요하다. 왜냐하면 현재 세계경제는 무한경쟁시대를 맞아 경쟁력이 앞서는 선두기업만이 살아남아 시장지배력을 좌우하는 시대이기 때문이다.

우리나라 재벌기업들을 살펴보면 68개가 넘는 이업종 분야의 계열사들을 거느리고 있는 재벌들이 상당수인데, 특정 업종에 전문화하여 총력을 기울여도 살아남기 힘든 상황에서 다양한 업종을 거느리는 것이 경쟁력에 도움이 될까 의문이 들지 않을 수 없다. 재벌기업들이 거느리는 계열사들 중에는 적자 기업도 상당수 있고, 통행세로 연명하는 기업들이 있는 것으로 추정됨에도, 이들 기업들을 정리하기는커녕 중소 유통분야와 빵집 등 중소기업 영역으로 오히려 세력을 확장하고 있는 사실은 우리나라만의 가족 경영형 재벌이 낳은 병폐의 결과이다.

※ 통행세란?

통행세란 계열사를 먹여 살리기 위해, 외부 업체와 직접 거래하는 것이 비용절감에 도움이 됨에도 불구하고, 특정 계열사를 거쳐 거래하도록 함으로써 특정 계열사의 수입을 올려 주는 것을 말한다.

따라서 최소한 진출업종 수에 대한 제한이 가능한 법적 · 제도적 보완이 필요하다. 경실련의 계열분리명령제도 이 범주에 포함된다고 할 수 있으나, 어떤 계열을 분리할 것인지는 정부보다는 재벌기업의 선택에 맡겨야 한다는 주장도 만만치 않아서, 면밀한 검토가 필요할 것이다.

가. 순환출자의 금지

재벌계열사들이 계속 세력을 확장하는 현상이 가능한 것은 적은 자본으로도 다양한 계열사를 지배할 수 있도록 순환출자를 가능케 한 우리나라 제도상의 허점 때문이다. 따라서 순환출자를 금지하는 쪽으로 대폭 손질이 필요하다.

순환출자가 초래하는 문제점은 계열사의 확대재생산에 의한 경제력 집중, 일반 주주들의 피해(배당률 차별 등), 가공의결권에 의한 국민연금 등 공익 기관투자자(대주주)의 의결권 무력화, 계열사 간 동반부실의 위험 등 헤아릴 수 없이 많다.

※ 순환출자와 가공자본(가공의결권)

순환출자는 재벌그룹들이 계열사를 늘리고, 그룹총수의 계열사 지배력을 공고히 하기 위해 이용하는 주요 수단 중 하나이다.
예를 들어, A회사(그룹 핵심회사)가 B회사(계열회사)에 출자하고 B회사가 다시 C회사(또 다른 계열회사)에 출자할 경우, A회사는 B, C회사를 동시에 지배할 수 있다. 또한 A회사가 100억 원의 자본금으로 B회사에 50억 원을 출자하고, B회사는 다시 C회사에게 25억 원을 출자하고, 다시 C회사가 A회사에 10억 원을 출자하게 되면, A회사는 100억 원으로 B, C회사를 동시에 지배할 뿐만 아니라, 자본금은 110억 원으로 늘려 10억 원의 가공자본을 형성하게 된다. 이 가공자본으로 또 다른 계열사 출자를 계속할 수 있어 정상적인 투자 없이 계열회사를 활용한 순환출자로 계열사 확장에 이용하는 악순환이 발생한다.
현행 공정거래법은 상호출자(A회사가 B회사에 출자한 뒤, 바로 B회사가 A회사에 출자하는 경우)만 제한하고, 순환출자에 대해서는 규제하지 않는 허점이 있다(경실련 보도자료 2012.11.1.).

따라서 지나친 계열사 확대와 경제력 집중을 막기 위해서는 순환출자를 전면 금지할 필요가 있다.

"순환출자를 금지하기 위해서는 사전적 규제인 '매각 강제형'과 사후적 규제인 '의결권 규율' 방식을 동시에 적용시켜야 한다. 또한 신규 순환출자는 전면 금지하고, 기존 순환출자에 대해서는 우선적으로 의결권을 제한(사후적 규제, 의결권 규율형)한 후 매각을 통한 해소절차를 밟도록 해야 한다." (경실련 보도자료 2012.11.1.)

나. 총액출자제한제도의 재도입

총액출자제한제도의 재도입도 재벌계열사 확장을 억제하는 데 도움이 될 것이다.

※ 총액출자제한제도

총액출자제한제도란 재벌 대기업 또는 계열사가 자산의 일정 범위(25% 범위 내) 이상을 다른 회사에 출자할 수 없도록 제한하는 제도이다.

총액출자제한제도는 1987년 4월부터 도입되어 시행되었으나, 1998년 IMF 외환위기를 맞아 외국자본의 국내기업 매수를 막기 위해 폐지하였다. 그러나 2001년 1월 출총제 대상 그룹들의 출자비율(순자산 중 다른 기업에 출자한 금액비율)이 높아지자 다시 도입하였다. 그러나 이명박 정부 들어와서 2009년 3월 다시 폐지되어 오늘에 이르고 있다.

다. 계열사 배당세 과세제도 재도입

배당세 과세제의 재도입도 재벌계열사 확장을 억제하는 데 도움이 될 뿐만 아니라, 상장계열사의 일반 주주들의 피해를 줄이고, 재벌 총수의 비자금 조성 루트도 제약하는 역할을 할 것이다.

다음의 연합뉴스가 이를 잘 설명해 주고 있다.

연합뉴스(2012.10.25일자)는 "연합뉴스와 재벌닷컴이 2010~11 회계연도 10대 그룹 소속 592개 상장사와 비상장사의 배당현황을 분석한 결과, 비상장사(499개) 배당성향은 2년간 41.21%로 집계"되었고, 반면 상장사의 배당성향은 평균 15.25%로 비상장사의 3분의 1 수준"에 그쳤다고 보도하였다.

배당성향 = 배당총액 ÷ 당기순이익

"이에 따라 외부 지분이 높은 상장사에서는 배당을 적게 하고 총수일가가 절대적 지분을 보유한 비상장사에서는 고배당을 했다는 지적이 가능하다. 그룹별로는 삼성 비상장사들의 배당성향이 평균 59.20%로 가장 높았다. 특히 삼성탈레스는 2011년 순이익이 8억 1천100만 원에 불과한데도 102억 8천700만 원을 배당해 배당성향이 무려 1천268%에 달했다. 배당성향 50% 이상의 고액 배당을 실시한 비상장사의 수는 2010년과 2011년 모두 28개로 동일했다. 배당성향이 100%를 넘어 순수익보다 배당이 많은 회사의 수는 2010년 4개에서 2011년 5개로 늘어났다.

서울대 행정대학원 박상인 교수는 "총수일가가 비상장사를 현금 마련을 위한 '캐시 카우'로 이용했다는 의심이 든다."면서 "이런 행태는 기업의 가치나 전체 주주의 이익 극대화가 아닌 총수일가의 이익을 늘리기 위한 것"이라고 비판했다."(연합일보 2012.10.25일자)

(3) 소비자와 중소기업의 보호

가. 집단소송제의 적용범위 강화

집단소송제란 일부 피해자가 불공정거래 등과 관련하여 소송을 내서 승소한 경우 같은 손해를 입은 다른 피해자들도 별도의 소송 없이 배상을 받을 수 있게 하는 제도이다. 우리나라에서는 현재 증권 관련 불공정거래의 경우에만 적용되고 있다.

그러나 미국 등에서는 소비자의 권익을 위해 광범위하게 적용되고 있다.

최근 우리나라 모 재벌기업이 자동차 수출을 위해 자동차 연비를 과장광고했다는 이유로 미국에서 집단소송이 진행되고 있어 막대한 배상금을 지불해야 할지 모르는 상황에 처해 있다고 한다.

따라서 우리나라에서도 재벌 대기업들의 경제력 집중에 의한 폐해를 막고 소비자들의 권익 보호를 위해 집단소송제의 적용범위를 강화할 필요가 있다.

나. 징벌적 손해배상제의 강화

징벌적 손해배상제란 민사재판에서 가해자의 행위가 악의적이고 반사회적인 경우 실제 손해액보다 훨씬 많은 배상을 해 주도록 하는 제도이다. 현재 우리나라에서는 하도급법에서 대기업이 중소기업의 기술을 탈취했을 경우에만 적용되고 있다.

그러나 중소기업의 기술개발 성과를 지나친 가격 후려치기 등으로 가로채 가는 경우에도 적용 가능하도록 범위를 확대해야 중소기업의 기술개발 의욕을 꺾지 않게 될 것이다.

다. 전속고발권의 폐지

전속고발권이란 공정거래법, 하도급법, 가맹사업법, 대규모유통업법상 위반행위에 대해 공정거래위의 고발이 있어야만 검찰이 수사를 할 수 있도록 한 제도로서, 불공정거래 행위의 피해를 입은 당사자가 직접 고발할 수 있는 권리를 차단하고 있기 때문에 위헌성 논란이 제기돼 왔다. 동 전속고발권을 그대로 둘 경우, 자칫 공정거래위원들과 재벌기업의 정경유착관계를 더욱 유착시킬 위험도 배제할 수 없다.

따라서 중소기업과 소비자 권익을 증진하고, 경제력 집중을 방지해 공정거래질서를 정착시키기 위해서는 중소기업과 소비자는 물론 관련 타 정부 부처들도 고발권을 가지게 해야 할 것이다.

(4) 법인세율 인상과 지상배당세 도입 검토

우리는 앞서 Ⅳ장에서 친기업적 정책을 편 이명박 정부 시기에 가계저축률은 국민총소득(GNI)의 5%대에 머물고 있는 반면, 기업저축률은 20% 가까이까지 급속히 증가하고 있음에도, 재벌기업을 위시한 기업들의 투자율이 총저축률을 밑돌아 저축과 투자의 갭이 나타나고 있다는 사실을 확인하였다. 그 결과는 물론 경제성장률도 역대 정부 최저 수준이고, 질 좋은 일자리 창출도 별로 이루어지지 않았다.

따라서 법인세율 인하 조치를 원래대로 환원(중소기업에 대해서는 현행 유지도 검토 필요)해야 한다.

아울러 우리나라 재벌기업들 계열사 중 비상장 계열사들이 많고, 이들 비상장사들의 배당률이 상장사들의 배당률보다 높아 재벌일가의 자금원으로 활용되고 있는 만큼, 비상장사들의 사내유보분에 대해 과거에 도입했던 **지상배당세**제도를 재도입하여, 배당이나 투자를 촉진하는 방안도 검토해 볼 필요가 있다.

※ 지상배당세(紙上配當稅)
비공개 법인이 주주에게 배당을 하지 않고 회사 내에 유보해 두고 있는 소득에 대해서 배당을 한 것으로 여기고 주주에게 종합소득세로 부과하는 세금

(5) 상속세와 증여세의 강화

우리나라의 상속세와 증여세의 세율도 선진국 수준에 비해 비교적 낮은 편일 뿐만 아니라 실효세율도 극히 낮은 편에 속하며, 편법증여 혹은 변칙증여가 만연하여 광의의 조세포탈이 심각한 수준이다. 특히 재벌기업들의 변칙증여는 법으로 다스리기 어려울 정도로 법망을 교묘히 피해 가기 때문에 조세정의가 실현되지 못하고 있다.

미국과 같이 '탈세자는 무덤까지 쫓아간다'는 말이 나올 정도의 조세정의가 구현되어야, 국민들의 신망을 받는 조세행정으로 거듭날 수 있을 것이다. 이는 재벌기업들이 2세, 3세에 이르면서 더욱 경제력 집중이 확장되는 것을 막는 한 방법이기도 하다.

(6) 중소기업과의 동반성장 여건 강화

또 하나 재벌개혁에서 빼놓을 수 없는 정책은 재벌 대기업과 중소기업의 협력관계를 정상화시키는 정책이다. 재벌 대기업이 갖는 우월적 지위 등을 이용하여, 재벌 대기업이 중소기업에 대해 행하는 다양한 불공정거래 행위에 대한 규제정책이 시급히 필요하다. 이것은 한국 경제의 미래를 좌우하는

문제가 될 수 있다. 왜냐하면 오늘날 글로벌화된 세계경제에서 무엇보다 경쟁력이 중요한데, 이 문제를 소홀히 한다면 경쟁력을 크게 떨어뜨릴 수 있기 때문이다.

가. 기술탈취와 기술개발이익 가로채기 방지

불공정거래 사례 중의 하나는 소위 '기술탈취' 혹은 기술개발이익 가로채기 등이다. 이러한 불공정거래 행위가 지속되는 한 기술개발이 생명인 중소기업의 기술개발의욕이 꺾이고 말 것이다.

※ 기술개발이익 가로채기의 사례(필자가 중소기업체를 방문했을 때의 경험담)

재벌 대기업에 부품을 납품하는 한 중소기업체 사장은 "1개 만 원에 납품하던 부품의 기술개발을 위해 20억 원을 대출받아 기술개발에 착수, 성공하여 1개당 5천 원에 생산할 수 있는 시스템을 갖췄는데, 재벌대기업 측에서 설계도와 원가계산서를 달라고 하더니, 5천 원에 납품하라고 한다. 그러면 20억 원을 어떻게 상환할 수 있겠느냐? 그렇다고 거절하면 다른 회사에 설계도를 주어 그 회사에서 납품받을 터이니(기술탈취) 거절할 수도 없어 고민이다. 앞으로는 기술개발을 하지 않겠다."고 말했다.

재벌기업들이 우월적 지위를 이용하여, 끝없는 영역 확대와 중소기업 성과 가로채기 등이 빈발하게 되면, 공정한 시장질서가 파괴되어 중소기업의 경쟁력은 물론 국가 경쟁력도 떨어지게 될 것이며, 일자리 감소와 중소상공인들의 몰락을 초래하여 결국은 경제성장의 추진력을 상실하게 될 것이다. 이는 재벌기업과 중소기업의 동반 몰락을 초래할 수도 있다. 일부 재벌 대기업은 '일감 몰아주기', '통행세' 등을 통해 계열사만 키우면 될 것이라고 생각할지 모르지만, 이런 방식으로 쉽게 이익을 낼 수 있는 계열사들이 과연 치열하게 기술개발에 대한 노력을 기울일까를 생각해 보면 답은 자명하다. 기술개발에는 개발성공 가능성에 대한 위험과 시장의 위험 등 많은 위험이 따르는 것이다. 따라서 수많은 중소기업들이 생존을 걸고 치열하게 기술개발 노력을 기울여 성공하는 자는 그 대가를 받고 그렇지 못한 자는 도태되는 것이다. 망하지 않는 것이 보장된 계열사들이 이러한 위험을 감수하고 기술개발에 뛰어들까?

'황금 알 낳는 거위의 배를 가르는 우' 를 더 이상 범하지 말고, 협력업체인 중소기업들을 잘 키우도록 여건을 조성하는 선순환적 정책이 무엇보다 필요하다.

나. 일본 도요타사의 사례

우리는 여기에서 일본 도요타사의 성공사례를 귀감으로 삼아야 한다. 도요타 자동차회사가 당시 미국의 Big 3를 제치고 세계 최고의 자동차회사로 발돋움한 배경에는 도요타사가 중소기업과의 협력관계를 일신하여 품질향상과 제로 수준의 불량률을 달성하였기 때문이다. 즉, 도요타사는 고객의 주요 불만이 차체나 엔진보다는 중소기업이 납품하는 수많은 부품에서 비롯되고, 또한 고객의 만족도도 새로 개발되는 부품들에 달려 있다는 점에 착안하여, 중소기업들에게 기술지원과 함께 자금(개발비 등) 지원도 아끼지 않았던 것이다. 이러한 정책은 도요타사를 세계 최고의 자동차회사로 올려놓는 결정적 계기가 되었을 뿐 아니라, 일본의 중소기업들의 기술경쟁력도 높이는 결과를 가져다 주었다.

다. 중소기업에 대한 공정거래질서 확립 효과

다행히 우리나라는 자동차부품 관련 중소기업들의 기술개발 능력이 아직까지는 매우 높기는 하지만, 현재와 같은 부품업체들에 대한 불공정거래 행위가 지속된다면, 기술개발에 대한 의욕이 꺾이고 경쟁력이 상실되어 지속적인 경쟁력 확보는 더 이상 어려울 것이다.

따라서 보다 강력한 정부 의지와 법적 · 제도적 뒷받침하에 공정거래질서를 엄정히 확립하는 정책이 실시되어야 한다.

중소기업과의 공정거래질서가 확립되면 우리가 앞에서 말한 소득격차 완화에도 큰 도움이 될 것이다. 중소기업은 고용흡수력이 높아 일자리 창출과 함께, 피용자보수율 상승에도 기여할 것이기 때문이다. 더욱이 중소기업과의 공정거래질서 확립으로 중소기업이 정당한 대가를 지불받게 되면, 중소기업의 성장은 물론 국가 경쟁력 향상에도 큰 기여를 할 것이다.

(7) 공동결정제도 도입 검토

필자는 궁극적인 경제민주화는 기업의 의사결정과정에서 대주주의 독단적 결정을 억제하고, 다른 주주들과 기업의 동반자인 노조의 참여를 가능케 하는 수준까지 도달해야 진정한 경제민주화가 이루어질 수 있다고 본다. 이 문제는 보다 많은 논의가 필요하기 때문에 여기에서는 간략하게 짚고 넘어가기로 한다.

우리나라의 재벌 대기업들은 '경영은 최고경영진의 고유 권한' 이기 때문에, 경제민주화는 수용하기 어렵고,[4] 더구나 노조의 의사결정 참여는 결코 받아들여질 수 없으며, 받아들여진다면 회사가 망할 것이라고 생각하는

4) 한국경제신문 2010년 10월 9일자, "30대 그룹 최고경영자(CEO) 10명 중 6명 이상은 정치권에서 추진하고 있는 경제민주화 정책에 부정적인 태도를 보였다."

경우가 많다.

그러나 독일의 경우는 세계 제2차대전 패전 후부터 노조의 경영참가를 인정하는 공동결정제도(Betrieblichie Mitbestimmung)를 도입하여 왔고, 높은 경제성장을 이루어, 독일통일이라는 성과를 얻는 데 기여하였고, 통일 이후에는 통일비용 등의 문제로 다소 어려움을 겪었으나, 현재는 유럽연합(EU) 내에서도 경제력이 강한 국가로 자리매김하고 있다는 사실을 부인할 사람은 별로 없을 것이다.

※ 공동결정제도

공동결정제도란 산업민주주의 실현 및 기업의 경영성과 향상을 목적으로 하는 근로자 경영참가제도로서, 근로자 또는 노동조합의 대표가 기업경영상의 주요 현안에 대하여 사용자대표와 공동으로 의사결정을 내리는 제도이며, 현재 독일에서 시행 중이다.

우리나라에서도 최소한 감사회에 노조대표를 참석시키는 정도로 공동결정제도를 도입한다면, 현재와 같은 재벌기업의 중소기업에 대한 횡포나 탐욕은 상당부분 줄일 수 있을 것으로 판단된다.

결국 필자는 '행복한 나라 만들기' 는 불가능한 것이 아니라, 우리 모두가 합심하여 노력한다면, 충분히 이룰 수 있다고 확신한다.

VIII

맺음말

이 책의 최종적 결론은 '생각을 바꾸면 나라가 바뀐다' 라는 것이다. 즉 정부의 정책담당자나 재벌기업을 비롯한 수많은 기업가, 그리고 소비자를 포함한 국민들이 낡은 고정관념을 버리고 생각을 바꾼다면, 우리나라도 모든 국민이 함께 더불어 잘 사는 '행복한 나라' 를 충분히 만들 수 있다는 것이다.

이 책에서는 우리나라의 정치가와 학자들을 포함하여, 정부의 정책담당자와 기업, 그리고 소비자를 포함한 국민들 사이에서 선거 때마다 쟁점으로 부각되어 왔던, 거대 담론들을 객관적인 실증분석과 우리나라를 비롯한 다른 나라의 경험 등 다양한 실례를 토대로 정리하고 논증하고자 노력하였다. 거대 담론들을 분석 · 정리한 결과는 다음과 같다.

첫째, 이제 우리나라는 '선성장 후분배' 정책에서 '선순환구조의 성장정책' 으로 전환해야 한다. 이를 뒷받침하는 사례는 우리나라에서 민주화 선언 이후 약 10년간 노조의 활성화로 그동안 억제되어 왔던 임금수준이 정상화되면서, 높은 경제성장률을 기록한 것은 물론, 내수(국내소비와 투자)의 급증으로 역대 정부 최저의 실업률을 나타내어 황금시대를 맞았었다는 사실, 그리고 가계소득은 IMF 외환위기 이후 급속히 하락하는 대신 기업소득은 급격히 늘어나 가계소득과 기업소득 간의 양극화가 매우 심각하게 진행되고 있다는 사실, 특히 이명박 정부하에서 친기업적 노동시장정책과 법인세율 인하 정책 등 친기업적 정책을 실시한 시기에 투자도 경제성장률도 일자리 창출도 역대정부 최저수준을 기록하고, 자살률은 크게 높아져 경제사회고통지수가 최악의 상태에 달했다는 사실 등이다(Ⅳ장, Ⅴ장 및 Ⅵ장 참고).

둘째, '수출주도형' 성장정책에서 '내수기반형 성장정책'으로 전환해야 한다. 한국은행의 산업연관표를 이용한 성장기여도 분석이나, 회귀분석모형에 의한 필자의 경제성장모형을 통해 이러한 정책 전환의 필요성을 실증적으로 논증하고 있다(Ⅴ장 참고). 즉 수출지상주의를 이제는 탈피하여, 내수를 확대하는 정책에 중심을 두어야 한다는 것이다.

셋째, '친기업적' 노동시장정책에서 '중립적' 노동시장정책으로 전환하여 선순환적 성장이 이루어지도록 해야 한다. 우리는 민주화선언 이후 노조활동이 정상화되면서 임금상승이 이루어진 1988년부터 IMF 외환위기 직전인 1997년까지, 경제성장률도 박정희 정부시절에 버금가는 평균 8%대의 성장률을 이뤘고, 실업률도 역대 정부 최저 수준인 2%대의 실업률을 나타내어, 한국경제의 황금시대(golden age)를 구가하였는바, 이는 중립적 노동시장정책의 필요성과 함께, 선순환적 성장정책의 필요성을 다시 한 번 일깨워 준 결과라고 하겠다(Ⅵ장 참고).

넷째, 그동안 친기업적 노동시장정책으로 억제되어 왔던 임금소득의 상실 부분을 보완하기 위해서라도, 그리고 가계소득과 기업소득 간의 양극화, 그리고 중소기업 및 비재벌기업의 기업소득과 재벌기업의 기업소득 간의 양극화를 완화하기 위해서라도 재벌기업에 대한 법인세율 인상 등 소득재분배정책을 한층 강화해야 한다(Ⅵ장 참고).

다섯째, 정부의 복지지출 확대에 대해 '복지 포퓰리즘'으로 비난할 것이 아니라, 복지지출이 내수를 확대하여 성장에 기여하는 한편, 사회적 임금(social wage) 혹은 인적자본을 형성케 하는 노동재생산비의 성격을 지녔다는 점에서 비용이라기보다는 투자의 성격을 갖는다는 인식으로의 전환이 필요하다. 복지지출도 내수확대에 기여할 것이며, 차상위계층에 대한 복지 확대는 생산적 인구의 인적자본 형성에 기여한다는 점에서, 기초생활수급권자에 대한 복지지출은 사회안전망의 확대와 사회보험적인 성격 강화라는 측면에서 확대할 필요가 있다. 복지재원은 그동안 일방적으로 증대되어 온 기업소득에서 이끌어 내야 한다. 사실상 기업소득은 노동과 자본이 함께 생성한 성과물이라고 볼 수 있기 때문에, 이제는 소득의 양극화와 가계소득과 기업소득의 양극화를 치유하기 위해, 일부는 법인세율의 차별적 인상 등을 통해 복지재원으로 쓰여져야 한다(Ⅵ장 참고).

여섯째, 우리 사회에 팽배하고 있는 불신과 갈등을 제거하고 행복한 나라를 만들기 위해서는 노사 간, 중소기업과 대기업 간, 소비자와 생산자 간, 정부와 국민들 간 등 사회구성원들 간의 신뢰(trust)를 쌓아야 한다. 이러한 신뢰를 쌓기 위해서는, 무엇보나 부정부패와 비리를 청산하고, 재벌기업들의 경제력 집중과 독과점 폐해 등을 막기 위한 공정거래질서 확립이 필요하다. 신뢰라는 사회자본은 국가의 생산성을 높이는 데 없어서는 안 될 무형의 사회자본(social capital)이다. 북유럽 복지국가들의 경제성장률이 OECD 평균보다 높다는 사실은, 이들 국가들에서 신뢰관계가 높게 나타나는 사실과 무관하지 않다(Ⅶ장 참고).

세부 내용을 정리하면 다음과 같다.

■ 행복이란 무엇인가?라는 질문에는 사람마다 다양한 답변이 예상된다. 그러나 고대 그리스 철학자인 에피쿠로스의 정의, 즉 행복은 '가진 것'에 비례하고 '욕망'에 반비례한다는 의견에 공감하는 바가 많다.

- 행복을 추구하는 형태는 청빈낙도형, 자족형, 이기주의적 탐욕형, 더불어 잘 살기형 등으로 나누어 볼 수 있다.
- 그러나 개인적 차원의 행복은 국가의 경제정책 여하에 따라 크게 달라질 수 있기 때문에, 행복을 추구하는 사람은 정책선택과정에 적극적으로 참여해야 한다.

■ 각 나라의 행복지수의 크기는 소득수준이 높을수록, 그리고 소득격차지수가 낮을수록 높아지며, 부패방지가 잘 될수록 즉, 국가청렴도지수(부패인식지수)가 높아질수록 커진다. 이 사실은 회귀분석모형 분석 결과로도 매우 잘 증명되고 있다.

- OECD 국가들 중 행복지수가 높은 상위권 국가에는 복지국가로 알려진 북유럽 국가들이 대부분 포함되어 있다. 이들 국가의 소득격차지수는 물론 매우 낮은 편이며, 국가청렴도지수는 매우 높다.
- 북유럽 복지국가들은 사회적 임금 형태로 복지가 잘 되어 있어, 기업의 임금비용을 낮출 수 있고 노사갈등 요인도 적어, 노사 간 팀워크도 잘 이루어지고 있다. 또한 노사 간 신뢰가 커서 근로의욕 감퇴나 투자의욕 감퇴도 우려할 바가 아니다. 한계소비성향이 높은 중산층과 저소득층의 소비지출로 인한 국내소비시장이 잘 발달되어 있어서, 충분한 투자기회와 투자여건을 만들어 주고 있기 때문이다. 노사 간 신뢰는 생산성 향상과 품질 향상에도 도움을 주어, 북유럽 복지국가들의 평균 경제성장률은 OECD 국가들의 평균 경제성장률보다 높다. 뿐만 아니라 소득격차가 매우 낮기 때문에 국민적 통합도 잘 이루어지고 있다.
- 우리나라의 행복지수는 OECD 36개국 중 24위권으로 낮은 수준인데, 그 이유는 가구소득도 그리 높지 않을 뿐만 아니라, 소득격차가 높고 부패의 정도가 더 심하다는 점이 더 크게 작용하고 있다.

■ 행복한 나라로 만들기 위한 정책방안을 검토하기에 앞서, 우리나라의 경제정책이 각 정부별로 어떤 정책 중심으로 어떻게 전개되어 왔고, 그 결과는 어떠했는가를 개략적으로나마 살펴볼 필요가 있다.

- 1인당 국민소득은 18년간 집권한 박정희 정부에서 1,693달러(경제성장률 평균 9.3%)를 달성한 이래, 전두환 정부에서 3,402달러(평균 8.5%), 노태우 정부 7,714달러(8.7%)에 이르렀고, 김영삼 정부에서는 1만 달러 돌파라는 기록을 날성했으나, IMF 외환위기를 맞아 11,505달러(7.4%)로 떨어지게 되었다. 김대중 정부에서는 12,100달러(5.0%)로 회복하였고, 노무현 정부에서는 2만 달러 돌파라는 기록을 남기게 되었다. 동 정부 말의 1인당 국민소득은 21,632달러였고 경제성장률은 평균 4.3%였다, 이명박 정부에서는 글로벌 금융위기 여파로 다시 1만 달러대로 떨어졌으나 2011년에는 22,489달러(3.1%)로 증가했다.
- 한국의 생산구조는 전두환 정부 시절까지 광공업이 빠른 증가 추세를 나타냈으나, 이후에는 서비스업이 더 빠른 증가 추세를 나타냈다. 건설 및 전기 · 가스 · 수도사업도 꾸준히 증가하였다. 그러나 농림어업은 급속히 점유율이 하락하는 추세를 나타냈다.
- 한국의 수출과 수입은 IMF 외환위기와 글로벌 금융위기의 영향을 받은 해를 제외하고는 빠른 증가 추세를 나타내어, 2011년에는 555,214백만 달러를 기록하고, 수입도 524,413백만 달러를 나타냈다. 이러한 무역규모는 우리나라의 무역의존도를 100%가 넘어서게 만들 정도의 규모이다. 특히 2009년부터 수출이 급속한 신장세를 나타낸 배경으로는 미국 등과의 FTA 체결이 큰 영향을 미친 것으로 판단된다.
- 그러나 무역수지는 전두환 정부 중반까지 계속 적자를 나타내었고, 1986~89년 기간에 잠시 흑자로 돌아섰다가, 1990년부터는 다시 적자 행진을 이어갔다. 무역수지가 적자로 나타난 것은 원유 등 에너지와 원자

재 등의 수입이 크다는 점 외에도 당시까지는 부가가치와 외화가득률이 낮은 수출품이 높은 비중을 차지하였기 때문으로 볼 수 있다. 무역수지가 큰 규모의 흑자로 돌아선 것은 IMF 외환위기가 진행 중인 1998년 김대중 정부부터이다. 당시의 정부에서는 무역수지 흑자와 경상수지 흑자 동시 달성이라는 최초의 기록을 세웠다. 그러나 이러한 기록 달성에는 환율 저평가의 영향이 크게 작용한 것으로 보인다. 노무현 정부에서는 환율을 안정화시킨 이후에도 무역수지 흑자와 경상수지 흑자 추세를 이어나갔으며, 이러한 추세는 이명박 정부에서도 글로벌 금융위기 때를 제외하고는 계속 이어나가게 되었다.

- 한국의 저축률과 투자율을 살펴보면, 1985년까지는 저축률이 투자율을 밑돌았으나, 민주화 선언 전후로 저축률이 크게 높아진 반면 투자율이 상대적으로 낮은 증가율을 나타냄으로써, 저축과 투자의 갭이 나타나기 시작하였다. 이러한 결과는 투자재원자립도 면에서는 100%를 넘는 기록을 나타내어 투자재원의 만성적 부족을 탈피하는 계기가 되었지만, 다른 한편으로는 기업들의 국내투자 회피로 인해 경제성장률을 높은 수준으로 끌어올리지는 못하였다. 환언하면 기업들이 투자재원이 부족해서 투자를 하지 않는 것이 아니라, 투자여건이나 투자기회가 충분치 않다고 판단하기 때문이라는 것이다. 투자기회와 투자여건을 확충하기 위해서는 내수 확대 정책과 함께 남북경협 확대가 필요하다. 남북교역 확대는 우리나라의 경제영역을 확대한다는 의미도 포함된다.
- 가계저축률과 기업저축률을 살펴보면, 박정희 정부 기간 중 1975년부터 1979년까지는 가계저축률이 기업저축률을 상회하고 있으나, 강력한 임금상승 억제정책을 폈던 전두환 정부 초·중반에는 기업저축률을 밑돌게 되었다가 다시 상승하고 있는 사실을 볼 수 있다. 민간저축률은 이후 기업저축률을 상회하게 되었고, 1987년 민주화 선언 이후에는 기업저축률

을 크게 앞서는 상황이 지속되어 IMF 외환위기 기간인 1998년에는 기업저축률을 2배 이상 앞서는 기록도 남기게 된다. 그러나 2000년 이후는 가계저축률이 크게 낮아지기 시작하여, 기업저축률의 1/2 수준에서 법인세 인하 등의 정책을 편 이명박 정부에 들어와선 무려 1/4 수준까지 크게 떨어지게 되었다. 이처럼 가계저축률이 급속히 감소하고 기업저축률은 증가한 가장 큰 이유는 가계소득 증가율이 둔화된 반면 기업소득 증가율은 상대적으로 빠른 성장세를 지속한 데에서 찾을 수 있다.

- 가계소득/기업소득 배율은 박정희 정부 시절인 1975~79년 사이에 급격한 하락세를 나타냈고, 임금소득/기업소득 배율도 이 시기에 계속 하락하였다. 이러한 추세는 전두환 정부에서도 계속 이어졌다. 그러나 1987년 민주화 선언 이후, 노조활동이 활성화되면서, 1988년부터는 가계소득/기업소득 배율과 임금소득/기업소득 배율이 상승 추세로 반전되었다. 이러한 추세는 노태우 정부와 김영삼 정부까지 이어졌고, 같은 기간에는 재산소득과 이자소득의 상대적 배율도 지속적으로 증가하는 추세를 보였다. 그러나 김영삼 정부 말에 OECD 가입과 외환거래 규제 완화 등 개방정책을 서두른 결과 초래된 IMF 외환위기로 이러한 가계소득/기업소득 배율의 증가 추세는 마감을 하게 된다. 김대중 정부에서는 IMF 외환위기 여파로 대량해고와 명예퇴직, 노동시장의 유연화에 따른 비정규직과 임시직 등의 증가가 이루어져 임금소득/기업소득 배율이 하락 추세를 나타낸 것은 물론 영업잉여와 재산소득 및 이자소득 등 가계의 모든 요소소득의 대기업소득 배율이 하락하였다. 노무현 정부에서는 근로장려세제 도입 등 생산적 복지 확대와 복지관련 공무원 증원 등 일자리 확대 정책을 펴면서, IMF 외환위기 여파로 계속 하락하던 임금소득/가계소득 배율을 2.0배 수준에서 멈추게 하였고, 그에 따라 가계소득/기업소득 배율도 하락세를 멈추게 되었다. 그러나 이명박 정부에서는 기업의 투자 증대와 일자리

창출을 촉진한다는 명분으로 법인세율 인하 등의 정책을 폈는데, 오히려 임금소득/기업소득의 배율도 가계소득/기업소득 배율도 감소하는 결과를 낳았다.

- 우리나라의 경제고통지수(실업률+물가상승률)는 박정희 정부에서 가장 높게 나타났고, 경제사회고통지수(실업률+물가상승률+자살률)는 이명박 정부에서 가장 높았던 것으로 나타났다.

■ 우리나라의 수출을 중심으로 한 경제성장정책을 수행하기 위한 국제적 여건은 과거와 매우 다르다. 우선 과거와 달리 우리나라가 개발도상국 지위를 벗어나 이제는 수입제한 등의 조치를 취하거나, 수출촉진을 위한 정부의 다양한 지원도 WTO의 출범과 함께 불가능해졌다는 점 등이 그것이다. 또한 신자유주의의 등장과 선진국들의 변형된 보호무역주의도 수출주도형 성장정책을 추진하는 데 제약요인으로 작용하고 있다.

- 한편, 김영태 · 박진호(2013)도 "스티글리츠 위원회 보고서 등에서 물적 복지(material well-being)가 생산보다는 소득 및 소비에 의해 평가되어야 한다는 것을 강조하고 있다. 이는 경제성과 평가 및 경제구조 분석의 중점이 GDP 등 생산활동에서 가계, 기업 등 경제주체들의 소득의 발생, 분배 및 지출 활동으로 점차 전환되어야 함을 의미한다. 우리나라도 2011년 중 1인당 국민소득(GNI)이 2만 2,489달러를 기록하는 등 소득수준이 높아짐에 따라 과거 '물적 투자 – 저임금 노동'에 의한 수출 위주의 양적 성장방식에서 '소득 확대 – 소비 증가 – 고용 창출 – 인적자본 축적 – 성장 지속 – 소득 확대'의 선순환에 의한 질적 성장방식, 즉 내수를 강화하는 성장모형으로 전환하기 위해 관련 연구 및 분석이 강화되어야 할 것이다."라는 주장을 펴고 있다.

■ 우리나라의 경제성장률에 미치는 요인들을 분석한 결과, 경제성장 기여도 분석이나 회귀분석에 의한 영향력 분석 모두에서 민간소비지출이 가장 큰 영향력을 미치고 있으며, 다음으로는 수출과 투자의 순으로 나타났다. 따라서 이제는 수출주도형 경제성장정책보다는 내수기반형 경제성장정책으로 전환해야 한다. 수출의 경제성장 기여도가 최근 다소 높아지고 있지만, 여전히 내수(국내소비와 투자)의 경제성장 기여도에 비해 크게 미약한 수준으로 나타나는 이유는, 수출의 부가가치유발액 대비 수입유발액 비중이 매우 높기 때문에, 수출규모에 비해 부가가치유발효과 및 생산유발효과가 크게 상쇄되고 있다는 점 때문이다.

• 내수기반형 경제성장정책을 성공적으로 이끌기 위해서는, 누진소득세제 강화와 복지정책 확대 등 소득격차 완화 정책을 통해 한계소비성향이 높은 저소득층의 소득을 높여 최종민간소비지출을 확대시켜야 한다.

■ 선성장 후분배 논리 혹은 파이 키우기(빵의 이론)는 논리적으로도 문제점이 많을 뿐만 아니라, 많은 국가들에서 그 폐해가 심삭하게 드러나고 있다. 파키스탄과 아르헨티나의 사례가 그것이다. 우리나라도 선성장 후분배 논리에 따라 저임금을 기초로 한 수출주도형 성장정책을 30년 가까이 펴 온 결과 1980년대 후반경에는 빈부격차의 심화와 갈등으로 극도의 사회적 혼란을 겪고 있었다.

• 그러나 우리나라는 1987년 민주화 선언 이래, 노조의 활성화와 함께 임금 상승이 이루어지면서 소득분배의 불평등도가 낮아져, 불행 중 다행으로 이들 나라처럼 위기로 빠져들지 않았다. 이러한 소득분배의 격차 완화는 우리나라 경제의 기초여건(fundamental)을 튼튼히 만드는 계기가 되었고, 이후 IMF 외환위기라는 국가적 위기 상황을 극복하는데 큰 힘이 되었던 것이다. 수백조 원의 공적자금을 국민들의 부담으로 조성한 것이 그

예이다.

- 따라서 복지정책 혹은 적정한 소득재분배정책을 병행하면서 경제성장정책을 이끌어 나가야 한다.
- 성장정책과 복지정책은 선순환구조를 갖는 것으로 확인되고 있다. 이는 황금법칙(golden rule)이 작용하고 있음을 의미한다.

■ 소득격차 완화 정책은 경제안정화에도 도움을 주어 경제위기를 맞을 위험을 낮추게 된다. 바꾸어 말하면 소득격차가 높은 나라에서는 경제위기가 빈발할 가능성이 높다. 예를 들어 최근의 남유럽 국가들(PIIGS)의 재정위기, 1929년경의 미국의 증권시장 폭락으로 인한 세계 대공황, 2008년 미국의 서브프라임 모기지 사태로 인한 미국발 글로벌 금융위기 등이다. 남유럽 국가나 미국 모두 소득격차가 매우 크게 나타나고, 증권시장이나 부동산시장의 거품을 키워 경제위기를 맞이하였다는 점에서 공통점을 갖는다.

- 소득재분배정책을 성공적으로 실시하기 위해서는 사회적 합의 혹은 국민적 합의가 전제되어야 하는바, 우리나라처럼 재벌 대기업이 경제적 · 사회적 · 정치적 면에서 엄청난 영향력을 행사하고 있는 상황에서는 'noblesse oblige' 등에 의한 자발적 참여가 어렵기 때문에 재벌개혁 또는 경제민주화가 중요한 과제로 등장하고 있다.

■ 우리나라의 소득 양극화는 가계소득과 기업소득 간에도 심각하게 나타났다. 가계소득/기업소득 배율은 계속 급속도로 낮아지고 있으며, 특히 임금소득/기업소득 배율은 친기업적(친재벌적) 정책을 시행한 시기에, 임금근로자 수가 크게 늘고 있음에도 불구하고, 빠른 하강 추세를 나타냈다. 이는 이 시기에 친기업적 노동시장정책을 실시하여 결과적으로 평균 실

질임금 수준의 하락을 유도한 결과라고 판단된다. 그러나 이명박 정부의 친기업적 정책 결과, 기업소득이 크게 늘고 기업저축률이 무려 GNI의 20%대에 이르고 있음에도, 재벌기업을 비롯한 기업들의 투자는 별로 늘지 않아, 경제성장률도 낮고 그에 따라 국민소득 증대도 일자리 창출 확대도 성과를 나타내지 못했다는 점에서, 이제는 친기업적 정책이 오히려 경제를 어렵게 만드는 것이라는 사실을 깨달아야 한다.

- 우리나라 복지지출 수준은 OECD 국가들 중 최하위권임에도, 복지 포퓰리즘이라는 지극히 정치적 용어를 사용하여 복지 확대론자들을 공격하고 있다. 그러나 정부의 복지지출은 '국민 모두가 최소한의 인간다운 삶을 영위케 하려는 데 근본 목적'이 있을 뿐만 아니라 다음과 같은 의미를 지닌다는 점에서, 낡은 고정관념을 버리고 생각을 바꿔야 한다.

- 정부의 복지지출은 비용이 아니라 투자의 성격을 갖는 경우가 많다. 물론 기초생활수급자 등 사회적 약자 계층에게 지출하는 것은 투자적 성격이 크다고 할 수 없지만, 이 또한 사회적 안전망의 확충수단이며, 누구라도 언제 빠질지 모르는 각종 위험에 대한 일종의 사회보험적 성격이 강한 것이다.

• 복지지출이 투자가 된다는 것은 앞에서 설명한 '사회적 임금'의 성격을 띠고 있기 때문이다. 즉 정부가 주거와 교육, 출산과 육아 등 다양한 복지 프로그램을 충분히 시행한다면, 근로자들이 굳이 높은 임금을 요구할 필요가 없기 때문에 기업에게도 이익이 된다는 점에서, 복지지출이 투자가 되는 것이다. 이러한 사실은 '요람에서 무덤까지' 복지혜택이 주어지는 스웨덴을 비롯한 복지국가들의 경우 경제성장도 잘 이루어진다는 현실로도 증명되고 있다.

- 복지가 투자라는 또 하나의 이유는 복지 수혜대상자의 한계소비성향이 고소득층보다 높기 때문에, 성장을 위한 국내수요 기반을 증대시킨다는 점 때문이다.
- 양육과 교육에 대한 복지 확대는 출산율을 제고시켜 장래의 생산인력을 확충한다는 측면에서 투자적 성격이 특히 강하며, 초고령화 사회로의 진입을 늦출 수 있다는 점에서 향후 복지지출 부담을 줄이는 효과를 나타낸다.
- 다시 한 번 강조하자면, 복지를 포함한 소득재분배정책은 단지 '시혜적 차원'에서 필요한 것이 아니라, 경제성장과 경제안정화 및 일자리 창출을 위해서도 매우 중요한 정책이라는 것이다.

■ 우리나라의 부패인식지수가 2011년 5.3으로 낮게 나타나 국제적으로 43위를 기록하고 있다. 이는 전년도에 비해서도 4단계나 하락한 수준이다. 이러한 부패인식지수 수준은 최근 재정위기를 겪고 있는 남유럽 국가들 수준과 비슷한 수준이다.

- 부정부패가 행복지수에 미치는 영향은 소득수준 향상이 행복지수에 미치는 영향의 크기와 비슷하여, 소득수준 향상이 이루어지더라도 부패가 만연하면 행복지수가 높아질 수가 없다.
- 공직자부패의 발생원인은 시장경쟁을 제한하는 각종 규제정책의 남발, 공직자의 기강 해이와 도덕적 해이, 국민들의 부패에 대한 낮은 인식수준 등이며, 부패의 유형은 예산 부풀리기, 권력형 비리와 전관예우제, 탈세와 체납 및 지하경제 등 다양하다.
- 부패는 국민들의 행복수준을 떨어뜨릴 뿐 아니라, 장제스군의 사례와 베트남전의 사례처럼 국가의 존망과도 직결될 수 있다.

■ 공정거래질서 확립과 부패방지 혹은 국가청렴도 향상은 양날의 칼과 같다. 공정거래질서가 경제력 집중을 억제하여 공정경쟁을 확보함으로써, 경쟁력 강화와 함께 공정한 성과배분을 보호한다면, 부패방지는 그동안 한국경제의 성장과정에서 묵시적으로 이루어져 왔던 정경유착의 고리를 끊어 투명한 시장경쟁의 틀을 만들어 내려는 것이기 때문이다.

■ 공정거래질서의 확립은 그동안 친기업적 노동시장정책 보호막 속에서 재벌기업들의 비정규직 양산, 부당한 정리해고, 위장폐업, 용역업체를 이용한 노조깨기, 단체협상 기피 등 우월적 지위를 남용하여 벌여 온 나쁜 관행을 깨뜨리고, 건전한 노사협력이 이루어지도록, 정부가 중립적 혹은 중재자 입장에서 노사관계를 풀어나가도록 해야 한다는 점에 중점을 두어야 한다. 이러한 정책전환으로 노동생산성에 따른 임금몫을 확보할 수 있게 된다면, 소비 증대 → 투자 확대 → 생산 확대 → 경제성장과 소득 확대 → 내수 증대라는 선순환 경제구조를 만들 수 있을 것이다.

■ 우리나라 재벌기업들의 경제력 집중은 과거 세계 제2차대전 발발 전의 일본의 재벌과 닮은 꼴이다.

- 우리나라 가족경영 중심의 재벌형태는 과거 일본 재벌과 유사하나, 일본의 경우 2차대전 직후 맥아더 사령부에 의해 해체되었고, 일본에서는 창업주의 2세, 3세로의 소유권 이전은 거의 유례가 없다. 보다 경영능력이 탁월한 전문 경영인에게 이전되기 때문이다. 따라서 외국처럼 상속세 및 증여세의 강화와 변칙증여에 대한 처벌이 강화되어야 한다.
- 경실련에서는 10대 재벌의 계열사 수가 2012년 6월 683개에 이르고, 업종분포도 우리나라 표준산업분류상 76개 업종의 대부분을 차지하는 58개 업종에 진출하고 있다고 발표하고 있다. 가히 가공할 경제력 집중이다.

• 재벌기업들이 계열사를 늘리는 이유는 총수일가의 소수 지분으로도 계열사들에 대한 순환출자 고리를 활용하면 편법승계가 가능하며, 가공의결권을 통해 그룹 전체를 지배할 수 있기 때문이다.

■ 경제민주화는 우리나라 헌법 제119조에 근거하는 것이다.

• ① 대한민국의 경제질서는 개인과 기업의 경제상의 자유와 창의를 존중함을 기본으로 한다.

• ② 국가는 균형 있는 국민경제의 성장 및 안정과 적정한 소득의 분배를 유지하고, 시장의 지배와 경제력의 남용을 방지하며, 경제주체 간의 조화를 통한 경제의 민주화를 위하여 경제에 관한 규제와 조정을 할 수 있다.

■ 재벌기업들이 우월적 지위를 이용하여, 끝없는 영역 확대와 중소기업 성과 가로채기 등이 빈발하게 되면, 공정한 시장질서가 파괴되어, 중소기업의 경쟁력은 물론 국가 경쟁력도 떨어지게 될 것이며, 일자리 감소와 중소상인들의 몰락을 초래하여 결국은 경제성장의 추진력을 상실하게 될 것이다. 이는 재벌기업과 중소기업의 동반 몰락을 초래할 수도 있다. 일부 재벌 대기업은 '일감 몰아주기', '통행세' 등을 통해 계열사를 키우면 될 것이라고 생각할지 모르지만, 이런 방식으로 쉽게 이익을 낼 수 있는 계열사들이 과연 치열하게 기술개발에 대한 노력을 기울일까를 생각해 보면 답은 자명하다.

• '황금 알 낳는 거위의 배를 가르는 우'를 더 이상 범하지 말고, 중소기업을 잘 키우도록 여건을 조성하는 선순환적 정책이 무엇보다 필요하다.

■ 재벌개혁은 무엇보다 한국의 재벌기업들이 실질적인 경쟁력을 갖출 수 있도록 여건을 조성해야 한다는 점에 초점을 맞춰야 한다.

• 재벌기업들이 중소기업과 국민들의 희생 없이 스스로 경쟁력을 갖추어 글로벌 기업으로 거듭나게 하기 위해서는, 계열사 확장을 통한 몸집 불리기를 멈추고 전문화하여 경쟁력 있는 부문에 집중 투자하도록 유도해야 한다.

• 경제력 집중을 막기 위한 재벌개혁의 방향으로는 순환출자의 단계적 금지, 총액출자제한제도의 재도입, 계열사 배당세 과세제도 재도입, 집단소송제의 적용범위 강화, 징벌적 손해배상제의 강화, 전속고발권의 폐지 등의 조치가 이루어져야 한다.

• 아울러 상속세와 증여세를 강화하고, 재벌기업 총수일가의 편법이나 변칙 증여에 대해서도 조세정의를 실현한다는 차원에서 엄정한 조세행정이 이루어진다면, 경제력 집중을 어느 정도 완화시킬 것으로 기대된다.

■ '21세기는 중소기업의 시대' 라고 한다. 이는 오늘날 모두 분야에서 혁신이 빠르게 일어나고 있고, 이러한 빠른 혁신 요구에 대처하기 위해서는 중소기업처럼 빠른 변하에 저응할 수 있는 기업규모를 가져야 한다는 것을 의미한다. 따라서 경제민주화 혹은 재벌개혁은 이런 변화의 요구에 적응하기 위해서도 필요하다.

■ 재벌 대기업의 무차별적인 영역 확대를 방지하기 위한 정책 중의 하나는 '공동결정제도' 를 도입하여 최소한 노조대표를 감사회에 참석토록 하는 방안도 강구해 볼 필요가 있다.

■ 이제까지 논의한 바와 같이, 내수확대 기반형 경제성장정책과 복지지출 확대를 포함한 소득재분배정책 및 부패방지와 공정거래질서 확립 정책이 제대로 이루어지면, 우리나라도 경제성장과 국민복지가 선순환구조를 갖

게 되어, 소득수준 향상과 함께 소득격차 완화가 동시에 이루어지는 황금 법칙(golden rule)이 작용하게 되고, 그 결과 '행복한 나라' 상위권으로 진입하게 되는 것은 시간문제일 뿐이다. 나아가 우리나라도 신뢰를 바탕으로 한 국민통합을 통해, 경제강국으로 거듭나서 모든 국민이 더불어 잘 사는 나라가 이루어지기를 기대한다.

〈부록〉
OECD 국가별 행복지수

1. 호주
2. 노르웨이
3. 미국
4. 스웨덴
5. 덴마크
6. 스위스
7. 캐나다
8. 네덜란드
9. 뉴질랜드
10. 룩셈부르크
11. 핀란드
12. 영국
13. 아이슬란드
14. 벨기에
15. 아일랜드
16. 오스트리아
17. 독일
18. 프랑스
19. 스페인
20. 슬로베니아
21. 일본
22. 이탈리아
23. 체코
24. 한국
25. 이스라엘
26. 슬로바키아
27. 폴란드
28. 그리스
29. 포르투갈
30. 헝가리
31. 에스토니아
32. 러시아
33. 브라질
34. 칠레
35. 멕시코
36. 터키

※ 각 국별 순서는 OECD 행복지수 순위에 따라 정리한 것임.

1. 호주(Australia)의 행복지수

OECD 행복지수와 순위	87.5	1/36
국민행복지수와 순위	81.8	10/32
인구	2,100만 명	
방문객 수	560만 명	
재생에너지	5.20%	

Australia

호주는 OECD 국가들 중 well-being 척도에서 예외적으로 높기 때문에 행복지수가 가장 높은 나라로 손꼽힌다.

돈으로는 행복을 살 수 없지만, 더 높은 생활수준을 누리기 위해서는 매우 중요한 수단이다. 호주는 1인당 연평균 소득이 26,927USD에 달해 OECD 평균 22,387USD보다 높다. 그러나 최상위 20% 소득계층은 최하위 20% 소득의 5배가량 벌어들일 정도로 상당한 격차를 보인다.

고용 면에서는 호주의 15세 이상 64세 인구의 72%가 월급을 받고 일하는 직업을 갖고 있다. 이는 OECD 평균인 66%보다 높은 수치이다. 남녀별로 보면 남성은 79%인 반면 여성은 66%로 차이를 나타낸다. 호주인들의 연간 노동시간은 OECD 평균 1,749시간 보다 적은 1,686시간이다. 더 적은 시간을 일하고도 더 많은 소득을 올리고 있는 셈이다. 그러나 장시간 피용자의 비율은 거의 14%에 이르러 OECD 평균 9%보다 높은 수준이며, 남성의 장시간노동 비율은 21%인 데 비해 여성은 6%에 불과하다.

좋은 교육을 받는 것은 직업을 찾기 위한 필수적 요건이다. 호주에서는 25~64세의 성인 중 71%가 고등학교 졸업과 동등수준의 교육을 이수받았고, 이는 OECD 평균 74%에 근접하는 수준이다. 남성은 74%, 여성은 68%가 고등학교를 졸업했다. 이러한 남녀별 교육수준 격차는 OECD 평균 수준보다 더 높다. 그럼에도 불구하고 호주는 교육시스템의 질 면에선 최고 수준이다. 학생들은 OECD의 PISA(Programme for International Student Assessment)에서 독해력과 수학 및 과학에서 평균 519점을 받고 있다. 이 점수는 OECD 평균 497점보다 높아, 호주로 하여금 학업 면에서 가장 강한 나라로 만드는 요소이다. 평균적으로 볼 때 여학생의 점수는 남학생보다 9점 더 높은데 이는 OECD의 추세와 유사하다.

건강 면에서, 호주의 기대수명은 82세로 OECD 평균 80세보다 2년 더 길다. 여성은 84세인 반면 남성은 80세이다. 대기오염 수준 PM 10—폐로 들어가 해를 입힐 수 있을 정도로 미세한 대기오염 미립자—은 1입방미터(㎥)당 14마이크로그램(㎍)이어서 OECD 평균 수준 22보다 상당히 낮다. 호주는 수질관리도 잘 하고 있어서, 92%의 국민들이 수질 면에서 만족한다고 말한다.

공공 면에서도, 호주에서는 강한 공동체 유대감을 갖고 있고, 시민참여 수준도 높다. 호주에서는 또한 도움이 필요한 시기에 도움을 줄 수 있는 누군가를 알고 있다고 믿는 사람들이 97%에 이르고 있다. 이 또한 OECD 평균 91%보다 높은 수준이다. 정부에 대한 신뢰의 척도이기도 하고 시민참여에 대한 척도이기도 한 투표 참여율은 최근 선거에서 95%를 나타냈는데, 이는 OECD(평균 73%)에서 가장 높은 수준이다. 상위 20%의 투표 참가율이 96%이고, 하위 20%의 참여율이 94%로, 사회계층 간에 투표율 차이도 거의 없다. 이 차이도 OECD 평균 7%에 비해 매우 낮은 수준이어서, 호주의 민주적 제도 내에서 광범위한 포용이 이루어지고 있다.

호주 국민 74%가 평균적인 일상에서 부정적인 경험(고통, 근심걱정, 슬픔, 권태 등)보다는 긍정적인 경험(안정감, 성취감, 즐거움 등)을 더 많이 하고 있다고 말하기 때문에, 전반적으로 호주인들은 그들의 삶에 OECD 평균보다 더 큰 만족을 느끼고 있다.

〈표 1〉 호주의 행복지수 주요 지표와 세부지표

주요 지표		세 부 지 표			
주거	7.0 8/36	주거비지출비중 (21%, 11/36)	기초실비구비율 (98.44%, 23/36)	1인당 방수 (2.2, 4/36)	
소득	4.5 15/36	가구당 금융소득 ($29,630, 17/36)	가구당 순가처분소득 ($26,927, 9/36)		
일자리	7.8 8/36	직업안정 (11.7%, 28/36)	개인소득 ($42,550, 11/36)	고용률 (72%, 7/36)	장기실업률 (0.97%, 6/36)
공동체 생활	9.6 3/36	사회안전망의 질 (97%, 7/36)			
교육	7.6 11/36	교육연한 (18.4년, 7/36)	학업성적 (519점, 6/36)	학력(고졸 이상) (71%, 25/36)	
환경	9.0 9/36	수질 (92%, 12/36)	대기오염 (14㎍, 9/36)		
시민 참여	9.4 1/36	입법상담 (10.5, 5/36)	투표율 (95%, 1/36)		
건강	9.1/ 3/36	자체진단 건강 (85%, 5/36)	기대수명 (81.8년, 5/36)		
삶의 만족도	8.6 7/36	삶의 만족도 (7.4, 7/36)			
안전	9.3 5/36	살인자(10만 명당) (1.2, 17/36)	폭행률 (2.10%, 7/36)		
일과 삶의 조화	5.6 31/36	여가와 휴식시간 (14.41h, 27/36)	장시간노동 피용자율 (13.99%, 31/36)		

2. 노르웨이(Norway)의 행복지수

Norway		
OECD 행복지수와 순위	86.9	2/36
국민행복지수와 순위	88.2	2/32
인구	470만 명	
방문객 수	440만 명	
재생에너지	46.24%	

노르웨이는 행복지수 중 많은 항목이 상위 10개국에 드는 등 well-being 척도 전체적으로 매우 높게 나타난다.

돈으로는 행복을 살 수 없지만, 더 높은 생활수준을 누리기 위해서는 매우 중요한 수단이다. 노르웨이는 1인당 연평균 소득이 30,465USD로, OECD 평균 22,387USD보다 높다. 그러나 최상위 20% 소득계층은 최하위 20% 소득의 4배가량 벌어들일 정도로 상당한 격차를 보인다.

고용 면에서는 노르웨이의 15세 이상 64세 인구의 75%가 월급을 받고 일하는 직업을 갖고 있다. 이는 OECD 평균인 66%보다 높은 수치이고, 남성은 77%, 여성은 73%의 피용률을 보이고 있다. 노르웨이인들의 연간 노동시간은 OECD 평균 1,749시간보다 약간 많은 1,414시간이다. 장시간 피용자의 비율은 3%에 불과하며, OECD의 평균인 9%보다 매우 낮으며, 남성의 장시간노동 비율은 4%인 데 비해, 여성은 1%에 불과하다.

좋은 교육을 받는 것은 직업을 찾기 위한 필수 요건이다. 노르웨이에서는 25~64세의 성인 중 81%가 고등학교 졸업과 동등 수준의 교육을 이수받았고, 이는 OECD 평균 74%보다 높은 수준이다. 남녀 차이는 없다. 교육시스템의 질 면에서, 평균 학생들은 OECD의 PISA(Programme for International Student Assessment)에서 독해력과 수학, 과학에서 500점을 받았다. 이 점수는 OECD 평균 497점보다 약간 높은 수준이고, 여학생들이 남학생들보다 15점이 높게 나타났고, 이는 OECD 평균 차이인 9점을 상회한다.

건강 면에서, 노르웨이의 기대수명은 81세로 OECD 평균인 80세보다 1년 더 길다. 여성은 79세인 반면 남성은 83세이다. 대기오염 수준 PM 10—폐로 들어가 해를 입힐 수 있을 정도로 미세한 대기오염 미립자—은 1입방미터(㎥)당 16마이크로그램(㎍)이어서 OECD 평균 수준 22보다 낮게 나타났다. 노르웨이는 수질관리 면에서 잘 관리하고 있어서, 95%의 국민들이 수질 면에서 만족한다고 말하고 있다.

공공 면에서도, 노르웨이에서는 강한 공동체 유대감을 갖고 있고, 시민 참여 수준도 높다. 노르웨이에서는 또한 도움이 필요한 시기에 도움을 줄 수 있는 누군가를 알고 있다고 믿는 사람들이 94%에 이르고 있다. 이 또한 OECD 평균 91%보다 높은 수준이다. 정부에 대한 신뢰의 척도이기도 하고 시민 참여에 대한 척도이기도 한 투표 참여율은, 최근 선거에서 77%를 나타냈는데, 이는 OECD(평균 73%)보다 높은 수준이다.

노르웨이 국민 75%가 평균적인 일상에서 부정적인 경험(고통, 근심걱정, 슬픔, 권태 등)보다는 긍정적인 경험(안정감, 성취감, 즐거움 등)을 더 많이 하고 있다고 말함으로써, 전반적으로 노르웨이 국민들은 OECD 평균과 비슷한 수준에서 그들의 삶에 만족을 느끼고 있다.

〈표 2〉 노르웨이의 행복지수 주요 지표와 세부지표

주요 지표		세 부 지 표			
주거	7.5 4/36	주거비지출비중 (19%, 6/36)	기초설비구비율 (99.90%, 7/36)	1인당 방수 (2.0, 7/36)	
소득	3.9 18/36	가구당 금융소득 ($6,197, 35/36)	가구당 순가처분소득 ($30,465, 3/36)		
일자리	8.8 3/36	직업안정 (7.72%, 12/36)	개인소득 ($44,164, 7/36)	고용률 (75%, 3/36)	장기실업률 (0.34%, 3/36)
공동체 생활	8.5 14/36	사회안전망의 질 (94%, 14/36)			
교육	7.3 16/36	교육연한 (17.8년, 13/36)	학업성적 (500점, 14/36)	학력(고졸 이상) (81%, 16/36)	
환경	9.2 6/36	수질 (95%, 8/36)	대기오염 (16μg, 14/36)		
시민 참여	6.3 9/36	입법상담 (8.1, 14/36)	투표율 (77%, 17/36)		
건강	8.5 8/36	자체진단 건강 (80%, 8/36)	기대수명 (81.2년, 10/36)		
삶의 만족도	9.2 2/36	삶의 만족도 (7.6, 2/36)			
안전	8.9 13/36	살인자(10만 명당) (0.6, 4/36)	폭행률 (3.25%, 16/36)		
일과 삶의 조화	8.8 4/36	여가와 휴식시간 (15.56h, 4/36)	장시간노동 피용자율 (2.66%, 5/36)		

3. 미국(United States)의 행복지수

OECD 행복지수와 순위	86.4	3/36
국민행복지수와 순위	85.1	3/32
인구	30,420만 명	
방문객 수	5,800만 명	
재생에너지	5.65%	

United States

미국은 행복지수 중 많은 항목에서 상위 10위권 내에 드는 등 well-being 척도 전반적으로 높게 나타난다.

돈으로는 행복을 살 수 없지만, 더 높은 생활수준을 누리기 위해서는 매우 중요한 수단이다. 미국은 1인당 연평균 소득이 37,708USD에 달해, OECD 평균 22,387USD보다 높다. 그러나 최상위 20% 소득계층은 최하위 20% 소득의 거의 8배가량 벌어들일 정도로 상당한 격차를 보인다.

고용 면에서는 미국의 15세 이상 64세 인구의 67%가 월급을 받고 일하는 직업을 갖고 있다. 이는 OECD 평균인 66%보다 약간 높은 수치이고, 남성은 71%, 여성은 62%의 피용률을 보이고 있다. 미국인들의 연간 노동시간은 OECD 평균 1,749시간보다 긴 1,778시간이다. 장시간 피용자의 비율은 11%로 OECD 평균 수준인 9%보다 높으며, 남성은 15%에 달하는 데 비해 여성의 장시간 피용률은 6%에 불과하다.

좋은 교육을 받는 것은 직업을 찾기 위한 필수 요건이다. 미국에서는 25~64세의 성인 중 89%가 고등학교 졸업과 동등 수준의 교육을 이수받았고, 이는 OECD 평균 74%보다 높은 수준이다. 남성은 88%, 여성은 90%가 고등학교를 졸업했다. 교육 시스템의 질 면에서, 평균 학생들은 OECD의 PISA(Programme for International Student Assessment)에서 독해력과 수학, 과학에서 496점을 받았다. 이 점수는 OECD 평균 497점과 비슷한 수준이고, 여학생들은 남학생들보다 3점이 높았고, OECD 평균 차이인 9점보다 적었다.

건강 면에서, 미국의 기대수명은 79세로 OECD 평균인 80세와 비슷하다. 여성은 81세인 반면 남성은 76세이다. 대기오염 수준 PM 10—폐로 들어가 해를 입힐 수 있을 정도로 미세한 대기오염 미립자—은 1입방미터(m³)당 19마이크로그램(μg)이어서 OECD 평균 수준인 22보다 낮게 나타났다. 미국은 수질관리 면에서 잘 관리하고 있어서, OECD 평균 수준과 비슷한 86%의 국민들이 수질 면에서 만족한다고 말하고 있다.

공공 면에서도, 미국에서는 강한 공동체 유대감을 갖고 있고, 시민 참여 수준도 높다. 미국에서는 또한 도움이 필요한 시기에 도움을 줄 수 있는 누군가를 알고 있다고 믿는 사람들이 92%에 이르고 있다. 이 또한 OECD 평균 91%보다 높은 수준이다. 정부에 대한 신뢰의 척도이기도 하고 시민 참여에 대한 척도이기도 한 투표 참여율은, 최근 선거에서 90%를 나타냈는데, 이는 OECD(평균 73%)보다 높은 수준이다.

미국 국민 76%가 평균적인 일상에서 부정적인 경험(고통, 근심걱정, 슬픔, 권태 등)보다는 긍정적인 경험(안정감, 성취감, 즐거움 등)을 더 많이 하고 있다고 말함으로써, 전반적으로 미국 국민들은 그들의 삶에 만족을 느끼고 있다.

〈표 3〉 미국의 행복지수 주요 지표와 세부지표

주요 지표		세 부 지 표			
주거	7.8 1/36	주거비지출비중 (20%, 7/36)	기초설비구비율 (100%, 5/36)	1인당 방수 (2.3, 3/36)	
소득	10 1/36	가구당 금융소득 ($102,075, 1/36)	가구당 순가처분소득 ($37,708, 1/36)		
일자리	7.5 11/36	직업안정 (11.38%, 27/36)	개인소득 ($52,607, 1/36)	고용률 (67%, 17/36)	장기실업률 (2.79%, 21/36)
공동체 생활	8.0 17/36	사회안전망의 질 (92%, 17/36)			
교육	7.0 19/36	교육연한 (16.9년, 25/36)	학업성적 (496점, 20/36)	학력(고졸 이상) (89%, 5/36)	
환경	7.9 16/36	수질 (86%, 20/36)	대기오염 (19㎍, 19/36)		
시민 참여	7.7 3/36	입법상담 (8.3, 13/36)	투표율 (90%, 4/36)		
건강	8.4 9/36	자체진단 건강 (90%, 1/36)	기대수명 (78.7년, 27/36)		
삶의 만족도	7.6 12/36	삶의 만족도 (7.1, 12/36)			
안전	8.8 15/36	살인자(10만 명당) (5.0, 32/36)	폭행률 (1.50%, 3/36)		
일과 삶의 조화	5.7 29/36	여가와 휴식시간 (14.27h, 30/36)	장시간노동 피용자율 (10.86%, 27/36)		

4. 스웨덴(Sweden)의 행복지수

OECD 행복지수와 순위	85.8	4/36
국민행복지수와 순위	85.1	4/32
인구	920만 명	
방문객 수	-	
재생에너지	35.24%	

Sweden

스웨덴은 행복지수 중 많은 항목에서 최고 수준을 보이는 등 well-being 척도 전반적으로 높게 나타난다.

돈으로는 행복을 살 수 없지만, 더 높은 생활수준을 누리기 위해서는 매우 중요한 수단이다. 스웨덴은 1인당 연평균 소득이 26,633USD로, OECD 평균 22,387USD보다 높다. 그러나 최상위 20% 소득계층은 최하위 20% 소득의 4배가량 벌어들일 정도로 상당한 격차를 보인다.

고용 면에서는 스웨덴의 15세 이상 64세 인구의 73%가 월급을 받고 일하는 직업을 갖고 있다. 이는 OECD 평균인 66%보다 높은 수치이고, 남성은 75%, 여성은 70%의 피용률을 보이고 있다. 스웨덴인들의 연간 노동시간은 OECD 평균 1,749시간보다 짧은 1,624시간이다. 장시간 피용자의 비율은 1%밖에 되지 않는다.

좋은 교육을 받는 것은 직업을 찾기 위한 필수 요건이다. 스웨덴에서는 25~64세의 성인 중 85%가 고등학교 졸업과 동등 수준의 교육을 이수받았고, 이는 OECD 평균 74%보다 높은 수준이다. 남성은 84%, 여성은 87%가 고등학교를 졸업했다. 교육 시스템의 질 면에서, 평균 학생들은 OECD의 PISA(Programme for International Student Assessment)에서 독해력과 수학, 과학에서 496점을 받았다. 이 점수는 OECD 평균 497점과 거의 비슷한 수준이고, 여학생들은 남학생들보다 17점이 높았고, OECD 평균 차이인 9점보다 많은 차이를 보였다.

건강 면에서, 스웨덴의 기대수명은 82세로 OECD 평균인 80세보다 2년 더 길다. 여성은 84세인 반면 남성은 80세이다. 대기오염 수준 PM 10—폐로 들어가 해를 입힐 수 있을 정도로 미세한 대기오염 미립자—은 1입방미터(㎥)당 11마이크로그램(㎍)이어서 OECD 평균 수준 22보다 낮게 나타났다. 스웨덴은 수질관리 면에서 잘 관리하고 있어서, OECD 평균 수준과 같은 97%의 국민들이 수질 면에서 만족한다고 말하고 있다.

공공 면에서도, 스웨덴에서는 강한 공동체 유대감을 갖고 있고, 시민 참여 수준도 높다. 스웨덴에서는 또한 도움이 필요한 시기에 도움을 줄 수 있는 누군가를 알고 있다고 믿는 사람들이 92%에 이르고 있다. 이 또한 OECD 평균 91%보다 높은 수준이다. 정부에 대한 신뢰의 척도이기도 하고 시민 참여에 대한 척도이기도 한 투표 참여율은, 최근 선거에서 82%를 나타냈는데, 이는 OECD(평균 73%)보다 높은 수준이다.

스웨덴 국민 76%가 평균적인 일상에서 부정적인 경험(고통, 근심걱정, 슬픔, 권태 등)보다는 긍정적인 경험(안정감, 성취감, 즐거움 등)을 더 많이 하고 있다고 말함으로써, 전반적으로 스웨덴 국민들은 OECD 평균 수준보다 높게 그들의 삶에 만족을 느끼고 있다.

〈표 4〉 스웨덴의 행복지수 주요 지표와 세부지표

주요 지표		세 부 지 표			
주거	6.6 10/36	주거비지출비중 (22%, 15/36)	기초설비구비율 (100%, 1/36)	1인당 방수 (1.8, 16/36)	
소득	4.9 18/36	가구당 금융소득 ($38,616 15/36)	가구당 순가처분소득 ($26,633, 11/36)		
일자리	7.2 14/36	직업안정 (13.17%, 31/36)	개인소득 ($36,766, 16/36)	고용률 (73%, 6/36)	장기실업률 (1.39%, 15/36)
공동체 생활	8.0 20/36	사회안전망의 질 (92%, 20/36)			
교육	8.1 3/36	교육연한 (18.9년, 3/36)	학업성적 (496점, 22/36)	학력(고졸 이상) (86%, 10/36)	
환경	10 1/36	수질 (97%, 1/36)	대기오염 (11μg, 1/36)		
시민 참여	8.2 2/36	입법상담 (10.9, 2/36)	투표율 (82%, 11/36)		
건강	8.5 7/36	자체진단 건강 (79%, 9/36)	기대수명 (81.5년, 7/36)		
삶의 만족도	8.3 10/36	삶의 만족도 (7.3, 10/36)			
안전	7.8 27/36	살인자(10만 명당) (1.0, 12/36)	폭행률 (5.13%, 29/36)		
일과 삶의 조화	8.2 6/36	여가와 휴식시간 (15.11h, 9/36)	장시간노동 피용자율 (1.28%, 3/36)		

5. 덴마크(Denmark)의 행복지수

OECD 행복지수와 순위	85.7	5/36
국민행복지수와 순위	82.4	7/32
인구	550만 명	
방문객 수	450만 명	
재생에너지	20.14%	

Denmark

덴마크는 행복지수 중 많은 항목이 상위에 드는 등 well-being 척도 전체적으로 높게 나타난다.

돈으로는 행복을 살 수 없지만, 더 높은 생활수준을 누리기 위해서는 매우 중요한 수단이다. 덴마크는 1인당 연평균 소득이 23,213USD에 달해 OECD 평균 22,387USD보다 높다. 그러나 최상위 20% 소득계층은 최하위 20% 소득의 3배가량 벌어들일 정도로 격차를 보인다.

고용 면에서는 덴마크의 15세 이상 64세 인구의 73%가 월급을 받고 일하는 직업을 갖고 있다. 이는 OECD 평균인 66%보다 높은 수치이고, 남성은 76%, 여성은 71%의 피용률을 보이고 있다. 덴마크인들의 연간 노동시간은 OECD 평균 1,749시간보다 적은 1,559시간이다. 장시간 피용자의 비율은 2%로 OECD의 평균인 9%보다 낮으며, 남성의 장시간 노동 비율은 3%인 데 비해 여성은 1%에 불과하다.

좋은 교육을 받는 것은 직업을 찾기 위한 필수 요건이다. 덴마크에서는 25~64세의 성인 중 76%가 고등학교 졸업과 동등 수준의 교육을 이수받았고, 이는 OECD 평균 74%보다 약간 높은 수준이다. 남성은 78%, 여성은 75%가 고등학교를 졸업했다. 교육의 질 면에서, 평균 학생들은 OECD의 PISA(Programme for International Student Assessment)에서 독해력과 수학, 과학에서 499점을 받았다. 이 점수는 OECD 평균 497점보다 약간 높았다. 덴마크에서는 남녀학생들 간 차이가 없었다.

건강 면에서, 덴마크의 기대수명은 79세로 OECD 평균인 80세보다 1년 낮은 수준이다. 여성은 81세인 반면 남성은 77세이다. 대기오염 수준 PM 10—폐로 들어가 해를 입힐 수 있을 정도로 미세한 대기오염 미립자—은 1입방미터(㎥)당 16마이크로그램(㎍)이어서 OECD 평균 수준 22보다 상당히 낮게 나타났다. 덴마크는 수질관리도 잘 하고 있어서, 96%의 국민들이 수질 면에서 만족한다고 말하고 있다.

공공 면에서도, 덴마크에서는 강한 공동체 유대감을 갖고 있고, 시민 참여 수준도 높다. 덴마크에서는 또한 도움이 필요한 시기에 도움을 줄 수 있는 누군가를 알고 있다고 믿는 사람들이 96%에 이르고 있다. 이 또한 OECD 평균 91%보다 높은 수준이다. 정부에 대한 신뢰의 척도이기도 하고 시민 참여에 대한 척도이기도 한 투표 참여율은, 최근 선거에서 87%를 나타냈는데, 이는 OECD(평균 73%)보다 높은 수준이다. 사회적 · 경제적 상황이 투표율에 영향을 미칠 수 있는데, 국민의 최상위 20%는 90%, 최하위 20%는 84%의 투표율을 보였으며, 이는 OECD 평균인 7%와 거의 같다.

덴마크 국민 77%가 평균적인 일상에서 부정적인 경험(고통, 근심걱정, 슬픔, 권태 등)보다는 긍정적인 경험(안정감, 성취감, 즐거움 등)을 더 많이 하고 있다고 말함으로써, 전반적으로 덴마크 국민들은 그들의 삶에 OECD 평균보다 더 큰 만족을 느끼고 있다.

〈표 5〉 덴마크의 행복지수 주요 지표와 세부지표

주요 지표		세 부 지 표			
주거	6.0 17/36	주거비지출비중 (26%, 32/36)	기초설비구비율 (100%, 1/36)	1인당 방수 (1.9, 9/36)	
소득	4.0 17/36	가구당 금융소득 ($31,025 16/36)	가구당 순가처분소득 ($23,213, 20/36)		
일사리	7.7 10/36	직업안정 (12.36%, 29/36)	개인소득 ($42,904, 9/36)	고용률 (73%, 5/36)	상기실업률 (1.42%, 11/36)
공동체 생활	9.4 4/36	사회안전망의 질 (96%, 4/36)			
교육	7.4 15/36	교육연한 (18.4년, 6/36)	학업성적 (499점, 16/36)	학력(고졸 이상) (76%, 20/36)	
환경	9.3 5/36	수질 (96%, 6/36)	대기오염 (16㎍, 17/36)		
시민 참여	6.7 5/36	입법상담 (7.0, 19/36)	투표율 (87%, 6/36)		
건강	7.0 21/36	자체진단 건강 (71%, 18/36)	기대수명 (79.3년, 25/36)		
삶의 만족도	10 1/36	삶의 만족도 (7.8, 1/36)			
안전	8.5 20/36	살인자(10만 명당) (0.9, 8/36)	폭행률 (3.93%, 21/36)		
일과 삶의 조화	9.7 1/36	여가와 휴식시간 (16.06h, 1/36)	장시간노동 피용자율 (1.92%, 4/36)		

6. 스위스(Switzerland)의 행복지수

OECD 행복지수와 순위	85.5	6/36
국민행복지수와 순위	83.8	6/32
인구	760만 명	
방문객 수	860만 명	
재생에너지	20.24%	

Switzerland

스위스는 행복지수 중 많은 항목에서 최고 수준을 보이는 등 well-being 척도 전반적으로 높게 나타난다.

돈으로는 행복을 살 수 없지만, 더 높은 생활수준을 누리기 위해서는 매우 중요한 수단이다. 스위스는 1인당 연평균 소득이 27,756USD로, OECD 평균 22,387USD보다 높다. 그러나 최상위 20% 소득계층은 최하위 20% 소득의 5배가량 벌어들일 정도로 상당한 격차를 보인다.

고용 면에서는 스위스의 15세 이상 64세 인구의 79%가 월급을 받고 일하는 직업을 갖고 있다. 이는 OECD 평균인 66%보다 높은 수치이고, 남성은 85%, 여성은 72%의 피용률을 보이고 있다. 장시간 피용자의 비율은 6%로, OECD 평균 수준인 9%보다 낮다.

좋은 교육을 받는 것은 직업을 찾기 위한 필수 요건이다. 스위스에서는 25~64세의 성인 중 87%가 고등학교 졸업과 동등 수준의 교육을 이수 받았고, 이는 OECD 평균 74%보다 높은 수준이다. 남성은 90%, 여성은 83%가 고등학교를 졸업했다. 스위스는 교육 시스템의 질 면에서 최고의 성과를 보이는 국가이다. 평균 학생들은 OECD의 PISA (Programme for International Student Assessment)에서 독해력과 수학, 과학에서 517점을 받았다. 이 점수는 OECD 평균 497점과 거의 비슷한 수준이고, 여학생들은 남학생들보다 4점이 높았고, OECD 평균 차이인 9점보다 차이가 적었다.

건강 면에서, 스위스의 기대수명은 83세로 OECD 평균인 80세보다 3년 더 길다. 여성은 85세인 반면 남성은 80세이다. 대기오염 수준 PM 10—폐로 들어가 해를 입힐 수 있을 정도로 미세한 대기오염 미립자—은 1입방미터(㎥)당 22마이크로그램(㎍)이어서 OECD 평균 수준인 22와 같게 나타났다. 스위스는 수질관리 면에서 잘 관리하고 있어서, OECD 평균 수준과 같은 97%의 국민들이 수질 면에서 만족한다고 말하고 있다.

공공 면에서도, 스위스에서는 강한 공동체 유대감을 갖고 있고, 시민 참여 수준도 높다. 스위스에서는 또한 도움이 필요한 시기에 도움을 줄 수 있는 누군가를 알고 있다고 믿는 사람들이 94%에 이르고 있다. 이 또한 OECD 평균 91%보다 높은 수준이다. 정부에 대한 신뢰의 척도이기도 하고 시민 참여에 대한 척도이기도 한 투표 참여율은, 최근 선거에서 48%를 나타냈는데, 이는 OECD(평균 73%)보다 상당히 낮은 수준이다.

스위스 국민 76%가 평균적인 일상에서 부정적인 경험(고통, 근심걱정, 슬픔, 권태 등)보다는 긍정적인 경험(안정감, 성취감, 즐거움 등)을 더 많이 하고 있다고 말함으로써, 전반적으로 스위스 국민들은 OECD 평균 수준과 비슷하게 그들의 삶에 만족을 느끼고 있다.

〈표 6〉 스위스의 행복지수 주요 지표와 세부지표

주요 지표		세 부 지 표			
주거	6.0 18/36	주거비지출비중 (24%, 30/36)	기초설비구비율 (99.90%, 6/36)	1인당 방수 (1.8, 15/36)	
소득	7.9 3/36	가구당 금융소득 ($95,407 2/36)	가구당 순가처분소득 ($27,756, 5/36)		
일자리	9.0 1/36	직업안정 (8.30%, 15/36)	개인소득 ($49,810, 3/36)	고용률 (79%, 2/36)	장기실업률 (1.46%, 12/36)
공동체 생활	8.6 11/36	사회안전망의 질 (94%, 11/36)			
교육	7.5 13/36	교육연한 (17.0년, 22/36)	학업성적 (517점, 8/36)	학력(고졸 이상) (87%, 9/36)	
환경	8.7 12/36	수질 (97%, 4/36)	대기오염 (22㎍, 23/36)		
시민 참여	3.3 32/36	입법상담 (8.4, 12/36)	투표율 (48%, 36/36)		
건강	9.5 1/36	자체진단 건강 (87%, 4/36)	기대수명 (82.6년, 2/36)		
삶의 만족도	9.0 3/36	삶의 만족도 (7.5, 3/36)			
안전	8.4 21/36	살인자(10만 명당) (0.7, 6/36)	폭행률 (4.20%, 23/36)		
일과 삶의 조화	7.6 13/36	여가와 휴식시간 (15.04h, 11/36)	장시간노동 피용자율 (5.87%, 18/36)		

7. 캐나다(Canada)의 행복지수

OECD 행복지수와 순위	85.5	7/36
국민행복지수와 순위	82.0	9/32
인구	3,310만 명	
방문객 수	1,710만 명	
재생에너지	16.98%	

Canada

캐나다는 행복지수 중 많은 항목이 상위에 드는 등 well-being 척도 전체적으로 높게 나타난다.

돈으로는 행복을 살 수 없지만, 더 높은 생활수준을 누리기 위해서는 매우 중요한 수단이다. 캐나다는 1인당 연평균 소득이 27,138USD에 달해 OECD 평균 22,387USD보다 높다. 그러나 최상위 20% 소득계층은 최하위 20% 소득의 5배가량 벌어들일 정도로 상당한 격차를 보인다.

고용 면에서는 캐나다의 15세 이상 64세 인구의 72%가 월급을 받고 일하는 직업을 갖고 있다. 이는 OECD 평균인 66%보다 높은 수치이고, 남성은 74%, 여성은 69%의 피용률을 보이고 있다. 캐나다인들의 연간 노동시간은 OECD 평균 1,749시간보다 적은 1,702시간이다. 장시간 피용자의 비율은 4%로 OECD의 평균보다 낮으며, 남성의 장시간노동 비율은 6%인 데 비해 여성은 1%에 불과하다.

좋은 교육을 받는 것은 직업을 찾기 위한 필수 요건이다. 캐나다에서는 25~64세의 성인 중 88%가 고등학교 졸업과 동등 수준의 교육을 이수받았고, 이는 OECD 평균 74%보다 높은 수준이다. 남성은 86%, 여성은 89%가 고등학교를 졸업했고, OECD 평균과는 다르게 남녀 수준이 뒤바뀌었다. 캐나다는 교육 시스템의 질 면에서 최고 수준에 도달한 국가이다. 평균 학생들은 OECD의 PISA(Programme for International Student Assessment)에서 독해력과 수학, 과학에서 527점을 받았다. 이 점수는 OECD 평균 497점보다 높았다. 캐나다에서는 여학생들이 남학생들보다 6점을 더 받았고, 이는 OECD 평균 차이인 9점보다 낮은 수준이다.

건강 면에서, 캐나다의 기대수명은 81세로 OECD 평균인 80세보다 1년 높은 수준이다. 여성은 83세인 반면 남성은 78세이다. 대기오염 수준 PM 10—폐로 들어가 해를 입힐 수 있을 정도로 미세한 대기오염 미립자—은 1입방미터(㎥)당 15마이크로그램(㎍)이어서 OECD 평균 수준 22보다 상당히 낮게 나타났다. 캐나다는 수질관리도 잘 하고 있어서, 90%의 국민들이 수질 면에서 만족한다고 말하고 있다.

공공 면에서도, 캐나다에서는 강한 공동체 유대감을 갖고 있고, 시민 참여 수준도 높다. 캐나다에서는 또한 도움이 필요한 시기에 도움을 줄 수 있는 누군가를 알고 있다고 믿는 사람들이 92%에 이르고 있다. 이 또한 OECD 평균 91%보다 높은 수준이다. 정부에 대한 신뢰의 척도이기도 하고 시민 참여에 대한 척도이기도 한 투표 참여율은, 최근 선거에서 60%를 나타냈는데, 이는 OECD(평균 73%)보다 낮은 수준이다. 사회적 · 경제적 상황이 투표율에 영향을 미칠 수 있는데, 국민의 최상위 20%는 62%, 최하위 20%는 56%의 투표율을 보였으며, 이는 OECD 평균인 7%와 거의 같다.

캐나다 국민 80%가 평균적인 일상에서 부정적인 경험(고통, 근심걱정, 슬픔, 권태 등)보다는 긍정적인 경험(안정감, 성취감, 즐거움 등)을 더 많이 하고 있다고 말함으로써, 전반적으로 캐나다 국민들은 그들의 삶에 OECD 평균보다 더 큰 만족을 느끼고 있다.

〈표 7〉 캐나다의 행복지수 주요 지표와 세부지표

주요 지표		세 부 지 표			
주거	7.8 2/36	주거비지출비중 (23%, 23/36)	기초설비구비율 (99.81%, 8/36)	1인당 방수 (2.5, 1/36)	
소득	6.1 5/36	가구당 금융소득 ($60,344 7/36)	가구당 순가처분소득 ($27,138, 8/36)		
일자리	7.8 9/36	직업안정 (11.26%, 26/36)	개인소득 ($41,961, 12/36)	고용률 (72%, 10/36)	장기실업률 (0.96%, 5/36)
공동체 생활	8.0 18/36	사회안전망의 질 (92%, 18/36)			
교육	7.7 8/36	교육연한 (17.0년, 23/36)	학업성적 (527점, 4/36)	학력(고졸 이상) (88%, 8/36)	
환경	8.7 13/36	수질 (90%, 13/36)	대기오염 (15㎍, 12/36)		
시민 참여	5.6 15/36	입법상담 (10.5, 5/36)	투표율 (60%, 32/36)		
건강	9.0 4/36	자체진단 건강 (88%, 3/36)	기대수명 (80.8년, 14/36)		
삶의 만족도	8.7 6/36	삶의 만족도 (7.4, 6/36)			
안전	9.6 2/36	살인자(10만 명당) (1.8, 25/36)	폭행률 (1.31%, 1/36)		
일과 삶의 조화	6.5 21/36	여가와 휴식시간 (14.25h, 31/36)	장시간노동 피용자율 (3.91%, 11/36)		

8. 네덜란드(Netherlands)의 행복지수

OECD 행복지수와 순위	84.6	8/36
국민행복지수와 순위	82.4	8/32
인구	1,640만 명	
방문객 수	1,010만 명	
재생에너지	4.97%	

Netherlands

네덜란드는 행복지수 중 많은 항목이 상위 10개국에 드는 등 well-being 척도 전체적으로 매우 높게 나타난다.

돈으로는 행복을 살 수 없지만, 더 높은 생활수준을 누리기 위해서는 매우 중요한 수단이다. 네덜란드는 1인당 연평균 소득이 25,740USD로, OECD 평균 22,387USD보다 높다. 그러나 최상위 20% 소득계층은 최하위 20% 소득의 5배가량 벌어들일 정도로 상당한 격차를 보인다.

고용 면에서는 네덜란드의 15세 이상 64세 인구의 75%가 월급을 받고 일하는 직업을 갖고 있다. 이는 OECD 평균인 66%보다 높은 수치이고, 남성은 80%, 여성은 69%의 피용률을 보이고 있다. 네덜란드인들의 연간 노동시간은 OECD 평균 1,749시간보다 적은 1,377시간이다. 장시간 피용자의 비율은 13%로 OECD의 평균인 9%보다 높으며, 남성의 장시간노동 비율은 20%이고, 여성은 7%에 달한다.

좋은 교육을 받는 것은 직업을 찾기 위한 필수 요건이다. 네덜란드에서는 25~64세의 성인 중 72%가 고등학교 졸업과 동등 수준의 교육을 이수받았고, 이는 OECD 평균 74%와 비슷한 수준이다. 남성은 74%, 여성은 71%가 고등학교를 졸업했다. 교육의 질 면에서, 평균 학생들은 OECD의 PISA(Programme for International Student Assessment)에서 독해력과 수학, 과학에서 524점을 받았다. 이 점수는 OECD 평균 497점보다 매우 높은 수준이고, 학생 수준이 가장 높은 국가 중 하나인 것으로 나타났다. 여학생들은 남학생들보다 15점 높았고, OECD 평균 차이인 9점보다 많은 차이를 보였다.

건강 면에서, 네덜란드의 기대수명은 81세로 OECD 평균인 80세보다 1년 더 길다. 여성은 83세인 반면 남성은 79세이다. 대기오염 수준 PM 10—폐로 들어가 해를 입힐 수 있을 정도로 미세한 대기오염 미립자—은 1입방미터(㎥)당 12마이크로그램(㎍)이어서 OECD 평균 수준 22보다 낮게 나타났다. 네덜란드는 수질관리 면에서 잘 관리하고 있어서, 88%의 국민들이 수질 면에서 만족한다고 말하고 있다.

공공 면에서도, 네덜란드에서는 강한 공동체 유대감을 갖고 있고, 시민 참여 수준도 높다. 네덜란드에서는 또한 도움이 필요한 시기에 도움을 줄 수 있는 누군가를 알고 있다고 믿는 사람들이 96%에 이르고 있다. 이 또한 OECD 평균 91%보다 높은 수준이다. 정부에 대한 신뢰의 척도이기도 하고 시민 참여에 대한 척도이기도 한 투표 참여율은, 최근 선거에서 79%를 나타냈는데, 이는 OECD(평균 73%)보다 높은 수준이다.

네덜란드 국민 78%가 평균적인 일상에서 부정적인 경험(고통, 근심걱정, 슬픔, 권태 등)보다는 긍정적인 경험(안정감, 성취감, 즐거움 등)을 더 많이 하고 있다고 말함으로써, 전반적으로 네덜란드 국민들은 그들의 삶에 만족을 느끼고 있다.

〈표 8〉 네덜란드의 행복지수 주요 지표와 세부지표

주요 지표		세 부 지 표			
주거	6.1 14/36	주거비지출비중 (29%, 36/36)	기초설비구비율 (99.79%, 11/36)	1인당 방수 (2.3, 2/36)	
소득	2.8 24/36	가구당 금융소득 ($24,008, 19/36)	가구당 순가처분소득 ($18,601, 25/36)		
일자리	7.5 12/36	직업안정 (10.23%, 21/36)	개인소득 ($31,878, 22/36)	고용률 (72%, 8/36)	장기실업률 (0.59%, 4/36)
공동체 생활	9.1 6/36	사회안전망의 질 (95%, 6/36)			
교육	7.8 6/36	교육연한 (18.6년, 5/36)	학업성적 (524점, 5/36)	학력(고졸 이상) (72%, 23/36)	
환경	8.8 11/36	수질 (88%, 15/36)	대기오염 (12㎍, 2/36)		
시민 참여	7.6 4/36	입법상담 (10.3, 8/36)	투표율 (79%, 15/36)		
건강	9.2 2/36	자체진단 건강 (90%, 2/36)	기대수명 (81.0년, 11/36)		
삶의 만족도	7.9 11/36	삶의 만족도 (7.2, 11/36)			
안전	9.2 7/36	살인자(10만 명당) (1.5, 22/36)	폭행률 (2.23%, 8/36)		
일과 삶의 조화	6.4 23/36	여가와 휴식시간 (14.87h, 15/36)	장시간노동 피용자율 (13.28%, 30/36)		

9. 뉴질랜드(New Zealand)의 행복지수

OECD 행복지수와 순위	82.4	9/36	New Zealand
국민행복지수와 순위	76.0	17/32	
인구	420만 명		
방문객 수	250만 명		
재생에너지	36.47%		

뉴질랜드는 행복지수 중 많은 항목이 상위 10개국에 드는 등 well-being 척도 전체적으로 매우 높게 나타난다.

돈으로는 행복을 살 수 없지만, 더 높은 생활수준을 누리기 위해서는 매우 중요한 수단이다. 뉴질랜드는 1인당 연평균 소득이 18,601USD로, OECD 평균 22,387USD보다 낮다. 그러나 최상위 20% 소득계층은 최하위 20% 소득의 5배가량 벌어들일 정도로 상당한 격차를 보인다.

고용 면에서는 뉴질랜드의 15세 이상 64세 인구의 72%가 월급을 받고 일하는 직업을 갖고 있다. 이는 OECD 평균인 66%보다 높은 수치이고, 남성은 78%, 여성은 67%의 피용률을 보이고 있다. 뉴질랜드인들의 연간 노동시간은 OECD 평균 1,749시간보다 약간 많은 1,758시간이다. 장시간 피용률은 거의 제로에 가깝다.

좋은 교육을 받는 것은 직업을 찾기 위한 필수 요건이다. 뉴질랜드에서는 25~64세의 성인 중 73%가 고등학교 졸업과 동등 수준의 교육을 이수받았고, 이는 OECD 평균 74%보다 비슷한 수준이다. 남성은 75%, 여성은 72%가 고등학교를 졸업했다. 교육의 질 면에서, 평균 학생들은 OECD의 PISA(Programme for International Student Assessment)에서 독해력과 수학, 과학에서 519점을 받았다. 이 점수는 OECD 평균 497점보다 매우 높은 수준이고, OECD 국가 중 학생 수준이 가장 높은 국가 중 하나로 나타났다. 남녀학생 간 차이도 거의 없었다.

건강 면에서, 뉴질랜드의 기대수명은 81세로 OECD 평균인 80세보다 1년 더 길다. 여성은 83세인 반면 남성은 79세이다. 대기오염 수준 PM 10—폐로 들어가 해를 입힐 수 있을 정도로 미세한 대기오염 미립자—은 1입방미터(㎥)당 31마이크로그램(㎍)이어서 OECD 평균 수준 22보다 높게 나타났다. 뉴질랜드는 수질관리 면에서 잘 관리하고 있어서, 95%의 국민들이 수질 면에서 만족한다고 말하고 있다.

공공 면에서도, 뉴질랜드에서는 강한 공동체 유대감을 갖고 있고, 시민 참여 수준도 높다. 뉴질랜드에서는 또한 도움이 필요한 시기에 도움을 줄 수 있는 누군가를 알고 있다고 믿는 사람들이 93%에 이르고 있다. 이 또한 OECD 평균 91%보다 높은 수준이다. 정부에 대한 신뢰의 척도이기도 하고 시민 참여에 대한 척도이기도 한 투표 참여율은, 최근 선거에서 80%를 나타냈는데, 이는 OECD(평균 73%)보다 높은 수준이다.

뉴질랜드 국민 72%가 평균적인 일상에서 부정적인 경험(고통, 근심걱정, 슬픔, 권태 등)보다는 긍정적인 경험(안정감, 성취감, 즐거움 등)을 더 많이 하고 있다고 말함으로써, 전반적으로 뉴질랜드 국민들은 OECD 평균과 비슷한 수준에서 그들의 삶에 만족을 느끼고 있다.

〈표 9〉 뉴질랜드의 행복지수 주요 지표와 세부지표

주요 지표		세 부 지 표			
주거	7.0 9/36	주거비지출비중 (22%, 16/36)	기초설비구비율 (100%, 3/36)	1인당 방수 (2.0, 8/36)	
소득	5.9 8/36	가구당 금융소득 ($61,157, 6/36)	가구당 순가처분소득 ($25,740, 13/36)		
일자리	8.9 2/36	직업안정 (5.18%, 1/36)	개인소득 ($45,671, 6/36)	고용률 (75%, 4/36)	장기실업률 (1.23%, 8/36)
공동체 생활	8.6 10/36	사회안전망의 질 (94%, 10/36)			
교육	7.2 17/36	교육연한 (17.7년, 15/36)	학업성적 (519점, 7/36)	학력(고졸 이상) (73%, 22/36)	
환경	7.8 20/36	수질 (95%, 7/36)	대기오염 (31㎍, 30/36)		
시민 참여	5.5 17/36	입법상담 (6.1, 24/36)	투표율 (80%, 14/36)		
건강	8.1 12/36	자체진단 건강 (77%, 11/36)	기대수명 (80.8년, 13/36)		
삶의 만족도	9.0 4/36	삶의 만족도 (7.5, 4/36)			
안전	7.9 24/36	살인자(10만 명당) (1.1, 14/36)	폭행률 (4.88%, 26/36)		
일과 삶의 조화	8.7 5/36	여가와 휴식시간 (15.35h, 5/36)	장시간노동 피용자율 (0.68%, 2/36)		

10. 룩셈부르크(Luxembourg)의 행복지수

OECD 행복지수와 순위	82.3	10/36
국민행복지수와 순위	91.0	1/32
인구	50만 명	
방문객 수	90만 명	
재생에너지	2.93%	

Luxembourg

룩셈부르크는 행복지수 중 많은 항목이 상위 10개국에 드는 등 well-being 척도 전체적으로 매우 높게 나타난다.

돈으로는 행복을 살 수 없지만, 더 높은 생활수준을 누리기 위해서는 매우 중요한 수단이다. 룩셈부르크는 1인당 연평균 소득이 35,321USD로, OECD 평균 22,387USD보다 높다. 그러나 최상위 20% 소득계층은 최하위 20% 소득의 4배가량 벌어들일 정도로 상당한 격차를 보인다.

고용 면에서는 룩셈부르크의 15세 이상 64세 인구의 65%가 월급을 받고 일하는 직업을 갖고 있다. 이는 OECD 평균인 66%보다 낮은 수치이고, 남성은 73%, 여성은 57%의 피용률을 보이고 있다. 룩셈부르크인들의 연간 노동시간은 OECD 평균 1,749시간보다 짧은 1,616시간이다. 장시간 피용률은 4%로, OECD 평균의 9%보다 적으며, 남성은 5%인데 비해 여성은 2%에 불과하다.

좋은 교육을 받는 것은 직업을 찾기 위한 필수 요건이다. 룩셈부르크에서는 25~64세의 성인 중 77%가 고등학교 졸업과 동등 수준의 교육을 이수받았고, 이는 OECD 평균 74%보다 높은 수준이다. 남성은 80%, 여성은 74%가 고등학교를 졸업했다. 교육의 질 면에서, 평균 학생들은 OECD의 PISA(Programme for International Student Assessment)에서 독해력과 수학, 과학에서 OECD 평균 점수보다 낮은 482점을 받았다. 여학생들이 남학생보다 4점이 높았으며, OECD의 9점보다 적은 차이를 보인다.

건강 면에서, 룩셈부르크의 기대수명은 81세로 OECD 평균인 80세보다 1년 더 길다. 여성은 83세인 반면 남성은 78세이다. 대기오염 수준 PM 10—폐로 들어가 해를 입힐 수 있을 정도로 미세한 대기오염 미립자—은 1입방미터(㎥)당 13마이크로그램(㎍)이어서 OECD 평균 수준 22보다 상당히 낮게 나타났다. 룩셈부르크는 수질관리 면에서 잘 관리하고 있어서, 92%의 국민들이 수질 면에서 만족한다고 말하고 있다.

공공 면에서도, 룩셈부르크에서는 강한 공동체 유대감을 갖고 있고, 시민 참여 수준도 높다. 룩셈부르크에서는 또한 도움이 필요한 시기에 도움을 줄 수 있는 누군가를 알고 있다고 믿는 사람들이 95%에 이르고 있다. 이 또한 OECD 평균 91%보다 높은 수준이다. 정부에 대한 신뢰의 척도이기도 하고 시민 참여에 대한 척도이기도 한 투표 참여율은, 최근 선거에서 91%를 나타냈는데, 이는 OECD(평균 73%)보다 높은 수준이다.

룩셈부르크 국민 74%가 평균적인 일상에서 부정적인 경험(고통, 근심걱정, 슬픔, 권태 등)보다는 긍정적인 경험(안정감, 성취감, 즐거움 등)을 더 많이 하고 있다고 말함으로써, 전반적으로 룩셈부르크 국민들은 그들의 삶에 높은 만족을 느끼고 있다.

〈표 10〉 룩셈부르크의 행복지수 주요 지표와 세부지표

주요 지표		세 부 지 표			
주거	6.1 15/36	주거비지출비중 (25%, 31/36)	기초설비구비율 (99.50%, 16/36)	1인당 방수 (1.9, 10/36)	
소득	8.16 2/36	가구당 금융소득 ($72,644, 3/36)	가구당 순가처분소득 ($35,321, 2/36)		
일자리	8.5 4/36	직업안정 (5.56%, 2/36)	개인소득 ($52,110, 2/36)	고용률 (65%, 20/36)	장기실업률 (1.28%, 9/36)
공동체 생활	8.49 15/36	사회안전망의 질 (93%, 15/36)			
교육	4.7 31/36	교육연한 (14.7년, 34/36)	학업성적 (482점, 29/36)	학력(고졸 이상) (77%, 19/36)	
환경	9.2 8/36	수실 (92%, 11/36)	대기오염 (13㎍, 5/36)		
시민 참여	6.6 6/36	입법상담 (6.0, 25/36)	투표율 (91%, 3/36)		
건강	7.9 13/36	자체진단 건강 (75%, 15/36)	기대수명 (80.7년, 15/36)		
삶의 만족도	7.4 13/36	삶의 만족도 (7.0, 13/36)			
안전	7.9 25/36	살인자(10만 명당) (2.5, 28/36)	폭행률 (4.29%, 24/36)		
일과 삶의 조화	7.5 14/36	여가와 휴식시간 (14.87h, 14/36)	장시간노동 피용자율 (3.71%, 9/36)		

11. 핀란드(Finland)의 행복지수

OECD 행복지수와 순위	82.3	11/36
국민행복지수와 순위	83.8	5/32
인구	530만 명	
방문객 수	360만 명	
재생에너지	24.48%	

Finland

핀란드는 행복지수 중 많은 항목이 상위에 드는 등 well-being 척도 전체적으로 높게 나타난다.

돈으로는 행복을 살 수 없지만, 더 높은 생활수준을 누리기 위해서는 매우 중요한 수단이다. 핀란드는 1인당 연평균 소득이 24,958USD에 달해 OECD 평균 22,387USD보다 높다. 그러나 최상위 20% 소득계층은 최하위 20% 소득의 4배가량 벌어들일 정도로 격차를 보인다.

고용 면에서는 핀란드의 15세 이상 64세 인구의 68%가 월급을 받고 일하는 직업을 갖고 있다. 이는 OECD 평균인 66%보다 높은 수치이고, 남성은 70%, 여성은 67%의 피용률을 보이고 있다. 핀란드인들의 연간 노동시간은 OECD 평균 1,749시간보다 적은 1,697시간이다. 장시간 피용자의 비율은 4%로 OECD의 평균인 9%보다 낮으며, 남성의 장시간 노동 비율은 6%인 데 비해 여성은 2%에 불과하다.

좋은 교육을 받는 것은 직업을 찾기 위한 필수 요건이다. 핀란드에서는 25~64세의 성인 중 82%가 고등학교 졸업과 동등 수준의 교육을 이수받았고, 이는 OECD 평균 74%보다 높은 수준이다. 남성은 80%, 여성은 84%가 고등학교를 졸업했다. 핀란드는 교육 시스템의 질 면에서 최고 수준을 보인다. 평균 학생들은 OECD의 PISA(Programme for International Student Assessment)에서 독해력과 수학, 과학에서 543점을 받았다. 이 점수는 OECD 평균 497점보다 월등히 높고, OECD 국가 중에서도 가장 높은 수준이다. 여학생들이 남학생보다 23점이 높았으며, OECD의 9점 차이보다 훨씬 큰 차이를 보이고 있다.

건강 면에서, 핀란드의 기대수명은 80세로 OECD 평균인 80세와 같은 수준이다. 여성은 83세인 반면 남성은 77세이다. 대기오염 수준 PM 10—폐로 들어가 해를 입힐 수 있을 정도로 미세한 대기오염 미립자—은 1입방미터(㎥)당 15마이크로그램(㎍)이어서 OECD 평균 수준 22보다 상당히 낮게 나타났다. 핀란드는 수질관리도 잘 하고 있어서, 94%의 국민들이 수질 면에서 만족한다고 말하고 있다.

공공 면에서도, 핀란드에서는 강한 공동체 유대감을 갖고 있고, 시민 참여 수준도 높다. 핀란드에서는 또한 도움이 필요한 시기에 도움을 줄 수 있는 누군가를 알고 있다고 믿는 사람들이 94%에 이르고 있다. 이 또한 OECD 평균 91%보다 높은 수준이다. 정부에 대한 신뢰의 척도이기도 하고 시민 참여에 대한 척도이기도 한 투표 참여율은, 최근 선거에서 74%를 나타냈는데, 이는 OECD(평균 73%)보다 약간 높은 수준이다. 사회적 · 경제적 상황이 투표율에 영향을 미칠 수 있는데, 국민의 최상위 20%는 83%, 최하위 20%는 67%의 투표율을 보였으며, 이는 OECD 평균인 7%보다 많은 차이를 보인다.

핀란드 국민 73%가 평균적인 일상에서 부정적인 경험(고통, 근심걱정, 슬픔, 권태 등)보다는 긍정적인 경험(안정감, 성취감, 즐거움 등)을 더 많이 하고 있다고 말함으로써, 전반적으로 핀란드 국민들은 그들의 삶에 OECD 평균(72%)보다 약간 큰 만족을 느끼고 있다.

〈표 11〉 핀란드의 행복지수 주요 지표와 세부지표

주요 지표		세 부 지 표			
주거	6.3 12/36	주거비지출비중 (23%, 27/36)	기초설비구비율 (99.30%, 19/36)	1인당 방수 (1.9, 11/36)	
소득	3.7 19/36	가구당 금융소득 ($19,751, 24/36)	가구당 순가처분소득 ($24,958, 14/36)		
일자리	6.6 18/36	직업안정 (13.42%, 18/36)	개인소득 ($35,319, 17/36)	고용률 (68%, 14/36)	장기실업률 (1.98%, 16/36)
공동체 생활	8.6 12/36	사회안전망의 질 (94%, 12/36)			
교육	9.4 1/36	교육연한 (19.5년, 1/36)	학업성적 (543점, 1/36)	학력(고졸 이상) (82%, 13/36)	
환경	9.2 7/36	수질 (94%, 10/36)	대기오염 (15㎍, 11/36)		
시민 참여	6.4 7/36	입법상담 (9.0, 11/36)	투표율 (74%, 19/36)		
건강	7.1 20/36	자체진단 건강 (68%, 22/36)	기대수명 (80.2년, 22/36)		
삶의 만족도	8.4 9/36	삶의 만족도 (7.4, 9/36)			
안전	9.0 11/36	살인자(10만 명당) (2.3, 27/36)	폭행률 (2.36%, 9/36)		
일과 삶의 조화	7.6 12/36	여가와 휴식시간 (14.89h, 12/36)	장시간노동 피용자율 (3.66%, 8/36)		

12. 영국(United Kingdom)의 행복지수

OECD 행복지수와 순위	81.7	12/36
국민행복지수와 순위	78.2	15/32
인구	6,140만 명	
방문객 수	3,020만 명	
재생에너지	3.33%	

United Kingdom

영국은 행복 지수 중 많은 항목에서 상위 10위권 내에 드는 등 well-being 척도 전반적으로 높게 나타난다.

돈으로는 행복을 살 수 없지만, 더 높은 생활수준을 누리기 위해서는 매우 중요한 수단이다. 영국은 1인당 연평균 소득이 26,552USD로, OECD 평균 22,387USD보다 높다. 그러나 최상위 20% 소득계층은 최하위 20% 소득의 6배가량 벌어들일 정도로 상당한 격차를 보인다.

고용 면에서는 영국의 15세 이상 64세 인구의 70%가 월급을 받고 일하는 직업을 갖고 있다. 이는 OECD 평균인 66%보다 높은 수치이고, 남성은 75%, 여성은 65%의 피용률을 보이고 있다. 영국인들의 연간 노동시간은 OECD 평균 1,749시간보다 적은 1,647시간이다. 장시간 피용자의 비율은 12%로 OECD 평균 수준인 9%보다 높으며, 남성은 17%에 달하는 데 비해 여성의 장시간 피용률은 6%이다.

좋은 교육을 받는 것은 직업을 찾기 위한 필수 요건이다. 영국에서는 25~64세의 성인 중 74%가 고등학교 졸업과 동등 수준의 교육을 이수받았고, 이는 OECD 평균 74%와 같은 수준이다. 남성은 77%, 여성은 70%가 고등학교를 졸업했다. 교육 시스템의 질 면에서, 평균 학생들은 OECD의 PISA(Programme for International Student Assessment)에서 독해력과 수학, 과학에서 500점을 받았다. 이 점수는 OECD 평균 497점과 약간 높은 수준이고, 여학생들은 남학생들보다 2점이 높았고, OECD 평균 차이인 9점보다 적었다.

건강 면에서, 영국의 기대수명은 80세로 OECD 평균인 80세와 같다. 여성은 82세인 반면 남성은 79세이다. 대기오염 수준 PM 10—폐로 들어가 해를 입힐 수 있을 정도로 미세한 대기오염 미립자—은 1입방미터(m³)당 13마이크로그램(μg)이어서 OECD 평균 수준인 22보다 낮게 나타났다. 영국은 수질관리 면에서 잘 관리하고 있어서, OECD 평균 수준보다 높은 97%의 국민들이 수질 면에서 만족한다고 말하고 있다.

공공 면에서도, 영국에서는 강한 공동체 유대감을 갖고 있고, 시민 참여 수준도 높다. 영국에서는 또한 도움이 필요한 시기에 도움을 줄 수 있는 누군가를 알고 있다고 믿는 사람들이 96%에 이르고 있다. 이 또한 OECD 평균 91%보다 높은 수준이다. 정부에 대한 신뢰의 척도이기도 하고 시민 참여에 대한 척도이기도 한 투표 참여율은, 최근 선거에서 61%를 나타냈는데, 이는 OECD(평균 73%)보다 낮은 수준이다.

영국 국민 75%가 평균적인 일상에서 부정적인 경험(고통, 근심걱정, 슬픔, 권태 등)보다는 긍정적인 경험(안정감, 성취감, 즐거움 등)을 더 많이 하고 있다고 말함으로써, 전반적으로 영국 국민들은 그들의 삶에 만족을 느끼고 있다.

〈표 12〉 영국의 행복지수 주요 지표와 세부지표

주요 지표		세 부 지 표			
주거	6.2 13/36	주거비지출비중 (23%, 26/36)	기초설비구비율 (99.50%, 15/36)	1인당 방수 (1.8, 14/36)	
소득	6.0 7/36	가구당 금융소득 ($59,923, 8/36)	가구당 순가처분소득 ($26,552, 12/36)		
일자리	7.9 7/36	직업안정 (6.89%, 9/36)	개인소득 ($44,008, 8/36)	고용률 (70%, 12/36)	장기실업률 (2.53%, 19/36)
공동체 생활	9.2 5/36	사회안전망의 질 (96%, 5/36)			
교육	5.9 25/36	교육연한 (16.3년, 31/36)	학업성적 (500점, 15/36)	학력(고졸 이상) (74%, 21/36)	
환경	9.7 2/36	수실 (97%, 2/36)	대기오염 (13μg, 6/36)		
시민 참여	6.3 8/36	입법상담 (11.5, 1/36)	투표율 (61%, 31/36)		
건강	7.9 16/36	자체진단 건강 (76%, 13/36)	기대수명 (80.4년, 20/36)		
삶의 만족도	6.7 20/36	삶의 만족도 (6.9, 20/36)			
안전	9.4 4/36	살인자(10만 명당) (1.2, 16/36)	폭행률 (1.93%, 5/36)		
일과 삶의 조화	6.5 20/36	여가와 휴식시간 (14.83h, 16/36)	장시간노동 피용자율 (11.71%, 28/36)		

13. 아이슬란드(Iceland)의 행복지수

OECD 행복지수와 순위	81.2	13/36
국민행복지수와 순위		
인구	30만 명	
방문객 수	110만 명	
재생에너지	83.43%	

Iceland

아이슬란드는 행복지수 중 많은 항목이 상위 10개국에 드는 등 well-being 척도 전체적으로 매우 높게 나타난다.

돈으로는 행복을 살 수 없지만, 더 높은 생활수준을 누리기 위해서는 매우 중요한 수단이다. 아이슬란드는 1인당 연평균 소득이 OECD 평균 22,387USD보다 높다.

고용 면에서는 아이슬란드의 15세 이상 64세 인구의 79%가 월급을 받고 일하는 직업을 갖고 있다. 이는 OECD 평균인 66%보다 높은 수치이고, 남성은 81%, 여성은 77%의 피용률을 보이고 있어, 남녀 간 차이가 거의 없다. 아이슬란드인들의 연간 노동시간은 OECD 평균 1,749시간보다 적은 1,697시간이다.

좋은 교육을 받는 것은 직업을 찾기 위한 필수 요건이다. 아이슬란드에서는 25~64세의 성인 중 66%가 고등학교 졸업과 동등 수준의 교육을 이수받았고, 이는 OECD 평균 74%보다 낮은 수준이다. 남성은 67%, 여성은 65%가 고등학교를 졸업했다. 아이슬란드는 교육 시스템의 질 면에서 최상의 성과를 보이는 국가이다. 평균 학생들은 OECD의 PISA (Programme for International Student Assessment)에서 독해력과 수학, 과학에서 OECD 평균 점수보다 높은 501점을 받았다. 여학생들이 남학생보다 13점이 높았으며, OECD의 9점 차이보다 많은 차이를 보인다.

건강 면에서, 아이슬란드의 기대수명은 81세로 OECD 평균인 80세보다 1년 더 길다. 여성은 83세인 반면 남성은 79세이다. 대기오염 수준 PM 10—폐로 들어가 해를 입힐 수 있을 정도로 미세한 대기오염 미립자—은 1입방미터(㎥)당 14마이크로그램(㎍)이어서 OECD 평균 수준 22보다 상당히 낮게 나타났다. 아이슬란드는 수질관리 면에서 잘 관리하고 있어서, OECD 평균 수준인 84%보다 훨씬 높은 97%의 국민들이 수질 면에서 만족한다고 말하고 있다.

공공 면에서도, 아이슬란드에서는 강한 공동체 유대감을 갖고 있고, 시민 참여 수준도 높다. 아이슬란드에서는 또한 도움이 필요한 시기에 도움을 줄 수 있는 누군가를 알고 있다고 믿는 사람들이 98%에 이르고 있다. 이 또한 OECD 평균 91%보다 높은 수준이다. 정부에 대한 신뢰의 척도이기도 하고 시민 참여에 대한 척도이기도 한 투표 참여율은, 최근 선거에서 84%를 나타냈는데, 이는 OECD(평균 73%)보다 높은 수준이다. 사회적 · 경제적 상황이 투표율에 영향을 미칠 수 있는데, 국민의 최상위 20%는 88%, 최하위 20%는 83%의 투표율을 보였으며, 이는 OECD 평균인 7% 보다 적은 차이를 보인다.

아이슬란드 국민 83%가 평균적인 일상에서 부정적인 경험(고통, 근심걱정, 슬픔, 권태 등)보다는 긍정적인 경험(안정감, 성취감, 즐거움 등)을 더 많이 하고 있다고 말함으로써, 전반적으로 아이슬란드 국민들은 그들의 삶에 높은 만족을 느끼고 있다.

〈표 13〉 아이슬란드의 행복지수 주요 지표와 세부지표

주요 지표		세 부 지 표			
주거	6.0 19/36	주거비지출비중 (22%, 19/36)	기초설비구비율 (99.60%, 13/36)	1인당 방수 (1.6, 20/36)	
소득	4.6 14/36	가구당 금융소득 ($39,211, 14/36)	가구당 순가처분소득 ($24,400, 15/36)		
일자리	8.3 5/36	직업안정 (12.73%, 30/36)	개인소득 ($47,257, 5/36)	고용률 (79%, 1/36)	장기실업률 (1.61%, 14/36)
공동체 생활	10 1/36	사회안선망의 질 (98%, 1/36)			
교육	7.2 18/36	교육연한 (18.9년, 2/36)	학업성적 (501점, 13/36)	학력(고졸 이상) (66%, 29/36)	
환경	9.6 3/36	수질 (97%, 3/36)	대기오염 (14μg, 10/36)		
시민 참여	5.4 19/36	입법상담 (5.1, 27/36)	투표율 (84%, 8/36)		
건강	8.4 10/36	자체진단 건강 (78%, 10/36)	기대수명 (81.5년, 7/36)		
삶의 만족도	6.8 19/36	삶의 만족도 (6.9, 19/36)			
안전	9.2 6/36	살인자(10만 명당) (0.3, 1/36)	폭행률 (2.69%, 11/36)		
일과 삶의 조화	5.7 30/36	여가와 휴식시간 (14.23h, 32/36)	장시간노동 피용자율 (10.86%, 26/36)		

14. 벨기에(Belgium)의 행복지수

OECD 행복지수와 순위	80.9	14/36
국민행복지수와 순위	79.7	13/32
인구	1,050만 명	
방문객 수	710만 명	
재생에너지	4.81%	

Belgium

벨기에는 행복지수 중 몇 가지가 상위 10개국에 드는 등 well-being 척도 전체적으로 높게 나타난다.

돈으로는 행복을 살 수 없지만, 더 높은 생활수준을 누리기 위해서는 매우 중요한 수단이다. 벨기에는 1인당 연평균 소득이 26,734USD에 달해 OECD 평균 22,387USD보다 높다. 그러나 최상위 20% 소득계층은 최하위 20% 소득의 4배가량 벌어들일 정도로 상당한 격차를 보인다.

고용 면에서는 벨기에의 15세 이상 64세 인구의 62%가 월급을 받고 일하는 직업을 갖고 있다. 이는 OECD 평균인 66%보다 낮은 수치이고, 남성은 67%, 여성은 57%의 피용률을 보이고 있다. 벨기에인들의 연간 노동시간은 OECD 평균 1,749시간보다 적은 1,551시간이다. 장시간 피용자의 비율은 4%로 OECD의 평균보다 낮으며, 남성의 장시간노동 비율은 6%인 데 비해 여성은 2%에 불과하다.

좋은 교육을 받는 것은 직업을 찾기 위한 필수 요건이다. 벨기에에서는 25~64세의 성인 중 71%가 고등학교 졸업과 동등 수준의 교육을 이수받았고, 이는 OECD 평균 74%에 가까운 수준이다. 남성은 70%, 여성은 71%가 고등학교를 졸업했다. 이러한 남녀별 교육 수준 격차는 OECD 평균 수준보다 낮고, 벨기에에서는 교육의 질적인 면에서 성별과 관계없음을 보여준다. 벨기에는 교육 시스템의 질 면에서 최고 수준에 도달한 국가이다. 평균 학생들은 OECD의 PISA(Programme for International Student Assessment)에서 독해력과 수학, 과학에서 509점을 받았다. 이 점수는 OECD 평균 497점보다 높았다. 벨기에에서는 평균적으로 남학생들과 여학생들 공히 509점을 받았고, 이는 OECD 평균 차이인 9점보다 낮은 수준이다.

건강 면에서, 벨기에의 기대수명은 80세로 OECD 평균인 80세와 같았다. 여성은 83세인 반면 남성은 78세이다. 대기오염 수준 PM 10—폐로 들어가 해를 입힐 수 있을 정도로 미세한 대기오염 미립자—은 1입방미터(m³)당 21마이크로그램(㎍)이어서 OECD 평균 수준 22보다 약간 낮게 나타났다. 벨기에는 수질관리도 잘 하고 있어서, 84%의 국민들이 수질 면에서 만족한다고 말하고 있다.

공공 면에서도, 벨기에에서는 강한 공동체 유대감을 갖고 있고, 시민 참여 수준도 높다. 벨기에에서는 또한 도움이 필요한 시기에 도움을 줄 수 있는 누군가를 알고 있다고 믿는 사람들이 94%에 이르고 있다. 이 또한 OECD 평균 91%보다 높은 수준이다. 정부에 대한 신뢰의 척도이기도 하고 시민 참여에 대한 척도이기도 한 투표 참여율은, 최근 선거에서 91%를 나타냈는데, 이는 OECD(평균 73%)에서 가장 높은 수준이다.

벨기에 국민 74%가 평균적인 일상에서 부정적인 경험(고통, 근심걱정, 슬픔, 권태 등)보다는 긍정적인 경험(안정감, 성취감, 즐거움 등)을 더 많이 하고 있다고 말함으로써, 전반적으로 벨기에 국민들은 그들의 삶에 OECD 평균보다 더 큰 만족을 느끼고 있다.

〈표 14〉 벨기에의 행복지수 주요 지표와 세부지표

주요 지표		세 부 지 표			
주거	7.3 5/36	주거비지출비중 (20%, 10/36)	기초설비구비율 (99.70%, 12/36)	1인당 방수 (2.1, 6/36)	
소득	6.5 4/36	가구당 금융소득 ($69,466, 5/36)	가구당 순가처분소득 ($26,734, 10/36)		
일자리	6.8 16/36	직업안정 (6.46%, 6/36)	개인소득 ($42,811, 10/36)	고용률 (62%, 24/36)	장기실업률 (4.04%, 27/36)
공동체 생활	8.5 13/36	사회안전망의 실 (94%, 13/36)			
교육	7.5 14/36	교육연한 (18.7년, 4/36)	학업성적 (509점, 11/36)	학력(고졸 이상) (71%, 26/36)	
환경	7.5 21/36	수질 (84%, 23/36)	대기오염 (21㎍, 22/36)		
시민 참여	5.8 13/36	입법상담 (4.5, 30/36)	투표율 (91%, 2/36)		
건강	7.9 15/36	자체진단 건강 (77%, 12/36)	기대수명 (80.3년, 21/36)		
삶의 만족도	7.3 14/36	삶의 만족도 (7.0, 14/36)			
안전	6.9 30/36	살인자(10만 명당) (1.7, 24/36)	폭행률 (6.67%, 33/36)		
일과 삶의 조화	8.9 2/36	여가와 휴식시간 (15.71h, 3/36)	장시간노동 피용자율 (4.45%, 12/36)		

15. 아일랜드(Ireland)의 행복지수

OECD 행복지수와 순위	80.3	15/36
국민행복지수와 순위	76.5	16/32
인구	420만 명	
방문객 수	800만 명	
재생에너지	4.36%	

Ireland

아일랜드는 행복지수 중 많은 항목이 상위 10개국에 드는 등 well-being 척도 전체적으로 매우 높게 나타난다.

돈으로는 행복을 살 수 없지만, 더 높은 생활수준을 누리기 위해서는 매우 중요한 수단이다. 아일랜드는 1인당 연평균 소득이 24,156USD로, OECD 평균 22,387USD보다 높다. 그러나 최상위 20% 소득계층은 최하위 20% 소득의 4배가량 벌어들일 정도로 상당한 격차를 보인다.

고용 면에서는 아일랜드의 15세 이상 64세 인구의 60%가 월급을 받고 일하는 직업을 갖고 있다. 이는 OECD 평균인 66%보다 낮은 수치이고, 남성은 64%, 여성은 56%의 피용률을 보이고 있다. 아일랜드인들의 연간 노동시간은 OECD 평균 1,749시간보다 적은 1,664시간이다. 장시간 피용률은 4%로, OECD 평균의 9%보다 적으며, 남성은 6%인 데 비해 여성은 1%에 불과하다.

좋은 교육을 받는 것은 직업을 찾기 위한 필수 요건이다. 아일랜드에서는 25~64세의 성인 중 72%가 고등학교 졸업과 동등 수준의 교육을 이수받았고, 이는 OECD 평균 74%보다 낮은 수준이다. 남성은 68%, 여성은 75%가 고등학교를 졸업했다. 교육의 질 면에서, 평균 학생들은 OECD의 PISA(Programme for International Student Assessment)에서 독해력과 수학, 과학에서 OECD 평균 점수와 같은 497점을 받았다. 여학생들이 남학생보다 12점이 높았으며, OECD의 9점보다 많은 차이를 보인다.

건강 면에서, 아일랜드의 기대수명은 81세로 OECD 평균인 80세보다 1년 더 길다. 여성은 83세인 반면 남성은 79세이다. 대기오염 수준 PM 10—폐로 들어가 해를 입힐 수 있을 정도로 미세한 대기오염 미립자—은 1입방미터(㎥)당 13마이크로그램(㎍)이어서 OECD 평균 수준 22보다 상당히 낮게 나타났다. 아일랜드는 수질관리 면에서 잘 관리하고 있어서, OECD 평균 수준인 84%보다 훨씬 높은 89%의 국민들이 수질 면에서 만족한다고 말하고 있다.

공공 면에서도, 아일랜드에서는 강한 공동체 유대감을 갖고 있고, 시민 참여 수준도 높다. 아일랜드에서는 또한 도움이 필요한 시기에 도움을 줄 수 있는 누군가를 알고 있다고 믿는 사람들이 98%에 이르고 있다. 이 또한 OECD 평균 91%보다 높은 수준이다. 정부에 대한 신뢰의 척도이기도 하고 시민 참여에 대한 척도이기도 한 투표 참여율은, 최근 선거에서 67%를 나타냈는데, 이는 OECD(평균 73%)보다 낮은 수준이다. 사회적 · 경제적 상황이 투표율에 영향을 미칠 수 있는데, 국민의 최상위 20%는 65%, 최하위 20%는 68%의 투표율을 보였으며, 이는 OECD 평균인 7%보다 적은 차이를 보인다.

아일랜드 국민 77%가 평균적인 일상에서 부정적인 경험(고통, 근심걱정, 슬픔, 권태 등)보다는 긍정적인 경험(안정감, 성취감, 즐거움 등)을 더 많이 하고 있다고 말함으로써, 전반적으로 아일랜드 국민들은 그들의 삶에 높은 만족을 느끼고 있다.

〈표 15〉 아일랜드의 행복지수 주요 지표와 세부지표

주요 지표		세 부 지 표			
주거	7.8 3/36	주거비지출비중 (18%, 4/36)	기초설비구비율 (99.80%, 10/36)	1인당 방수 (2.1, 5/36)	
소득	3.6 20/36	가구당 금융소득 ($21,485, 22/36)	가구당 순가처분소득 ($24,156, 16/36)		
일자리	6.2 21/36	직업안정 (7.13%, 10/36)	개인소득 ($48,217, 4/36)	고용률 (60%, 26/36)	장기실업률 (6.69%, 33/36)
공동체 생활	9.9 2/36	사회안전망의 질 (98%, 2/36)			
교육	6.6 22/36	교육연한 (17.6년, 17/36)	학업성적 (497점, 18/36)	학력(고졸 이상) (72%, 24/36)	
환경	8.8 10/36	수질 (89%, 14/36)	대기오염 (13㎍, 3/36)		
시민 참여	5.6 14/36	입법상담 (9.0, 9/36)	투표율 (67%, 22/36)		
건강	8.7 6/36	자체진단 건강 (83%, 6/36)	기대수명 (81년, 11/36)		
삶의 만족도	7.0 17/36	삶의 만족도 (6.9, 17/36)			
안전	9.1 8/36	살인자(10만 명당) (1.2, 15/36)	폭행률 (2.63%, 10/36)		
일과 삶의 조화	7.0 17/36	여가와 휴식시간 (14.56h, 24/36)	장시간노동 피용자율 (3.72%, 10/36)		

16. 오스트리아(Austria)의 행복지수

OECD 행복지수와 순위	79.9	16/36
국민행복지수와 순위	81.5	11/32
인구	830만명	
방문객 수	2,190만 명	
재생에너지	28.11%	

Austria

오스트리아는 행복지수 중 몇 가지가 상위 10개국에 드는 등 well-being 척도 전체적으로 높게 나타난다.

돈으로는 행복을 살 수 없지만, 더 높은 생활수준을 누리기 위해서는 매우 중요한 수단이다. 오스트리아는 1인당 연평균 소득이 27,541USD에 달해 OECD 평균 22,387USD보다 높다. 그러나 최상위 20% 소득계층은 최하위 20% 소득의 4배가량 벌어들일 정도로 상당한 격차를 보인다.

고용 면에서는 오스트리아의 15세 이상 64세 인구의 72%가 월급을 받고 일하는 직업을 갖고 있다. 이는 OECD 평균인 66%보다 높은 수치이다. 오스트리아인들의 연간 노동시간은 OECD 평균 1,749시간보다 적은 1,587시간이다. 장시간 피용자의 비율은 9%로 OECD의 평균과 같으며, 남성의 장시간노동 비율은 14%인 데 비해 여성은 4%에 불과하다.

좋은 교육을 받는 것은 직업을 찾기 위한 필수 요건이다. 오스트리아에서는 25~64세의 성인 중 82%가 고등학교 졸업과 동등 수준의 교육을 이수받았고, 이는 OECD 평균 74%를 상회하는 수준이다. 남성은 87%, 여성은 76%가 고등학교를 졸업했다. 이러한 남녀별 교육수준 격차는 OECD 평균 수준보다 높고, 여성의 고등교육 참여가 더욱 필요하다고 보여진다. 교육의 질 면에서 평균 학생들은 OECD의 PISA(Programme for International Student Assessment)에서 독해력과 수학, 과학에서 487점을 받았다. 이 점수는 OECD 평균 497점보다 낮았다. 오스트리아에서는 평균적으로 여학생들이 남학생들보다 5점 정도 높게 나타났고, 이는 OECD 평균 차이인 9점보다 낮은 수준이다.

건강 면에서, 오스트리아의 기대수명은 81세로 OECD 평균 80세보다 1년 더 길다. 여성은 83세인 반면 남성은 78세이다. 대기오염 수준 PM 10—폐로 들어가 해를 입힐 수 있을 정도로 미세한 대기오염 미립자—은 1입방미터(㎥)당 29마이크로그램(㎍)이어서 OECD 평균 수준 22보다 약간 높게 나타났다. 오스트리아는 수질관리도 잘 하고 있어서, 94%의 국민들이 수질 면에서 만족한다고 말하고 있다.

공공 면에서도, 오스트리아에서는 강한 공동체 유대감을 갖고 있고, 시민 참여 수준도 높다. 오스트리아에서는 또한 도움이 필요한 시기에 도움을 줄 수 있는 누군가를 알고 있다고 믿는 사람들이 94%에 이르고 있다. 이 또한 OECD 평균 91%보다 높은 수준이다. 정부에 대한 신뢰의 척도이기도 하고 시민 참여에 대한 척도이기도 한 투표 참여율은, 최근 선거에서 82%를 나타냈는데, 이는 OECD(평균 73%)에서 가장 높은 수준이다.

오스트리아 국민 75%가 평균적인 일상에서 부정적인 경험(고통, 근심걱정, 슬픔, 권태 등)보다는 긍정적인 경험(안정감, 성취감, 즐거움 등)을 더 많이 하고 있다고 말함으로써, 전반적으로 오스트리아인들은 그들의 삶에 OECD 평균보다 더 큰 만족을 느끼고 있다.

〈표 16〉 오스트리아의 행복지수 주요 지표와 세부지표

주요 지표		세 부 지 표			
주거	6.0 20/36	주거비지출비중 (22%, 21/36)	기초설비구비율 (98.80%, 21/36)	1인당 방수 (1.7, 19/36)	
소득	5.4 9/36	가구당 금융소득 ($45,468, 11/36)	가구당 순가처분소득 ($27,541, 7/36)		
일자리	8.0 6/36	직업안정 (8.8%, 16/36)	개인소득 ($41,904, 13/36)	고용률 (72%, 9/36)	장기실업률 (1.11%, 7/36)
공동체 생활	8.8 9/36	사회안전망의 질 (94%, 9/36)			
교육	6.3 19/36	교육연한 (16.6년, 26/36)	학업성적 (487점, 26/36)	학력(고졸 이상) (82%, 14/36)	
환경	7.8 19/36	수질 (94%, 9/36)	대기오염 (29㎍, 28/36)		
시민 참여	6.2 10/36	입법상담 (7.1, 18/36)	투표율 (82%, 12/36)		
건강	7.4 19/36	자체진단 건강 (69%, 19/36)	기대수명 (80.7년, 17/36)		
삶의 만족도	8.8 5/36	삶의 만족도 (7.5, 5/36)			
안전	9.0 9/36	살인자(10만 명당) (0.5, 3/36)	폭행률 (2.98%, 15/36)		
일과 삶의 조화	6.2 25/36	여가와 휴식시간 (14.46h, 26/36)	장시간노동 피용자율 (9.02%, 25/36)		

17. 독일(Germany)의 행복지수

OECD 행복지수와 순위	78.7	17/36
국민행복지수와 순위	81.4	12/32
인구	8,280만 명	
방문객 수	2,490만 명	
재생에너지	10.01%	

Germany

독일은 행복지수 중 많은 항목이 상위 10개국에 드는 등 well-being 척도 전체적으로 높게 나타난다.

돈으로는 행복을 살 수 없지만, 더 높은 생활수준을 누리기 위해서는 매우 중요한 수단이다. 독일은 1인당 연평균 소득이 27,692USD에 달해 OECD 평균 22,387USD보다 높다. 그러나 최상위 20% 소득계층은 최하위 20% 소득의 4배가량 벌어들일 정도로 격차를 보인다.

고용 면에서는 독일의 15세 이상 64세 인구의 71%가 월급을 받고 일하는 직업을 갖고 있다. 이는 OECD 평균인 66%보다 높은 수치이고, 남성은 76%, 여성은 66%의 피용률을 보이고 있다. 독일인들의 연간 노동시간은 OECD 평균 1,749시간보다 적은 1,419시간이다. 장시간 피용자의 비율은 5%로 OECD의 평균인 9%와 같으며, 남성의 장시간노동 비율은 8%이며, 여성은 2%에 불과하다.

좋은 교육을 받는 것은 직업을 찾기 위한 필수 요건이다. 독일에서는 25~64세의 성인 중 85%가 고등학교 졸업과 동등 수준의 교육을 이수받았고, 이는 OECD 평균 74%보다 높은 수준이다. 남성은 88%, 여성은 83%가 고등학교를 졸업했다. 독일은 교육 시스템의 질 면에서 최상의 성과를 보이는 국가이다. 평균 학생들은 OECD의 PISA(Programme for International Student Assessment)에서 독해력과 수학, 과학에서 OECD 평균 점수와 같은 510점을 받았다. 여학생들이 남학생보다 6점이 높았으며, OECD의 9점 차이보다 적은 수준이다.

건강 면에서, 독일의 기대수명은 80세로 OECD 평균인 80세와 같다. 여성은 83세인 반면 남성은 78세이다. 대기오염 수준 PM 10—폐로 들어가 해를 입힐 수 있을 정도로 미세한 대기오염 미립자—은 1입방미터(m³)당 16마이크로그램(μg)이어서 OECD 평균 수준 22보다 상당히 낮게 나타났다. 독일은 수질관리 면에서 잘 관리하고 있어서, OECD 평균 수준인 84%보다 훨씬 높은 96%의 국민들이 수질 면에서 만족한다고 말하고 있다.

공공 면에서도, 독일에서는 강한 공동체 유대감을 갖고 있고, 시민 참여 수준도 높다.

독일에서는 또한 도움이 필요한 시기에 도움을 줄 수 있는 누군가를 알고 있다고 믿는 사람들이 95%에 이르고 있다. 이 또한 OECD 평균 91%보다 높은 수준이다. 정부에 대한 신뢰의 척도이기도 하고 시민 참여에 대한 척도이기도 한 투표 참여율은, 최근 선거에서 78%를 나타냈는데, 이는 OECD(평균 73%)보다 높은 수준이다. 사회적 · 경제적 상황이 투표율에 영향을 미칠 수 있는데, 국민의 최상위 20%는 81%, 최하위 20%는 72%의 투표율을 보였으며, 이는 OECD 평균인 7%보다 많은 차이를 보인다.

독일 국민 72%가 평균적인 일상에서 부정적인 경험(고통, 근심걱정, 슬픔, 권태 등)보다는 긍정적인 경험(안정감, 성취감, 즐거움 등)을 더 많이 하고 있다고 말함으로써, 전반적으로 독일 국민들은 그들의 삶에 OECD 평균(72%)과 같은 만족을 느끼고 있다.

〈표 17〉 독일의 행복지수 주요 지표와 세부지표

주요 지표		세 부 지 표			
주거	6.1 16/36	주거비지출비중 (22%, 22/36)	기초설비구비율 (98.40%, 24/36)	1인당 방수 (1.8, 16/36)	
소득	5.2 12/36	가구당 금융소득 ($41,695, 13/36)	가구당 순가처분소득 ($27,692, 6/36)		
일자리	7.3 13/36	직업안정 (7.79%, 14/36)	개인소득 ($38,251, 14/36)	고용률 (71%, 11/36)	장기실업률 (3.34%, 24/36)
공동체 생활	9.0 7/36	사회안전망의 질 (95%, 7/36)			
교육	7.7 9/36	교육연한 (17.7년, 14/36)	학업성적 (510점, 10/36)	학력(고졸 이상) (85%, 11/36)	
환경	9.3 4/36	수질 (96%, 5/36)	대기오염 (16㎍, 16/36)		
시민 참여	4.4 28/36	입법상담 (4.5, 30/36)	투표율 (78%, 16/36)		
건강	7.0 22/36	자체진단 건강 (65%, 26/36)	기대수명 (80.5년, 19/36)		
삶의 만족도	6.0 22/36	삶의 만족도 (6.7, 22/36)			
안전	8.6 16/36	살인자(10만 명당) (0.8, 7/36)	폭행률 (3.60%, 18/36)		
일과 삶의 조화	8.1 7/36	여가와 휴식시간 (15.31h, 7/36)	장시간노동 피용자율 (5.14%, 14/36)		

18. 프랑스(France)의 행복지수

OECD 행복지수와 순위	74.5	18/36	France
국민행복지수와 순위	78.7	14/32	
인구	6,180만 명		
방문객 수	7,930만 명		
재생에너지	8.07%		

프랑스는 행복지수 중 많은 항목이 상위에 드는 등 well-being 척도 전체적으로 높게 나타난다.

돈으로는 행복을 살 수 없지만, 더 높은 생활수준을 누리기 위해서는 매우 중요한 수단이다. 프랑스는 1인당 연평균 소득이 27,789USD에 달해 OECD 평균 22,387USD보다 높다. 그러나 최상위 20% 소득계층은 최하위 20% 소득의 4배가량 벌어들일 정도로 격차를 보인다.

고용 면에서는 프랑스의 15세 이상 64세 인구의 64%가 월급을 받고 일하는 직업을 갖고 있다. 이는 OECD 평균인 66%보다 낮은 수치이고, 남성은 68%, 여성은 60%의 피용률을 보이고 있다. 프랑스인들의 연간 노동시간은 OECD 평균 1,749시간보다 적은 1,554시간이다. 장시간 피용자의 비율은 9%로 OECD의 평균인 9%와 같으며, 남성의 장시간노동 비율은 12%이며, 여성은 5%에 불과하다.

좋은 교육을 받는 것은 직업을 찾기 위한 필수 요건이다. 프랑스에서는 25~64세의 성인 중 70%가 고등학교 졸업과 동등 수준의 교육을 이수받았고, 이는 OECD 평균 74%와 비슷한 수준이다. 남성은 71%, 여성은 69%가 고등학교를 졸업했다. 교육 시스템의 질 면에서, 평균 학생들은 OECD의 PISA(Programme for International Student Assessment)에서 독해력과 수학, 과학에서 OECD 평균 점수와 같은 497점을 받았다. 여학생들이 남학생보다 7점이 높았으며, OECD의 9점 차이와 비슷한 수준이다.

건강 면에서, 프랑스의 기대수명은 81세로 OECD 평균인 80세보다 1년이 길다. 여성은 85세인 반면 남성은 78세이다. 대기오염 수준 PM 10—폐로 들어가 해를 입힐 수 있을 정도로 미세한 대기오염 미립자—은 1입방미터(㎥)당 13마이크로그램(㎍)이어서 OECD 평균 수준 22보다 상당히 낮게 나타났다. 프랑스는 수질관리 면에서는 부족하여, OECD 평균 수준인 84%에 못 미치는 80%의 국민들이 수질 면에서 만족한다고 말하고 있다.

공공 면에서도, 프랑스에서는 강한 공동체 유대감을 갖고 있고, 시민 참여 수준도 높다. 프랑스에서는 또한 도움이 필요한 시기에 도움을 줄 수 있는 누군가를 알고 있다고 민는 사람들이 92%에 이르고 있다. 이 또한 OECD 평균 91%보다 약간 높은 수준이다. 정부에 대한 신뢰의 척도이기도 하고 시민 참여에 대한 척도이기도 한 투표 참여율은, 최근 선거에서 84%를 나타냈는데, 이는 OECD(평균 73%)보다 높은 수준이다. 사회적 · 경제적 상황이 투표율에 영향을 미칠 수 있는데, 국민의 최상위 20%는 91%, 최하위 20%는 80%의 투표율을 보였으며, 이는 OECD 평균인 7%보다 많은 차이를 보인다.

프랑스 국민 73%가 평균적인 일상에서 부정적인 경험(고통, 근심걱정, 슬픔, 권태 등)보다는 긍정적인 경험(안정감, 성취감, 즐거움 등)을 더 많이 하고 있다고 말함으로써, 전반적으로 프랑스 국민들은 그들의 삶에 OECD평균(72%)보다 약간 높은 만족을 느끼고 있다.

〈표 18〉 프랑스의 행복지수 주요 지표와 세부지표

주요 지표		세 부 지 표			
주거	6.4 11/36	주거비지출비중 (21%, 13/36)	기초설비구비율 (99.30%, 17/36)	1인당 방수 (1.8, 17/36)	
소득	5.4 10/36	가구당 금융소득 ($44,353, 12/36)	가구당 순가처분소득 ($27,789, 4/36)		
일자리	6.4 19/36	직업안정 (9.02%, 17/36)	개인소득 ($37,229, 15/36)	고용률 (64%, 22/36)	장기실업률 (3.74%, 26/36)
공동체 생활	8.0 19/36	사회안전망의 질 (92%, 19/36)			
교육	5.8 26/36	교육연한 (16.5년, 28/36)	학업성적 (497점, 19/36)	학력(고졸 이상) (70%, 27/36)	
환경	7.8 18/36	수질 (80%, 28/36)	대기오염 (13μg, 7/36)		
시민 참여	4.5 27/36	입법상담 (3.5, 32/36)	투표율 (84%, 7/36)		
건강	7.6 18/36	자체진단 건강 (68%, 20/36)	기대수명 (81.4년, 9/36)		
삶의 만족도	7.1 15/36	삶의 만족도 (7.0, 15/36)			
안전	7.8 26/36	살인자(10만 명당) (1.3, 20/36)	폭행률 (4.95%, 27/36)		
일과 삶의 조화	7.7 10/36	여가와 휴식시간 (15.33h, 6/36)	장시간노동 피용자율 (8.63%, 23/36)		

19. 스페인(Spain)의 행복지수

OECD 행복지수와 순위	71.5	19/36
국민행복지수와 순위	70.6	19/32
인구	4,430만 명	
방문객 수	5,730만 명	
재생에너지	9.47%	

Spain

스페인은 행복지수 중 몇 가지 항목에서 평균에 근접하거나 높게 나타나는 등 well-being 척도 몇 가지에서 높게 나타난다.

돈으로는 행복을 살 수 없지만, 더 높은 생활수준을 누리기 위해서는 매우 중요한 수단이다. 스페인은 1인당 연평균 소득이 23,541USD로, OECD 평균 22,387USD보다 높다. 그러나 최상위 20% 소득계층은 최하위 20% 소득의 5배가량 벌어들일 정도로 상당한 격차를 보인다.

고용 면에서는 스페인의 15세 이상 64세 인구의 59%가 월급을 받고 일하는 직업을 갖고 있다. 이는 OECD 평균인 66%보다 낮은 수치이고, 남성은 66%, 여성은 53%의 피용률을 보이고 있다. 스페인인들의 연간 노동시간은 OECD 평균 1,749시간보다 짧은 1,663시간이다. 장시간 피용자의 비율은 7%로 OECD의 평균인 9%보다 낮으며, 남성의 장시간 노동 비율은 9%이고, 여성은 4%에 달한다.

좋은 교육을 받는 것은 직업을 찾기 위한 필수 요건이다. 스페인에서는 25~64세의 성인 중 52%가 고등학교 졸업과 동등 수준의 교육을 이수받았고, 이는 OECD 평균 74%보다 낮은 수준이다. 남성은 51%, 여성은 53%가 고등학교를 졸업했다. 교육의 질 면에서, 평균 학생들은 OECD의 PISA(Programme for International Student Assessment)에서 독해력과 수학, 과학에서 484점을 받았다. 이 점수는 OECD 평균 497점보다 낮은 수준이고, 여학생들과 남학생들의 차이는 없었다.

건강 면에서, 스페인의 기대수명은 82세로 OECD 평균인 80세보다 2년 더 길다. 여성은 85세인 반면 남성은 79세이다. 대기오염 수준 PM 10—폐로 들어가 해를 입힐 수 있을 정도로 미세한 대기오염 미립자—은 1입방미터(m³)당 28마이크로그램(㎍)이어서 OECD 평균 수준 22보다 높게 나타났다. 스페인은 수질관리 면에서 잘 관리하고 있어서, OECD 평균 수준과 같은 85%의 국민들이 수질 면에서 만족한다고 말하고 있다.

공공 면에서도, 스페인에서는 강한 공동체 유대감을 갖고 있고, 시민 참여 수준도 높다. 스페인에서는 또한 도움이 필요한 시기에 도움을 줄 수 있는 누군가를 알고 있다고 믿는 사람들이 94%에 이르고 있다. 이 또한 OECD 평균 91%보다 높은 수준이다. 정부에 대한 신뢰의 척도이기도 하고 시민 참여에 대한 척도이기도 한 투표 참여율은, 최근 선거에서 75%를 나타냈는데, 이는 OECD(평균 73%)보다 높은 수준이다.

스페인 국민 72%가 평균적인 일상에서 부정적인 경험(고통, 근심걱정, 슬픔, 권태 등)보다는 긍정적인 경험(안정감, 성취감, 즐거움 등)을 더 많이 하고 있다고 말함으로써, 전반적으로 스페인 국민들은 OECD 평균 수준과 비슷하게 그들의 삶에 만족을 느끼고 있다.

〈표 19〉 스페인의 행복지수 주요 지표와 세부지표

주요 지표		세 부 지 표			
주거	7.1 7/36	주거비지출비중 (20%, 8/36)	기초설비구비율 (100%, 2/36)	1인당 방수 (1.9, 9/36)	
소득	3.6 21/36	가구당 금융소득 ($22,684, 21/36)	가구당 순가처분소득 ($23,541, 18/36)		
일자리	4.1 33/36	직업안정 (10.77%, 25/36)	개인소득 ($32,454, 19/36)	고용률 (59%, 30/36)	장기실업률 (9.04%, 36/36)
공동체 생활	8.8 8/36	사회안전망의 질 (94%, 8/36)			
교육	4.8 30/36	교육연한 (16.9년, 24/36)	학업성적 (484점, 28/36)	학력(고졸 이상) (52%, 32/36)	
환경	6.6 28/36	수질 (81%, 26/36)	대기오염 (28μg, 26/36)		
시민 참여	5.6 16/36	입법상담 (7.3, 16/36)	투표율 (75%, 18/36)		
건강	8.3 11/36	자체진단 건강 (74%, 16/36)	기대수명 (82.2년, 3/36)		
삶의 만족도	5.5 24/36	삶의 만족도 (6.5, 24/36)			
안전	8.3 22/36	살인자(10만 명당) (0.9, 9/36)	폭행률 (4.18%, 22/36)		
일과 삶의 조화	8.8 3/36	여가와 휴식시간 (15.85h, 2/36)	장시간노동 피용자율 (6.66%, 20/36)		

20. 슬로베니아(Slovenia)의 행복지수

			Slovenia
OECD 행복지수와 순위	68.9	20/36	
국민행복지수와 순위	67.8	21/32	
인구	200만 명		
방문객 수	180만 명		
재생에너지	11.21%		

슬로베니아는 행복지수 중 대부분의 항목이 평균과 비슷하거나 높게 나타나고 있는 등 well-being 척도 몇 가지가 좋은 것으로 나타난다.

돈으로는 행복을 살 수 없지만, 더 높은 생활수준을 누리기 위해서는 매우 중요한 수단이다. 슬로베니아는 1인당 연평균 소득이 19,334USD로, OECD 평균 22,387USD보다 낮다. 그러나 최상위 20% 소득계층은 최하위 20% 소득의 3배가량 벌어들일 정도로 상당한 격차를 보인다.

고용 면에서는 슬로베니아의 15세 이상 64세 인구의 66%가 월급을 받고 일하는 직업을 갖고 있다. 이는 OECD 평균인 66%와 같은 수치이고, 남성은 70%, 여성은 63%의 피용률을 보이고 있다. 장시간 피용자의 비율은 6%로 OECD의 평균인 9%보다 낮으며, 남성의 장시간노동 비율은 8%인 데 비해, 여성은 3%에 불과하다.

좋은 교육을 받는 것은 직업을 찾기 위한 필수 요건이다. 슬로베니아에서는 25~64세의 성인 중 83%가 고등학교 졸업과 동등 수준의 교육을 이수받았고, 이는 OECD 평균 74%보다 높다. 남성은 85%, 여성은 81%가 고등학교를 졸업했다. 교육 시스템의 질 면에서, 평균 학생들은 OECD의 PISA(Programme for International Student Assessment)에서 독해력과 수학, 과학에서 499점을 받았다. 이 점수는 OECD 평균 497점보다 높았다. 여학생들은 남학생들보다 22점 높았고, OECD 평균 차이인 9점보다 많은 차이를 보였다.

건강 면에서, 슬로베니아의 기대수명은 80세로 OECD 평균인 80세와 같았다. 여성은 83세인 반면 남성은 76세이다. 대기오염 수준 PM 10—폐로 들어가 해를 입힐 수 있을 정도로 미세한 대기오염 미립자—은 1입방미터(㎥)당 29마이크로그램(㎍)이어서 OECD 평균 수준 22보다 높게 나타났다. 슬로베니아는 수질관리 면에서 잘 관리되고 있어, OECD 평균보다 많은 88%의 국민들이 수질 면에서 만족한다고 말하고 있다.

공공 면에서도, 슬로베니아에서는 강한 공동체 유대감을 갖고 있고, 시민 참여 수준도 높다. 슬로베니아에서는 또한 도움이 필요한 시기에 도움을 줄 수 있는 누군가를 알고 있다고 믿는 사람들이 93%에 이르고 있다. 이는 OECD 평균 91%보다 높은 수준이다. 정부에 대한 신뢰의 척도이기도 하고 시민 참여에 대한 척도이기도 한 투표 참여율은, 최근 선거에서 63%를 나타냈는데, 이는 OECD(평균 73%)보다 낮다.

슬로베니아 국민 66%가 평균적인 일상에서 부정적인 경험(고통, 근심걱정, 슬픔, 권태 등)보다는 긍정적인 경험(안정감, 성취감, 즐거움 등)을 더 많이 하고 있다고 말함으로써, 전반적으로 슬로베니아 국민들은 그들의 삶에 만족감을 느끼는 정도는 OECD 평균인 72%보다 낮았다.

〈표 20〉 슬로베니아의 행복지수 주요 지표와 세부지표

주요 지표		세 부 지 표			
주거	5.2 24/36	주거비지출비중 (20%, 9/36)	기초설비구비율 (99.60%, 13/36)	1인당 방수 (1.1, 31/36)	
소득	2.7 25/36	가구당 금융소득 ($19,852, 23/36)	가구당 순가처분소득 ($19,334, 23/36)		
일자리	6.7 17/36	직업안정 (6.85%, 8/36)	개인소득 ($32,308, 21/36)	고용률 (66%, 18/36)	장기실업률 (3.13%, 22/36)
공동체 생활	8.3 16/36	사회안전망의 질 (93%, 16/36)			
교육	7.7 10/36	교육연한 (18.3년, 8/36)	학업성적 (499점, 17/36)	학력(고졸 이상) (83%, 12/36)	
환경	7.1 25/36	수질 (88%, 16/36)	대기오염 (29㎍, 29/36)		
시민 참여	5.9 12/36	입법상담 (10.3, [illegible]/36)	투표율 (63%, 28/36)		
건강	6.1 24/36	자체진단 건강 (59%, 28/36)	기대수명 (79.5년, 24/36)		
삶의 만족도	3.8 28/36	삶의 만족도 (6.0, 28/36)			
안전	8.5 19/36	살인자(10만 명당) (0.6, 5/36)	폭행률 (3.91%, 20/36)		
일과 삶의 조화	6.9 18/36	여가와 휴식시간 (14.62h, 22/36)	장시간노동 피용자율 (6.08%, 19/36)		

21. 일본(Japan)의 행복지수

OECD 행복지수와 순위	68.3	21/36	Japan
국민행복지수와 순위	75.5	18/32	
인구	12,760만 명		
방문객 수	840만 명		
재생에너지	3.42%		

일본은 행복지수 중 몇 개의 항목이 평균이거나 그보다 높게 나타나는 등 well-being 척도 전체적으로 양호하게 나타난다.

돈으로는 행복을 살 수 없지만, 더 높은 생활수준을 누리기 위해서는 매우 중요한 수단이다. 일본은 1인당 연평균 소득이 23,458USD에 달해 OECD 평균 22,387USD보다 높다. 그러나 최상위 20% 소득계층은 최하위 20% 소득의 5배가량 벌어들일 정도로 상당한 격차를 보인다.

고용 면에서는 일본의 15세 이상 64세 인구의 70%가 월급을 받고 일하는 직업을 갖고 있다. 이는 OECD 평균인 66%보다 높은 수치이다. 일본인들의 연간 노동시간은 OECD 평균 1,749시간보다 적은 1,733시간이다. 남성은 80%, 여성은 60%의 피용률을 보이고 있다.

좋은 교육을 받는 것은 직업을 찾기 위한 필수 요건이다. 일본에서, 평균 학생들은 OECD의 PISA(Programme for International Student Assessment)에서 독해력과 수학, 과학에서 529점을 받았다. 이 점수는 OECD 평균 497점보다 매우 높은 수준이고, 학생 수준이 가장 높은 국가 중 하나인 것으로 나타났다. 일본에서는 평균적으로 여학생들이 남학생들보다 14점 정도 높게 나타났고, 이는 OECD 평균 차이인 9점보다 높은 수준이다.

건강 면에서, 일본의 기대수명은 83세로 OECD 평균 80세보다 더 길다. 여성은 86세인 반면 남성은 80세이다. 대기오염 수준 PM 10—폐로 들어가 해를 입힐 수 있을 정도로 미세한 대기오염 미립자—은 1입방미터(㎥)당 27마이크로그램(㎍)이어서 OECD 평균 수준 22보다 높게 나타났다. 일본은 수질관리도 잘 하고 있어서, 88%의 국민들이 수질 면에서 만족한다고 말하고 있다.

공공 면에서도, 일본에서는 강한 공동체 유대감을 갖고 있고, 시민 참여 수준도 높다. 일본에서는 또한 도움이 필요한 시기에 도움을 줄 수 있는 누군가를 알고 있다고 믿는 사람들이 92%에 이르고 있다. 이 또한 OECD 평균 91%보다 높은 수준이다. 정부에 대한 신뢰의 척도이기도 하고 시민 참여에 대한 척도이기도 한 투표 참여율은, 최근 선거에서

67%를 나타냈는데, 이는 OECD(평균 73%)보다 낮은 수준이다.

일본 국민 70%가 평균적인 일상에서 부정적인 경험(고통, 근심걱정, 슬픔, 권태 등)보다는 긍정적인 경험(안정감, 성취감, 즐거움 등)을 더 많이 하고 있다고 말함으로써, 전반적으로 일본인들은 그들의 삶에 OECD 평균보다 만족을 느끼지 못하고 있는 것으로 나타났다.

〈표 21〉 일본의 행복지수 주요 지표와 세부지표

주요 지표		세 부 지 표			
주거	4.7 25/36	주거비지출비중 (23%, 25/36)	기초설비구비율 (93.60%, 31/36)	1인당 방수 (1.8, 13/36)	
소득	6.0 6/36	가구당 금융소득 ($71,717, 4/36)	가구당 순가처분소득 ($23,458, 19/36)		
일자리	7.1 15/36	직업안정 (10.23%, 23/36)	개인소득 ($33,900, 18/36)	고용률 (70%, 13/36)	장기실업률 (1.88%, 15/36)
공동체 생활	7.8 22/36	사회안전망의 질 (92%, 22/36)			
교육	8.8 2/36	교육연한 (18.2년, 9/36)	학업성적 (529점, 3/36)	학력(고졸 이상) (92%, 1/36)	
환경	7.3 24/36	수질 (88%, 17/36)	대기오염 (27μg, 25/36)		
시민 참여	4.8 23/36	입법상담 (7.3, 17/36)	투표율 (67%, 21/36)		
건강	5.0 29/36	자체진단 건강 (30%, 36/36)	기대수명 (83년, 1/36)		
삶의 만족도	3.9 27/36	삶의 만족도 (6.1, 27/36)			
안전	9.9 1/36	살인자(10만 명당) (0.5, 2/36)	폭행률 (1.37%, 2/36)		
일과 삶의 조화	3.0 34/36	여가와 휴식시간 (13.96h, 35/36)	장시간노동 피용자율 (29.54%, 35/36)		

22. 이탈리아(Italy)의 행복지수

OECD 행복지수와 순위	67.9	22/36
국민행복지수와 순위	63.7	24/32
인구	710만 명	
방문객 수	260만 명	
재생에너지	4.88%	

Italy

이탈리아는 행복지수 중 몇 개의 항목이 평균이거나 그보다 높게 나타나는 등 well-being 척도 전체적으로 양호하게 나타난다.

돈으로는 행복을 살 수 없지만, 더 높은 생활수준을 누리기 위해서는 매우 중요한 수단이다. 이탈리아는 1인당 연평균 소득이 23,917USD로, OECD 평균 22,387USD보다 높다. 그러나 최상위 20% 소득계층은 최하위 20% 소득의 5배가량 벌어들일 정도로 상당한 격차를 보인다.

고용 면에서는 이탈리아의 15세 이상 64세 인구의 57%가 월급을 받고 일하는 직업을 갖고 있다. 이는 OECD 평균인 66%보다 낮은 수치이고, 남성은 68%, 여성은 46%의 피용률을 보이고 있다. 이탈리아인들의 연간 노동시간은 OECD 평균 1,749시간보다 긴 1,778시간이다. 장시간 피용률은 5%로, OECD 평균의 9%보다 적으며, 남성은 7%인 데 비해 여성은 2%에 불과하다.

좋은 교육을 받는 것은 직업을 찾기 위한 필수 요건이다. 이탈리아에서는 25~64세의 성인 중 54%가 고등학교 졸업과 동등 수준의 교육을 이수받았고, 이는 OECD 평균 74%보다 낮은 수준이다. 남성은 54%, 여성은 55%가 고등학교를 졸업했다. 교육의 질 면에서, 평균 학생들은 OECD의 PISA(Programme for International Student Assessment)에서 독해력과 수학, 과학에서 OECD 평균 점수보다 적은 486점을 받았다. 여학생들이 남학생보다 11점이 높았으며, OECD의 9점보다 많은 차이를 보인다.

건강 면에서, 이탈리아의 기대수명은 82세로 OECD 평균인 80세보다 2년 더 길다. 여성은 85세인 반면 남성은 79세이다. 대기오염 수준 PM 10—폐로 들어가 해를 입힐 수 있을 정도로 미세한 대기오염 미립자—은 1입방미터(m³)당 23마이크로그램(㎍)이어서 OECD 평균 수준 22보다 높게 나타났다. 이탈리아는 수질관리 면에서도 OECD 평균인 84%보다 낮은 80%의 국민들만이 수질 면에서 만족한다고 말하고 있다.

공공 면에서도, 이탈리아에서는 강한 공동체 유대감을 갖고 있고, 시민 참여 수준도 높다. 이탈리아에서는 또한 도움이 필요한 시기에 도움을 줄 수 있는 누군가를 알고 있다고 믿는 사람들이 91%에 이르고 있다. 이 또한 OECD 평균 91%와 같은 수준이다. 정부에 대한 신뢰의 척도이기도 하고 시민 참여에 대한 척도이기도 한 투표 참여율은, 최근 선거에서 81%를 나타냈는데, 이는 OECD(평균 73%)보다 높은 수준이다. 사회적 · 경제적 상황이 투표율에 영향을 미칠 수 있는데, 국민의 최상위 20%는 88%, 최하위 20%는 81%의 투표율을 보였으며, 이는 OECD 평균인 7%와 같은 차이를 보인다.

이탈리아 국민 73%가 평균적인 일상에서 부정적인 경험(고통, 근심걱정, 슬픔, 권태 등)보다는 긍정적인 경험(안정감, 성취감, 즐거움 등)을 더 많이 하고 있다고 말함으로써, 전반적으로 이탈리아 국민들은 그들의 삶에 만족을 느끼고 있다.

〈표 22〉 이탈리아의 행복지수 주요 지표와 세부지표

주요 지표		세 부 지 표			
주거	5.3 23/36	주거비지출비중 (23%, 28/36)	기초설비구비율 (99.80%, 9/36)	1인당 방수 (1.4, 24/36)	
소득	5.3 11/36	가구당 금융소득 ($54,706, 9/36)	가구당 순가처분소득 ($23,917, 17/36)		
일자리	5.8 23/36	직업안정 (6.55%, 7/36)	개인소득 ($32,404, 20/36)	고용률 (57%, 34/36)	장기실업률 (4.08%, 28/36)
공동체 생활	7.7 24/36	사회안전망의 질 (91%, 24/36)			
교육	5.0 28/36	교육연한 (17.0년, 21/36)	학업성적 (486점, 27/36)	학력(고졸 이상) (54%, 31/36)	
환경	6.8 26/36	수질 (80%, 27/36)	대기오염 (23μg, 24/36)		
시민 참여	5.0 21/36	입법상담 (5.0, 28/36)	투표율 (81%, 13/36)		
건강	7.6 17/36	자체진단 건강 (67%, 23/36)	기대수명 (82년, 4/36)		
삶의 만족도	3.9 26/36	삶의 만족도 (6.1, 26/36)			
안전	8.0 23/36	살인자(10만 명당) (1.0, 11/36)	폭행률 (4.70%, 25/36)		
일과 삶의 조화	7.5 15/36	여가와 휴식시간 (14.89h, 13/36)	장시간노동 피용자율 (4.62%, 13/36)		

23. 체코(Czech Republic)의 행복지수

OECD 행복지수와 순위	66.4	23/36
국민행복지수와 순위	60.1	27/32
인구	1,030만 명	
방문객 수	660만 명	
재생에너지	6.38%	

Czech Republic

체코는 행복지수 중 많은 항목이 OECD 평균에 근접하고 있으며, well-being 척도 전체적으로 높게 나타난다.

돈으로는 행복을 살 수 없지만, 더 높은 생활수준을 누리기 위해서는 매우 중요한 수단이다. 체코는 1인당 연평균 소득이 16,614USD로 OECD 평균 22,387USD보다 낮다. 그러나 최상위 20% 소득계층은 최하위 20% 소득의 4배가량 벌어들일 정도로 상당한 격차를 보인다.

고용 면에서는 체코의 15세 이상 64세 인구의 65%가 월급을 받고 일하는 직업을 갖고 있다. 이는 OECD 평균인 66%보다 약간 낮은 수치이고, 남성은 74%, 여성은 56%의 피용률을 보이고 있다. 체코인들의 연간 노동시간은 OECD 평균 1,749시간보다 긴 1,947시간이다. 장시간 피용자의 비율은 9%로 OECD의 평균보다 낮으며, 남성의 장시간노동 비율은 13%인 데 비해 여성은 4%에 불과하다.

좋은 교육을 받는 것은 직업을 찾기 위한 필수 요건이다. 체코에서는 25~64세의 성인 중 91%가 고등학교 졸업과 동등 수준의 교육을 이수받았고, 이는 OECD 평균 74%보다 월등히 높은 수준이다. 남성은 94%, 여성은 88%가 고등학교를 졸업했고, 이 차이는 OECD 평균보다 큰데, 여성의 고등교육 참여가 강화되어야 할 것이다. 교육의 질 면에서, 평균 학생들은 OECD의 PISA(Programme for International Student Assessment)에서 독해력과 수학, 과학에서 490점을 받았다. 이 점수는 OECD 평균 497점보다 낮았다. 체코에서는 여학생들이 남학생들보다 16점을 더 받았고, 이는 OECD 평균 차이인 9점보다 매우 높은 수준이다.

건강 면에서, 체코의 기대수명은 78세로 OECD 평균인 80세보다 낮은 수준이다. 여성은 81세인 반면 남성은 74세이다. 대기오염 수준 PM 10—폐로 들어가 해를 입힐 수 있을 정도로 미세한 대기오염 미립자—은 1입방미터(㎥)당 18마이크로그램(㎍)이어서 OECD 평균 수준 22보다 낮게 나타났다. 체코는 수질관리도 잘 하고 있어서, 87%의 국민들이 수질 면에서 만족한다고 말하고 있다.

공공 면에서도, 체코에서는 강한 공동체 유대감을 갖고 있고, 시민 참여 수준도 높다. 체코에서는 또한 도움이 필요한 시기에 도움을 줄 수 있는 누군가를 알고 있다고 믿는 사람들이 91%에 이르고 있다. 이 또한 OECD 평균 91%와 같은 수준이다. 정부에 대한 신뢰의 척도이기도 하고 시민 참여에 대한 척도이기도 한 투표 참여율은, 최근 선거에서 64%를 나타냈는데, 이는 OECD(평균 73%)보다 낮은 수준이다. 사회적 · 경제적 상황이 투표율에 영향을 미칠 수 있는데, 국민의 최상위 20%는 70%, 최하위 20%는 57%의 투표율을 보였으며, 이는 OECD 평균인 7%보다 더 큰 차이를 보인다.

체코 국민 62%가 평균적인 일상에서 부정적인 경험(고통, 근심걱정, 슬픔, 권태 등)보다는 긍정적인 경험(안정감, 성취감, 즐거움 등)을 더 많이 하고 있다고 말함으로써, 전반적으로 체코 국민들은 그들의 삶에 OECD 평균(72%)보다 낮은 만족을 느끼고 있다.

〈표 23〉 체코의 행복지수 주요 지표와 세부지표

주요 지표		세 부 지 표			
주거	4.7 26/36	주거비지출비중 (26%, 34/36)	기초설비구비율 (99.30%, 18/36)	1인당 방수 (1.4, 25/36)	
소득	2.0 27/36	가구당 금융소득 ($13,681, 28/36)	가구당 순가처분소득 ($16,614, 26/36)		
일자리	6.0 22/36	직업안정 (6.36%, 5/36)	개인소득 ($20,424, 28/36)	고용률 (65%, 21/36)	장기실업률 (3.16%, 23/36)
공동체 생활	7.7 23/36	사회안전망의 질 (91%, 23/36)			
교육	7.5 12/36	교육연한 (17.6년, 16/36)	학업성적 (490점, 23/36)	학력(고졸 이상) (91%, 2/36)	
환경	8.0 15/36	수질 (87%, 19/36)	대기오염 (18μg, 18/36)		
시민 참여	4.2 29/36	입법상담 (6.8, 20/36)	투표율 (64%, 23/36)		
건강	6.3 23/36	자체진단 건강 (68%, 21/36)	기대수명 (77.7년, 28/36)		
삶의 만족도	4.9 25/36	삶의 만족도 (6.3, 25/36)			
안전	9.0 12/36	살인자(10만 명당) (0.9, 10/36)	폭행률 (2.96%, 13/36)		
일과 삶의 조화	6.1 27/36	여가와 휴식시간 (14.34h, 28/36)	장시간노동 피용자율 (8.75%, 24/36)		

24. 한국(Korea)의 행복지수

OECD 행복지수와 순위	63.2	24/36
국민행복지수와 순위	60.8	26/32
인구	4,860만 명	
방문객 수	690만 명	
재생에너지	1.58%	

Korea

한국은 행복지수 중 몇 개의 항목이 평균이거나 그보다 높게 나타나는 등 well-being 척도 전체적으로 양호하게 나타난다.

돈으로는 행복을 살 수 없지만, 더 높은 생활수준을 누리기 위해서는 매우 중요한 수단이다. 한국은 1인당 연평균 소득이 16,570USD로 OECD 평균 22,387USD보다 낮다. 그러나 최상위 20% 소득계층은 최하위 20% 소득의 5배가량 벌어들일 정도로 상당한 격차를 보인다.

고용 면에서는 한국의 15세 이상 64세 인구의 63%가 월급을 받고 일하는 직업을 갖고 있다. 이는 OECD 평균인 66%보다 낮은 수치이다. 한국인들의 연간 노동시간은 OECD 평균 1,749시간보다 많은 2,193시간이다.

좋은 교육을 받는 것은 직업을 찾기 위한 필수 요건이다. 한국에서는 25~64세의 성인 중 80%가 고등학교 졸업과 동등 수준의 교육을 이수받았고, 이는 OECD 평균 74%보다 높은 수준이다. 남성은 84%, 여성은 76%가 고등학교를 졸업했다. 한국에서, 평균 학생들은 OECD의 PISA(Programme for International Student Assessment)에서 독해력과 수학, 과학에서 541점을 받았다. 이 점수는 OECD 평균 497점보다 매우 높은 수준이고, 학생 수준이 가장 높은 국가 중 하나인 것으로 나타났다. 한국에서는 평균적으로 여학생들이 남학생들보다 11점 정도 높게 나타났고, 이는 OECD 평균 차이인 9점보다 큰 차이를 보였다.

건강 면에서, 한국의 기대수명은 81세로 OECD 평균 80세보다 1년 정도 더 길다. 여성은 84세인 반면 남성은 77세이다. 대기오염 수준 PM 10—폐로 들어가 해를 입힐 수 있을 정도로 미세한 대기오염미립자—은 1입방미터(㎥)당 31마이크로그램(㎍)이어서 OECD 평균 수준 22보다 높게 나타났다. 한국은 수질관리는 잘 하고 있어서, 85%의 국민들이 수질 면에서 만족한다고 말하고 있다.

공공 면에서도, 한국에서는 적당한 공동체 유대감을 갖고 있고, 시민 참여 수준도 높다. 한국에서는 또한 도움이 필요한 시기에 도움을 줄 수 있는 누군가를 알고 있다고 믿는 사람들이 81%에 이르고 있다. 이는 OECD 평균 91%보다 낮은 수준이다. 정부에 대한 신뢰의 척도이기도 하고 시민 참여에 대한 척도이기도 한 투표 참여율은, 최근 선거에서 63%를 나타냈는데, 이는 OECD(평균 73%)보다 낮은 수준이다.

한국 국민 62%가 평균적인 일상에서 부정적인 경험(고통, 근심걱정, 슬픔, 권태 등)보다는 긍정적인 경험(안정감, 성취감, 즐거움 등)을 더 많이 하고 있다고 말함으로써, 전반적으로 한국인들은 그들의 삶에 OECD 평균보다 만족을 느끼지 못하고 있는 것으로 나타났다.

〈표 24〉 한국의 행복지수 주요 지표와 세부지표

주요 지표		세 부 지 표			
주거	5.7 22/36	주거비지출비중 (16%, 2/36)	기초설비구비율 (95.84%, 29/36)	1인당 방수 (1.4, 23/36)	
소득	2.5 26/36	가구당 금융소득 ($23,715, 20/36)	가구당 순가처분소득 ($16,570, 27/36)		
일자리	5.1 27/36	직업안정 (25.80%, 36/36)	개인소득 ($31,733, 23/36)	고용률 (63%, 23/36)	장기실업률 (0.01%, 1/36)
공동체 생활	4.1 34/36	사회안전망의 질 (81%, 35/36)			
교육	7.8 7/36	교육연한 (17.2년, 20/36)	학업성적 (541점, 2/36)	학력(고졸 이상) (80%, 18/36)	
환경	6.3 29/36	수질 (82%, 25/36)	대기오염 (31μg, 31/36)		
시민 참여	5.9 11/36	입법상담 (10.4, 6/36)	투표율 (63%, 29/36)		
건강	4.8 33/36	자체진단 건강 (38%, 34/36)	기대수명 (80.7년, 16/36)		
삶의 만족도	7.0 16/36	삶의 만족도 (6.9, 16/36)			
안전	9.0 10/36	살인자(10만 명당) (2.8, 29/36)	폭행률 (2.09%, 6/36)		
일과 삶의 조화	5.0 33/36	여가와 휴식시간 (14.63h, 21/36)	장시간노동 피용자율 (22.48%, 33/36)		

25. 이스라엘(Israel)의 행복지수

OECD 행복지수와 순위	61.3	25/36
국민행복지수와 순위		
인구	710만 명	
방문객 수	260만 명	
재생에너지	4.88%	

Israel

이스라엘은 행복지수 중 몇 개의 항목이 평균이거나 그보다 높게 나타나는 등 well-being 척도 전체적으로 양호하게 나타난다.

돈으로는 행복을 살 수 없지만, 더 높은 생활수준을 누리기 위해서는 매우 중요한 수단이다. 이스라엘은 1인당 금융자산이 47,750USD로, OECD 평균 36,238USD보다 높다.

고용 면에서는 이스라엘의 15세 이상 64세 인구의 60%가 월급을 받고 일하는 직업을 갖고 있다. 이는 OECD 평균인 66%보다 낮은 수치이고, 남성은 63%, 여성은 57%의 피용률을 보이고 있다. 이스라엘인들의 연간 노동시간은 OECD 평균 1,749시간보다 긴 1,889시간이다. 장시간 피용률은 19%로, OECD 평균의 9%보다 상당히 높은 편이며, 남성은 29%이고, 여성은 9%에 달한다.

좋은 교육을 받는 것은 직업을 찾기 위한 필수 요건이다. 이스라엘에서는 25~64세의 성인 중 80%가 고등학교 졸업과 동등 수준의 교육을 이수받았고, 이는 OECD 평균 74%보다 높은 수준이다. 남성은 74%, 여성은 80%가 고등학교를 졸업했다. 교육의 질 면에서, 평균 학생들은 OECD의 PISA(Programme for International Student Assessment)에서 독해력과 수학, 과학에서 OECD 평균 점수보다 적은 459점을 받았다. 여학생들이 남학생보다 13점이 높았으며, OECD의 9점보다 많은 차이를 보인다.

건강 면에서, 이스라엘의 기대수명은 82세로 OECD 평균인 80세보다 2년 더 길다. 여성은 84세인 반면 남성은 80세이다. 대기오염 수준 PM 10—폐로 들어가 해를 입힐 수 있을 정도로 미세한 대기오염 미립자—은 1입방미터(㎥)당 28마이크로그램(㎍)이어서 OECD 평균 수준 22보다 높게 나타났다. 이스라엘은 수질관리 면에서 잘 관리하고 있어서, OECD 평균 수준인 85%보다 높은 89%의 국민들이 수질 면에서 만족한다고 말하고 있다.

공공 면에서도, 이스라엘에서는 강한 공동체 유대감을 갖고 있고, 시민 참여 수준도 높다. 이스라엘에서는 또한 도움이 필요한 시기에 도움을 줄 수 있는 누군가를 알고 있다고 믿는 사람들이 88%에 이르고 있다. 이 또한 OECD 평균 91%보다 낮은 수준이다. 정부에 대한 신뢰의 척도이기도 하고 시민 참여에 대한 척도이기도 한 투표 참여율은, 최근 선거에서 64%를 나타냈는데, 이는 OECD(평균 73%)보다 낮은 수준이다. 사회적 · 경제적 상황이 투표율에 영향을 미칠 수 있는데, 국민의 최상위 20%는 70%, 최하위 20%는 62%의 투표율을 보였으며, 이는 OECD 평균인 7%보다 다소 많은 차이를 보인다.

이스라엘 국민 63%가 평균적인 일상에서 부정적인 경험(고통, 근심걱정, 슬픔, 권태 등)보다는 긍정적인 경험(안정감, 성취감, 즐거움 등)을 더 많이 하고 있다고 말함으로써, 전반적으로 이스라엘 국민들은 OECD 평균인 72%보다 그들의 삶에 만족을 못 느끼고 있다.

〈표 25〉 이스라엘의 행복지수 주요 지표와 세부지표

주요 지표		세 부 지 표			
주거	4.1 28/36	주거비지출비중 (22%, 20/36)	기초설비구비율 (95.96%, 27/36)	1인당 방수 (1.2, 30/36)	
소득	4.2 16/36	가구당 금융소득 ($47,750, 10/36)	가구당 순가처분소득 ($19,672, 22/36)		
일자리	6.3 20/36	직업안정 (10.23%, 20/36)	개인소득 ($31,155, 24/36)	고용률 (60%, 28/36)	장기실업률 (1.48%, 13/36)
공동체 생활	6.6 30/36	사회인진망의 실 (88%, 30/36)			
교육	4.9 29/36	교육연한 (15.5년, 33/36)	학업성저 (459점, 32/36)	학력(고졸 이상) (82%, 15/36)	
환경	4.1 33/36	수질 (59%, 35/36)	대기오염 (28μg, 27/36)		
시민 참여	1.8 36/36	입법상담 (2.5, 35/36)	투표율 (64%, 27/36)		
건강	8.8 5/36	자체진단 건강 (81%, 7/36)	기대수명 (81.7년, 6/36)		
삶의 만족도	8.5 8/36	삶의 만족도 (7.4, 8/36)			
안전	6.9 31/36	살인자(10만 명당) (2.1, 26/36)	폭행률 (6.54%, 32/36)		
일과 삶의 조화	5.1 32/36	여가와 휴식시간 (14.47h, 25/36)	장시간노동 피용자율 (18.92%, 32/36)		

26. 슬로바키아(Slovak Republic)의 행복지수

OECD 행복지수와 순위	59.1	26/36
국민행복지수와 순위	58.0	29/32
인구	540만 명	
방문객 수	180만 명	
재생에너지	5.83%	

Slovak Republic

슬로바키아는 최근 들어 삶의 질적 수준이 향상되고 있지만, 행복지수 중 대부분의 항목이 평균과 비슷하거나 낮게 나타나고 있는 등 well-being 척도 전반적으로 어느 정도 좋은 것으로 나타난다.

돈으로는 행복을 살 수 없지만, 더 높은 생활수준을 누리기 위해서는 매우 중요한 수단이다. 슬로바키아는 1인당 연평균 소득이 15,840USD로, OECD 평균 22,387USD보다 낮다. 그러나 최상위 20% 소득계층은 최하위 20% 소득의 4배가량 벌어들일 정도로 상당한 격차를 보인다.

고용 면에서는 슬로바키아의 15세 이상 64세 인구의 59%가 월급을 받고 일하는 직업을 갖고 있다. 이는 OECD 평균인 66%보다 낮은 수치이고, 남성은 65%, 여성은 52%의 피용률을 보이고 있다. 슬로바키아인들의 연간 노동시간은 OECD 평균 1,749시간보다 약간 긴 1,786시간이다. 장시간 피용자의 비율은 6%로 OECD의 평균인 9%보다 낮으며, 남성의 장시간노동 비율은 9%인 데 비해, 여성은 3%에 불과하다.

좋은 교육을 받는 것은 직업을 찾기 위한 필수 요건이다. 슬로바키아에서는 25~64세의 성인 중 91%가 고등학교 졸업과 동등 수준의 교육을 이수받았고, 이는 OECD 평균 74%보다 높다. 여성보다 남성이 좀 더 높은 93% 수준이다. 교육 시스템의 질 면에서, 평균 학생들은 OECD의 PISA(Programme for International Student Assessment)에서 독해력과 수학, 과학에서 488점을 받았다. 이 점수는 OECD 평균 497점보다 낮았다. 여학생들은 남학생들보다 16점 높았고, OECD 평균 차이인 9점보다 많은 차이를 보였다.

건강 면에서, 슬로바키아의 기대수명은 75세로 OECD 평균인 80세보다 5년 정도 짧았다. 여성은 79세인 반면 남성은 72세이다. 대기오염 수준 PM 10—폐로 들어가 해를 입힐 수 있을 정도로 미세한 대기오염 미립자—은 1입방미터(㎥)당 13마이크로그램(㎍)이어서 OECD 평균 수준 22보다 낮게 나타났다. 슬로바키아는 수질관리 면에서 잘 관리되고 있어, OECD 평균과 같은 85%의 국민들이 수질 면에서 만족한다고 말하고 있다.

공공 면에서도, 슬로바키아에서는 강한 공동체 유대감을 갖고 있고, 시민 참여 수준도 높다. 슬로바키아에서는 또한 도움이 필요한 시기에 도움을 줄 수 있는 누군가를 알고 있다고 믿는 사람들이 92%에 이르고 있다. 이는 OECD 평균 91%보다 높은 수준이다. 정부에 대한 신뢰의 척도이기도 하고 시민 참여에 대한 척도이기도 한 투표 참여율은, 최근 선거에서 55%를 나타냈는데, 이는 OECD(평균 73%)보다 낮다.

슬로바키아 국민 61%가 평균적인 일상에서 부정적인 경험(고통, 근심걱정, 슬픔, 권태 등)보다는 긍정적인 경험(안정감, 성취감, 즐거움 등)을 더 많이 하고 있다고 말함으로써, 전반적으로 슬로바키아 국민들은 그들의 삶에 만족감을 느끼는 정도는 OECD 평균인 72%보다 낮았다.

〈표 26〉 슬로바키아의 행복지수 주요 지표와 세부지표

주요 지표		세 부 지 표			
주거	4.0 29/36	주거비지출비중 (26%, 33/36)	기초설비구비율 (98.80%, 20/36)	1인당 방수 (1.1, 32/36)	
소득	1.3 31/36	가구당 금융소득 ($2,189, 36/36)	가구당 순가처분소득 ($15,840, 28/36)		
일자리	4.0 34/36	직업안정 (6.14%, 4/36)	개인소득 ($18,719, 24/36)	고용률 (59%, 33/36)	장기실업률 (8.52%, 35/36)
공동체 생활	7.8 21/36	사회안전망의 질 (92%, 21/36)			
교육	6.6 21/36	교육연한 (16.4년, 29/36)	학업성적 (488점, 25/36)	학력(고졸 이상) (91%, 3/36)	
환경	8.4 14/36	수질 (85%, 21/36)	대기오염 (13μg, 8/36)		
시민 참여	3.1 33/36	입법상담 (6.6, 21/36)	투표율 (55%, 34/36)		
건강	4.9 30/36	자체진단 건강 (63%, 27/36)	기대수명 (75.2년, 32/36)		
삶의 만족도	3.4 29/36	삶의 만족도 (5.9, 29/36)			
안전	3.4 29/36	살인자(10만 명당) (1.6, 23/36)	폭행률 (2.97%, 14/36)		
일과 삶의 조화	6.8 19/36	여가와 휴식시간 (14.59h, 23/36)	장시간노동 피용자율 (5.82%, 17/36)		

27. 폴란드(Poland)의 행복지수

OECD 행복지수와 순위	58.7	27/36
국민행복지수와 순위	60.1	28/32
인구	3,790만 명	
방문객 수	1,300만 명	
재생에너지	6.72%	

Poland

폴란드는 행복지수 중 여러 항목이 평균보다 높이 나타나는 등 well-being 척도 전체적으로 어느 정도 높게 나타난다.

돈으로는 행복을 살 수 없지만, 더 높은 생활수준을 누리기 위해서는 매우 중요한 수단이다. 폴란드는 1인당 연평균 소득이 14,508USD로, OECD 평균 22,387USD보다 낮다. 그러나 최상위 20% 소득계층은 최하위 20% 소득의 4배가량 벌어들일 정도로 상당한 격차를 보인다.

고용 면에서는 폴란드의 15세 이상 64세 인구의 59%가 월급을 받고 일하는 직업을 갖고 있다. 이는 OECD 평균인 66%보다 낮은 수치이고, 남성은 66%, 여성은 53%의 피용률을 보이고 있다. 폴란드인들의 연간 노동시간은 OECD 평균 1,749시간보다 긴 1,939시간이다. 장시간 피용자의 비율은 7%로 OECD의 평균인 9%보다 약간 낮으며, 남성의 장시간노동 비율은 11%인 데 비해, 여성은 3%에 불과하다.

좋은 교육을 받는 것은 직업을 찾기 위한 필수 요건이다. 폴란드에서는 25~64세의 성인 중 88%가 고등학교 졸업과 동등 수준의 교육을 이수받았고, 이는 OECD 평균 74%보다 높은 수준이다. 남성과 여성의 차이는 없었다. 교육의 질 면에서, 평균 학생들은 OECD의 PISA(Programme for International Student Assessment)에서 독해력과 수학, 과학에서 501점을 받았다. 이 점수는 OECD 평균 497점보다 높았다. 여학생들은 남학생들보다 18점 높았고, OECD 평균 차이인 9점보다 많은 차이를 보였다.

건강 면에서, 폴란드의 기대수명은 76세로 OECD 평균인 80세보다 짧다. 여성은 81세인 반면 남성은 72세이다. 대기오염 수준 PM 10—폐로 들어가 해를 입힐 수 있을 정도로 미세한 대기오염 미립자—은 1입방미터(m^3)당 35마이크로그램(㎍)이어서 OECD 평균 수준 22보다 높게 나타났다. 폴란드는 수질관리 면에서 OECD 평균(85%)보다 낮은 77%의 국민들만이 수질 면에서 만족한다고 말하고 있다.

공공 면에서도, 폴란드에서는 적당한 공동체 유대감을 갖고 있고, 시민 참여 수준도 높다. 폴란드에서는 또한 도움이 필요한 시기에 도움을 줄 수 있는 누군가를 알고 있다고 믿는 사람들이 90%에 이르고 있다. 이 또한 OECD 평균 91%보다 낮은 수준이다. 정부에 대한 신뢰의 척도이기도 하고 시민 참여에 대한 척도이기도 한 투표 참여율은, 최근 선거에서 54%를 나타냈는데, 이는 OECD(평균 73%)보다 가장 낮은 수준에 속한다.

폴란드 국민 68%가 평균적인 일상에서 부정적인 경험(고통, 근심걱정, 슬픔, 권태 등)보다는 긍정적인 경험(안정감, 성취감, 즐거움 등)을 더 많이 하고 있다고 말함으로써, 전반적으로 폴란드 국민들은 그들의 삶에 만족감을 느끼는 정도는 OECD 평균인 72%보다 낮게 나타나고 있다.

〈표 27〉 폴란드의 행복지수 주요 지표와 세부지표

주요 지표		세 부 지 표			
주거	3.4 32/36	주거비지출비중 (24%, 29/36)	기초설비구비율 (95.90%, 28/36)	1인당 방수 (1.0, 33/36)	
소득	1.3 30/36	가구당 금융소득 ($8,101, 33/36)	가구당 순가처분소득 ($14,508, 29/36)		
일자리	5.3 27/36	직업안정 (9.07%, 18/36)	개인소득 ($18,172, 31/36)	고용률 (59%, 32/36)	장기실업률 (2.46%, 18/36)
공동체 생활	7.4 27/36	사회안전망의 질 (90%, 27/36)			
교육	7.9 4/36	교육연한 (18.1년, 10/36)	학업성적 (501점, 12/36)	학력(고졸 이상) (88%, 7/36)	
환경	5.3 30/36	수질 (77%, 30/36)	대기오염 (35μg, 34/36)		
시민 참여	5.2 20/36	입법상담 (10.8, 3/36)	투표율 (54%, 35/36)		
건강	4.9 31/36	자체진단 건강 (58%, 30/36)	기대수명 (76.3년, 29/36)		
삶의 만족도	2.5 30/36	삶의 만족도 (5.6, 30/36)			
안전	9.5 3/36	살인자(10만 명당) (1.3, 19/36)	폭행률 (1.81%, 4/36)		
일과 삶의 조화	6.0 28/36	여가와 휴식시간 (14.2h, 34/36)	장시간노동 피용자율 (7.35%, 22/36)		

28. 그리스(Greece)의 행복지수

OECD 행복지수와 순위	57.9	28/36
국민행복지수와 순위	65.0	22/32
인구	1,120만 명	
방문객 수	1,730만 명	
재생에너지	6.03%	

Greece

그리스는 행복지수 중 많은 항목이 OECD 평균에 근접하고 있으며, well-being 척도 전체적으로 높게 나타난다.

돈으로는 행복을 살 수 없지만, 더 높은 생활수준을 누리기 위해서는 매우 중요한 수단이다. 그리스는 1인당 연평균 소득이 22,134USD로 OECD 평균 22,387USD보다 약간 낮다. 그러나 최상위 20% 소득계층은 최하위 20% 소득의 5배가량 벌어들일 정도로 상당한 격차를 보인다.

고용 면에서는 그리스의 15세 이상 64세 인구의 60%가 월급을 받고 일하는 직업을 갖고 있다. 이는 OECD 평균인 66%보다 낮은 수치이고, 남성은 71%, 여성은 48%의 피용률을 보이고 있어, 여성들은 가족 부양 및 커리어를 쌓는 데 어려움을 겪고 있다. 그리스인들의 연간 노동시간은 OECD 평균 1,749시간보다 긴 2,109시간이다. 장시간 피용자의 비율은 5%로 OECD의 평균보다 낮으며, 남성의 장시간노동 비율은 6%이고, 여성은 4%에 달한다.

좋은 교육을 받는 것은 직업을 찾기 위한 필수 요건이다. 그리스에서는 25~64세의 성인 중 61%가 고등학교 졸업과 동등 수준의 교육을 이수받았고, 이는 OECD 평균 74%보다 낮은 수준이다. 남성은 60%, 여성은 63%가 고등학교를 졸업했다. 교육 시스템의 질 면에서, 평균 학생들은 OECD의 PISA(Programme for International Student Assessment)에서 독해력과 수학, 과학에서 473점을 받았다. 이 점수는 OECD 평균 497점보다 낮았다. 그리스에서는 여학생들이 남학생들보다 14점을 더 받았고, 이는 OECD 평균 차이인 9점보다 많은 차이를 보였다.

건강 면에서, 그리스의 기대수명은 81세로 OECD 평균인 80세보다 약간 높은 수준이다. 여성은 83세인 반면 남성은 78세이다. 대기오염 수준 PM 10—폐로 들어가 해를 입힐 수 있을 정도로 미세한 대기오염 미립자—은 1입방미터(㎥)당 32마이크로그램(㎍)이어서 OECD 평균 수준 22보다 높게 나타났다. 그리스는 수질관리에서 OECD 평균(84%) 이하를 보이고 있어, 61%의 국민만이 수질 면에서 만족한다고 말하고 있다.

29. 포르투갈(Portugal)의 행복지수

OECD 행복지수와 순위	57.9	29/36
국민행복지수와 순위	64.7	23/32
인구	1,060만 명	
방문객 수	2,260만 명	
재생에너지	21.22%	

Greece

포르투갈은 최근 들어 시민들의 삶의 기준이 높아지고 경제가 호전되는 등 상당한 발전을 이루다가, 글로벌 금융위기로 인해 성장세가 둔화되었다. 포르투갈은 행복지수 중 여러 항목이 평균보다 높거나 낮게 나타나는 등 well-being 척도 전체적으로 어느 정도 높게 나타난다.

돈으로는 행복을 살 수 없지만, 더 높은 생활수준을 누리기 위해서는 매우 중요한 수단이다. 포르투갈은 1인당 연평균 소득이 18,689USD로, OECD 평균 22,387USD보다 낮다. 그러나 최상위 20% 소득계층은 최하위 20% 소득의 6배가량 벌어들일 정도로 상당한 격차를 보인다.

고용 면에서는 포르투갈의 15세 이상 64세 인구의 66%가 월급을 받고 일하는 직업을 갖고 있다. 이는 OECD 평균인 66%와 같은 수치이고, 남성은 70%, 여성은 61%의 피용률을 보이고 있다. 포르투갈인들의 연간 노동시간은 OECD 평균 1,749시간보다 짧은 1,714시간이다. 장시간 피용자의 비율은 5%로 OECD의 평균인 9%보다 낮으며, 남성의 장시간 노동 비율은 8%인 데 비해, 여성은 3%에 불과하다.

좋은 교육을 받는 것은 직업을 찾기 위한 필수 요건이다. 포르투갈에서는 25~64세의 성인 중 30%가 고등학교 졸업과 동등 수준의 교육을 이수 받았고, 이는 OECD 평균 74%에 비해 가장 낮은 수준에 속한다. 남성은 27%, 여성은 32%가 고등학교를 졸업했다. 교육의 질 면에서, 평균 학생들은 OECD의 PISA(Programme for International Student Assessment)에서 독해력과 수학, 과학에서 490점을 받았다. 이 점수는 OECD 평균 497점보다 낮았다. 여학생들은 남학생들보다 10점 높았고, OECD 평균 차이인 9점에 비해 약간 많은 차이를 보였다.

건강 면에서, 포르투갈의 기대수명은 80세로 OECD 평균인 80세와 같다. 여성은 83세인 반면 남성은 77세이다. 대기오염 수준 PM 10—폐로 들어가 해를 입힐 수 있을 정도로 미세한 대기오염 미립자—은 1입방미터(m³)당 21마이크로그램(㎍)이어서 OECD 평균 수준 22와 거의 비슷하게 나타났다. 포르투갈은 수질관리 면에서 OECD 평균(85%)보다

29. 포르투갈(Portugal)의 행복지수

OECD 행복지수와 순위	57.9	29/36
국민행복지수와 순위	64.7	23/32
인구	1,060만 명	
방문객 수	2,260만 명	
재생에너지	21.22%	

Portugal

포르투갈은 최근 들어 시민들의 삶의 기준이 높아지고 경제가 호전되는 등 상당한 발전을 이루다가, 글로벌 금융위기로 인해 성장세가 둔화되었다. 포르투갈은 행복지수 중 여러 항목이 평균보다 높거나 낮게 나타나는 등 well-being 척도 전체적으로 어느 정도 높게 나타난다.

돈으로는 행복을 살 수 없지만, 더 높은 생활수준을 누리기 위해서는 매우 중요한 수단이다. 포르투갈은 1인당 연평균 소득이 18,689USD로, OECD 평균 22,387USD보다 낮다. 그러나 최상위 20% 소득계층은 최하위 20% 소득의 6배가량 벌어들일 정도로 상당한 격차를 보인다.

고용 면에서는 포르투갈의 15세 이상 64세 인구의 66%가 월급을 받고 일하는 직업을 갖고 있다. 이는 OECD 평균인 66%와 같은 수치이고, 남성은 70%, 여성은 61%의 피용률을 보이고 있다. 포르투갈인들의 연간 노동시간은 OECD 평균 1,749시간보다 짧은 1,714시간이다. 장시간 피용자의 비율은 5%로 OECD의 평균인 9%보다 낮으며, 남성의 장시간 노동 비율은 8%인 데 비해, 여성은 3%에 불과하다.

좋은 교육을 받는 것은 직업을 찾기 위한 필수 요건이다. 포르투갈에서는 25~64세의 성인 중 30%가 고등학교 졸업과 동등 수준의 교육을 이수 받았고, 이는 OECD 평균 74%에 비해 가장 낮은 수준에 속한다. 남성은 27%, 여성은 32%가 고등학교를 졸업했다. 교육의 질 면에서, 평균 학생들은 OECD의 PISA(Programme for International Student Assessment)에서 독해력과 수학, 과학에서 490점을 받았다. 이 점수는 OECD 평균 497점보다 낮았다. 여학생들은 남학생들보다 10점 높았고, OECD 평균 차이인 9점에 비해 약간 많은 차이를 보였다.

건강 면에서, 포르투갈의 기대수명은 80세로 OECD 평균인 80세와 같다. 여성은 83세인 반면 남성은 77세이다. 대기오염 수준 PM 10—폐로 들어가 해를 입힐 수 있을 정도로 미세한 대기오염 미립자—은 1입방미터(m³)당 21마이크로그램(μg)이어서 OECD 평균 수준 22와 거의 비슷하게 나타났다. 포르투갈은 수질관리 면에서 OECD 평균(85%)보다 많은 88%의 국민들이 수질 면에서 만족한다고 말하고 있다.

공공 면에서도, 포르투갈에서는 적당한 공동체 유대감을 갖고 있고, 시민 참여 수준도 높다. 포르투갈에서는 또한 도움이 필요한 시기에 도움을 줄 수 있는 누군가를 알고 있다고 믿는 사람들이 86%에 이르고 있다. 이는 OECD 평균 91%보다 낮은 수준이다. 정부에 대한 신뢰의 척도이기도 하고 시민 참여에 대한 척도이기도 한 투표 참여율은, 최근 선거에서 64%를 나타냈는데, 이는 OECD(평균 73%)보다 낮다.

포르투갈 국민 72%가 평균적인 일상에서 부정적인 경험(고통, 근심걱정, 슬픔, 권태 등)보다는 긍정적인 경험(안정감, 성취감, 즐거움 등)을 더 많이 하고 있다고 말함으로써, 전반적으로 포르투갈 국민들은 그들의 삶에 만족감을 느끼는 정도는 OECD 평균인 72%와 비슷하게 나타나고 있다.

〈표 29〉 포르투갈의 행복지수 주요 지표와 세부지표

주요 지표		세 부 지 표			
주거	6.0 21/36	주거비지출비중 (18%, 3/36)	기초설비구비율 (98.40%, 24/36)	1인당 방수 (1.4, 22/36)	
소득	3.0 23/36	가구당 금융소득 ($27,299, 18/36)	가구당 순가처분소득 ($18,689, 24/36)		
일자리	5.3 26/36	직업안정 (7.35%, 11/36)	개인소득 ($21,722, 27/36)	고용률 (66%, 19/36)	장기실업률 (5.64%, 32/36)
공동체 생활	5.7 32/36	사회안전망의 질 (86%, 32/36)			
교육	4.5 32/36	교육연한 (18.1년, 11/36)	학업성적 (490점, 24/36)	학력(고졸 이상) (30%, 36/36)	
환경	7.9 17/36	수질 (88%, 18/36)	대기오염 (21μg, 21/36)		
시민 참여	4.0 24/36	입법상담 (6.5, 22/36)	투표율 (64%, 25/36)		
건강	5.4 26/36	자체진단 건강 (49%, 33/36)	기대수명 (79.8년, 23/36)		
삶의 만족도	1.0 35/36	삶의 만족도 (5.2, 35/36)			
안전	7.4 28/36	살인자(10만 명당) (1.2, 18/36)	폭행률 (5.81%, 31/36)		
일과 삶의 조화	7.7 11/36	여가와 휴식시간 (15.1h, 10/36)	장시간노동 피용자율 (5.36%, 16/36)		

30. 헝가리(Hungary)의 행복지수

OECD 행복지수와 순위	54.5	30/36
국민행복지수와 순위	69.0	20/32
인구	1,000만 명	
방문객 수	880만 명	
재생에너지	7.67%	

Hungary

헝가리는 행복지수 중 많은 항목이 OECD 평균에 근접하고 있으며, well-being 척도 전체적으로 높게 나타난다.

돈으로는 행복을 살 수 없지만, 더 높은 생활수준을 누리기 위해서는 매우 중요한 수단이다. 헝가리는 1인당 연평균 소득이 13,696USD로 OECD 평균 22,387USD보다 낮다. 그러나 최상위 20% 소득계층은 최하위 20% 소득의 4배가량 벌어들일 정도로 상당한 격차를 보인다.

고용 면에서는 헝가리의 15세 이상 64세 인구의 55%가 월급을 받고 일하는 직업을 갖고 있다. 이는 OECD 평균인 66%보다 낮은 수치이고, 남성은 66%, 여성은 51%의 피용률을 보이고 있다. 헝가리인들의 연간 노동시간은 OECD 평균 1,749시간보다 많은 1,961시간이다. 장시간 피용자의 비율은 3%로 OECD의 평균보다 낮으며, 남성의 장시간노동 비율은 5%이고, 여성은 2%에 달한다.

좋은 교육을 받는 것은 직업을 찾기 위한 필수 요건이다. 헝가리에서는 25~64세의 성인 중 81%가 고등학교 졸업과 동등 수준의 교육을 이수받았고, 이는 OECD 평균 74%보다 높은 수준이다. 남성은 84%, 여성은 77%가 고등학교를 졸업했다. 교육 시스템의 질 면에서, 평균 학생들은 OECD의 PISA(Programme for International Student Assessment)에서 독해력과 수학, 과학에서 496점을 받았다. 이 점수는 OECD 평균 497점에 근접했다. 헝가리에서는 여학생들이 남학생들보다 9점을 더 받았고, 이는 OECD 평균 차이와 거의 같은 수준이다.

건강 면에서, 헝가리의 기대수명은 74세로 OECD 평균인 80세보다 낮은 수준이다. 여성은 78세인 반면 남성은 70세이다. 대기오염 수준 PM 10—폐로 들어가 해를 입힐 수 있을 정도로 미세한 대기오염 미립자—은 1입방미터(㎥)당 16마이크로그램(㎍)이어서 OECD 평균 수준 22보다 낮게 나타났다. 헝가리는 수질관리에서 OECD 평균(84%) 이하를 보이고 있어, 78%의 국민만이 수질 면에서 만족한다고 말하고 있다.

공공 면에서도, 헝가리에서는 적당한 공동체 유대감을 갖고 있고, 시민 참여 수준도 높다. 헝가리에서는 또한 도움이 필요한 시기에 도움을 줄 수 있는 누군가를 알고 있다고 믿는 사람들이 89%에 이르고 있다. 이는 OECD 평균 91%보다 낮은 수준이다. 정부에 대한 신뢰의 척도이기도 하고 시민 참여에 대한 척도이기도 한 투표 참여율은, 최근 선거에서 64%를 나타냈는데, 이는 OECD(평균 73%)보다 낮은 수준이다.

헝가리 국민 65%가 평균적인 일상에서 부정적인 경험(고통, 근심걱정, 슬픔, 권태 등)보다는 긍정적인 경험(안정감, 성취감, 즐거움 등)을 더 많이 하고 있다고 말함으로써, 전반적으로 헝가리 국민들은 그들의 삶에 OECD 평균(72%)보다 낮은 만족을 느끼고 있다.

〈표 30〉 헝가리의 행복지수 주요 지표와 세부지표

주요 지표		세부 지표			
주거	3.0 34/36	주거비지출비중 (23%, 24/36)	기초설비구비율 (93.40%, 32/36)	1인당 방수 (1.0, 33/36)	
소득	1.4 29/36	가구당 금융소득 ($11,812, 29/36)	가구당 순가처분소득 ($13,696, 31/36)		
일자리	4.3 31/36	직업안정 (7.72%, 13/36)	개인소득 ($18,667, 30/36)	고용률 (55%, 35/36)	장기실업률 (5.64%, 31/36)
공동체 생활	7.0 28/36	사회안전망의 질 (89%, 28/36)			
교육	6.9 20/36	교육연한 (17.5년, 19/36)	학업성적 (496점, 21/36)	학력(고졸 이상) (81%, 17/36)	
환경	7.4 23/36	수질 (78%, 29/36)	대기오염 (16μg, 13/36)		
시민 참여	4.8 22/36	입법상담 (7.9, 15/36)	투표율 (64%, 24/36)		
건강	3.9 35/36	자체진단 건강 (54%, 32/36)	기대수명 (74.3년, 33/36)		
삶의 만족도	0 36/36	삶의 만족도 (4.9, 36/36)			
안전	8.5 18/36	살인자(10만 명당) (1.4, 21/36)	폭행률 (3.59%, 17/36)		
일과 삶의 조화	7.3 16/36	여가와 휴식시간 (14.70h, 19/36)	장시간노동 피용자율 (3.33%, 6/36)		

31. 에스토니아(Estonia)의 행복지수

OECD 행복지수와 순위	51.4	31/36
국민행복지수와 순위	61.2	25/32
인구	1,680만 명	
방문객 수	270만 명	
재생에너지	22.08%	

Estonia

에스토니아는 최근 이십년 동안 시민의 삶의 질 부문에서 상당히 많이 개선되고 있다. 2008년 금융위기 이후로, 경제는 급성장하고 있음에도 불구하고, 에스토니아는 행복지수에서 다른 국가들보다 상대적으로 낮은 수준이다.

돈으로는 행복을 살 수 없지만, 더 높은 생활수준을 누리기 위해서는 매우 중요한 수단이다. 에스토니아는 1인당 연평균 소득이 13,149USD로 OECD 1인당 연평균 소득 22,387USD보다 상당히 낮다. 그리고 최상위 계층 20%와 최하위 계층 20%는 5배의 소득 차이를 보이고 있다.

고용 면에서는 에스토니아의 15세 이상 64세 인구의 61%가 월급을 받고 일하는 직업을 갖고 있다. 이는 OECD 평균인 66%보다 낮은 수치이고, 남성은 62%, 여성은 61%의 피용률을 보이고 있다. 에스토니아 국민들의 연간 근로시간은 1,879시간이고, 이는 OECD 평균인 1,749시간보다 길다. 장시간 피용자의 비율은 4%로 OECD의 평균인 9%보다 낮으며, 남성의 장시간노동 비율은 5%이고, 여성은 2%이다.

좋은 교육을 받는 것은 직업을 찾기 위한 필수 요건이다. 에스토니아에서는 25~64세의 성인 중 89%가 고등학교 졸업과 동등 수준의 교육을 이수받았고, 이는 OECD 평균 74%에 비해 높은 수준이다. 남성은 86%, 여성은 91%가 고등학교를 졸업했다. 에스토니아는 교육 시스템의 질 면에서 최고 수준에 도달해 있다. 교육의 질 면에서, 평균 학생들은 OECD의 PISA(Programme for International Student Assessment)에서 독해력과 수학, 과학에서 514점을 받았다. 이 점수는 OECD 평균 497점보다 높고, 이로 인해 에스토니아는 OECD 국가 중 학생들의 수준이 가장 높은 국가 중 하나가 되었다. 여학생이 남학생보다 12점 더 높았고, 이는 OECD 평균 차이 9점보다 높은 편이다.

건강 면에서, 에스토니아의 기대수명은 76세로 OECD 평균인 80세보다 낮았다. 여성은 80세인 반면 남성은 71세이다. 대기오염 수준 PM 10—폐로 들어가 해를 입힐 수 있을 정도로 미세한 대기오염 미립자—은 1입방미터(m³)당 13마이크로그램(㎍)이어서 OECD 평균 수준 22보다 상당히 낮게 나타났다. 에스토니아는 수질관리 면에서는 부족하여,

70%의 국민들이 수질 면에서 만족한다고 말하고 있고, 이는 OECD 평균인 84%에 비해 낮은 편이다.

공공 면에서도, 에스토니아에서는 강한 공동체 유대감을 갖고 있고, 시민 참여 수준도 높다. 에스토니아에서는 또한 도움이 필요한 시기에 도움을 줄 수 있는 누군가를 알고 있다고 믿는 사람들이 91%에 이르고 있고, 이는 OECD 평균 91%와 같은 수준이다. 정부에 대한 신뢰의 척도이기도 하고 시민 참여에 대한 척도이기도 한 투표 참여율은 62%로 나타났으며 이는 OECD 평균 73%보다 낮은 수준이다.

에스토니아 국민은 OECD 평균인 72%보다 낮은 60%가 평균적인 일상에서 부정적인 경험(고통, 근심걱정, 슬픔, 권태 등)보다는 긍정적인 경험(안정감, 성취감, 즐거움 등)을 더 많이 하고 있다고 말함으로써, 전반적으로 에스토니아 국민들은 그들의 삶에 만족하지 못하고 있다고 볼 수 있다.

〈표 31〉 에스토니아의 행복지수 주요 지표와 세부지표

주요 지표		세 부 지 표			
주거	2.4 35/36	주기비지출비중 (21%, 14/36)	기초설비구비율 (88.90%, 35/36)	1인당 방수 (1.2, 28/36)	
소득	1.3 32/36	가구당 금융소득 ($11,231, 31/36)	가구당 순가처분소득 ($13,149, 32/36)		
일자리	3.9 35/36	직업안정 (9.63%, 19/36)	개인소득 ($17,145, 32/36)	고용률 (61%, 25/36)	장기실업률 (7.63%, 34/36)
공동체 생활	7.5 25/36	사회안전망의 질 (91%, 25/36)			
교육	7.9 5/36	교육연한 (17.5년, 18/36)	학업성적 (514점, 9/36)	학력(고졸 이상) (89%, 4/36)	
환경	6.8 27/36	수질 (70%, 32/36)	대기오염 (13μg, 4/36)		
시민 참여	2.1 34/36	입법상담 (3.3, 33/36)	투표율 (62%, 30/36)		
건강	4.4 34/36	자체진단 건강 (55%, 31/36)	기대수명 (75.6년, 30/36)		
삶의 만족도	1.9 31/36	삶의 만족도 (5.5, 31/36)			
안전	6.7 33/36	살인자(10만 명당) (5.2, 33/36)	폭행률 (5.52%, 30/36)		
일과 삶의 조화	6.5 22/36	여가와 휴식시간 (14.2h, 33/36)	장시간노동 피용자율 (3.55%, 7/36)		

32. 러시아(Russian Federation)의 행복지수

OECD 행복지수와 순위	49.3	32/36
국민행복지수와 순위	45.1	31/32
인구	14,280만 명	
방문객 수	2,370만 명	
재생에너지	2.8%	

Russian Federation

러시아는 최근 들어 삶의 질적 수준이 향상되고 있지만, 행복지수 중 여러 항목이 평균보다 낮게 나타나고 있다.

돈으로는 행복을 살 수 없지만, 더 높은 생활수준을 누리기 위해서는 매우 중요한 수단이다. 러시아는 1인당 연평균 소득이 13,911USD로, OECD 평균 22,387USD보다 낮다. 그러나 최상위 20% 소득계층은 최하위 20% 소득의 9배가량 벌어들일 정도로 상당한 격차를 보인다.

고용 면에서는 러시아의 15세 이상 64세 인구의 67%가 월급을 받고 일하는 직업을 갖고 있다. 이는 OECD 평균인 66%와 비슷한 수치이고, 남성은 72%, 여성은 63%의 피용률을 보이고 있다. 러시아인들의 연간 노동시간은 OECD 평균 1,749시간보다 긴 1,976시간이다. 장시간 피용자는 거의 없다.

좋은 교육을 받는 것은 직업을 찾기 위한 필수 요건이다. 러시아에서는 25~64세의 성인 중 88%가 고등학교 졸업과 동등 수준의 교육을 이수받았고, 이는 OECD 평균 74%보다 높다. 남성과 여성의 차이는 없었다. 교육의 질 면에서, 평균 학생들은 OECD의 PISA(Programme for International Student Assessment)에서 독해력과 수학, 과학에서 469점을 받았다. 이 점수는 OECD 평균 497점보다 낮았다. 여학생들은 남학생들보다 15점 높았고, OECD 평균 차이인 9점보다 많은 차이를 보였다.

건강 면에서, 러시아의 기대수명은 69세로 OECD 평균인 80세보다 낮았다. 여성은 75세인 반면 남성은 63세이다. 대기오염 수준 PM 10—폐로 들어가 해를 입힐 수 있을 정도로 미세한 대기오염 미립자—은 1입방미터(㎥)당 16마이크로그램(㎍)이어서 OECD 평균 수준 22보다 낮게 나타났다. 러시아는 수질관리 면에서 개선되어야 할 정도로 OECD 평균(85%)보다 적은 51%의 국민들이 수질 면에서 만족한다고 말하고 있다.

공공 면에서도, 러시아에서는 적당한 공동체 유대감을 갖고 있고, 시민 참여 수준도 높다. 러시아에서는 또한 도움이 필요한 시기에 도움을 줄 수 있는 누군가를 알고 있다고 믿는 사람들이 88%에 이르고 있다. 이는 OECD 평균 91%보다 낮은 수준이다. 정부에 대한 신뢰의 척도이기도 하고 시민 참여에 대한 척도이기도 한 투표 참여율은, 최근 선거에서 64%를 나타냈는데, 이는 OECD(평균 73%)보다 낮다.

러시아 국민 59%가 평균적인 일상에서 부정적인 경험(고통, 근심걱정, 슬픔, 권태 등)보다는 긍정적인 경험(안정감, 성취감, 즐거움 등)을 더 많이 하고 있다고 말함으로써, 전반적으로 러시아 국민들은 그들의 삶에 만족감을 느끼는 정도는 OECD 평균인 72%보다 낮았다.

〈표 32〉 러시아의 행복지수 주요 지표와 세부지표

주요 지표		세 부 지 표			
주거	7.1 6/36	주거비지출비중 (11%, 1/36)	기초설비구비율 (97.03%, 26/36)	1인당 방수 (1.5, 21/36)	
소득	1.6 28/36	가구당 금융소득 ($14,664, 27/36)	가구당 순가처분소득 ($13,911, 30/36)		
일자리	5.7 24/36	직업안정 (10.23%, 20/36)	개인소득 ($15,131, 33/36)	고용률 (67%, 16/36)	장기실업률 (2.23%, 17/36)
공동체 생활	6.7 29/36	사회안전망의 질 (88%, 29/36)			
교육	6.1 24/36	교육연한 (16.6년, 27/36)	학업성적 (469점, 31/36)	학력(고졸 이상) (88%, 6/36)	
환경	4.4 32/36	수질 (51%, 36/36)	대기오염 (16μg, 15/36)		
시민 참여	1.9 35/36	입법상담 (2.5, 34/36)	투표율 (64%, 26/36)		
건강	0.1 36/36	자체진단 건강 (32%, 35/36)	기대수명 (69년, 36/36)		
삶의 만족도	1.2 34/36	삶의 만족도 (5.3, 34/36)			
안전	6.7 32/36	살인자(10만 명당) (11.2, 34/36)	폭행률 (2.83%, 12/36)		
일과 삶의 조화	7.8 9/36	여가와 휴식시간 (14.76h, 17/36)	장시간노동 피용자율 (0.17%, 1/36)		

33. 브라질(Brazil)의 행복지수

OECD 행복지수와 순위	49.1	33/36
국민행복지수와 순위		
인구	19,650만 명	
방문객 수	510만 명	
재생에너지	45.80%	

Brazil

브라질은 행복지수 중 몇 개 항목의 평균 점수가 OECD 평균보다 낮음에도 불구하고 브라질 국민들의 일반적인 삶의 만족도는 오히려 OECD 평균보다 높게 나타나는 등, 최근 국민들의 삶의 질을 개선해 오고 있다.

돈으로는 행복을 살 수 없지만, 더 높은 생활수준을 누리기 위해서는 매우 중요한 수단이다. 브라질은 평균적인 사람들이 OECD 1인당 연평균 소득 22,387USD보다 낮다.

고용 면에서는 브라질의 15세 이상 64세 인구의 68%가 월급을 받고 일하는 직업을 갖고 있다. 이는 OECD 평균인 66%보다 약간 높은 수치이고, 남성은 80%, 여성은 56%의 피용률을 보이고 있다. 장시간 피용자의 비율은 12%로 OECD의 평균인 9%보다 높으며, 남성의 장시간노동 비율은 15%이고, 여성은 9%에 달한다.

좋은 교육을 받는 것은 직업을 찾기 위한 필수 요건이다. 브라질에서는 25~64세의 성인 중 41%가 고등학교 졸업과 동등 수준의 교육을 이수받았고, 이는 OECD 평균 74%에 비해 낮은 수준이다. 남성은 39%, 여성은 43%가 고등학교를 졸업했다. 25~34세 사이의 젊은이들 53%가 고등학교 졸업과 동등 수준의 교육 수준을 보이고 있는데, 이는 OECD 평균인 81%보다 낮지만 점차 개선되고 있다. 교육의 질 면에서, 평균 학생들은 OECD의 PISA(Programme for International Student Assessment)에서 독해력과 수학, 과학에서 401점을 받았다. 이 점수는 OECD 평균 497점보다 매우 낮았다. 여학생이 403점을 받았고, 남학생은 399점을 받아, 브라질의 남녀학생 간 차이는 OECD(평균 차이 9점)에서도 낮은 편이다.

건강 면에서, 브라질의 기대수명은 73세로 OECD 평균인 80세보다 낮았다. 여성은 77세인 반면 남성은 70세이다. 대기오염 수준 PM 10—폐로 들어가 해를 입힐 수 있을 정도로 미세한 대기오염 미립자—은 1입방미터(㎥)당 21마이크로그램(㎍)이어서 OECD 평균 수준 22보다 약간 낮게 나타났다. 브라질은 수질관리도 잘 하고 있어서, 84%의 국민들이 수질 면에서 만족한다고 말하고 있다.

공공 면에서도, 브라질에서는 강한 공동체 유대감을 갖고 있고, 시민 참여 수준도 높다. 브라질에서는 또한 도움이 필요한 시기에 도움을 줄 수 있는 누군가를 알고 있다고 믿는 사람들이 91%에 이르고 있다. 이 또한 OECD 평균 91%와 같은 수준이다. 정부에 대한 신뢰의 척도이기도 하고 시민 참여에 대한 척도이기도 한 투표 참여율은 83%였으며, 상위 20%는 83%, 하위 20%는 80%를 보이는 등 OECD 평균 차이인 7%보다 낮아, 거의 차이가 없음을 보여주고 있다.

브라질 국민 77%가 평균적인 일상에서 부정적인 경험(고통, 근심걱정, 슬픔, 권태 등)보다는 긍정적인 경험(안정감, 성취감, 즐거움 등)을 더 많이 하고 있다고 말함으로써, 전반적으로 브라질 국민들은 그들의 삶에 OECD 평균보다 더 큰 만족을 느끼고 있다.

〈표 33〉 브라질의 행복지수 주요 지표와 세부지표

주요 지표		세 부 지 표			
주거	3.9 30/36	주거비지출비중 (22%, 17/36)	기초설비구비율 (93.33%, 33/36)	1인당 방수 (1.4, 26/36)	
소득	0.2 36/36	가구당 금융소득 ($6,654, 34/36)	가구당 순가처분소득 ($8,007, 36/36)		
일자리	4.8 29/36	직업안정 (14.03%, 33/36)	개인소득 ($9,298, 33/36)	고용률 (68%, 15/36)	상기실업률 (2.69%, 20/36)
공동체 생활	7.4 26/36	사회안전망의 질 (91%, 26/36)			
교육	1.9 34/36	교육연한 (16.3년, 30/36)	학업성적 (401점, 36/36)	학력(고졸 이상) (41%, 33/36)	
환경	7.5 22/36	수질 (84%, 24/36)	대기오염 (21μg, 20/36)		
시민 참여	4.7 25/36	입법상담 (4.0, 31/36)	투표율 (83%, 9/36)		
건강	5.0 28/36	자체진단 건강 (72%, 17/36)	기대수명 (73.2년, 35/36)		
삶의 만족도	6.6 21/36	삶의 만족도 (6.8, 21/36)			
안전	0.8 36/36	살인자(10만 명당) (22.7, 36/36)	폭행률 (9.38%, 35/36)		
일과 삶의 조화	6.3 24/36	여가와 휴식시간 (14.76h, 17/36)	장시간노동 피용자율 (12.50%, 29/36)		

34. 칠레(Chile)의 행복지수

OECD 행복지수와 순위	48.5	34/36
국민행복지수와 순위	50.4	30/32
인구	1,680만 명	
방문객 수	270만 명	
재생에너지	22.08%	

Chile

칠레는 최근 이십년 동안 시민의 삶의 질 부문에서 상당히 많이 개선되고 있다. 1990년대 이후로, 국가가 굳건하게 성장하고 있고, 가난도 감소하고 있다. 그럼에도 불구하고, 칠레는 행복지수에서 다른 국가들보다 상대적으로 낮은 수준이다.

돈으로는 행복을 살 수 없지만, 더 높은 생활수준을 누리기 위해서는 매우 중요한 수단이다. 칠레는 1인당 연평균 소득이 8,618USD로 OECD 1인당 연평균 소득 22,387USD보다 상당히 낮다. 그리고 최상위 계층 20%와 최하위 계층 20%는 12배의 현격한 소득 차이를 보이고 있다.

고용 면에서는 칠레의 15세 이상 64세 인구의 59%가 월급을 받고 일하는 직업을 갖고 있다. 이는 OECD 평균인 66%보다 낮은 수치이고, 남성은 72%, 여성은 47%의 피용률을 보이고 있다. 칠레 국민들의 연간 근로시간은 2,068시간이고, 이는 OECD 평균인 1,749시간보다 길다. 장시간 피용자의 비율은 7%로 OECD의 평균인 9%보다 낮으며, 남성의 장시간노동 비율은 9%인데, 여성은 4%에 불과하다.

좋은 교육을 받는 것은 직업을 찾기 위한 필수 요건이다. 칠레에서는 25~64세의 성인 중 69%가 고등학교 졸업과 동등 수준의 교육을 이수받았고, 이는 OECD 평균 74%에 비해 낮은 수준이다. 남성은 70%, 여성은 69%가 고등학교를 졸업했다. 교육의 질 면에서, 평균 학생들은 OECD의 PISA(Programme for International Student Assessment)에서 독해력과 수학, 과학에서 439점을 받았다. 이 점수는 OECD 평균 497점보다 낮았다. 여학생이 남학생보다 3점 더 받았고, 이는 OECD 평균 차이 9점보다 낮은 편이다.

건강 면에서, 칠레의 기대수명은 79세로 OECD 평균인 80세보다 1년 짧았다. 여성은 82세인 반면 남성은 76세이다. 대기오염 수준 PM 10—폐로 들어가 해를 입힐 수 있을 정도로 미세한 대기오염 미립자—은 1입방미터(m³)당 62마이크로그램(㎍)이어서 OECD 평균 수준 22보다 상당히 높게 나타났다. 칠레는 수질관리 면에서는 잘 하고 있어서, 85%의 국민들이 수질 면에서 만족한다고 말하고 있다.

공공 면에서도, 칠레에서는 적당한 공동체 유대감을 갖고 있고, 시민 참여 수준도 높다. 칠레에서는 또한 도움이 필요한 시기에 도움을 줄 수 있는 누군가를 알고 있다고 믿는 사람들이 86%에 이르고 있다. 이 또한 OECD 평균 91%보다 약간 낮은 수준이다. 정부에 대한 신뢰의 척도이기도 하고 시민 참여에 대한 척도이기도 한 투표 참여율은 88%로 나타났으며, 이는 OECD 평균 73%를 상회한다.

칠레 국민 77%가 평균적인 일상에서 부정적인 경험(고통, 근심걱정, 슬픔, 권태 등)보다는 긍정적인 경험(안정감, 성취감, 즐거움 등)을 더 많이 하고 있다고 말함으로써, 전반적으로 칠레 국민들은 그들의 삶에 OECD 평균보다 더 큰 만족을 느끼고 있다.

〈표 34〉 칠레의 행복지수 주요 지표와 세부지표

주요 지표		세 부 지 표			
주거	3.1 33/36	주거비지출비중 (21%, 12/36)	기초설비구비율 (90.64%, 34/36)	1인당 방수 (1.3, 27/36)	
소득	0.7 35/36	가구당 금융소득 ($15,355, 26/36)	가구당 순가처분소득 ($8,618, 35/36)		
일자리	4.3 32/36	직업안정 (10.23%, 21/36)	개인소득 ($11,299, 34/36)	고용률 (59%, 31/36)	장기실업률 (4.21%, 29/36)
공동체 생활	5.7 31/36	사회안전망의 질 (86%, 31/36)			
교육	3.8 33/36	교육연한 (15.6년, 32/36)	학업성적 (439점, 34/36)	학력(고졸 이상) (69%, 28/36)	
환경	3.6 36/36	수질 (85%, 22/36)	대기오염 (62㎍, 36/36)		
시민 참여	4.2 30/36	입법상담 (2.0, 36/36)	투표율 (88%, 5/36)		
건강	6.0 25/36	자체진단 건강 (59%, 29/36)	기대수명 (79.0년, 26/36)		
삶의 만족도	5.9 23/36	삶의 만족도 (6.6, 23/36)			
안전	5.0 34/36	살인자(10만 명당) (3.7, 31/36)	폭행률 (9.33%, 34/36)		
일과 삶의 조화	6.2 26/36	여가와 휴식시간 (14.31h, 29/36)	장시간노동 피용자율 (7.15%, 21/36)		

35. 멕시코(Mexico)의 행복지수

OECD 행복지수와 순위	39.3	35/36
국민행복지수와 순위	39.6	32/32
인구	10,670만 명	
방문객 수	2,260만 명	
재생에너지	9.52%	

Mexico

멕시코는 행복지수 중 최근 교육, 건강, 일자리 부문에서 상당부분 개선되고 있다. 그럼에도 불구하고 멕시코의 행복지수는 다른 국가들에 비해 많은 항목들의 순위가 매우 낮게 나타났다.

돈으로는 행복을 살 수 없지만, 더 높은 생활수준을 누리기 위해서는 매우 중요한 수단이다. 멕시코는 1인당 연평균 소득이 11,106USD로, OECD 1인당 연평균 소득 22,387USD보다 낮다. 그러나 최상위 20% 소득계층은 최하위 20% 소득의 13배가량 벌어들일 정도로 심각한 격차를 보인다.

고용 면에서는 멕시코의 15세 이상 64세 인구의 60%가 월급을 받고 일하는 직업을 갖고 있다. 이는 OECD 평균인 66%보다 낮은 수치이고, 남성은 78%, 여성은 44%의 피용률을 보이고 있다. 장시간 피용자의 비율은 29%로 OECD의 평균인 9%보다 높으며, 남성의 장시간노동 비율은 35%이고, 여성은 18%에 달한다.

좋은 교육을 받는 것은 직업을 찾기 위한 필수 요건이다. 멕시코에서는 25~64세의 성인 중 35%가 고등학교 졸업과 동등 수준의 교육을 이수받았고, 이는 OECD 평균 74%에 비해 낮은 수준이다. 남성은 37%, 여성은 33%가 고등학교를 졸업했다. 교육의 질 면에서, 평균 학생들은 OECD의 PISA(Programme for International Student Assessment)에서 독해력과 수학, 과학에서 420점을 받았다. 이 점수는 OECD 평균 497점보다 낮았다. 여학생들은 남학생보다 2점을 더 받아 OECD(평균 차이 9점)보다 낮은 편이다.

건강 면에서, 멕시코의 기대수명은 76세로 OECD 평균인 80세보다 낮았다. 여성은 78세인 반면 남성은 73세이다. 대기오염 수준 PM 10—폐로 들어가 해를 입힐 수 있을 정도로 미세한 대기오염 미립자—은 1입방미터(m³)당 33마이크로그램(μg)이어서 OECD 평균 수준 22보다 높게 나타났다. 멕시코는 수질관리 면에서, OECD 평균보다 낮은 71%의 국민만이 수질 면에서 만족한다고 말하고 있다.

공공 면에서도, 멕시코에서는 적당한 공동체 유대감을 갖고 있고, 시민 참여 수준도 높다. 멕시코에서는 또한 도움이 필요한 시기에 도움을 줄 수 있는 누군가를 알고 있다고 믿는 사람들이 81%에 이르고 있다. 이 또한 OECD 평균 91%보다 낮은 수준이다. 정부에 대한 신뢰의 척도이기도 하고 시민 참여에 대한 척도이기도 한 투표 참여율은 73%로 OECD 평균보다 낮으며, 상위 20%는 64%, 하위 20%는 58%를 보이는 등 OECD 평균 차이인 7%보다 높다.

멕시코 국민 78%가 평균적인 일상에서 부정적인 경험(고통, 근심걱정, 슬픔, 권태 등)보다는 긍정적인 경험(안정감, 성취감, 즐거움 등)을 더 많이 하고 있다고 말함으로써, 전반적으로 멕시코 국민들은 그들의 삶에 OECD 평균보다 더 큰 만족을 느끼고 있다.

〈표 35〉 멕시코의 행복지수 주요 지표와 세부지표

주요 지표		세 부 지 표			
주거	4.2 27/36	주거비지출비중 (19%, 5/36)	기초설비구비율 (95.81%, 30/36)	1인당 방수 (1.0, 35/36)	
소득	0.9 33/36	가구당 금융소득 ($11,728, 30/36)	가구당 순가처분소득 ($11,106, 33/36)		
일자리	4.5 30/36	직업안정 (18.02%, 34/36)	개인소득 ($11,020, 35/36)	고용률 (60%, 27/36)	장기실업률 (0.13%, 2/36)
공동체 생활	4.6 34/36	사회안전망의 질 (82%, 34/36)			
교육	0.9 36/36	교육연한 (14.6년, 35/36)	학업성적 (420점, 35/36)	학력(고졸 이상) (35%, 34/36)	
환경	5.0 31/36	수질 (71%, 31/36)	대기오염 (33㎍, 33/36)		
시민 참여	4.7 26/36	입법상담 (9.0, 9/36)	투표율 (59%, 33/36)		
건강	5.2 27/36	자체진단 건강 (66%, 25/36)	기대수명 (75.5년, 31/36)		
삶의 만족도	6.9 18/36	삶의 만족도 (6.9, 18/36)			
안전	0.8 35/36	살인자(10만 명당) (19.0, 35/36)	폭행률 (10.98%, 36/36)		
일과 삶의 조화	1.6 36/36	여가와 휴식시간 (13.06h, 36/36)	장시간노동 피용자율 (28.90%, 34/36)		

36. 터키(Turkey)의 행복지수

OECD 행복지수와 순위	31.5	36/36
국민행복지수와 순위		
인구	7,480만 명	
방문객 수	250만 명	
재생에너지	10.57%	

Turkey

터키는 지난 몇 십 년 동안 삶의 질에서 괄목할 만한 개선을 보였지만, 행복지수는 다른 국가에 비해 거의 낮게 나타났다.

돈으로는 행복을 살 수 없지만, 더 높은 생활수준을 누리기 위해서는 매우 중요한 수단이다. 터키는 평균적인 사람들이 OECD 1인당 연평균 소득 22,387USD보다 낮다. 그러나 최상위 20% 소득계층은 최하위 20% 소득의 8배가량 벌어들일 정도로 상당한 격차를 보인다.

고용 면에서는 터키의 15세 이상 64세 인구의 46%가 월급을 받고 일하는 직업을 갖고 있다. 이는 OECD 평균인 66%보다 낮은 수치이고, 남성은 67%, 여성은 26%의 피용률을 보이고 있다. 터키인들의 연간 노동시간은 OECD 평균 1,749시간보다 긴 1,877시간이다. 장시간 피용자의 비율은 43%로 OECD의 평균인 9%보다 매우 높으며, 남성의 장시간노동 비율은 49%이고, 여성은 34%에 달한다.

좋은 교육을 받는 것은 직업을 찾기 위한 필수 요건이다. 터키에서는 25~64세의 성인 중 33%가 고등학교 졸업과 동등 수준의 교육을 이수받았고, 이는 OECD 평균 74%에 훨씬 못 미치는 수준이다. 남성은 35%, 여성은 26%가 고등학교를 졸업했다. 교육 시스템의 질 면에서, 평균 학생들은 OECD의 PISA(Programme for International Student Assessment)에서 독해력과 수학, 과학에서 455점을 받았다. 이 점수는 OECD 평균 497점보다 낮았다. 여학생들이 남학생들보다 15점을 더 받았고, 이는 OECD 평균 차이인 9점보다 많은 차이를 보였다.

건강 면에서, 터키의 기대수명은 74세로 OECD 평균인 80세보다 낮았다. 여성은 77세인 반면 남성은 72세이다. 대기오염 수준 PM 10—폐로 들어가 해를 입힐 수 있을 정도로 미세한 대기오염 미립자—은 1입방미터(㎥)당 37마이크로그램(㎍)이어서 OECD 평균 수준 22보다 높게 나타났다. 터키는 수질관리 면에서 65%의 국민만이 만족한다고 말하고 있다.

공공 면에서도, 터키에서는 적당한 공동체 유대감을 갖고 있고, 시민 참여 수준도 높다. 터키에서는 또한 도움이 필요한 시기에 도움을 줄 수 있는 누군가를 알고 있다고 믿는 사람들이 69%에 이르고 있다. 이 또한 OECD 평균 91%보다 낮은 수준이다. 정부에 대한 신뢰의 척도이기도 하고 시민 참여에 대한 척도이기도 한 투표 참여율은 83%를 보였으며, OECD 평균인 73%보다 높았다.

터키 국민 56%가 평균적인 일상에서 부정적인 경험(고통, 근심걱정, 슬픔, 권태 등)보다는 긍정적인 경험(안정감, 성취감, 즐거움 등)을 더 많이 하고 있다고 말함으로써, 전반적으로 터키 국민들은 그들의 삶에 OECD 평균 수준(72%) 이하로 만족을 느끼고 있다.

〈표 36〉 터키의 행복지수 주요 지표와 세부지표

주요 지표		세 부 지 표			
주거	1.3 36/36	주거비지출비중 (22%, 17/36)	기초설비구비율 (87.33%, 36/36)	1인당 방수 (0.9, 36/36)	
소득	0.9 34/36	가구당 금융소득 ($10,187, 32/36)	가구당 순가처분소득 ($10,997, 34/36)		
일자리	2.6 34/36	직업안정 (22.67%, 35/36)	개인소득 ($22,397, 26/36)	고용률 (46%, 36/36)	장기실업률 (3.40%, 25/36)
공동체 생활	0.0 36/36	사회안전망의 질 (69%, 36/36)			
교육	1.4 35/36	교육연한 (14.2년, 36/36)	학업성적 (455점, 33/36)	학력(고졸 이상) (33%, 35/36)	
환경	3.8 35/36	수질 (65%, 33/36)	대기오염 (37㎍, 35/36)		
시민 참여	5.5 18/36	입법상담 (5.5, 26/36)	투표율 (83%, 10/36)		
건강	4.9 32/36	자체진단 건강 (66%, 24/36)	기대수명 (74.3년, 33/36)		
삶의 만족도	1.2 33/36	삶의 만족도 (5.3, 33/36)			
안전	7.3 29/36	살인자(10만 명당) (3.3, 30/36)	폭행률 (5.09%, 28/36)		
일과 삶의 조화	2.6 35/36	여가와 휴식시간 (14.63h, 20/36)	장시간노동 피용자율 (43%, 36/36)		

참고문헌

강병구, 이명박 정부의 복지재정 평가와 차기 정부의 과제, 『재정학공동학술대회 발표논문집』, 한국재정학회 · 한국재정정책학회 · 한국지방재정학회, 2012.10.5.

경제정의실천시민연합(경실련), '전체 상장기업 중 30대 재벌 상장계열사 총자산 55%, 매출액 67%, 순이익 75% 차지해 경제력 집중 심화' 2012.3.26. 보도자료

________________________, '〈재반박〉 10대그룹 신규계열사 분석자료의 전경련 반박에 대한 경실련 입장' 2012.10.26.

________________________, '재벌총수 소수지분으로 순환출자 통해 지배력 심화' 2012.11.01.

________________________, '최근 5년간 10대 재벌계열사 75% 급증' 2012.10.24. 보도자료

경향신문, 2012.11.25일자

김영태 · 박진호, '가계소득 현황 및 시사점', *Issue Paper Series No. 2013-1*, 2013. 1.14. 한국은행

매일경제, 2001년 6월 27일, "한국, IT관련 벤처지원 통한 구조조정 성과"

미디어오늘, 2009년 8월 19일, "네이버 · 다음 등 DJ께 많은 빚 졌다"

소비자가 만드는 신문, 2012년 10월 12일자

안종석, 지하경제의 규모 추정, 2011.11.7, 『조세 · 재정 Brief』, 한국조세연구원

연합뉴스, '10대재벌 비상장사 순익의 41% 배당' 2012.10.25.

YTN뉴스, 2012년 09월 24일 14 : 53

우명동(역), James O' Coner, 『현대국가의 재정위기』, 이론과 실천, 1990

위키피디아, 한국어 위키백과

이준구, 『재정학(제4판)』 다산출판사, 2011

전국경제인연합회(전경련), '경실련의 「최근 5년간 10대 재벌계열사 75.3% 급증」 분석상에 문제 있어' 2012.10.25.

조동성, 『한국의 재벌』, 매일경제신문사, 1997

조선일보, 2011.09.25일자

조연상, "금융위기와 한국재정의 역할," 『재정정책논집』, 제11집 제3호, 한국재정정책학회, 2009.12.31.

______, "행복지수와 재정정책 방향," 『재정정책논집』, 제14집 제4호, 한국재정정책학회, 2012.12.30.

______, "행복한 나라 만들기 위한 재정정책 방향," 『재정학연구』, 제6권 제1호(통권 제76호), 한국재정학회, 2013.2.28.

중앙일보, 뉴시스, 2012년 8월 7일자

한겨레신문, 2012년 11월 26일자

한국경제신문, 2010년 10월 9일자

한국은행 경제통계시스템, 국내총생산 및 국내총지출 data

한국투명성기구, 홈페이지

한나라당 공적자금 국정조사특별위원회, 『공적자금 조사보고서』, 2001.5.

Kuznets, S., Economic Growth and Income Inequality, *American Economic Review* 45, 1966, pp.1~28

OECD, *Better Life Index*, 2012

______, Economic Outlook, 2012.5.24.

______, Economic Outlook No. 91, OECD Economic Outlook : Statistics and Projections(database), 2012

______, *Education at a Glance2011 : OECD Indicators*, OECD, Paris, 2011

______, Health Data: Health Status : OECD Health Statistics(database), 2012

______, Social Expenditure Database (SOCX), 2011

Piketty, T. and E. Saez, "How Progressive is the U.S. Federal Tax System? A Historical and International Perspective," *Journal of Economic Perspectives* 21, 2007, pp.3~24

Stern, N., "On the Specification of Models of Optimum Income Taxation," *Journal of Public Economics* 6, 1976, pp.37~54

Thurow, L., "The Income Distribution as a Public Good," *Quarterly Journal of Economics* 85, 1971, pp.327~336

TI(Transparency International), *Corruption Perceptions Index*, 2011

찾아보기

[국문 찾아보기]

ㄱ

ㄴ

ㄷ

ㄹ

ㅅ

ㅇ

ㅈ

ㅊ

ㅋ

ㅌ

ㅍ

ㅎ

[영문 찾아보기]

T

V

W

행복한 나라 만들기 — 한국경제의 이해

2013년 2월 20일 제1판 1쇄 인쇄
2013년 2월 25일 제1판 1쇄 발행

저 자 조 연 상
발행인 강 희 일 · 박 은 자
발행처 **다 산 출 판 사**

서울특별시 마포구 용강동 494 – 85
등 록 1979. 6. 5. 제 3 – 86 호(윤)
전 화 (717) 3661~2, (718) 1751~2
FAX (716) 9945
조판 민 하 디 지 탈 아 트

정가 19,000원 파본은 바꾸어 드립니다.

http://www.dasanbooks.co.kr
ISBN 978-89-7110-405-7 93320

[저자 약력]

조 연 상

| 학력 |

- 고려대학교 정경대학 경제학과 졸업
- 고려대학교 대학원 경제학박사

| 주요 경력 |

- 한국재정학회 학회장
- 한국재정정책학회 학회장
- 감사원 평가연구원 자문위원장
- 조달청 자체평가위원장
- 철도공사 윤리경영위원장
- 경실련 중앙위원회 부의장
- 대전경실련 공동대표
- 지방분권운동 대전본부 공동대표
- 대전시민단체연대회의 공동대표
- 한국개인정보보호협의회 회장
- 한국미래물류연구원 원장
- 현재 목원대학교 디지털경제학과 교수
- 국민권익위원회 청렴(부패방지)교육 전문강사

| 주요 저서 및 논문 |

- 경제이데올로기 대논쟁
- 가치논쟁사
- 한국경제론(공저)
- 한국재정의 특성과 과제(공저)
- 지역균형발전을 위한 재정지표 개발 연구
- 우리나라 정부 신뢰 특성 및 영향요인 분석(공저)
- 금융위기와 한국 재정의 역할